# 现代性的神学起源

## The Theological Origins of Modernity

[美] 迈克尔·艾伦·吉莱斯皮 著 张卜天 译

CS K 湖南科学技术出版社
·长沙·

# 中译本序

人们普遍承认，在全球化时代，世界已经变得越来越小，联系越来越紧密。许多个世纪以来相对孤立的民族和文化之间的交流正在变得日益频繁。这些接触可能会带来相互借鉴，但也常常会导致相互误解。在这个正在迅速改变所有世界文明的进程中，我们努力学会对待彼此。在努力这样做的过程中，我们面临诸多困难，尤其是对于形成并且持续影响其他文化的传统，我们还缺乏足够的认识。在部分程度上，本书正是试图补救这方面的问题，使过去变得更可理解，从而帮助人们理解当代西方文化和文明常常无法解释的层面。

全球化所带来的一个更深层次的问题是它与现代化的关联。现代意味着集中于现在，集中于最前沿，集中于新的东西。因此，现代化是这样一种转变，社会在此过程中远离了自己的过去，远离了自己的遗产，走向了自认为新的光辉未来。然而，这种重新定向并没有使我们摆脱过去。我们根本无法抛弃遗产，但可能会忘记它。这种遗忘主要是为了掩盖这种遗产至今仍然对我们的支配，于是，我们常常对自己很陌生，不理解我们是谁，为什么要做自己正在做的事情。在部分程度上，本书旨在让成长于现代西方世界的人看到这一隐藏的遗产。

虽然现代文明可能产生巨大的财富和繁荣，并且用技术奇迹来充斥

1

我们的生活，但也很可能把我们变成更加乏味和浅薄之人。我相信，对于包含个人、文化和文明的整个人类繁荣来说，与这一隐藏的遗产联系起来至关重要。我希望本书能够启发非西方读者学会对待这一遗产，他们对于现代化的类似体验在很大程度上为他们自己的过去所隐藏。我希望本书能够帮助他们找到一种回归自己的方式。

迈克尔·艾伦·吉莱斯皮

2011 年 9 月 11 日

那失位的大天使说道："难道

这就是我们用天堂换来的地盘？

换来的就是这片土地，这个疆域？

天上的光明只换得这可悲的幽冥？

也罢，他如今既然是统治者，

他想要怎样就怎样安排吧。

论理智，他和我们仿佛，

论实力，却超过他的侪辈，

像这样的家伙，离开得越远越好。

再见吧，幸福的园地，永乐的住处！

来吧，恐怖，来吧，冥府！

还有你，最深的地狱，来吧，

来欢迎你的新主人吧！他带来

一颗永不会因地因时而改变的心，

这心是它自己的住家，在它里面

能把天堂变地狱，地狱变天堂。

那还有什么关系，如果我能不变，

屹立不动？我将要仅次于他，

他不过霹雳在手，显得强大些；

在这儿，我至少是自由的，

那全能者营造地狱，总不至忌妒

地狱，决不会把我从这里赶走。

我们在这里可以稳坐江山，

我倒要在地狱里称王，大展宏图；

与其在天堂里做奴隶，

倒不如在地狱里称王。

弥尔顿：《失乐园》，第一卷，第 242—263 行①

---

① 取自朱维之先生译本。——译者注

# 目　　录

# 序　言

　　我们处在一个视觉的时代。在过去 20 年间，有两幅图像大大影响 <sup>ix</sup>了我们对这个时代的理解：一是柏林墙的倒塌，二是世贸中心的倒塌。这两座建筑不仅是人工物，而且是深植于民众心中的象征。随着世贸中心的倒塌，人们开始从新的角度看待全球化，不再把它视为通往现代性的单行道，而是认为有大道、小巷和山间小路交错纵横。结果，我们不再期待一个新的黄金时代，而是瞥见了侧面那些阴暗角落。①

　　对世贸中心的袭击以一种新的令人不安的方式对现代方案（modern project）提出了质疑。那些作案者之所以反对现代性，似乎并非因为现代性没能实现自己的抱负，或是其明显的好处没有得到公平分配，而是 <sup>x</sup>因为那些抱负和好处本身就是有缺陷的，甚至是邪恶的。9·11 事件以一种特别尖锐的方式迫使我们必须面对这些说法，现代性的许多拥护者对此都感到难以置信。一个人有可能在道德上对现代性的好处没有得到更加公平或广泛的分配而义愤填膺，或者惊愕于现代工业社会对环境的

---

　　① Thomas L. Friedman 的体验很有代表性。在名为"我在睡梦中"的一章中，他写道："在 9·11 之前，我专注于追踪全球化，探索以'雷克萨斯'（Lexus）车为象征的经济一体化力量与以'橄榄树'（Olive Tree）为象征的民族主义力量之间的张力……但在 9·11 之后，橄榄树战争使我变得精疲力竭……在那些年里，我不再能够看清全球化的轨迹。" *The World is Flat*：*A Brief History of the Twenty-First Century*（New York：Farrar, Strauss and Giroux, 2005），8—9。但他没有看到，他并没有在睡觉，而是被一种背后的焦虑（新闻记者的身份也强化了这种焦虑）所驱策，这种焦虑是使他如此振奋的那种进步的必然补充。关于对 9·11 之前全球化争论的引人深思的讨论，参见 David Held, Anthony McGrew, David Goldblatt, and Jonathan Perraton, *Global Transformations*：*Politics*, *Economics*, *Culture*（Stanford, Calif.：Stanford University Press, 1999）。

1

影响，甚至沮丧于现代性对传统文化的摧残和蹂躏，这些都很容易理解，但怎么可能有人去反对现代性所提供的那些明显的好处，反对平等、自由、繁荣、宽容、多元化、代议制政体以及诸如此类的东西呢？在许多人看来，答案显而易见：这些新的反现代主义者是一些追求殉道的宗教狂热分子，是虔敬的信徒和未受启蒙的狂热分子。然而，虽然这样的回答也许可以缓解我们直接面对这些事件时所感到的忧虑，但这最终并不能让人满意，因为它们只是掩盖了更深的困惑。把现代性的敌人称为狂热分子，并没有解释其狂热的来源和本质。因此，我们心中仍然感到困惑不安。这种困惑部分是因为我们对这些现代性的反对者极度无知，从而产生误解，因此我们无疑需要更充分地了解他们。然而，问题要比这深刻得多，因为我们不仅不理解这些人，而且也不理解我们自己。① 对我们来说，这种对现代性的挑战尤其难以理解，因为它迫使我们必须面对一个埋藏于现代心灵深处的议题，它处于那个诞生了现代精神和现代世界的决定的核心处。当然，我所指的是关于宗教信仰在现代世界中的位置的决定。事实上，现代性之所以产生，是因为宗教信仰从处于公共生活中心的突出位置转移到了私人领域，在这个领域，只要不挑战世俗权威、科学或理性，它可以随意践行。于是，影响私人生活和公共生活的宗教的权威性被一种私人信仰和个人"价值"的观念所取代。世贸中心遭受恐怖袭击例证了当前对现代性的攻击，这一事件之所以特别令人不安，是因为它以粗暴的方式重新提出了这个令人不安的问题。因此，为了开始应对当前对现代性的挑战，我们必须返回现代方案的起源问题。②

那么，什么是现代性，它源于何处？在这个问题上，通常的看法很

---

① 我们不由得自忖，在一派繁荣光明中，我们是否与较早前迷惘的一代不无相似，这群人"粘住他们寻常的一天……以免我们得知置身何处，迷失在鬼魂出没的树林，孩子们从未幸福或快乐，他们害怕黑夜"。W. H. Auden, "September 1, 1939," lines 46, 52—55。

② 我知道，今天有许多人用"现代性"一词来指从19世纪后半叶以来的一段时间。这种用法似乎在很大程度上来源于将现代性（modernity）等同于现代主义（modernism）。这种用法要相对晚近一些。我是在更为传统的意义上使用这个词的，即认为现代性至少要回溯到17世纪。

明确：现代性是一个世俗的王国，在其中，人取代神成为万物的中心，并试图运用一种新的科学和与之相伴的技术来掌控和拥有自然。现代世界被认为是一个个体主义的王国，表象和主体性的王国，探索与发现的王国，自由、权利、平等、宽容、自由主义和民族国家的王国。关于现代的起源，通常也有一套比较明确的讲法：它是 17 世纪思想家的产物，这些人反对经院哲学而倡导科学，反对宗教信仰和狂热而赞成一个世俗世界。它植根于笛卡儿和霍布斯的哲学以及哥白尼和伽利略的科学。①

对于这些回答，我们还能满意吗？有若干理由让我们怀疑这些说法是否恰当。首先，这是现代性在谈论自己和自身起源时所给出的一种自鸣得意的说明。② 此外，在汉斯·布鲁门贝格（Hans Blumenberg）和阿莫斯·冯肯施坦（Amos Funkenstein）影响巨大的著作问世之后，最近的学术研究已经开始揭示出现代起源问题的极端复杂性。③ 结果，此前把现代性等同于主体性、对自然的征服或世俗化的种种尝试，已经开始显得片面和不妥。

本书便是在这些新的学术成果的基础之上对现代性的起源所作的考察。它试图显示，理解现代性的起源对于应对我们这个全球化世界所面临的问题至关重要，并且特别希望表明，宗教和神学在现代性观念的形成过程中扮演着核心角色。当然，这种看法并不见诸通常的现代叙述。事实上，自启蒙运动以来，现代性一直认为自己是在竭力对抗宗教迷信和权威，伏尔泰的著名律令——"砸烂这卑鄙货！"（Écrasez l'infâme!）正说明了这一点。在欧洲，这意味着宗教的重要性正在不断减小：先是如康德所说，把它限制在"理性自身的范围之内"，然后试图通过宣布

---

①　还有人指出，现代性在马基雅维利甚至是达·芬奇的思想中有一种隐秘源泉。事实上，一位著名学者严肃地主张，现代性开始于马基雅维利与达·芬奇会面的那个夜晚。Roger Masters, *Fortune is a River: Leonardo da Vinci and Niccolò Machiavelli's Magnificent Dream to Change the Course of Florentine History* (New York: Free Press, 1998).

②　甚至对于认为这种现代叙述背叛了自身的大多数后现代批评家来说也是如此。

③　Hans Blumenberg, *The Legitimacy of the Modern Age* (Cambridge, Mass.: MIT Press, 1989); Amos Funkenstein, *Theology and the Scientific Imagination from the Middle Ages to the Seventeenth Century* (Princeton, N. J.: Princeton University Press, 1986).

神死了以结束其痛苦，最后以宗教信仰和修行在 20 世纪下半叶的显著衰落而告终。即使是在宗教所扮演的角色目前远比欧洲重要的美国，对宗教的依附，特别是当它带有一种原教旨主义或福音派腔调时，也往往被（尤其是知识分子和学者）视为返祖和不合时宜。在美国，认为宗教应当指导公共生活的观念仍然面临普遍反对。

然而，现时代这种对宗教的反对并不能证明现代性的核心也是反宗教的。诚然，现代性一直在与某些形式的宗教教义和做法作斗争，比如对圣徒的崇拜、目的论、经院哲学的自然法教导、地心说、神创论等。但我想说的是，这并不意味着现代性就是对宗教本身的拒斥。本书表明，认为现代性就其起源和核心而言是无神论的、反宗教的甚至是不可知论的，这种看法是错误的。事实上，我将在下文中显示，现代性从一开始就不是要消灭宗教，而是试图支持和发展一种关于宗教及其在人类生活中的地位的新的看法，它这样做并非出于对宗教的敌视，而是为了维持某些宗教信念。我们将会看到，现代性更应被理解成一种努力，试图为神、人和自然的本性和关系问题找到一种新的形而上学／神学回答。这个问题源于中世纪晚期，是基督教自身矛盾要素之间激烈斗争的结果。根据我们的理解和经验，现代性其实是建立一种新的融贯的形而上学／神学的一系列努力。我将进而指出，虽然现代性方案的这种形而上学／神学内核逐渐被它所造就的科学所掩盖，但它从未远离表面，而且常常在未经察觉或理解的情况下继续指导着我们的思想和行动。我将指出，企图把神学和形而上学问题从现代性中排除出去，已经导致我们看不到神学问题在现代思想中一直起着重要作用，从而难以理解我们当前的境况。只有理解了现代性的这个形而上学／神学内核，才能理解受宗教驱动的反现代主义以及我们对它的反应。于是，当前的对抗要求我们更深刻地认识我们自身的宗教和神学开端，这并非因为我们的道路是唯一的道路，而是为了帮助理解我们自身激情背后隐藏的源泉，以及面临的可能性和危险。

本书的完成有赖于多人帮助。杜克基金会、埃尔哈特基金会和国家人文科学中心的资助和支持使我较为及时地完成了初稿。第一章有一个

较早的版本刊载于 *The Critical Review* 13，nos. 1—2（1999）：1—30。其他各章则是在不同情况下完成的。感谢一些读者的问题和建议为我指出了往往富有成果的新方向。许多同事、朋友和同学还帮我产生了新思想，使我的论证变得更加清晰。感谢所有在此期间提出启发、鼓励和批评的人，特别是 Douglas Casson，Jean Elshtain，Peter Euben，David Fink，Timothy Fuller，Ruth Grant，Geoffrey Harpham，Stanley Hauerwas，Thomas Heilke，Reinhard Huetter，Alasdair MacIntyre，Nelson Minnich，Joshua Mitchell，Ebrahim Moosa，Seymour Mauskopf，Luc Perkins，Robert Pippin，Noel Reynolds，David Rice，Arlene Saxonhouse，Thomas Spragens，Tracy Strong，Richard Watson，Ronald Witt，Michael Zuckert 和 Catherine Zuckert。还要感谢 Richard Allen 为芝加哥大学出版社编辑了文本。他的细心和许多重要建议非常宝贵。特别感谢一些老师启发我对这里提出的问题产生兴趣，如 James Friday，Samuel Beer，Patrick Riley，Judith Shklar，Joseph Cropsey，等等。最后，感谢我的妻子 Nancy Henley 和儿子 Tom 多年来容忍我完成这项任务。Tom 是同这本书一起长大的，无形中与之关联在一起。每当我沿着被人忘却的偏僻小路得出结论时，他的活力、顽固和热情都激励着我，支持着我。和本书一样，他最近也离开了我的呵护，去寻找他自己在世界中的道路。我把本书献给他，希望事实证明我的两个"孩子"比其父亲更加强壮。

# 导言：现代性的概念

1　　1326 年的一日，天色阴沉，三名男子站在阿维尼翁的多姆圣母院大教堂（Cathédrale Notre-Dame des Doms）的礼拜人群中。这座罗马式建筑显然已年久失修，但它长期以来一直是这里精神生活的中心。仅仅十年前，阿维尼翁还是一个地方小城。但时过境迁，此地已成为罗马教廷的新址，正在经历一场巨变。宫殿正在兴建，金钱大量涌入，骑士、官僚、廷臣、使节比比皆是。市场上来自欧洲各地和地中海东部的产品琳琅满目。远近四方的学者、诗人和教士往来频繁。这座小城正在成为一座意义重大的城市。此三人出席这场弥撒正是时代转变的一个迹象。他们分别是英格兰人、意大利人和德国人，全都说一口流利的拉丁语。第一位是方济各会修士，紧张不安，显然承受着某种压力；第二位年纪不大，衣着浮华，生活似乎颇为讲究；第三位是一个年长的多明我会修士，仿佛陷入了沉思。弥撒结束后，他们各自启程，分道扬镳。鲜有人知道，他们离开阿维尼翁那场弥撒所走的不同道路将把人类引入现代。

　　今天许多人认为，现代性已经过时，但在 1326 年，还没有任何人觉察到它的一点踪影。生活在那个世界的人并未等待光明灿烂的明天，而是在等待世界末日。他们并不前瞻未来，回顾过去，而是仰视天堂，俯视地狱。毫无疑问，对于我们的现代世界，他们定会惊讶不已，而我们早已习以为常。熟悉生轻慢。我们把现代性视为理所当然，经常对它感到厌倦，而且还自认为很清楚它是什么。但是，我们真的理解现代性
2　吗？懂得现代是什么意思吗？本书预先假定，我们并不清楚这些，最近一些事件的影响正在使我们深深地理解这一点。

6

那么，现代是什么意思？正如这个词在日常用语中的用法那样，现代意味着时兴的、最新的、同时代的。这种普通用法实际上把握住了许多真相，即使这个定义更深的含义和所指很少有人理解。事实上，现代性的一个显著特征就是聚焦于我们眼前的东西，而忽视我们更深的起源。不过，普通理解所指向的却是一个并不普通的事实，其核心是，认为自己是现代的，就是通过时间来规定其存在。这很值得我们注意。在以前的时代和其他地方，人们都是通过其土地或位置、种族或族群、传统或神祇来规定自己，而没有明确通过时间。当然，任何自我理解都假定了某种时间观念，但在所有其他情况下，时间要素一直隐而不显。古代人是通过重要的事件、世界的创造、摆脱奴役、辉煌的胜利、某一届奥林匹克运动会等来为自己定位的，但用这些方式在时间上为自己定位不同于用时间来规定自己。现代意味着"新"，意味着时间之流中一个前所未有的事件、一个最初的开端、某种前所未有的东西、世界中的一种新颖的存在方式，最终甚至不是一种存在的形式（a form of being），而是一种生成的形式（a form of becoming）。把自己理解成新的，也就是把自己理解成自我发源的、彻底自由的和有创造性的，而不仅仅由传统所决定，或由命运或天意所主宰。要成为现代的，就要自我解放和自我创造，从而不仅要存在于历史或传统之中，而且要创造历史。因此，现代不仅意味着通过时间来规定人的存在，而且意味着通过人的存在来规定时间，把时间理解成自由的人与自然界相互作用的产物。因此，现代的核心是某种强大的东西，某种普罗米修斯式的东西。然而，这样一种令人惊讶的傲慢说法的正当理由何在呢？

这个问题并不容易回答，但考察现代性概念的谱系可以帮助我们看到，我们为何会以这样一种异乎寻常的方式来思考自己，以及它在什么意义上可以得到辩护。Modern［现代］及其派生词源自词 modus［尺度］。作为时间尺度的"当下"（just now），源自晚期拉丁语派生词 modernus，所有后来的形式都源于 modernus。卡西奥多鲁斯（Cassiodorus）在公元 6 世纪用这个词来区分他所处的时代与早期罗马教父作家的时

3　代。12 世纪又用 *modernitas* 来区分当时的时代与过去的时代。① 不久以后，这个词开始出现于方言中。1300 年左右，但丁使用了意大利语词 *moderno*，1361 年，尼古拉·奥雷姆（Nicholas Oresme）使用了法语词 *moderne*。然而，直到 1460 年，这个词才被用来区分"古代"和"现代"，直到 16 世纪才被用来突出一个特定的历史时期。用来指现时代的英语词 modern 最早出现在 1585 年，modernity［现代性］则直到 1627 年才被使用。作为一个历史时期的现代性概念最初以及后来经常是在与古代相对立的意义上被理解的。middle ages［中世纪］一词直到 1753 年才出现在英语中，虽然与之同义的 Gothic 一词在 16 世纪即已使用，与之等价的拉丁语词使用就更早。

　　新旧之分虽然在古代即已存在，但从未在其现代意义上被使用，这很大程度上是因为这些术语是在循环时间观的背景下被使用的。循环时间观存在于古代神话对自然和宇宙起源的解释中，后来的古代哲学家和历史学家也采用了它。② 这种语境下的"新"几乎总是等同于堕落和衰退，正如在阿里斯托芬（Aristophane）的《云》（*Clouds*）中，雅典人的新奇习俗与参与马拉松战役的人更优秀的习俗形成了鲜明对照。

　　中世纪的基督教在这一循环框架中运作，并将其加以改造，以适合其自身的神学观念，即世界是神的意志的展现。从这种观点来看，世界有特定的开端、发展和终结，《圣经》隐喻性地预示和揭示了这一点。在提出这种解释时，基督教思想家在很大程度上利用了《但以理书》中的预言，即把世界描述成四个帝国，即他们所谓的巴比伦、波斯、马

---

① Sugurus Abbas S. Dionysii, *Vita Ludovici*, ed. Henri Waquet（Paris：Belle Lettres, 1929），230.

② 例如，阿里斯托芬在《蛙》（*Frogs*）中区分了埃斯库罗斯的"旧"风格和欧里庇得斯及智者的"新"风格。这种文学传统被 3 世纪的卡利马科斯（Callimachus）以及后来的许多罗马作家用在了关于艺术和美学的讨论中。塔西陀和奥勒留区分了新旧类型的历史著作，但他们从未用这些区分来命名历史时期。见 G. Gordon, "Medium aevum and the Middle Ages," *Society for Pure English Tracts* 19（1925）：3～28；and Mircea Eliade, *Cosmos and History：The Myth of the Eternal Return*, trans. W. R. Trask（New York：Harper, 1959）。

其顿和罗马帝国。① 在他们的末世论中，基督出现在最后一个帝国产生之时，当这个帝国结束时，基督将回来建立他的黄金时代。因此，在基督教看来，时间并非永无休止地循环下去，而是始于失乐园，终于复乐园。② 于是，中世纪的基督徒并不认为自己是追求此世权力或名声的竞争者，而是自视为旅居者（viator），他在地球上的行动将决定他是得到拯救还是被罚入地狱。因此，虔敬比勇气或智慧更重要。

　　"现代"概念是在 12 世纪的教会改革背景下产生的，不过它的意义与今天不同。这些改革者或"现代人"（moderni）相信自己正站在一个新时代的开端，用沙特尔的贝尔纳（Bernard of Chartres，1080～1167）的话来说，自己是站在巨人肩上的矮子，重要性比不了前人，但能够看得更远。然而，他们从高处看到的并不是一条康庄大道，通往日益繁荣进步的光明未来，而是末日正在迫近。这种理解可见于菲奥雷的约阿希姆（Joachim of Fiore，1130/35～1201/02）的工作，他宣扬末世的临近，到时整个世界将变成一个巨大的隐修院。③ 于是在他们看来，身为现代人，就是站在时间的尽头，即将进入永恒。虽然这种对即将到来的精神时代的约阿希姆主义设想也许预见到文艺复兴时期会展望一个新的黄金时代，或者现代性会构想一个理性时代，但这种中世纪的现代

---

　　① Daniel 2：17—45. 这种观念至少可以追溯到赫西俄德，似乎与季节循环和黄金时代的重生观念有关。不过，这种关联不应被过分强调。

　　② 从我们的角度来看，很难看出这种观念如何能在罗马陷落之后幸存下来，但是从中世纪的角度来看，东罗马帝国从未陷落，西罗马帝国已被查理大帝重新建立。此外，虽然一些早期的基督教思想家把他们自己的时代与异教罗马的时代明确区分开来，但中世纪的基督教一般并不承认这一断裂。正如 Reinhart Koselleck 所表明的，迟至 1529 年，基督徒仍然把亚历山大大帝在伊苏斯（Issus）的胜利视为一个当前事件。Koselleck，"Modernity and the Planes of Historicity,"*Economy and Society* 10，no. 2（May 1981）：166—167. 虽然中世纪世界与古代世界之间存在着巨大差异，但中世纪的基督徒并不承认它们。他们缺乏对古代世界的具体了解，罗马基督教曾经竭尽全力去掩盖自己正在带来的深刻变革。不过，中世纪基督教不承认这些差异的最重要的原因是，与即将到来的得到净化的世界相比，他们的世界和异教徒的世界都是罪的世界。

　　③ 关于对菲奥雷的约阿希姆的简要讨论，参见 Norman Cohn，*The Pursuit of the Millennium*（New York：Oxford University Press，1972），108—126。更详细的讨论见 Matthais Riedl，*Joachim von Fiore：Denker der vollendeten Menschheit*（Würzburg：Königshausen & Neumann，2004）。

9

观念仍然深深地植根于末世论和隐喻的时间观之中。因此，这种观点与后来的观念之间有一个巨大的鸿沟。

我们所理解的现代性与古代观念密切联系在一起。"古代"与"现代"之分源于 10 世纪对"古代道路"（*via antiqua*）与"现代道路"（*via moderna*）的区分。本来，这并不是一种历史区分，而是关于共相（universals）的两种不同立场的哲学区分，涉及对亚里士多德的两种不同解读方式："古代道路"是较早的实在论（realist）道路，认为共相是最终的实在；而"现代道路"则是较新的唯名论（nominalist）道路，它把个体事物看成实在的，认为共相仅仅是一些名称。这些逻辑区分为重新理解时间和存在提供了框架。

虽然现代性概念是联系古代概念提出的，但这两个术语最初却在一种不同于我们的意义上被使用。弗朗切斯科·彼特拉克（Francesco Petrarch）为一个"新"时代的观念奠定了基础，他说有一个黑暗时代把古代与他所处的时代分隔开来。① 不过，他并不旨在追求某种"新的"或"现代的"东西，而是想恢复古代的黄金时代。这种观点被人文主义者普遍接受。如洛伦佐·瓦拉（Lorenzo Valla）在 15 世纪中叶就曾提出，他的时代已经对人类最近一直生活于其中的悲惨的现代感到厌恶。② 以这种思路看来，现代并非正在形成的世界，而是那个正在逝去的中世纪世界。③ 瓦拉并没有把自己的时代看成某种全新的、前所未有的东西，而是看成重新发现业已失去的东西，回到旧有的存在方式。

实际上，"现代"一词直到 16 世纪才以当前的含义被使用，那时

---

① 关于这一点，参见 Theodore E. Mommsen，"Petrarch's Conception of the 'Dark Ages,'" *Speculum* 17，no. 2（April 1942）：226—242。

② Rudolf Pfeiffer，*History of Classical Scholarship from 1300 to 1850*（Oxford：Clarendon，1976）：35—41.

③ 这主要反映在建筑讨论所运用的术语中，它区分了"古代"（*antico*）和"现代"（*moderno*），但把现代等同于"哥特式"（Gothic），而这是拉斐尔在 16 世纪初用来描述古代和他那个时代之间的颓废艺术的一个贬义词。Erwin Panofsky，*Die Renaissance der europäischen Kunst*（Frankfurt a. M：Suhrkamp，1979），47—54。

只是为了定义一种艺术风格。① 事实上，直到 17 世纪，先是格奥尔格·霍恩（Georg Horn）于 1666 年，然后更重要的是克里斯托弗·塞拉利乌斯（Christophus Cellarius）于 1696 年，描述了世界历史的三部分划分，即从古代到君士坦丁大帝时代，从中世纪到东罗马帝国灭亡，以及从 16 世纪开始的新历史（*historia nova*）。②

现代这一观念，或如后来所谓的现代性，是自培根和笛卡儿时代以来欧洲思想所特有的自我理解的一部分。这种观念与此前的用法截然不同，因为它所依据的是自由和进步的革命观念。③ 例如，培根暗指哥伦布和哥白尼的发现，主张现代优于古代，并且制定了一套获取知识的方法，以把人类提升得更高。④ 培根知道，此观念与他那个时代的流行偏见严重相左，一般人总把古代人视为无法超越的完美典范。他直面这个问题，声称虽然希腊人是"古代人"，但并不能因此就认为他们具有权威性。在培根看来，与他那个时代的人相比，希腊人只不过是一些孩子，因为相隔千百年的人类经验，他们还不够成熟。⑤ 在这种对古代的不同评价背后，不仅有一种新的知识观，而且还有一种新的时间观，它不再是循环的，而是直线的和无限的。变化被描绘成一个连续的自然过

---

① 瓦萨里（Vasari）把文艺复兴风格描述为"美好的现代风格"（*buona maniera moderna*），引自 Panofsky，23。关于法语词 *antique* 的类似的美学用法，参见 J. Huizinga，*The Waning of the Middle Ages*（New York：Doubleday，1954），327。

② Christophus Cellarius，*Historia universalis breviter ac perspicue exposita*，*in antiquam*，*et medii aevi ac novam divisa*，*cum notis perpetuis*（1708），233. 莱奥纳多·布鲁尼（1392~1463）提出了一个类似的三部分划分，弗拉维奥·比翁多（1392~1463）使之更充实并具体化，不过他们并没有把从中世纪结束时开始的时期看成我们意义上的现代，而是看成开始回到古代。

③ 关于这一点，参见 Hans Baron，"The Querelle of the Ancients and Moderns as a Problem for Renaissance Scholarship," in *Renaissance Essays*，ed. Paul Oskar Kristeller and P. P. Wiener（Rochester：University of Rochester Press，1992），95—114。Baron 提出，George Hakewill 于 1627 年写的著作 *Apology...of the Power and Providence of God*，*...and Censure of the Common Errour Touching Nature's Perpetuall and Universal Decay* 对于这种进步观念的发展有决定性作用。

④ 1575 年，Loys le Roy 主张，印刷术、罗盘和火药的发明已经使现时代超越了先前任何时代所知道的东西，Loys le Roy，*De la vicissitude ou variété des choses en l'univers*，ed. B. W. Bates（Princeton：Princeton University Press，1944），35—44。

⑤ Francis Bacon，*The New Organon*，ed. F. Anderson（New York：Macmillan，1960），7—8.

程，自由的人可以通过运用正确的科学方法来掌控它。这样一来，他们就可以掌控和拥有自然，为自己打造一个更加适宜的世界。

## 古今之争

这种现代性概念从一开始就有争议。一种新科学以及相应的进步观念在一种对古代充满无限仰慕的思想背景中兴起，导致了著名的"古今之争"（querelle des anciens et des modernes），引发了 17 世纪末法国思想家的极大关注。法国的笛卡儿主义者发起了这场争论，认为科学进步的现实表明，现代艺术和文学有可能优于古代艺术和文学。作为回应，尼古拉·布瓦洛（Nicholas Boileau）等人捍卫了古代艺术和文学的优越性。他们又转而遭到了查理·佩罗（Charles Perrault）、贝尔纳·丰特内勒（Bernard Fontenelle）以及其他法国现代人（modernes）的攻击。然而，这些思想家所批判的并非实际的古代人物，而是同时代的一些人，他们赞成文艺复兴时期的那种对古代的理想化，把古代人的东西奉为圭臬。① 因此，这场争论实际上是人文主义者与笛卡儿主义者之间的一场辩论。最终大家承认，虽然自然科学中存在着进步，但艺术中并非如此，每一个时代都有自己的艺术完美性标准。

然而，这场辩论中所显示的分歧并不那么容易解决或搁置。例如，在随后几年中，伏尔泰以支持现代人的态度声称，他那个时代的中学毕业生比任何古代哲学家都更有智慧。卢梭则在《论艺术与科学》（Discourse on the Arts and Sciences）中主张，现代艺术和科学只会破坏人的美德和幸福，而美德和幸福在斯巴达和罗马共和国却达到了很高的程度。

这场争论始于法国，但却蔓延到了英格兰和德国。在英格兰，它被称为"书战"（Battle of the Books），并一直延续到 18 世纪初。它所涵

---

① 文艺复兴概念本身是 19 世纪历史学家的创造，其经典描述见于雅各布·布克哈特的《意大利文艺复兴时期的文明》（The Civilization of the Renaissance in Italy，1860）。这个术语于 1845 年首次以英文出现。它与"人文主义"（humanism）相联系，后者直到 1838 年才首次以英文出现。

盖的主张大体相同。托马斯·伯内特（Thomas Burnet）和理查德·本特利（Richard Bentley）等人主张现代人的优越性，而威廉·坦普尔爵士（Sir William Temple）、乔纳森·斯威夫特（Jonathan Swift）和约翰·德莱顿（John Dryden）则为古代人辩护。威廉·沃顿（William Wotten）寻求一个中间立场，认为有必要划分艺术和科学，并且用不同标准判断它们。这场争论最后以亚历山大·蒲柏（Alexander Pope）的古典主义的胜利而告终，但这种文学上的胜利几乎立即受到了牛顿惊人发现的质疑，后者似乎确立了现代人的优势。①

在德国，许多同样的议题出现在 18 世纪下半叶。由于约翰·温克尔曼（Johann Winckelmann）《古代艺术史》（*History of Ancient Art*）的广泛影响，也许开始时更支持古代的优先性。与这一立场相反，赫尔德、施莱格尔和席勒都认为有必要区分两种不同类型的艺术，应当认识到现代艺术与古代艺术有不同基础。黑格尔似乎采取了一种中间立场，认为不同时代由其自身的标准所支配。他虽然对古代的辉煌显然并非没有深切的同情，但最终还是支持了现代人的优越性。②

整个争论都表明，现代性非常注重自己与先前事物的区别。罗伯特·皮平（Robert Pippin）曾经指出，现代性需要显示其原创性，这反映了它对自治性的根深蒂固的信念。③ 甚至可以进一步说，现代性不仅需要表明自己的原创性，而且需要表明它优越于先前的事物。④ 在这个

---

① 甚至蒲柏都在其镌刻在牛顿墓碑上的著名对句中默认了这一点："自然和自然法则隐没在黑暗中。神说，让牛顿去吧！万物遂成光明。"

② Judith Shklar, "Hegel's *Phenomenology*: An Elegy for Hellas," in Hegel's *Political Philosophy*: *Problems and Perspectives*, *ed. Pelczynski* (London: Cambridge University Press, 1971), 73—89. 甚至在那些通常更注重中世纪主题的浪漫主义者中，这种对古代的怀恋有时也会爆发出来。爱伦·坡《致海伦》（1831）中的著名诗句很有代表性："光荣属于希腊，伟大属于罗马。"

③ Robert Pippin, *Modernism as a Philosophical Problem*: *On the Dissatisfactions of European High Culture* (Cambridge: Blackwell, 1991), 120.

④ 一再强调新东西的优越性，其核心包含着对不断变化的要求和随之而来的焦虑，即人会落后于时代潮流，从而变得过时。因此，在汹涌奔流的未来面前，固定而持久的品位或意见是不可接受的。在这个意义上，现代人必须变化不定，以保持其作为前卫成员的地位。

13

意义上，进步观念是处于现代方案核心的自治观念的推论或延伸。

7 这两种观念之所以重要，是因为它们都处于使现代方案遭到质疑的思想危机的核心。虽然由不同标准和法则所主宰的科学领域和审美/道德领域的早期分离显然对现代性起初的总体断言提出了质疑，但实际上，使整个现代方案破灭的是康德在其二律背反学说中对这种分离的系统化。他表明，现代性所设想的自然与自由不可能共存，它们的关系必然是二律背反的。于是在他看来，必须抛弃现代最初构想出来的被认为可以解释神、人和自然的运动的统一理论。法国大革命，连同它对理性规则的过分要求，以及它在恐怖统治时期对这些要求的极其恶劣的实现，更是使现代方案的这些局限性昭然若揭。

虽然许多深刻的思想家都试图从哲学上解决这一矛盾，但在19世纪、20世纪，现代方案的这两个核心部分之间的鸿沟越来越大。例如，许多浪漫主义者和后康德唯心论者都强调了人的自由的作用，但拒绝把自然解释成无思想的物质的机械运动或纯粹自然力的相互作用。然而，所有针对现代性提出的问题都被当时自然科学的进展和工业文明的迅猛发展所掩盖，当时强调的是，人类日益增长的力量能够得到什么好处，但对这种力量可能会危及人的自治却没有足够关注。实际上，虽然一些人在哲学和美学上的疑虑对精神生活产生了一定冲击，但基本上无法动摇公众对现代科学事业不断增长的信念，科学似乎承诺会给人类带来极大好处。在19世纪下半叶，这种对进步的信念达到了顶峰，其最恒久的表现可见于未来主义艺术和文学，以及像艾菲尔铁塔这样关于技术的巨型公共纪念物。即使是像马克思这样激烈批判19世纪工业社会的人，也仍然执著于现代性背后隐秘的渴望，主张必须采取进一步措施来保证进步的果实能够被所有人分享。[1]

---

① Pippin, *Modernism as a Philosophical Problem*, 7. 另见 Marshall Berman, *All That is Solid Melts in Air: The Experience of Modernity* (New York: Penguin, 1988)。马克思和恩格斯都致力于科学观念。他们并不认为自由有任何历史效力，只有消除对科学技术的政治约束，才能获得自由。在他们看来，消除这些约束将会释放技术的生产力，开辟一个新时代，人类不再被生产生计的自然需要所驱动，能够从容不迫地生存。

## 现代性的危机

20 世纪初的一些事件使现代方案的信念和进步观念遭到了动摇。第一次世界大战尤其揭示了，人类力量的渐进式发展并非只有建设性，而且可能有可怕的破坏性，技术进步并不等于道德进步或人类幸福的增长。在两次世界大战期间，哲学著作中越来越多地弥漫着这种对现代性的悲观情绪，比如奥斯特瓦尔德·斯宾格勒（Ostwald Spengler）的《西方的没落》（*The Decline of the West*）、埃德蒙德·胡塞尔（Edmund Husserl）的《欧洲科学的危机》（*Crisis of the European Sciences*）和马丁·海德格尔（Martin Heidegger）的《存在与时间》（*Being and Time*）等等，所谓"迷惘的一代"的文学作品对此亦有反映。[1] 不过，鉴于当时苏联显著的社会经济发展，以及世界经济在 20 世纪 20 年代的复苏，可怕的世界大战似乎只是人类力量和福祉渐进式发展中的暂时失常。然而，随着大萧条出现，纳粹主义抬头，第二次世界大战爆发，对进步和现代化方案的更深刻的怀疑再次出现。大屠杀似乎充分地证实了这些怀疑，导致在此之后，即使是最热忱的现代主义者也不再可能谈论进步。1948 年，苏联占领东欧，冷战爆发，核毁灭的威胁开始浮现，这些似乎都给了现代性以致命一击。实际上，现代方案自 17 世纪被构想出来之后，已经按照培根、笛卡儿和霍布斯所设想的方式，大大增强了人类的力量，但并没有产生他们所预言的和平、自由和繁荣。事实上，在一些战后思想家看来，它已经引出了人性中最坏的东西，并以惊人的方式证明了卢梭的说法，即艺术与科学的进步虽然提升了人类的力量，但同时也破坏了仁义道德。

第二次世界大战后，对现代方案的批判以各种不同形式展开，它们

---

[1] Ostwald Spengler, *The Decline of the West*, trans. Charles Atkinson, 2 vols. (New York: Knopf, 1976), 1: 13—23. 斯宾格勒提出了西方概念，以取代在他看来有缺陷的古代/现代区分。关于这一点，参见我的 "Liberal Education and the Idea of the West," in *America, The West and the Liberal Education*, ed. Ralph Hancock (Lanham, Md.: Rowman & Littlefield, 1999), 7—11。

在许多方面都建立在斯宾格勒、胡塞尔和海德格尔的早期批判的基础之上。有些人追随胡塞尔，把 20 世纪的灾难看成由伽利略和笛卡儿所引入的有缺陷的理性概念所导致的后果。利奥·施特劳斯（Leo Strauss）以这种倾向指出，当前的危机只不过是三波相继的现代思潮的最终后果，这三波思潮击败了古代的理性主义和自然法，并用一种新的强力技术和自然权利学说取而代之。因此在他看来，化解现代性危机不在于强化现代性，而在于重新恢复古老的理性主义。与此类似，汉娜·阿伦特（Hannah Arendt）也认为振兴的希望在于回到古代世界，虽然她更多地借鉴了雅典民主的审美政治和公共生活，而不是古代哲学。埃里克·沃格林（Eric Voegelin）也对现代性进行了批判，他把恢复柏拉图主义的基督教视为振兴的最大希望。

另一条批判线索不是把现代性危机看成现代理性缺陷的结果，而是看成西方传统本身失败的后果，这一传统始于柏拉图，以黑格尔及其追随者的思想为顶点。这些思想家并不认为解决现代性危机在于回到一种更早的理性形式。他们追随海德格尔而不是胡塞尔，主张要想有新的开端，其先决条件是对整个西方理性主义作一种存在论解构。于是，他们认为现代性危机的解决不在于回到前现代的世界，而在于勘探后现代的海洋。在特奥多尔·阿多诺（Theodor Adorno）、雅克·德里达（Jacques Derrida）、吉勒·德勒兹（Gilles Deleuze）等思想家看来，要想消除现代性的弊病，所需要的不是柏拉图主义的同一性哲学，而是后结构主义的差异性哲学。

与前现代主义者和后现代主义者都不同，现代方案的支持者曾试图表明，所谓的现代性危机本身并不是什么现代的东西。相反，在他们看来，这是由于某种返祖性的东西在现代性内部与之相对地再生。从这个角度看，纳粹主义并不是某种现代的东西，而是条顿人过去的一种残余，或是针对现代性的浪漫主义反动的产物，或是一种从根本上反现代的路德宗的狂热的后果。于是，在现代性的这些支持者看来，解决现代性危机并不需要背离现代性，恢复以前的生活形式，或是转向后现代的其他替代方案，而是要净化现代性本身，涤除其中包含的这些返祖性的或异质的（主要是宗教的）要素。他们认为，反法西斯主义的胜利，世俗主义的增长，亚洲和拉丁美洲的经济发展，都证明现代方案仍然具有生命力和力量。

在现代性的支持者看来，柏林墙的倒塌似乎暗示了现代方案所固有的不可抗拒之力。也许是受到了当时兴奋情绪的感染，一些评论家认为这一刻是独一无二的和决定性的，宣称它是历史的终结，是人类最终命运的实现。① 另一些人则以同样的倾向更为温和地承认，要想建立普遍繁荣和永久和平，仍有大量工作要做，但他们相信，这可以通过一个全球化和自由化的过程逐步实现，它依靠的是激励而非武力。还有一些人，尤其是那些执著于后现代未来的人，把冷战的结束视为一种帝国主义的自由主义的胜利，但相信这可以通过一种审美政治来克服，它试图建立一个竞争性的而不是霸权主义的多元文化社会，这个社会的发展不是通过战争或征服，而是通过相互学习和适应。因此，差异不会消失，斗争仍将继续，但未来将是一种富有成果的相遇。

对世贸中心的袭击使所有这些乐观遭到了质疑。受9·11事件波及，那种建立一个富有成果的竞争性多元文化世界的观念已然消退，取而代之的则是对正在迫近的文明冲突的恐惧。这种冲突的核心是理性与启示之间的对抗，它质疑了我们那种简单的启蒙主义信念，即理性的地位显然高于启示，虽然宗教在现代生活中或许有一定地位，但肯定是较低的地位。因此，宗教被视为一种私人用品，而不是应当影响我们公共生活的力量。

遭到9·11事件最有力质疑的是那种流传甚广的西方假设，即文明植根于理性的自身利益，而不是宗教信仰。虽然一般认为这是正确的，

---

① Francis Fukuyama, *The End of History and the Last Man* (New York：Free Press, 1992). 对于福山和黑格尔来说，随着议会民主制的到来，历史终结于1806年。虽然一些人认为他的论题仅仅是历史的辉格解释的延续，但应当注意，福山并没有把自由主义的胜利看成一种纯粹的善，而是更为悲观地把它视为某种类似于尼采所说的末人（last man）的东西。同样应当注意，福山本人后来总结说，遗传工程可能会改变人性，建立一个超人的未来。见他的 *Our Posthuman Future：Consequences of the Biotechnology Revolution* (New York：Farrar, Strauss and Giroux, 2002)。

但我们并不清楚它在什么意义上是正确的。事实上,另有一些人坚信并非如此,这使我们短期内几乎毫无选择,而只能捍卫我们的现代世界和生活方式,但在这个挑战的逼迫下,我们不得不重新思考现代性本身的起源,重新思考经常遭到遗忘的那些曾经影响过并将继续影响我们生活方式的决定。

## 现代性的起源

传统说法至少可以追溯到黑格尔,它认为,现代是由一群非凡的人造就的,这些科学家、哲学家、文学家、探险家克服了他们那个时代的宗教迷信,建立了一个以理性为基础的新世界。这样一来,现代性便被描绘成与过去的彻底决裂。早在 20 世纪初,这种关于现代性起源的看法就已经受到了艾蒂安·吉尔松(Etienne Gilson)等学者的质疑,他们表明,这些所谓新时代缔造者的许多关键思想实际上都是从其中世纪前辈那里借来的。[①] 因此,无论是他们还是他们所缔造的时代,都不像他们宣称的那样具有原创性。以这一开端为基础,后来的历史学家(往往关注社会史和科学史)试图表明,从中世纪到现代世界的过渡远比之前认为的更有渐进性。事实上,这些历史学家主张,如果仔细考察,我们将会看到,这两个时代之间的相似性和连续性要比传统观点所认为的多得多。[②]

卡尔·洛维特(Karl Löwith)反思了这些相似性和差异性,他在《历史中的意义》(*Meaning in History*,1949)中提出,现代性是基督教理念世俗化的结果,因此,它最终与中世纪并无显著不同。[③] 例如,从这个角度看,对于现代的自我理解极为重要的进步观念,似乎就是基督

---

① 例如见 Etienne Gilson, *études sur le rôle de la pensée médiévale dans la formation du système cartésien*(Paris:Vrin,1930)以及 Alexander Koyré, *Descartes und die Scholastik*(Bonn:Cohen,1923)。

② 冯肯施坦在其《神学和科学想象》(*Theology and the Scientific Imagination*)中广泛深入地描述了这些相似性和关联。

③ Karl Löwith, *Meaning in History:The Theological Implications of the Philosophy of History*(Chicago:University of Chicago Press,1949).

教千禧年主义的世俗化。这样看来，把现代性的产生看成理性战胜迷信这一传统解释似乎有严重缺陷。

这一世俗化论题在 20 世纪五六十年代有许多追随者，但它遭到了布鲁门贝格的挑战。他认为，现代并不是一个世俗化的中世纪世界，而是某种新的独特的东西。[①] 从表面上看，布鲁门贝格的立场似乎是传统观点的复兴，即把现代性等同于理性的胜利，但事实上，他采取了一种更加尼采式的观点，即不是把现代性等同于理性，而是等同于自我肯定（self-assertion）。然而，在他看来，刻画现代世界的自我肯定不仅仅是一种任意的权力意志，而是旨在解决因中世纪世界的崩溃而留下的问题。于是，布鲁门贝格把现代性视为对一个产生了基督教的问题的第二次克服，即诺斯替主义（Gnosticism）的问题。布鲁门贝格认为，第二次克服是必要的，因为基督教克服它的努力从一开始就是有缺陷的。在他看来，诺斯替主义在中世纪晚期以唯名论的形式重新出现，它摧毁了经院哲学，产生了一种唯意志论的（voluntaristic）而不是理性的对神的看法。与这种新的诺斯替主义相对立，现代性试图通过人的自我肯定为人的幸福建立基础。这样一来，现代性就不只是基督教的世俗化，而且是某种本身就具有正当性的新的东西。因此，有些现象虽然看起来像是基督教世界观的世俗化了的要素，但其实只是对现在空出来的基督教位置的"重新占据"（reoccupations），即试图以现代方式回答过时的基督教问题。从这种观点来看，进步观念并非基督教千禧年主义的世俗化形式，而是对中世纪需要在所有事件中显示神的无形之手的"重新占据"。按照布鲁门贝格的说法，回答这些现已毫无意义的问题的必要性没有得到正确理解，这模糊了我们对现代性的理解，导致我们错误地质疑了现代事业的正当性。

布鲁门贝格的说明为我们指出了正确的方向，但他并没有理解自己说法的形而上学意涵，因此没有充分意识到现代性是如何在这一传统形

———————————

[①] 布鲁门贝格在他的许多著作中提出了这一论证，但这是其《近代的正当性》（*Legitimacy of the Modern Age*）的核心论题。

而上学和神学结构之中形成的。正如他正确指出的，现代性并不是作为中世纪世界的对立或延续，而是从它的瓦砾中产生的。更为优越或强大的现代观念并未排除或克服中世纪的观念，而是在经院哲学与唯名论之间的争斗使中世纪的世界分崩离析之后，推倒了中世纪世界的残留部分。现代"理性"之所以能够克服中世纪的"迷信"或"教条"，只是因为那种"教条"被一场巨大的形而上学/神学危机严重削弱了，这场危机终结了使"教条"有意义的那个世界。布鲁门贝格还正确地断言，中世纪世界的解体不仅为新的观念和生活方式开辟了空间，而且向人提出了一个新的"时代"问题，从此以后，这个问题一直以重要方式引导着人的思想。他的说明中缺少的是这样一种认识，即现代思想后来所具有的形态并不是对中世纪位置的任意重新占据，而是对先前传统留下的形而上学和神学可能性的实现。于是，要想理解我们所面临的现代性的形态，就必须认真考察现代性的起源，揭开现代性掩盖自身来源的面纱。因此，现代性的起源并不在于人的自我肯定或理性，而在于那场重大的形而上学和神学斗争，这场斗争标志着中世纪世界的结束，在中世纪与现代世界之间的300年里改变了欧洲。本书讲述的便是现代性隐藏在那几个被遗忘的世纪中的起源。

1929年，海德格尔在弗莱堡大学的就职演说中指出，对基本问题的体验驱使和引导着人的思想和行动。所谓基本问题，指的是对一切事物（包括提问者自身的存在在内）的意义和本质产生怀疑的深刻困惑。当这些问题产生时，现有的一切思想方式和存在方式的意义和正当性都不复存在，世界似乎变成了混沌或虚无。对这一深渊的体验引发了深刻的忧虑，迫使人去寻找答案，提出新的思想方式和存在方式，从而彻底重新塑造他们所居住的世界。在海德格尔看来，真正的历史性转变恰恰发生在面对这些重大问题的时刻。其他一切都要紧随其后。这些问题不仅使我们摆脱了过去，而且也把我们指向新的未来。海德格尔认为，前苏格拉底时期的希腊人曾经面临过一个基本问题，自那以后的西方历史只不过是回答它的一系列尝试。在他看来，虚无主义乃是认识到对这个问题的所有回答都是不充分的。它同时是对这个问题本身的体验。他认为，人再次与这样一个问题相遇了，它摧毁了现有的存在论，从而使新的开端、新的世界秩序和新的历史成为可能。

在提出这一观点的过程中，海德格尔大量引用尼采，后者也把虚无主义的降临看成一个意义重大的开放性的时刻。尼采认为，虽然神之死和随后欧洲价值的崩溃会把人类抛入战争和毁灭的深渊，但这一事件也会以一种自希腊悲剧时代以来不为人知的方式把世界敞开。他固然承认，神死了会产生"一种可怕的恐怖逻辑"，但他也相信，"地平线终将再次展现在我们眼前"。① 假如神死了，没有什么是真的，则他的结论是："一切都是允许的。"② 因此，虚无主义的深渊与一种彻底的、意义重大的开放性密切相关。尼采和海德格尔虽然正确地看到了这些问题的决定性，但却夸大了它们所产生的开放性。事实上，虽然对这些问题的体验也许会驱使人们朝着新的方向前进，给出新的回答，但人们总是在流行的概念框架内部给出这些回答，这种概念框架会在许多方面继续影响我们对事物的思想方式。在现代思想的发展中，我们可以清楚地看到这一点。

现代性的产生源于与一个意义重大的问题的相遇。然而，影响了我们思想的真正的"世界午夜"并非处在现代性的末端，而是处在它的开端。事实上，现代性的"虚无主义"末端仅仅是这一开端的苍白写照。如果我们想了解自己，了解我们从哪里来，什么曾经驱策并将继续驱策我们，我们就需要理解这一开端。本书关注的正是那个开端，即中世纪晚期思想中的那场"虚无主义"危机，由此诞生了处于现代性背后，并且引导着现代性的那个意义重大的问题。在接下来的部分我将论证，我们所理解的现代性是通过对这个问题的一系列回答而形成的，它为一个似乎正在滑入深渊的世界构建了新的思想方式、存在方式和行为方式。我还将尝试表明，虽然这些"回答"拥有某些共同的存在论假

---

① Friedrich Nietzsche, *Kritische Gesamtausgabe*, ed. Giorgio Colli und Mazzino Montinari (Berlin：de Gruyter, 1967~), V 2：256.

② Ibid., VI 1：136；VI 2：417.

设，但它们却对人、神、自然和理性的本性和关系提出了完全不同的，有时甚至相互对立的看法。在这种意义上，理解现代性的问题能够使我们看到现代性所具有的冲突性本质。

这个诞生了现代的意义重大的问题源于基督教内部关于神的本性和存在本性的形而上学/神学危机。这场危机最明显地表现在反对经院哲学的唯名论革命。然而，这场思想革命反映了存在体验本身的一种更深刻的转变。中世纪盛期的经院学者在存在论上是实在论者，也就是说，他们相信共相是真实存在的，或者说，他们把世界体验为神的理性范畴的例示。他们体验、相信和断言的并不是殊相的终极实在性，而是共相的终极实在性。他们以一种三段论逻辑来阐明这种体验，这种逻辑被认为对应着或反映了神的理性。创世本身便是这种理性的体现，人作为理性的动物和神的形象处于受造物的顶峰，受一种自然目的和神启的超自然目标的指引。

唯名论则把这个世界颠倒了过来。在唯名论者看来，所有真实存在的事物都是个体的或特殊的，共相只是一些虚构。语词并不指向实际存在的普遍的东西，而只是对人的理解有用的符号。受造物是完全特殊的，所以不是目的论的。于是乎，神无法被人的理性所理解，而只能通过《圣经》的启示或神秘体验来理解。因此，人并没有自然的或超自然的目的。这样一来，反对经院哲学的唯名论革命摧毁了中世纪世界的每一个方面。它终结了那种从基督教教父开始的把理性与启示结合在一起的巨大努力，他们试图把希腊人的自然伦理学说与关于一位全能造物主的基督教观念统一在一起。[①]

直到最近，这场争论和它所产生的唯名论革命的重要性才被认识到。这当然部分是因为天主教会在 19 世纪末决定统一围绕着托马斯主义的教会教义，这一决定导致了对 14 世纪、15 世纪阿奎那批判者的忽视和贬低。这种对阿奎那的强调固然是出于一种澄清天主教教义的合理

---

① 或者换句话说，基督教神学事业从公元 2 世纪起就尝试把雅典和耶路撒冷统一起来。在他们看来，这个新结合的城市是即将到来的上帝之城，而不是异教徒的城市，无论把它称为罗马还是巴比伦。

愿望，但也是基于这样一种认识，即这些持批判态度的唯名论者在为宗教改革奠定思想基础方面起了重要作用。之所以没能认识到这一意义重大的革命的重要性，也许更重要的原因是那个唯名论的神是如此令人不安。阿奎那和但丁所描述的神是无限的，但其作品的荣耀和确定无疑的善却在处处显现。而那个唯名论的神却是令人恐惧地无所不能，他完全超出了人的理解范围，并且不断威胁着人的幸福。此外，这个神永远无法用语词来把握，因此只能被体验为一个引起敬畏和恐惧的巨大疑问。我想说，处于现代性开端的正是这个疑问。

这种在 14 世纪显示的对神的新看法强调了神的能力和不可预测性，而不是神的爱和理性，但这个新的神之所以有意义，是因为世界本身发生了巨大变化。天主教会大分裂、百年战争、黑死病、火药的发明、小冰期带给全欧洲的悲惨经济环境，以及城市发展、社会流动和十字军东征所造成的混乱，都严重加剧了各种焦虑和不安全感，从而使唯名论的世界观变得可信。

## 通往现代性的形而上学之路

现代性的产生源于摆脱唯名论革命所引发的危机的一系列努力。这些努力既不是任意的，也不是偶然的，而是反映了从现有的形而上学可能性中作出的哲学选择。我们在下文中将会看到，走出由唯名论所导致的深渊的每一种努力，都是在一种特定的形而上学基础上构建世界的尝试。然而，要想理解这是什么意思，我们必须简要讨论形而上学的本质。

今天，我们把形而上学看成一个特定的哲学分支。在今天这个实证主义大行其道的世俗时代，形而上学常常受到诋毁，因为它关注那些超越于感官的事物，而且与宗教有关联。然而，在我们研究的这一时期，形而上学却有着更广泛的含义。它分为一般形而上学（metaphysica generalis）和特殊形而上学（metaphysica specialis），前者包括存在论（ontology）和逻辑，后者则包括理性神学、理性宇宙论和理性人论。因此，形而上学不是哲学的一部分，而是那种最广泛的认识，包括对存在、理性、神、人和自然的研究。用更晚近的术语来说，一般形而上学涉及对存在本性和理性本质的研究，而特殊形而上学则涉及对人、神、自然这三个特定存在领域的研究。用后来海德格尔的著名术语来说，一般形而上学关注存在论层次上的（ontological）问题，而特殊形而上学则关注存在者层次上的（ontic）问题。

唯名论革命是一场对存在本身产生质疑的存在论革命。正如我们前面看到的，它引出了一种新的存在论，一种新的逻辑，一种关于人、神、自然的新观念。所有后续的欧洲思想都受到了这种转变的影响。虽然唯名论破坏了经院哲学，但它却无法提供一种能被广泛接受的替代者，以代替被它摧毁的包含一切的世界观。于是，在某些方面背离这种激进的唯名论也许是不可避免的。然而，就基本的存在论观点而言，没有回头路——所有或几乎所有随后的思想形态都接受了唯名论着力断言的存在论层次上的个体主义（individualism）。不过，就形而上学的其他要素来说，仍然有相当大的变化，虽然这些变化本身受到了形而上学结构本身的限制。事实上，正如我们将会看到的，后来的思想家并非专注于基本的存在论问题，而是专注于特殊形而上学中特定存在领域的优先性或首要性这个存在者层次上的问题。于是，在 14 世纪到 17 世纪的这一时期，最深的分歧不是存在论层次上的，而是存在者层次上的，不是关于存在的本性，而是关于人、神、自然这三个存在领域中哪一个具有优先性。简单说来，后经院哲学思想家之间的分歧不是关于存在本身，而是关于存在领域的等级结构。

只要对人文主义和宗教改革这两种处于唯名论与现代世界之间的伟大思想运动稍作考察，就立即可以看到这一点。它们虽然都接受唯名论所宣称的存在论层次上的个体主义，但对于是人还是神具有存在者层次上的优先性却存在根本分歧。例如，人文主义把人放在第一位，并且在此基础上解释神和自然。而宗教改革则从神开始，而且只从这个角度来看待人与自然。尽管在存在论层次上保持一致，但其存在者层次上的分歧所导致的差异却是无法补救的，这些差异在 16 世纪、17 世纪使欧洲生活遭到重创的灾难性宗教战争中扮演了重要角色。更狭窄意义上的现

17

代性正是试图解决这一冲突的结果。它断言，不是人，也不是神，而是自然具有存在者层次上的优先性。我们将会看到，虽然这一新的自然主义开端有助于缓和这一冲突，但如果不消除神或人，便无法消除其核心处的对立。然而，只有把人变成野兽，才能抛弃神；只有陷入神学狂热，才能抛弃人。

分别始于笛卡儿和霍布斯的现代思想的两大趋向都试图把世界重建成一个自然物，而不是人造物或神迹。然而，对于神和人在他们所开辟的世界中的本性和位置，他们的意见并不相同。对于笛卡儿来说，人部分程度上是一种自然物，但部分程度上也是神圣的，从而可以与自然区分开来，不受自然定律的约束。而对于霍布斯来说，人是彻底自然的，所以仅在一种与普遍自然因果性相容的意义上才是自由的。于是，使人文主义与宗教改革发生冲突的那种矛盾同样也撕裂了现代思想的这两极。

这种矛盾向现代思想提出了一个深刻的问题，致力于启蒙过程的后续现代思想家都力图解决它，但这些努力最终没有奏效，因为这个矛盾不可能在现代形而上学的基础上得到解决。康德的二律背反学说第一次最充分地表达了对这个事实的认识，这引发了现代性的危机，我们至今仍然生活在它的阴影下。谈及现代性的危机，并不是断言现代思想家放弃了现代方案。特别是，德国唯心论本质上就是试图找到这个问题的解决方案。随着调和现代理性的这种唯心论方案的失败，现代性越来越被刻画为一种彻底的唯意志论（voluntarism）与一种彻底的决定论之间的深刻裂痕。这种分裂顽固不化，现代思想家似乎无力找到一种治愈此创伤的方法，这使许多人都放弃了现代性，而倾向于前现代或后现代的替代品。

我们是否能够以及在何种程度上能够找到这个矛盾的解决方案，取决于我们对那个诞生了现代性的问题的理解。但是，面对这个问题意味着再次思考理性与启示的关系问题。如果现代性是这样一个时代，即我们通过时间来规定自己的存在，又通过我们作为历史性的存在来规定时间，那么我们只能通过理解我们的时间性来理解我们自己。然而，只有

18

以永恒性为背景，时间性对我们才是有意义的。因此，要想理解现代性向我们提出的问题，就必须思考现代性的神学起源问题。本书便是揭示这个问题的一次尝试。

# 第一章　唯名论革命与现代性的起源

## 中世纪晚期思想的神学危机

虽然现代世界直到 16 世纪、17 世纪才对自己有所意识，但认为现代性始于那时却是错误的，就像认为人的生命始于他第一次变得有自我意识一样。现代性并非从伽利略、培根、笛卡儿或霍布斯的头脑中完整地跳将出来，而是经过了长时间的孕育，归因于许多人在各种不同背景下的努力。如前所述，现代性的一个主要特征就是把自己设想成全新的、前所未有的。这是因为它对人的能力以及在时间中的展开作了一种特别现代的理解。然而，有充分理由怀疑这种现代的自我理解是否正确。正如俄狄浦斯（Oedipus）悲剧性地发现，没有人是"幸运儿"（fortune's child）；万事万物都有其起源，并且决定性地受那个起源的影响。因此，要想理解现代世界的本质，考察它在中世纪世界的崩溃与现代性兴起之间这 300 年的早期的"前意识"发展至关重要。

中世纪世界的起源可以追溯到基督教与异教哲学在古代晚期希腊化世界的综合。这始于公元 1～2 世纪的亚历山大里亚。在这里，各种基督教思想、东方宗教信仰、柏拉图主义以及其他古代哲学以有时相互冲突的不同方式融合在一起，反映了思想和精神在那个时代的动荡不安。随着基督教被君士坦丁大帝治下的罗马帝国奉为国教，这一融合过程得以净化和制度化。经过从尼西亚会议（Council of Nicea，323 年）开始的一系列会议，各种相互冲突的基督教思想融合成为一种正式的教义。然而，尽管有这种由皇权强制执行的教义整合，但在基督教内部，启示强调神的全能和道成肉身，哲学则强调理性主义和理性宇宙的观念，启示与哲学之间的张力并不容易解决，这在漫长的基督教历史上一直是一个问题。事实上，基督教神学的后来发展，即使不是全部，也在很大程度上是由基督教这两个要素之间周期性加剧的持续对抗引发的。

在中世纪早期，希腊哲学几乎没有对西欧的基督教产生什么影响，尽管波埃修（Boethius）为这种早期的思想传统提供了微弱的联系。通过与西班牙和地中海东部的阿拉伯世界的接触，亚里士多德被重新发现成为中世纪基督教的决定性事件，并使得经院哲学在公元 1000 年之后不久开始兴起，它是调和基督教内部的哲学要素和圣经要素的最大、最全面的神学努力。

虽然经院哲学内部有诸多变种，但其经典形式是实在论。经院哲学所理解的实在论相信共相存在于心灵之外。经院实在论者大量利用了对亚里士多德的新柏拉图主义解读，认为像种、属这样的共相是最终的实在，个体存在者只是这些共相的特例。不仅如此，这些共相被认为仅仅是被人（或是通过奥古斯丁所说的光照，或是通过阿奎那等人所说的对自然的探究）认识到的神的理性。在这种实在论的存在论中，自然与理性相互映衬。于是，自然可以通过一种三段论逻辑来描述，这种逻辑规定了所有种之间关系的理性结构。而且，神虽然超越于他的造物，但却反映于其中，可以通过类比由它们来理解。于是，逻辑和自然神学能够为启示提供补充，在有些人看来甚至可以取代启示。出于类似的理由，人并不需要《圣经》来告知他在尘世的道德和政治义务。人是一个有自然目的的自然存在者，受自然法的支配。当然，人需要《圣经》来理解一切超越自然的东西，比如人的超自然宿命，但尘世生活可以用哲学来把握。

经院哲学的思想大厦尽管宏伟华丽，但却依赖于基督教信仰与异教理性主义之间微妙的平衡，而正是这种抗衡关系的不稳定性颠覆了它。[1]

---

① 翁贝托·埃科（Umberto Eco）在《玫瑰的名字》（*The Name of the Rose*，New York：Harcourt Brace Jovanovich，1983）这部小说中出色地描写了这种冲突。

对它造成威胁的，既有理性和世俗主义在教会内部日益增长的影响，从而助长了对基督教修行的背离，也有对一种更原本的基督教的一再出现且日益迫切的要求，它以启示和/或模仿基督的生活为基础。中世纪基督教的维系取决于这两种强大的对立冲动的和解。然而，只有在理论上创造一种更为精妙的神学，在实践上越来越多地运用教权和王权，这种综合才能得到维持。

使这种综合成为泡影的直接原因是亚里士多德主义在教会内部和外部不断发展。人们对亚里士多德产生了越来越大的兴趣，这在一定程度上是经院哲学自身发展的必然结果，但许多亚里士多德文本经由伟大的伊斯兰哲学家阿维森纳（Avicenna）和阿威罗伊（Averroës）的评注而被重新引入基督教的欧洲，大大加快了这一进程。这种对亚里士多德的新的兴趣最明显地表现在，一种独立的哲学体系同神学体系一起发展起来，一种新的世俗基督教知识分子开始出现。[①] 更"原本的"基督教的虔敬捍卫者对此产生了深深的疑虑，不仅是因为其异教根源，也许更重要的是它同伊斯兰教的联系。异教是一种已知的可以容忍的罪恶，而伊斯兰教却是一种不祥的神学政治威胁。十字军东征失败之后尤其如此。在近200年的时间里，基督教的势头似乎胜过了伊斯兰教，特别是在东方，但随着13世纪末地中海东部所有基督教殖民地的丧失和伊斯兰军事力量的崛起，这种乐观情绪大为消退，人们越来越怀疑伊斯兰教会影响基督教思想。在这种背景下，亚里士多德主义的兴起往往被持怀疑态度的信仰捍卫者视为阿威罗伊主义（Averroism）的兴起。[②]

教会试图颁布法令来限制有可能颠覆神学的发展变化。巴黎主教埃

---

① 关于这一点，参见 Joseph Michael Incandela, "Aquinas's Lost Legacy: God's Practical Knowledge and Situated Freedom" (Ph. D. diss., Princeton University, 1986), 82—83。

② 我们发现自己卷入了一场与灵感主要来自伊斯兰教的反现代力量的斗争中，此时重要的是要认识到，在现代性的方向上，与中世纪世界的决定性背离植根于一种对伊斯兰教影响基督教思想的恐惧和拒斥。也许并非偶然，这种恐惧是与伊斯兰教对欧洲本身的实际军事威胁并行产生的。具有讽刺意味的是，正如我们将在下面看到的，在反对经院哲学过程中产生的唯名论的替代方案或许同样归功于伊斯兰教思想，虽然这种思想类型较少是哲学的，更多是"基要主义的"。

蒂安·唐皮耶（Etienne Tempier）和坎特伯雷大主教罗伯特·基尔沃比（Robert Kilwardby）先后于 1270 年和 1277 年谴责了亚里士多德主义。[①]这种谴责所持的立场是，极力强调全能是神最重要的特性，在随后若干年里，这种无所不能的自由观念开始构成一种反亚里士多德主义的对神的新看法的核心。这种对神的看法部分反映在邓斯·司各脱（Duns Scotus）的著作中，但更明确、更彻底地反映在威廉·奥卡姆（William of Ockham）的著作以及由他的思想所引发的唯名论运动中。

22　　在 1280 年至 1285 年间，奥卡姆出生于英格兰。他早年进入方济各会，后来在牛津大学完成学业。他或许不是那位著名的司各脱的学生，但肯定深受其思想的影响，当时司各脱的思想在牛津仍然有很大影响。奥卡姆的哲学和神学著作大都完成于 1317 年至 1324 年之间，随后他被传讯到阿维尼翁去回应异端指控。1326 年，他的 51 条断言被宣布有可能受到谴责，尽管实际上并没有一条受到谴责。

　　利用彼得·阿贝拉尔（Peter Abelard）、罗瑟林（Roscelin）等早期唯名论思想家的工作以及根特的亨利（Henry of Ghent）和司各脱的工作，奥卡姆为一种与经院哲学完全不同的新的形而上学和神学奠定了坚

---

① 关于这一点，参见 Edward Grant, "The Effect of the Condemnation of 1277," in *The Cambridge History of Later Medieval Philosophy*, ed. Norman Kretzmann et al. (London: Cambridge University Press, 1982), 537—539. 也许更准确地说，这些谴责主要针对的是深受阿威罗伊主义影响的亚里士多德主义要素。

实基础。① 奥卡姆主张，信仰教导我们，神是全能的，他可以做一切可能之事，亦即任何不产生矛盾的事情。② 于是，只是因为神意愿，每一个事物才存在；每一个事物如此这般地存在，只是因为神这样意愿它。因此，创世纯粹是一种恩典行为，只有通过启示才能理解。③ 神创造世界，并且继续在其中行动，既不受制于世界的法则，也不受他以前决定的约束。他完全按照自己的意愿行动，正如奥卡姆多次指出的，神从不欠人的债。因此，除非通过启示，不存在可被人理解的不变的自然秩序或理性秩序，不存在关于神的知识。这样一来，奥卡姆便拒斥了经院哲学对理性与启示的综合，从而破坏了中世纪世界的形而上学/神学基础。

　　这种神的全能观念对实在论的衰落有影响。奥卡姆指出，神不可能创造共相，因为这样做会限制他的全能。④ 倘若共相存在，那么神只有摧毁这个共相本身，才能摧毁它的某个个例。例如，只有将整个人类罚入地狱，才能将某一个人罚入地狱。如果共相并不实际存在，那么每一个存在者必定是彻底个体的，是神的独特造物，凭借神的无限能力从无

① 我们不应被这样一个事实所误导，即奥卡姆是打着传统经院哲学家的幌子表述自己的，事实上是伪装成"古代道路"的追随者。重要的是记住他写作的语境，特别是他在牛津的托马斯主义对手。他们对其思想的革命性毫不怀疑，尽管他努力把自己描绘成一个传统主义者。事实上，他们谴责他的思想为异端。急于证明其正统性的当代学者所感兴趣的部分是捍卫他的天主教信仰，反驳对他的长期存在的指控，说他是新教改革之父或至少是其祖先。无论他对宗教改革是否部分负有责任，毫无疑问的是，他的思想代表了一种在形而上学和神学上与经院哲学的决裂。也许关于奥卡姆的最佳的二手著作是 Jürgen Miethke, *Ockhams Weg zur Sozialphilosophie* (Berlin: de Gruyter, 1969)。英文文献中关于唯名论的一部出色导论是 William Courtenay, "Nominalism and Later Medieval Religion," in *The Pursuit of Holiness in Later Medieval and Renaissance Religion*, ed. Charles Trinkaus and Heiko Oberman (Leiden: Brill, 1974), 26—58。关于对奥卡姆思想的百科全书式的说明，参见 Marilyn McCord Adams, *William Ockham*, 2 vols. (Notre Dame, Ind.: University of Notre Dame Press, 1987)。另见我的 *Nihilism Before Nietzsche* (Chicago: University of Chicago Press, 1995), 14—28。

② Ockham I Sent. d. 43 q. 2, *Opera philosophica et theologica*, ed. Stephen Brown (New York: Bonaventure Press, 1967). 关于这一点，参见 A. B. Wolter, "Ockham and the Textbooks: On the Origin of Possibility," *Franziskanische Studien* 32 (1950): 70—92; Miethke, *Ockhams Weg*, 139—140 以及 Blumenberg, *Legitimacy*, 161—162。

③ William of Ockham, *Predestination, God's Foreknowledge, and Future Contingents*, ed. and trans. Marilyn McCord Adams and Norman Kretzmann, 2d ed. (Indianapolis: Hackett, 1983), 13.

④ 于是，神创造出共相将包含一种自相矛盾。Ockham I Sent. d. 2. q. 6.

中产生出来，且仅凭那种能力来维持。诚然，神也许会用次级原因（secondary causes）来产生或维持一个事物，但这些原因对于该事物的创造或持续存在不是必要的，也不负有最终责任。①

对奥卡姆而言，唯一必要的存在是神本身，② 所有其他事物都是神的意志的偶然创造。在一种技术的意义上，神选择产生的事物已经有了本质，但这些本质本身并不是普遍的，而是只适用于每一个个体事物。此外，它们在数目上是无限的，是神通过意志自由选择的。因此，这些"本质"不会在任何实际意义上约束神的意志，除非它们包含了不可能的东西，即逻辑矛盾。它们既不被其他任何东西所蕴含，也不是其他任何东西的前提。这样一来，奥卡姆关于存在论层次上的个体主义断言不仅破坏了存在论层次上的实在论，而且破坏了三段论逻辑和科学，因为假如共相并不实际存在，那么名称就成了纯粹的符号或符号的符号。因此，语言并不揭示存在，但在实践中，语言经常促使我们相信共相的实在性，从而掩盖了关于存在的真理。事实上，所有所谓的共相仅仅是二阶的或更高阶的符号，我们作为有限的存在用它们来把个体事物集合成范畴。然而，这些范畴并不指称实际事物，而仅仅是帮助我们理解这个彻底个体化的世界的有用虚构。③ 不仅如此，它们还会歪曲实在。于是在奥卡姆看来，唯名论逻辑的指导原则便是他那著名的剃刀原则：如无必要，勿要增加共相。④ 虽然我们作为有限的存在，没有共相就无法理

① 不必需要宇宙中任何其他事物的存在，神就可以维持某一事物的存在。Funkenstein, *Theology*, 135. 另见 André Goddu, *The Physics of William of Ockham* (Leiden and Cologne：Brill, 1984)。

② 关于唯名论者所认为的神在存在论上的唯一性，参见 Martin Tweedale, "Scotus and Ockham on the Infinity of the Most Eminent Being," *Franciscan Studies* 23 (1963)：257—267。

③ 关于这一点，参见 Jean Largeault, *Enquête sur le nominalisme* (Paris and Louvain：Beatrice-Nauwelaerts, 1971), 154。神不需要共相，因为他可以通过其"直观认知"(*cognitio intuitiva*) 个体地理解任何东西。Adams, Ockham, 2：1036—1056.

④ II Sent. q. 14—15；q. 17；q. 18；q. 22；q. 24；IV Sent. q. 3；q. 8—9. 这一原则有若干其他版本。"除非可以被理性、经验或某种不可错的权威证明，不应假设更多东西(plurality)。"*Ord.* I, d. 30, qu. 1. 另有："不应肯定任何陈述为真，或坚持某种东西存在，除非因为自明性，即因为启示、经验或逻辑演绎（始于启示的真理或被观察确证的命题）而不得不这样做。" I *Sent.* d. 30 q. 1；III *Sent.* q. 8.

解世界，但每一次概括都使我们更加远离实在。因此，我们越少概括，就越接近真理。

既然在奥卡姆看来，每一个个体存在都依赖于神的自由意志，那么如果不进行研究，就不可能有关于受造物的知识。[①] 因此，如果不研究现象本身，人类就不可能认识自然。就这样，假说取代了三段论，成为科学的基础。不仅如此，人类的知识永远也不可能超出假说，因为神是绝对自由的，甚至可以不遵从自己过去的决定。他可以推翻任何业已确立的事物，暂时中断任何原因链条，如果愿意，甚至可以从头重新创造世界。因此，除了神的意志，没有绝对的必然性。根据奥卡姆的说法，神甚至不必以人的形式派遣他的儿子，这位救世主本可以是驴子或石头。[②]

在捍卫这样一种激进的全能观念时，奥卡姆及其追随者非常接近于否认启示的真理。为了避免这一异端结论，他们区分了神的绝对能力（potentia absoluta）和常规能力（potentia ordinata），即神可以做什么和决定做什么。然而，这种区分很难坚持下去，因为神没有义务要遵守承诺或一致地行动。在唯名论看来，神是"中立的"，也就是说，没有任何自然的或理性的善恶标准能够影响或限制他的意志。善的东西并非本身就是善的，而仅仅是因为神意愿它这样。于是，今天神可能会拯救圣人，惩罚罪人，但明天他可能就会做相反的事情。如有必要，他甚至可以重新创造世界。公平地说，无论是奥卡姆还是他的追随者都不相信神会这样做。他们大都是或然论者（probabilists），即相信神有很大可能会遵守自己的承诺。因此，他们并不真的相信神会惩罚圣人或拯救罪人，但他们坚持认为不能排除这种可能性，除非否认神的神性。

大多数唯名论者都确信，对于神及其在《圣经》之外的意图，人类知之甚少。例如，根据奥卡姆的说法，自然神学可以证明神的存在、

24

---

① 关于奥卡姆所认为的受造物的偶然性，参见 I Sent. d. 35 q. 2；and II Sent. q. 4—5。

② *Centiloquium theologicum* conc. 6, 7a, ed. Philotheus Boehner（St. Bonaventure, N. Y. : St Bonaventure University Press, 1988）, 44.

无限和至高无上，但它甚至无法证明只存在一个神。① 这种对经院神学的激进拒斥显然源于一种深刻的不信任，不仅是针对亚里士多德和他的伊斯兰阐释者，而且也针对哲学理性本身。在这个意义上，奥卡姆的思想强化了启示在基督教生活中的作用。

奥卡姆还拒绝接受经院哲学对自然的理解。经院哲学认为自然是目的论的，神的目的在自然中不断被实现。特定实体在达到其特定目的的过程中变成了它潜在里已经是的东西。因此，他们认为运动以善为导向。于是，唯名论对共相的拒斥不仅是对形式因的拒斥，而且也是对目的因的拒斥。如果没有共相，就不可能存在有待实现的普遍目的。因此，自然并不把人导向善。或者更正面地说，唯名论开辟了一种理解人的自由的全新可能性。

人没有被规定的自然目的并不意味着人没有道德义务。道德律继续限制着人的行为。然而，唯名论者认为这种律令只有通过启示才能知晓。不仅如此，服从道德律并无自然的或救赎的动机。神不欠人的债，不会对人作出回应。因此，神不会因为人做什么或不做什么而对其进行拯救或惩罚。道德行为没有任何功利的动机，道德行为的唯一理由就是感恩。在唯名论看来，人的存在完全归功于神。神已经把生命恩赐给了人，为此人应该心存感激。他会给少数人第二次生命，即永生，但他的选择既非正义，亦非不正义，因为他的给予仅仅是一种恩典。② 抱怨自己的命运是非理性的举动，因为任何人的存在都不是应得的，更不要说永生了。

这一概述清晰地表明，唯名论所揭示的神已不再是经院哲学的那个仁慈的、可以在一定程度上预知的神。人与神之间的鸿沟已经大大增加。神不再能被人所理解或影响，其行动只是出于自由，而对行动的后

① Miethke, *Ockhams Weg*, 227, 275, 284; Blumenberg, *Legitimacy*, 164; Tweedale, "Scotus and Ockham," 265.

② 这种立场虽然看似严厉，但在某种意义上它改善了托马斯主义的原罪教义，因为奥卡姆认为没有人从内在本性上讲就应被罚入地狱。关于这一点，参见 Adams, *Ockham*, 2: 1257—1337。

果漠不关心。他为人的行为设定了规则，但可以随时改变它们。一些人被拯救，一些人被惩罚，但得救与圣洁、罪与罚之间只有一种偶然关系。我们甚至不清楚这个神是否爱人。[1] 神创造的这个世界是由各种不同事物组成的彻底混乱，人在其中找不到任何确定性或安全感。[2]

人怎么可能崇拜或爱这样一个令人不安的神？这并不是一个新问题。《约伯记》的作者很久以前就曾面对过一种类似的可能性，并且提出了这个问题。后来，这样一个不公义的神曾使让·加尔文（John Calvin）大为苦恼，以致他只能设想这个神是乔装改扮的魔鬼。[3] 也许并非偶然，这种对神的看法源于方济各会修士，在神学谱系中，他们与亚里士多德主义者处于对立的两级。在中世纪晚期，主要是他们呼吁一种更原本或更"原始"的基督教，它所效法的不是希腊人的哲学思想和罗马帝国腐朽的政治结构，而是基督的榜样。他们认为，基督徒的生活不要到教皇宫和教廷中去寻找，而要到贫穷和苦行中去寻找。[4] 最激进的方济各会修士甚至认为启示是不够的，只有模仿基督及其门徒的生活，才能过一种基督徒的生活。在这种他样的追求方面，他们并不是唯一的。其实，他们只是教会内部"原始主义"运动中最有名的，这些运动还包括较早的清洁派（Cathari）、韦尔多派（Waldensians）和卑微派（Humiliati）。然而，当圣方济各主张，要做基督徒就必须跟从基督重回苦路（*via dolorosa*）[5] 时，他便充当了所有这些激进派别的代言人。只有这样，才能理解道成肉身的意义和神对人的爱。方济各本人的苦行

---

① 奥卡姆甚至宣称，神对人的爱只是回到他自身的一条通路，因而是一种自爱行为。Blumenberg, *Legitimacy*, 174—177.

② 关于这一点，参见 David Clark, "Ockham on Human and Divine Freedom," *Franciscan Studies* 38（1978）：160.

③ John Calvin, *Institutes of the Christian Religion*, ed. , John McNeill, trans. Lewis Battles, 2 vols.（Philadelphia：Westminster, 1960）, 1：162. 基于类似的理由，布鲁门贝格主张，我们应当把唯名论理解成诺斯替主义的复临。*Legitimacy of the Modern Age*, 127—136.

④ Henning Graf Reventlow, *The Authority of the Bible and the Rise of the Modern World*（Philadelphia：Fortress, 1985）, 35.

⑤ Via Dolorosa（拉丁文，意为"苦难之路"）是耶路撒冷老城的一条街道。传统上认为，这是耶稣被钉十字架时所走的路。——译者注

和圣痕（stigmata）① 便体现了这种对苦难的忠诚，他以其著名的"规条"（Rule）将苦行和贫穷加诸其追随者。

1226 年方济各去世后，方济各会发生了分裂：一方是狂热派，要求严格服从规条；另一方则是温和派，希望教皇能够豁免一些较为极端的限制。② 鉴于这一运动在普通民众中具有广泛的吸引力，以及它给富有的教士阶层造成的威胁，教皇约翰二十二世（1249~1334）不仅颁布了这样一种豁免，而且还谴责和追捕那些最忠诚的方济各会修士，即所谓的小兄弟会（Fraticelli）。虽然修会中一些更务实的成员对此感到满意，但约翰二十二世并没有就此罢休。由于卷入了与方济各会及其会长切塞纳的米夏埃尔（Michael of Cesena）就贫穷议题所展开的争论（所谓的"贫穷争论"［poverty dispute］），他最终于 1326 年谴责了方济各会对苦行生活优越性的信念，主张这种观点违背了《圣经》。

约翰二十二世意识到，贫穷教义不仅威胁到他在教会内部的权力，而且弄不好会改变整个基督教。中世纪教会自认为是圣灵的体现，行使着神在世间的统治或王权，所以教士们认为自己的生活应当与他们的地位相称。而方济各会的贫穷教义挑战了这种看法。方济各认为，人并非天生高贵。人的喜乐并非来自他在世间的地位或财产，而是来自他与神的接近。因此，神的国度不是由教会所代表的世间王国，而是一个精神王国，人与人只有在神之中而且只有通过神才能联系在一起。于是推到极端，这种教义不仅是对教士财富和权力的抨击，而且也是对教士等级和教会本身的抨击。

在这场争端中，奥卡姆正是方济各会的一位主要代言人。他当时在阿维尼翁为自己辩护，因为其托马斯主义对手指控他是异端。教皇反对贫穷的优越性，其理由是，财产是维系人的生活的自然需要，并声称财

① "圣痕"指人体上出现与耶稣受难伤痕相应的瘢痕、伤疤或疼痛部位，或在手足、心脏附近，有时在头部（耶稣曾戴荆棘冠冕），或在肩上、背上（耶稣曾背负十字架并受鞭笞），通常被认为是宗教狂热和神圣的象征，最早出现圣痕的是圣方济各（1224）。14~20 世纪先后有 330 多人身上发现圣痕，其中 60 人被天主教会奉为圣徒或受真福。——译者注

② 例如，他们希望教皇能够允许财产共有。

产甚至在人类堕落之前就已经存在。而方济各会修士则基于启示，主张财产并非自然就存在，而只是由于罪才存在，因此只可能出现在人类堕落之后。他们还声称，凭借神的绝对能力，基督及其门徒能够返回到人类堕落前的这种状态，过一种没有财产的虔敬生活。在他们看来，方济各已经重新创造了这种可能性，从而为一种真正的基督教修行奠定了基础。约翰二十二世基于自然常规秩序的不变性，拒绝接受这种观点。此时，奥卡姆和方济各会修士十分惊惧。他们确信，神不可能被自己以前制定的自然“法则”所约束。基督的一生便证明了这个事实。于是，在他们看来，教皇的声明无异于复活了阿贝拉尔的异端观点，即神必定会根据以前的意志拯救一些人。[①] 他们主张，神不受这些法则的约束，而只服从矛盾律。除此之外，他是自由的和至高无上的。否认这个事实就是否认神。因此他们宣布教皇是异端，并且逃离了阿维尼翁，寻求皇帝的庇护。后来，奥卡姆成为皇室的一员，在与教皇的争论中，他和帕多瓦的马西利乌斯（Marsilius of Padua，1270~1342）都试图从思想上为皇帝辩护。

在这个意义上，唯名论是方济各会的神学。[②] 它摧毁了经院哲学所设想的介于神与人之间的世界秩序，而代之以混乱无序的完全个体的存在者。然而，它把每一个存在者与神直接统一在一起。从方济各会的观点来看，在一个完全个体化的世界里，只有那些没有看到万物在神之中的统一性的人，才会认为生活是混乱的。对于像方济各这样能够分享这种神秘统一性的人来说，所有其他存在者都是其兄弟姐妹，因为所有存在者，无论是否有生命，都是神的造物。

教会试图压制唯名论，但成效甚微。1326 年以及 1339 年至 1347 年间，奥卡姆的思想屡屡受到谴责。但他的影响持续增长，在他去世后的150 年里，唯名论成为欧洲最强大的思想运动之一。从 14 世纪上半叶

①　他们认为，神没有被其过去的行动所束缚，可以随意预定人的灵魂是否得救。Adams，*Ockham*，2：1201，1257。

②　关于这一点，参见 Louis Dupré，*Passage to Modernity：An Essay in the Hermeneutics of Nature and Culture*（New Haven：Yale University Press，1993），7。

开始，在托马斯·布雷德沃丁（Thomas Bradwardine，坎特伯雷大主教）、罗伯特·霍尔科特（Robert Holcot）和亚当·伍德姆（Adam Woodham）的领导下，英格兰出现了一种强大的奥卡姆主义传统。巴黎的奥卡姆主义者在14世纪也很强大，包括欧特里库的尼古拉（Nicholas of Autrecourt）、让·布里丹（John Buridan）、米尔库的约翰（John of Mirecourt）和后来的皮埃尔·德·阿伊（Pierre d'Ailly）、让·热尔松（Jean Gerson）和英根的马西利乌斯（Marsilius of Inghen，他在海德堡也很活跃）等人。德国有一种强大的唯名论传统，特别是在14世纪末和15世纪，以加布里埃尔·比尔（Gabriel Biel）为顶峰。事实上，在西班牙和意大利以外，唯名论思想的影响已经发展到很高程度，以至于到了路德的时代，德国只有一所大学没有被唯名论者所主导。

　　尽管唯名论破坏了经院哲学（往往面对着不够和谐的政治宗教现实）发展出来的一种和谐的基督教世界观，从而导致了一场基督教革命，但它并不仅仅是破坏性的。唯名论不仅提出了一种新的对神的看法，而且也提出了一种新的对人的看法，它比以前更强调人的意志的重要性。正如安东尼·莱维（Anthony Levi）所指出的，自13世纪以后，经院哲学从未掌握一种心理学，能够把行动解释成既是理性的又是意志的。[①] 因此，对于经院哲学来说，神的意志和人的意志要么什么都能做，要么什么都不能做。阿奎那明确主张后者。司各脱（基于波纳文图拉［Bonaventure］对神不依赖于其偶然造物的强调）和之后的奥卡姆则宣称神的意志绝对自由。然而，在强调神的意志的核心性时，司各脱和奥卡姆也突出了人的意志，并为之做了辩护。人是按照神的形象造的，和神一样主要是意志的而不是理性的。过去一直认为，这样一种自由选择的能力在世俗事务中起着作用，但正统基督教否认人可以自由接受或拒绝称义的恩典。不过，假如人果真像许多唯名论者所认为的那样是完全自由的，那么至少可以设想，他们会选择那些能够增加其得救机

28

---

　　① Anthony Levi, *Renaissance and Reformation*：*The Intellectual Genesis*（New Haven：Yale University Press，2002），29. 在讨论唯名论学派的变种时，我利用了莱维在这部出色的著作中提出的论证（30—65）。

会的方式行事。

虽然这一立场很合理，但是根据当时的标准，这种观点很成问题，因为它危险地滑向了曾受奥古斯丁和其后几乎所有正统神学家谴责的伯拉纠主义（Pelagianism）。① 因此，尽管奥卡姆和他的许多追随者一再声称，神不会以任何方式对人作出回应，所以不会被人的任何意志行为所影响（无论这种意志有多么自由），但唯名论者还是被不断指责为伯拉纠主义者。这在部分程度上与他们把人解释成一个意志的而不是理性的存在者有关，但肯定也因为，一些唯名论者觉得很难支持这样一个可怕而无情的神。他们不是基于神学，而是仅仅作为实际情况声称，神不会拒绝拯救那些给出了一切，或者做了所有份内之事的人："凡做份内之事者，神不会拒绝恩典。"（Facientibus quod in se est, deus non denegat gratiam.）这就是所谓的"做事原则"（Facientibus principle）。这种观点似乎暗示有得救的标准，但这些标准是完全因人而异的。一个人的总体情况可能与另一个人相当不同。因此，圣洁或有罪的裁定不再囿于教会之手。拯救不需要任何爱的行为，因为神以其绝对能力可以把任何不诚恳的行为看成足够，更重要的是，还可以把任何行为看作不诚恳。② 因此，"做事原则"不仅破坏了教会的精神（和道德）权威，而且也捍卫了一种危险地滑向伯拉纠主义的拯救观念。

尽管有这些外表，但这种把唯名论看成彻底的伯拉纠主义的看法是错误的。虽然比尔等一些后来的唯名论者确实宣扬了至少是半伯拉纠主义（semi-Pelagianism）的得救观念，但奥卡姆及其 14 世纪、15 世纪的追随者并没有这样做。他们对神的全能的强调几乎完全否认了人的意志会有什么效能。诚然，他们承认人的意志的重要性，这似乎暗示着人可

---

① 伯拉纠主义是以伯拉纠（354~约 420/440）命名的学说，它主张，原罪并不影响人的本性，道德的意志能够无须神的帮助而在善恶之间做出选择。在这种观点看来，人要为自己的得救负责，无须恩典便可以得救。于是，耶稣的受难并非救赎的来源，他的一生仅仅是一个道德范例。因此，人可以通过一种严格的道德生活而得救，无论神是否意愿他们得救。

② 正如莱维指出，奥卡姆的追随者里米尼的格列高利（Gregory of Rimini）走得更远，主张神甚至可能拒绝蒙恩典感召的行为，拒绝义人得救。和霍尔科特一样，他也怀疑一切理性的或自然的神学。Ibid., 60—63.

以通过自己的努力获得拯救，但他们也断言，所有事件和选择完全由神预先决定。虽然他们的学说似乎为人的自由开辟了空间，但对神的能力的信奉使这成为不可能，因为神完全决定了所有事物，只不过是以一种完全任意从而不可预知的方式进行的。

由于这种对神的决定论的强调，唯名论得以避免伯拉纠主义，但其代价是高昂的，因为预定论不仅免除了人的所有道德责任，而且也使神要为所有的恶负责。米尔库的约翰把该结论视为他本人唯名论的不可避免的推论，他承认，神决定了什么算作罪，以及谁的行为有罪。欧特里库的尼古拉走得更远，声称神本身是罪的起因。① 虽然大多数唯名论者有充分的理由并未强调这一结论，但它太过重要，以致不会被遮盖太久。在宗教改革时期，它便凭借自身的力量清楚地浮现出来。

唯名论试图把理性主义的面纱从神面前揭下，以便建立一种真正的基督教，但在这样做的过程中，它揭示了一个反复无常的神，其能力令人恐惧，不可认识，不可预知，不受自然和理性的约束，对善恶漠不关心。这种对神的看法把自然秩序变成了个体事物的混乱无序，把逻辑秩序变成了一连串名称。人失去了自然秩序中的尊贵地位，被抛入了一个无限的宇宙而漫无目的地漂泊，没有自然法则来引导他，没有得救的确定道路。因此毫不奇怪，对于最极端的禁欲主义者和神秘主义者之外的所有人，事实证明，这个黑暗的唯名论的神是焦虑不安的一个深刻来源。

尽管这种对神的新看法的影响主要来自于这个观念本身的力量以及它在《圣经》中的基础，但 14 世纪下半叶和 15 世纪初具体的生活状况对它的成功起到了至关重要的作用。在此期间，黑死病、西方教会大分裂和百年战争这三个重大事件动摇了中世纪文明的基础。此前，十字军东征的失败、火药的发明以及小冰期给作为封建制度基础的农业经济的

---

① Ibid., 64—65.

沉重打击已经削弱了这一基础。① 虽然这种对神的看法在 12 世纪、13 世纪也许会被视为荒谬，但后来的灾难却有助于使这样一个神变得可信。②

虽然中世纪以这种对神的唯名论看法的胜利而告终，但经院哲学事业并没有消失。事实上，它复兴了多次，但从未得到同样广泛的认同。即使是最伟大的阿奎那捍卫者、也是最后一位伟大的经院哲学家弗朗西斯科·苏亚雷斯（Francisco Suarez），在存在论上也是唯名论者。在一 <sup>30</sup> 定层次上，他支持托马斯主义的实在论，主张共相在心灵之外的存在，但在更深的层次，他以一种唯名论的方式扭转了这一论点，宣称任何个体存在都是一个共相。因此，产生现代性的那个世界不是经院哲学的世界，而是推翻了经院哲学之后的世界。当然，经院哲学的崩溃并非一蹴而就或在短时间内完成，但是到了 14 世纪末，这一过程已经全面展开。

### 从阿维尼翁到现代世界

1305 年，教皇所在地迁至阿维尼翁，这部分是因为新任的法国教皇蒙国王的恩，而且也因为罗马愈演愈烈的暴力冲突已经使教皇在那里不再安全。从这时到 1378 年，阿维尼翁一直是教皇所在地。在此期间，阿维尼翁成了欧洲精神生活之所在。它虽然远非中心，但却处于商业要道，与法国、西班牙、意大利、德国和英格兰都比较容易交流。知识分子出于种种原因被吸引到这里。保守神学家试图利用教廷的力量来赢得他们在巴黎、牛津等大学城失败的思想斗争，而他们的对手则试图捍卫

---

① 1315~1317 年的欧洲大饥荒是这一气候变化最为人所知的后果，但法国在 1304 年、1305 年、1310 年、1330 年至 1334 年、1349 年至 1351 年、1358 年至 1360 年、1371 年、1374 年至 1375 年和 1390 年也出现了饥荒。在英格兰这个中世纪最繁华的王国，1321 年、1351 年、1369 年和随后几年都出现了饥荒。由于粮食减产，在黑死病之前的英格兰，人的平均寿命从 35 岁减少到 30 岁，黑死病过后降到 17 岁。在 1420 年之前的一百年里，德国人口下降了 40%，普罗旺斯和托斯卡纳的人口则下降了 50%。

② 在这种背景下，我们也许会问，人怎么可能会继续相信一个可以预见的仁慈的神。莱维令人信服地论证说，关于旅居者最终目的地的不确定性也许有助于解释为什么会有赦罪、附属礼拜堂遗赠、为死者祈祷以及死后皈依。Ibid., 56。格列高利一世的《对话录四卷》对当时的恐怖有所描述。Ibid., 59。

自己的激进观点。我们看到，正是由于这个原因，奥卡姆来到阿维尼翁为其修会辩护，并且不得不留在那里，卷入与教皇的斗争。然而，他只是在这一时期来到阿维尼翁的重要思想家当中的一位。

事实上，正当奥卡姆和教皇在阿维尼翁的隐修院和教廷展开中世纪最后的神学斗争时，在几个街区之外，一个佛罗伦萨流亡者的儿子刚刚开始一项毕生的计划，它将有助于对现代作出规定。这个人就是彼特拉克。和奥卡姆一样，彼特拉克也认为经院哲学过于理性化，但他也厌恶唯名论者就词项展开的无休无止的争论，以及在他看来索然无味的关于神的能力的思辨。[1] 他和唯名论者都很了解教会的腐败，希望能够净化和更新教会，但他并不希望通过信仰和一种新的圣经神学来作这种更新，而是试图通过基督教修行与古代德性的融合来实现。[2]

彼特拉克认为，基督徒的生活不仅需要信仰和仪式，而且也需要道德实践。这种道德只有通过更好地理解人才能获得，不仅要利用《圣经》，还要借鉴古代的道德典范。因此，他一反中世纪晚期基督教的禁欲主义，试图重新恢复对荣誉和美的热爱，以此作为人最重要的动机。虽然彼特拉克的思想总体上仍然是基督教的，但他设想了一种新人，这种人有新的美德，不再是某个城邦或共和国的公民，而是一个独立自主的个体，他本身就是完整和完满的。彼特拉克承认，这些个体周围可能有朋友，或者会作为公民与他人联合，但他确信，只有首先成为自主的个体，他们才能实际做到这一点。正是人的个体性（individuality）理想激励了人文主义运动。

这种对个人的注重在古代世界是闻所未闻的。希腊艺术家和公民的理想不是形成个人特征或个性，而是使自己与理想中的典范相似。彼特

---

① 或如他的一位继承者弗朗切斯科·圭恰迪尼（Francesco Guicciardini）在 200 年后所说，神的"道路是如此不可揣度，以致被正确地称为'深不可测'（*abyssus multa*）"。*Maxims and Reflections*（Ricordi）（Philadelphia：University of Pennsylvania Press，1965），64. 他和彼特拉克都确信，经院哲学并非智慧的集合体，而是数千个荒唐观念（72—73）。

② 关于对当时教会及其圣徒的腐败的毫不留情的描述，参见乔万尼·薄伽丘（Giovanni Boccaccio）《十日谈》（*Decameron*）中的前两个故事，trans. M. Musa and P. Bondanella（New York：Norton，1977），18—31。薄伽丘是彼特拉克的朋友和仰慕者。

拉克及其人文主义追随者并没有把人本身置于万物的中心，而是把个体的人置于中心，在这方面，他们在存在论上要更多地归功于唯名论而不是古代。在人文主义看来，个人并不是一个处于万物顶端的理性动物。和奥卡姆一样，人文主义者确信，人并无自然的形式或目的。他们还因此得出结论说，人以其自由意志为特征。不过，人文主义者所理解的这种意志在一个重要方面区别于奥卡姆和唯名论者赋予人的那种意志。它不仅是一种被创造的意志，而且也是一种自我创造的意志。神把意志的能力赋予了人，然后人把自己变成了他想要变成的样子。这种有自我意志的存在者的观念显然与唯名论的神的模式很相似。和创造他的神一样，这个人是一位工匠，但其最伟大的艺术作品是他自己。他是一个字面意义上的诗人〔poet，字面意义为"制作者"——译者〕，能够认同于每一个存在者，并把自己变成他们之中的任何一个。

然而，这样一个个人并不是神。他还要受其自身道德的约束，受混乱的物质运动或人文主义者仿照罗马人所谓的"命运"（fortuna）的支配。[1] 艺术家可以给事物赋形，画画，雕刻大理石，建造宫殿，甚至是创建国家，但命运最终会摧毁所有这一切。[2] 即使是如马基雅维利（Machiavelli）所指出的最伟大的君主，也只能在一半时间取得成功。虽然在人文主义看来，个人是自由的，在某种意义上甚至是神圣的，但他并非全能，因为他的童年和老年都要依赖他人，而死亡不可避免会使他失去控制力量。

这种人文主义的命运观念反映出其背后的一种退化时间观。形式和目的并非自然固有，而是一种艺术家意志的产物，这种意志修筑堤防拦截命运的洪水，但命运最终会漫过堤防。人文主义的这种关于艺术控制自然之能力的悲观情绪反映在他们对自己在时间长河中位置的认识。他们知道，自己如此仰慕的辉煌的古代世界已经不复存在，黑暗的中世纪

32

---

[1] 关于这一点，参见 Charles Trinkaus, "The Problem of Free Will in the Renaissance and the Reformation," in *Renaissance Essays*, ed. Kristeller and Wiener (Rochester, N. Y.: University of Rochester Press, 1992), 187—198。

[2] 关于文艺复兴时期把国家视为一件艺术品，参见 Funkenstein, *Theology and the Scientific Imagination*, 342。

取代了它。他们希望建立一个新的黄金时代，但他们从未梦想它会永远存在下去并且不断被完善。

人文主义既与唯名论一起发展，又源于唯名论。① 它为神的全能所引出的许多问题提供了一种解决方案。这种解决方案本身是在唯名论基础上构建的，也就是说，把人理解成一个个体的和意志的存在，然而它是十分成功的，因为它大大缩小了唯名论所认为的人与神之间巨大的存在论差异。于是，随后产生的关于高贵个人的设想是某种全新的东西，明显超出了中世纪，正如莎士比亚笔下的卡修斯（Cassius）所说，他"如巨人一般"屹立着。这个人的目标是荣耀而非谦卑。为此，他运用艺术而不是哲学，运用修辞学而不是辩证法。于是，人文主义试图通过这样一种方法来回答由神的全能引出的问题：设想一种新人，他能够凭借自己的力量在唯名论所设定的混乱世界中保护自己。

我们今天以为人文主义是与宗教对立的，甚至是无神论的一种形式。然而，文艺复兴时期的人文主义几乎总是基督教人文主义。不过，在表述他们那种特定的基督教时，人文主义者大量利用了西塞罗（Cicero）和新柏拉图主义，设想了一种更加注重道德实践而不是信仰和仪式的基督教。这种转变甚至显见于一些较为温和的北方人文主义者，它把基督教推向一种伯拉纠主义，许多忠诚的基督徒对此非常反感。在这方面，人文主义对基督教信仰和修行的影响非常重要，因为它引发了第二个伟大的思想运动——宗教改革，作为对唯名论革命所引出问题的回答。

路德是宗教改革之父，他的生活和思想在许多方面都是对唯名论革

① 海因茨·海姆塞特（Heinz Heimsoeth）1922年就已经清楚地看到，文艺复兴早期与奥卡姆之间有明显关联。Heimsoeth, *The Six Great Themes of Western Metaphysics and the End of the Middle Ages*, trans. R. Betanzos（Detroit：Wayne State University Press, 1994），31. 这种关联已经变得愈发清晰，特别是在科学史上。例如见 Alexander Koyré, *From Closed World to Infinite Universe*（Baltimore：Johns Hopkins University Press, 1957）；A. C. Crombie, *Robert Grossete and the Origins of Experimental Science*（Oxford：Oxford University Press, 1953）；当然还有 Blumenberg's *Legitimacy of the Modern Age* 和 Funkenstein's *Theology and the Scientific Imagination*。

命所引出问题的回应。然而，在对唯名论作出回应的过程中，他所走的道路与人文主义者完全不同。他不是由神走向人，而是由人回到神。人文主义者曾经试图改革基督教，但路德的改革观念更为激进和全面。

宗教改革运动曾被描述成中世纪宗教性的最后一次高涨，虽然这种 说法并非完全错误，但它掩盖了宗教改革的基督教在很大程度上乃是基于本质上唯名论的理由而反对中世纪的基督教。路德的例子清楚地说明了这一点。路德年轻时就成了一个奥卡姆主义者，但唯名论所描述的那个令人费解的神使他深受困扰，他被个人得救的不确定性所折磨。面对一个反复无常的神，路德几乎不可能不关注个人得救，这个神今天可能会拯救圣人，惩罚罪人，明天则可能反过来。

面对着这个神，路德需要追求确定性，这种追求是与他反抗教会腐败的斗争交织在一起的。在路德看来，教会腐败与事功教义（doctrine of works）特别是出售赎罪券有密切关系。路德基于唯名论的理由拒不承认事功有救赎能力。如果神乃至人的最显著标志是意志，那么罪只有通过正确的意志才能得到赦免，不论结果如何。[①] 但正确的意志并非取决于人，而是取决于神。于是，路德对赦罪问题的回答就是他对唯名论的神所引发问题的回答："因信得救。"路德认同唯名论把人当成一个有意志的存在，但通过重新确定神的意志与人的意志之间的关系而改变了这种观念。根据路德的说法，信仰是与神合为一体的意志，但信仰只有通过《圣经》才能来自神。[②] 换句话说，对《圣经》的信仰可以确保得救。

初看起来，很难看出《圣经》如何解决了唯名论所引出的问题，因为对《圣经》的依赖似乎假定了神的规定是不变的，而唯名论明确否认这种不变性。然而，路德赋予了《圣经》不同的地位。在他看来，

---

① Martin Luther, *The Freedom of a Christian*, in D. Martin Luthers Werke：*Kritische Gesamtausgabe*, 67 vols.（Weimar：Hermann Böhlaus Nachfologer, 1883～1997），7：61（此后引作 WA）；*Luther's Works*, 55 vols.（St. Louis and Philadelphia, 1955～1975），31：361（此后引作 LW）。当引用 *Weimar Ausgabe* 时，我遵循标准学术惯例，给出卷：页. 行。罗马数字表示一卷的第一部分或第二部分。

② *WA* 7：49.7—19；*LW* 31：343.

《圣经》不仅是一个文本，而且也是神直接向人言说的一种手段。① 信仰源于听到神的声音。因此，神的力量并不是某种抽象遥远的东西，而是总在我们之中并通过我们起作用。就这样，路德把唯名论的那个可怕的神变成了一种内在于个人的力量。基督徒在神之中获得新生，因为神生于他之中。

奥卡姆称，每一个个体存在都是神的独特创造，但他认为，神与人的截然分离是通向人的认识和意志的不可逾越的障碍。于是，他转向了《圣经》。但即使《圣经》也只是揭示了一个遥远的神的意志的一时决定，它在任何时刻都可能是另一副样子。路德也把神看成一个隐匿的神（*deus absconditus*），无法作哲学上的理解和分析。他也转向《圣经》，把它作为指导的唯一来源。但与唯名论者不同，路德认为神与人的差异可以通过《圣经》所灌注的神的意志而弥合，这种神的意志消除了所有疑虑。而与人文主义者不同，这并不是因为人与神以同一种方式意愿，即创造性地意愿，而是因为他意愿神之所愿，即道德的和虔敬的意愿。人没有变成半神，而是变成了神的居所；神变成了人的生命的内在指导原则，或路德所谓的良心。

无论是人文主义者还是宗教改革家，都不认为自己是在建立一个新时代，或是开创某种全新的东西。相反，他们认为自己的任务是恢复某种古代和传统的东西。不过，在这样做的时候，他们发觉自己陷入了一场自始至终困扰着基督教的关于神人关系的冲突。意大利人文主义以一种普罗米修斯式的方式提出，人可以把自己提升到神的层次，甚至在某些方面变成神。在这个意义上，它显然是伯拉纠主义的，或至少是半伯拉纠主义的。因此，人文主义对人的看法与神的全能不相容，与神是神这一观念不相容。然而，如果没有这样一个神，就很难看出人如何可能不只是动物。宗教改革不仅针对教会的腐败，而且也针对这种伯拉纠主义的人文主义。在宗教改革家看来，神是全能的，没有神，人就什么也

① 路德坚持《圣经》的必要性，拒绝接受福音派的极端主观主义，后者不遵从神的话语，而是遵从他们与神直接交流所获得的光照，即他们所谓的内在之光。

不是。因此，人的自由意志观念是一种幻觉。然而，反伯拉纠主义和反人文主义的立场同样不能令人满意，因为如果人的意志完全没有能力，那么罪恶之源就是神而不是人，人就不能对自己的行为承担道义上的负责。因此，虽然人文主义无法维持神的全能的观念，但如果没有神的全能，人文主义也不可能存在。类似地，宗教改革的神学无法支持人的自由意志，但如果没有人的自由意志，它也无法支持一个仁慈的神。就这样，人文主义者和宗教改革家陷入了一种无法逃避的自相矛盾。因此，他们不可避免会发生冲突。这种分歧最明显地表现在伊拉斯谟（Erasmus）与路德就意志的自由或束缚所展开的争论，也表现在整个欧洲陷入的长达一百多年的宗教战争。

人文主义和宗教改革分别把世界观建立在人和神的基础上。这些选择植根于漫长的基督教历史，他们之间的冲突在很多方面都反映了基督教自创立之初就一直存在的矛盾。在这种冲突中，一些思想家试图寻找一条新的道路，不再把神和人作为研究的基础，而是转向自然界。这样一来，严格意义上的现代性开始于这样一个目标，即发展一种科学，使人掌控和拥有自然。这种方案在许多重要方面都归功于唯名论。

通过设定一个完全由个体存在者所组成的混乱世界，唯名论摧毁了中世纪科学的存在论基础。事实上，在唯名论者看来，世界本身只不过是一个更高层次的符号，能够对那种不符合任何实在的理智有所帮助。于是，唯名论似乎使科学变得不可能。但实际上，现代科学恰恰发端于唯名论，因为它重新思考了唯名论的存在论的含义。

经院哲学的形而上学把神理解成最高存在，认为受造物按照一种理性秩序排列，一直延伸至神。然而，从唯名论的角度来看，这样一种秩序是站不住脚的，不仅因为每一个存在者都是完全个体的，也许更重要的是因为，神本身并不是一个与所有受造物同样意义上的存在者。奥卡姆虽然指出了神与其造物之间的这种鸿沟，但并没有对它作彻底探究。这项任务落在了伟大的思想家、德国神秘主义者埃克哈特大师（Meister Eckhart，1260~1328）肩上。在阿维尼翁，他的道路与奥卡姆和彼特拉克的道路相互交错。

　　埃克哈特深受新柏拉图主义的影响，虽然他的新柏拉图主义已经被其神秘主义所改变。和奥卡姆一样，埃克哈特认为神与世界无限遥远。因此，从日常事物的角度来看，神似乎什么都不是。然而，在埃克哈特看来，这个问题必须从神的角度而非人的角度来考察，不是通过逻辑，而是用神秘主义的方式。从这个角度看，不是神什么都不是，而是宇宙万物什么都不是，至少如果没有神，它们就什么都不是。然而，由于宇宙万物在某种意义上已经"是"，所以它们必须"是"神，即神必须以某种方式存在于事物"之中"。没有神，它们将是纯粹的无。然而，神与其造物之间的无限差异意味着神不能作为"是什么"或本质存在于事物之中。埃克哈特指出，神在一种不同的意义上存在于万物之中，即作为它们的"如何"（how），作为决定其"变化"（becoming）的起作用的力量。用唯名论的话说，神是纯粹的意志、纯粹的主动性或纯粹的力量，变化中的世界就是神的意志，就是这个神。或者用更现代的术语来说，世界是由神的意志所决定的持续不断的运动，神的意志被理解成动力因果性或机械因果性。世界乃是道成肉身，是神的身体，神在世界之中就如同灵魂在肉体之中，神作为运动的本原无所不在。①

36　　因此，宇宙万物绝非混乱无序。神以一种不同于经院哲学和传统形而上学设想的新方式存在于世界之中。他不是宇宙万物最终的"是什么"或本质，而是它们的"如何"或变化。因此，要想发现神所规定的世界的特征，就必须研究变化，也就是说，必须发现支配万物运动的法则。就这样，神学与自然科学成了一回事。

　　理性主义和唯物论都活动在这种关于神与造物之间关系的一般理解中，但它们对这种关系含义的理解相当不同。理性主义大都从泛神论意义上来理解神与其造物的等同。因此，自然的运动就是神的运动，自然定律就是神的意志的形式和结构。于是，理性主义科学在神学上并非基于《圣经》，而是基于由先验的意志或自由导出运动定律。

---

　　① 海姆塞特认为，埃克哈特代表朝着对万物的肯定迈出了第一步。*Six Great Themes*，47.

　　而唯物论则从无神论意义上来理解神与造物的等同。① 说奥卡姆所理解的那个唯名论的神在一切方面都类似于埃克哈特（以及后来的库萨的尼古拉［Nicholas of Cusa］）所暗示的那样，是说一切事物都是任其自性，都是毫无目的或目标的运动，没有任何必然的规律性。从这种角度来看，唯名论的宇宙与一个运动着的无神的物质宇宙并没有什么实际区别。神的存在与否与理解自然无关，因为他既不能增加也不能减少完全个体化的宇宙万物的混乱程度。因此，科学在试图理解自然界时并不需要考虑神或《圣经》，而只能依靠经验。于是，"无神论的"唯物论有一个唯名论革命的神学起源。诚然，唯物论也利用了古代的原子论和伊壁鸠鲁主义，但这两者都是在本质上已经是唯名论的世界观中被接受和理解的。

　　这种对变化作为神意之显现的新的理解是现代性的自我意识的存在论基础。自柏拉图以来，存在一直被理解为无时间的、永恒不变的。变化总是一种从存在的跌落，一种退化。唯名论质疑了这种观念，它断言，神本身不仅视变化为必要，甚至就是变化本身。可变的宇宙不再被视为从完满的跌落，不再如柏拉图在《蒂迈欧篇》中所说，仅仅是"永恒性的移动影像"。变化绝非退化。虽然这种对变化的新看法尚未得到完全阐明，它一直困扰着那些努力为变化找到一种不变的"存在论"基础的现代思想家，但对于走出古代和中世纪的时间观和变化观来说，这是关键的一步。

　　如果变化绝非退化，则有些变化也可能是进步的。由一种被启蒙的人类所引导的变化或许会产生好结果。就这样，进步作为人类的一种可能性被开辟了出来。像马基雅维利这样的文艺复兴时期的人文主义者已经很清楚，意志能够控制世界，但由于依赖个人的才能和意志，他们仍然无法设想彻底控制自然。人的有限性意味着，即使是最伟大的个人也

---

　　① 我并不是想以此断言所有近代早期的唯物论者都是无神论者。事实上恰恰相反。正是其特殊的神的观念保证了神与他们的自然解释不相关。Charles Larmore 持这种看法，他断言，在现代，"神是如此伟大，以至于不必存在"。Larmore, *The Morals of Modernity* (Cambridge：Cambridge University Press, 1996), 41.

不可避免会屈服于无坚不摧的时间。因此，控制自然需要的不仅仅是纯粹个人的意志。近代早期的思想家认为，只有当人类认识到，科学并非个人成就，而是一种有着广泛基础的社会或政治事业时，这个问题才可能得到解决。这样便可以设想有一种永恒长存的人类意志，也许最终可以控制自然界。

弗朗西斯·培根（Francis Bacon，1561～1626）经常被称为近代科学之父。和那些唯名论先驱一样，培根也拒绝接受经院哲学形式和古典形式的实在论。他同意唯名论者所说的，"自然中实际存在的只有个体，它们的行为是纯粹个体的行为"。① 结果，宇宙是一个迷宫，无助的人类理性是无法洞悉的。② 在培根看来，以前的思想家之所以走不出这个迷宫，是因为他们没有用现有的力量来达到这个目标，而只是依赖于观察和过于草率的概括。③ 这种无能有各种原因，培根在《新工具》中有详细描述，即人的头脑中存在着四种根深蒂固的假象或错误观念。④ 人类曾经认为，他们需要知道的一切都来自直接经验。结果，他们不愿或无法通过考察特殊事例来证实其概括。于是，他们总是满足于猜测而不是认识，用想象和梦幻代替了真正的知识。⑤ 即使在那个实在论受到质疑的时代，培根也认为，人类之所以没能做这样的研究，是因为过分尊重古代，以及认为不可能有科学进步，而之所以认为不可能有科学进步，乃是因为自然的难解、生命的短促、感官的欺骗、判断的无力、实验的困难等等。⑥ 他认为当务之需是把整个科学、技艺和人类知识重新建立在正确的基础上。⑦

培根所追求的知识与经院哲学知识大相径庭。他并不关心自然是什

---

① Francis Bacon, *The New Organon and Related Writings*, ed. F. H. Anderson（New York：Macmillan，1960），122.

② Ibid.，12.

③ Ibid.，3.

④ Ibid.，47—66.

⑤ Ibid.，23，29.

⑥ Ibid.，80，90.

⑦ Ibid.，4.

么，自然倾向什么，即事物的形式因和目的因，而是关心物质的特性和运动，即质料因和动力因。换句话说，他想知道的不是自然是什么，而是它如何运作，因此他的目标不是理论或思辨，而是实际改善人类的境况。① 如果以这种方式来理解自然，就可以让自然产生出对人的生活有用的东西，因为我们了解了个别事物的属性之后，就可以把它们组合到一起，产生出我们想要的结果。培根的最终目标是造就这样一个自然，它不是一个静态的范畴体系，而是一个动态的整体，是所有个别事物的相互作用。② 以这种方式理解自然就是把自然理解成力量。

培根认为，通过认识自然所产生的力量可以把人类带到迄今无法想象的高度。不过在他看来，要想获得这种知识，必须首先降低自己，服从自然，对行使我们的意志加以限制。要想控制和命令自然，首先要做自然的仆人和解释者。因此，在培根看来，科学的目标不只是

> 思辨的愉悦，而是人类真正的事业和命运，是所有行动的力量。因为人只不过是自然的仆人和解释者：他的所做所知只是他实际上或在思想中对自然秩序的观察；超出这些，他便一无所知，什么也不能做。任何力量都不能把原因链松开或中断，只有服从自然才能驾驭自然。因此，人的知识和人的力量这两个目标实际上合而为一；行动的失败正是由于对原因的无知。③

这种知识的前提是人的精神的谦卑，因为成功依赖于放弃那个令我们感到自豪的信念，即我们在宇宙万物的秩序中占据着更高的地位。我们不应像人文主义者所暗示的那样充当万物之主，而应成为自然工场中的学徒。④ 我们并不需要很高的才智或个人的杰出，而是需要固守和服从最

---

① Ibid. , 23，78，118，267.

② Ibid. , 5，132. 冯肯施坦主张，这是一种新的认知理想的开端，即认识作为构造。*Theology and the Scientific Imagination*，297.

③ Bacon，*The New Organon*，29；另见39。

④ Ibid. , 13，66，119.

可靠的规则和证明。①

虽然谦卑使我们获得了研究自然的通行证，但残忍才是我们达到目的的手段。单凭经验只能把我们带到自然的外围。要想真正进入自然的内室，就必须将其拆解成碎片，抑制、折磨、解剖和拷问自然，强迫它吐露通往宝藏的秘密入口。② 只有作为无情的仆人，约束和折磨主人以了解其力量来源，我们才能从自然那里获得关于其隐秘力量和运作的知识。然后，在这些知识的基础上，我们可以作出"一系列发明，在一定程度上克服人类的贫穷和苦难"。③

就这样，培根为唯名论和唯名论的神所引出的问题提供了一种新的革命性解答。他直面并接受了唯名论的世界观，试图为其基本问题找到解决方案。他既不试图诗意地改变这个世界的形貌，也不希望与它的神重新立约，而是力图发现自然运动所凭借的隐秘力量，以获得对自然的控制。对培根而言，就像对奥卡姆和彼特拉克来说一样，人是一种有意志的存在，他力图在世界中保护自己。然而，与方济各会所宣扬的禁欲主义以及人文主义的如神一般的个人不同，培根所设想的人是一种相对弱小和充满恐惧的存在。只有通过经年累月、持续不断地与同伴一道了解自然法则，并将这种知识付诸应用，人才能获得成功。培根方案的这种大众性使它的成功变得可以设想。它不依赖于伟大而罕见的天才作为，而是依赖于把普通才智不断运用于一系列容易分解的小问题。在这方面，培根与他的人文主义前辈非常不同。例如，培根在他的《新大西岛》（*New Atlantis*）中所设想的知识英雄并非光芒四射的"拥有伟大灵魂的人"，而是一个严肃的、祭司般的、没有英雄气概的科学家。他不仅愿意研究美的高贵的东西，而且愿意研究低级污秽的东西，因为和培根一样，他知道"任何值得存在的东西都值得被认识"。④

虽然培根在唯名论的基础上为新科学铺下了第一块砖，但砌墙的却

① Ibid., 6, 112.
② Ibid., 20, 22, 25, 95, 113.
③ Ibid., 23.
④ Ibid., 109.

是伽利略、笛卡儿和霍布斯。事实上，培根的方法并不适于理解被视为运动中的物质的自然。它对个体事物的唯名论式的全然关注，以及它的归纳法，都使它无法把握运动本身。伽利略把运动转移到抽象的几何世界，以及对惯性的新的认识，是使现代数学科学成为可能的关键步骤。① 在此基础上，笛卡儿和霍布斯发展出了对现代科学事业的另一些设想。

笛卡儿与霍布斯的分歧是导致现代性道路发生分叉的关键核心。现代思想中的一支始于笛卡儿，包括莱布尼茨、马勒伯朗士、斯宾诺莎、康德、费希特、黑格尔、叔本华以及大多数当代大陆哲学家；另一支则始于霍布斯、洛克、休谟和密尔，包括许多当代英美思想家。这两种思路代表着在现代科学框架内对唯名论的神所引发的基本问题的不同回答。它们之间的分歧表现为若干议题，但人与神的本性和关系问题具有核心的重要性。

对于培根来说，人是自然的一部分。因此，他"所能做的仅限于在事实或思想中对自然进程作出观察。除此之外，他既不知道什么，也不能做任何事情"。② 人是一个自然的存在者，受制于自然的所有约束。虽然人能改善自己的境况，并且在一定意义上控制自然界，但人仍然是自然的一部分，而不是其创造者。

笛卡儿为我们提供了另一种版本的现代方案。他的思想也深受唯名论的神的问题的影响，但他对这一问题的解决方案在一些重要方面不同于培根。特别是，关于人相对于神和自然的地位，他有着完全不同的看法。早期的笛卡儿确信自己可以在数学的基础上建立一种必然为真的科学。他认为，这样一种科学可以用数学表示所有运动，使人能够真正控制自然，不仅能像培根所希望的那样解除人的苦难，而且能使人永远成

---

① 关于这一点，参见 Thomas Spragens，*The Politics of Motion：The World of Thomas Hobbes*（Lexington：The University of Kentucky Press，1973），60—74。

② Bacon，*The New Organon*，39.

为万物之主。① 后来笛卡儿对这一方案产生了疑问，因为他意识到，一个真正全能的神的观念会破坏数学的确定性。这种认识使笛卡儿开始了精神探求，最终他提出了那条著名的原理——"我思故我在"作为一切人类知识的基础。因此，笛卡儿在思想成熟时期制订的科学方案是对唯名论所引发问题的明确回应。

笛卡儿对这一问题的解决方案与培根的区别显见于他那条基本原理，因为它把所有现代科学都建立在一个自治主体的基础上，这个主体不仅超越了自然，而且能够抵抗并最终挑战（甚至取代）神本身。在笛卡儿看来，通过把自然从它目前的拥有者即神那里夺走，人能够掌控和拥有自然。这之所以可能，是因为人在某种意义上已经是神，或者至少是那种构成了神的无限意志。②

因此，笛卡儿的科学观念基于一种新的观念，即把人看作一个意志的存在。人以唯名论的那个全能的神为榜样，和他一样能够通过运用无限意志来控制自然。笛卡儿不仅利用了唯名论，而且利用了人文主义那种自我创造的、自足的个人的理想，以及路德将人的意志与神的意志结合起来的观念。正是这种强大的结合孕育出了主体性观念，它在理性主义、观念论以及后来的大陆思想中都起着核心作用。

笛卡儿既把作为运动身体的人留在了自然之中，又把人作为一种准全能的东西提升到自然之上，就此而言，笛卡儿为一种不可避免和无可挽回的不满奠定了基础，这种不满对现代性造成了巨大的道德和政治危险。人的无限意志总是努力主宰和超越身体，但它同时又总是身体的。

---

① 这样一种方案最显著的形式和明确的方法论表现在莱布尼茨和牛顿所发展的微积分中。

② Descartes, *Oeuvres de Descartes*, ed. Charles Adam and Paul Tannery, 13 vols. (Paris: Vrin, 1957~1968), 7: 57~58（此后引作 AT）; *The Philosophical Writings of Descartes*, trans. John Cottingham, Robert Stootfhoff, and Dugald Murdoch, 3 vols. (Cambridge: Cambridge University Press, 1985), 2: 40（此后引作 CSM）。另见 Descartes to Mersenne, December 25, 1639, AT 2: 628; Descartes to Elizabeth, 3 November 1645, AT 4: 332。另见 Margaret Wilson, "Can I Be the Cause of My Idea of the World? (Descartes on the Infinite and the Indefinite)," in *Essays on Descartes' Meditations*, ed. Amélie Oksenberg Rorty (Berkeley and Los Angeles: University of California Press, 1986), 350。

在努力实现其无限本质的过程中，它必须始终否定有限。然而，这种否定是不可能的。因此，虽然观念论就其渴望而言也许是理想主义的和崇高的，但在实际形式上，它总是面临着一种千禧年的诱惑，要用越来越极端的控制手段来实现其无法实现的目的。

　　霍布斯对人的能力的看法要比笛卡儿更狭窄。在霍布斯看来，人是自然的一个部件，一个运动着的身体。和唯名论者一样，霍布斯也认为，这种运动并没有在目的论上被决定，但与唯名论者不同，他认为这种运动不是随意的，而是机械的。它既没有以亚里士多德的方式实现其本质，也没有通过爱或美而趋向一种自然目的，而是通过与其他物体的碰撞而被推向前进。因此，人的运动不是源自内在的自然冲动，也不是源自神的感召或自由意志，而是源自一连串因果运动。与笛卡儿不同，霍布斯并没有把人看成高于自然的存在。人是彻头彻尾的自然物，服从自然定律。根据这些支配所有物质的定律，这些物体（人）中的每一个都将继续保持既定的运动，除非与另一物体的碰撞改变了这一运动。作为物体的人的这样一种碰撞就是冲突，因为它限制了个人连续的（所以在霍布斯看来是自由的）运动。因此，在一个人口稠密的世界中，人的自然状态就是战争状态。霍布斯所理解的科学目标就是对人的和非人的物体的运动进行组织，从而把人的不受阻碍的（从而是自由的）运动最大化。

　　自由意志的重要性在霍布斯的思想中大大降低。事实上，霍布斯否认人有自由意志，他只把意志看成行动之前的最后欲望。[①] 在霍布斯看来，人是在自然中生活的，永远受自然界的制约。人更多是受造物，而不是创造者，更多受定律的支配，而不是制定定律。他不是一个能够设想自己是神的超越存在，而是一个受驱动的物体，其主要欲求是继续自己业已被规定的进程，最小程度地受他者干涉。

　　在霍布斯看来，大多数人都害怕死亡，因此同意在国家中被统治，以获得和平，并将自己的自由运动最大化。这种统治以及因此可能带来

---

① Thomas Hobbes, *Leviathan*, ed. Edwin Curley (Indianapolis：Hackett, 1994), 33.

的和平所受的主要威胁有两方面：一是对荣耀的渴望，这是人文主义的典型特征；二是相信我们今生的行为会影响来生，这是宗教改革运动的核心信念。对荣耀的渴望的影响被利维坦（Leviathan）减弱，霍布斯称它为一个"有朽的神"，因为没有人能够与它竞争荣誉。宗教激情的影响则因为对预定论的正确认识而被减弱。霍布斯同意路德和加尔文的看法，认为一切都是预先注定的，但主张正是这一事实表明，我们在这个世界上所做的事情对我们的得救没有影响。如果一切都已注定，那么任何人做任何事情都无法获得拯救或失去拯救。

由于不再把荣耀和真福当作人的行为动机，霍布斯认为，人会天然倾向于寻求保护和富足。虽然这些是比世俗的或超自然的荣耀更为次要的好处，但它们也不大可能成为暴力冲突的来源。因此，霍布斯试图使人掌控和拥有自然，不是为了实现人的神化，而是为了满足人自然的身体欲望。

现代性有两个目标：使人掌控和拥有自然，以及使人的自由成为可能。现在留下的问题是，这两个目标是否彼此相容。霍布斯和笛卡儿在对《第一哲学沉思集》(Meditations) 的反驳和答复中的争论表明它们并不相容。事实上，我们在这场争论中看到的是，路德与伊拉斯谟之间争论的核心问题再次出现。笛卡儿像伊拉斯谟一样，认为除了自然因果性，还有人的自由。而霍布斯则像路德一样认为，只有神的绝对能力才是所有物质运动背后的最终原因。于是我们看到，从一开始就困扰着基督教的神人关系问题重新出现在现代性的核心处。所以到头来，虽然现代性在存在者层次上从人和神转向了自然，但这种转向仍然认为它试图超越的那些范畴继续具有一种形而上学的和结构上的意义。霍布斯和笛卡儿在现代传统中的继承人一直在力图解决这个问题。特别是，解决这个问题的一系列不成功尝试恰恰刻画了启蒙运动的特征。这个问题对于现代事业的核心性在康德的二律背反学说和法国大革命中变得很明显。于是，当现代性结束时，我们不得不面对一个疑问，即这个问题能否在现代性所开辟的存在论视域内得到解决，我们不由得要问，哪怕是最世俗形式的现代性能否摆脱开始时的那个形而上学/神学问题。

56

在《巴门尼德篇》（*Parmenides*）中，柏拉图探讨了一与多这个原始问题。这个问题之所以原始，是因为它不可能得到回答，而之所以不可能得到回答，是因为它本身就是所有思考的前提，从而也是所有疑问和回答的前提。要想思考事物，我们只能把它们想成既是一又是多。对于这一困境有不同的解释，一些植根于存在的矛盾本性，另一些则植根于语言不足以把握存在，但我们这里没有必要讨论这些内容了。对我们的目的来说，我们只需承认，对这个问题没有明确的解答。因此对于整体，不可能有最终的理论看法能够充当绝对的、根本的、不可动摇的真理。无论是巴门尼德式地停留于一，还是彻底的个体主义或唯名论，都无法消除这个矛盾。它也不可能通过一种语言转向来消除，即把一切事物都想象成仅仅是语词或符号的游戏，一种每当我们说话时就重新创造世界的语言游戏。因此，这个问题是一切哲学思考的基础，决定着所有哲学思考的进程。柏拉图笔下的巴门尼德主张，无论是通过一而不借助多，还是通过多而不借助一来解释世界，这些努力都注定要失败。唯名论反对实在论，因为实在论在一的方向上走得太远，设定了神与其造物的等同。而唯名论则在两者之间作出了鲜明区分，结果过分强调了多和特殊性。

1326 年的那天，离开多姆圣母院大教堂的三个人便是奥卡姆、彼特拉克和埃克哈特，他们都面临这一问题，并试图回答它。他们及其继承者的回答以经常相互矛盾的各种不同方式决定了现代世界，重新规定了人、神和宇宙的关系。在我们目前面临的以及未来将要发生的关于现代化和全球化之本性的斗争中，我们必须看到，不仅是我们的对手，而且也包括我们自己，一直在被那些本身并非现代的信念和观念所影响和驱使，它们实际上是那些孕育了现代的问题的再现。

# 第二章　彼特拉克与个体性的发明

公元前 399 年的一天，有个人选择了死亡，而没有选择流放，他可是有史以来头脑最清醒的人之一。不错，这个人是苏格拉底。至于他为什么最终会作这个决定，我们永远也不会知道，但这项决定肯定作于庭审结束之后和宣判之前。苏格拉底和朋友们站在广场上，他曾在那里缠着雅典市民思考问题，并同朋友和追随者们一起作哲学思考。远处屹立着雅典卫城和神庙，他即使并不怀疑这些神祇的存在，至少也质疑过他们的本性。浑身饰金的雅典娜女神手握长矛，默默地俯视着他，在雅典的阳光下熠熠生辉。投票即将结束，他几乎肯定希望 500 名陪审员中的大多数人都能投他的赞成票。否则，他必定会受到惩罚，控告者一定会要求判处他死刑。他知道，大多数陪审员都希望摆脱他。因此，假如他被判处有罪，他可以选择流放到别处，和一些朋友生活在一起。但他似乎无法接受这种可能性。我们不知道这其中的原因是什么，但这直接导致了他的死。从他的朋友和追随者们后来的记述可以得知，他们认为他已经得出了结论：他在任何其他地方都不再可能是同一个人，其身份与雅典决定性地联系在一起。

苏格拉底的选择例证了人本质上所具有的政治性。正如亚里士多德后来所说，成为人就是要成为一个 *zōon logon echon*［字面意思是"运用语言的动物"］，或如后来所翻译的，"有理性的动物"。但是，语言只存在于与他人的交流中。因此，要成为一个 *zōon logon echon*，就必须也是一个 *zōon politikon*，即"政治的动物"［字面意思是"城邦的动物"］。
在亚里士多德看来，住在城邦之外的人要么是野兽要么是神，即使是最独立的人即哲学家，也无法在城邦之外生存。

把人的身份看成本质上是城邦的，这种看法后来遭到了斯多亚派（Stoic）哲学家的质疑。他们坚持认为，智慧的人不是某个城邦的公民，而是宇宙公民，他不仅分有了某个城邦的逻各斯（logos），而且分有了遍及万物的神的逻各斯。不过他们并不清楚，除苏格拉底以外，是否还有什么人获得过这种独立性。当然，即使是苏格拉底也没有选择走这样一条道路。此外，在他们的叙述中，就城邦更大的意义而言，最智慧的人并非超越于城邦，因为在他们看来，宇宙本身就是一个自身具有自然法的巨大城邦。于是，斯多亚派所说的智慧的人不是非城邦的（a-political），而是宇宙城邦的（cosmo-political），不是独立的个体，而是宇宙城邦的公民。

基督教也对城邦在古代世界身份构建中的霸权提出了挑战。然而，尽管基督徒拒绝接受在异教徒城邦中的公民身份，但他们这样做只是因为他们设想自己是一个更高、更尊贵的上帝之城中的公民。因此，他们结合成此世中的各个群体来崇拜神，总是期待着神能够回来，将整个世界变成由神亲自统治的正义之城。这种末世论的想象激励着从保罗到奥古斯丁的古代基督徒，并继续产生强大的影响，一直到近一千年后的但丁（1265～1321）时代。但丁因为两败俱伤的政治冲突而被逐出了他挚爱的佛罗伦萨，他花了生命中的最后 20 年在想象中构建那个即将到来的世界，即神已经为灵魂上天堂、下地狱和介于中间的人定好了位置的那个最终的"城邦"。

向现代世界的过渡始于对人身份的这种政治的、宇宙论的和神学的看法的拒斥。这部分植根于唯名论拒绝接受经院哲学所描绘的那个有秩序的宇宙和神。我们看到，根据唯名论者的看法，没有什么神的逻各斯或理性能够充当一种政治的、宇宙城邦的或神学的身份的基础。不仅如此，但丁和他的前辈们所提出的那种有秩序的政治神学世界观念正在瓦解。教皇与皇帝的斗争，地方主义与民族主义势力的斗争，城镇与国家的斗争，都反映了中世纪生活的解体，这种解体始于十字军东征的失败。在这样一个运动不息、无法理解、彼此争斗的世界中，如何才能为身份找到基础呢？

第一个面对这个问题并试图给出回答的人是彼特拉克（1304～1374）。他并未求助于城市、神或宇宙，而是朝自己看去，他所寻到的安定和希望之岛不是公民身份，而是人的个体性。彼特拉克身处的世界是在曾经支撑欧洲数个世纪的政治文化秩序崩溃之后形成的。虽然他只比但丁年轻 40 岁，但他与但丁以及上至苏格拉底的整个传统之间已经隔着一道鸿沟，这显见于他自传性的《日常琐事集》（*Familiar Letters*）开头：

> 我这一生几乎一直在奔波，直到此时此刻……母亲在流亡中孕育了我，生下了我，她经历了那么多阵痛，那么多危险，以至于很长一段时间，不论是接生婆还是医生都认为她已经死了。所以甚至在出生前，我就历经危险，在死亡的洗礼下来到生命的入口……自那以后，我几乎没有机会在任何地方逗留或喘息。①

彼特拉克无家可归，一直在世界中漂泊，遭受命运折磨，身边围绕着各色人等。他力图找到与他人的某种关联，能够使生活安定下来。早年间，他的朋友们似乎扮演了这个角色。不幸的是，仅有友谊是不够的。随着 1348 年黑死病降临人间，"所有这些朋友……几乎一下子荡然无存"。② 其后果令人惊惧："1348 年给我们留下了孤独和无助……使我们蒙受了难以弥补的损失。"③ 面对这些困难，彼特拉克既没有转向宗教，也没有屈从于绝望。"事实上，经历了那种绝望状态，我变得更加强大了。毕竟，对一个多次与死亡抗争过的人来说，什么能吓倒他呢？"他身陷困境，没有家，也没有朋友，却找到了一条新的生活道路，这条道路给了他巨大的力量，使他确信"我不会再屈从于任何东西。'即使世

---

① Francesco Petrarca, *Rerum familiarum libri*, trans. Aldo S. Bernardo, 3 vols. (Albany: State University of New York Press, 1975~1985), I, 1 (1: 7).

② Ibid., 1: 12.

③ Ibid., 1: 3.

界遭到毁灭，我也会无所畏惧地面对废墟'"。① 在集体与宗教之外，在战火、瓦砾和毁灭中，彼特拉克为人生找到了新的基础，为即将来临的时代找到了基础。

本章考察的是现代性在彼特拉克的个体性观念那里的开端。彼特拉克的思想是对中世纪晚期文明危机的一种回应。面对这种危机，他找到了一种解答，即把人设想成能够自我掌控和自我完善的有限个体。然而，在彼特拉克看来，这样一种自我掌控只有在政治生活之外才是可能的。从根本上说，现代个人观念和现时代都带有强烈的私人性和非政治性。

## 彼特拉克的人生

彼特拉克的父亲、祖父和曾祖父都是佛罗伦萨的公证员。和但丁一样，他的父亲因政治冲突而被迫离开了这座城市。他先是去了比萨，后于 1312 年到了阿维尼翁，在那里获得了教廷的工作。彼特拉克在阿维尼翁附近的小镇卡朋特拉斯（Carpentras）被抚养长大。他小时候就学习了语法和修辞，和父亲一样非常热爱西塞罗。② 1316 年，12 岁的他被送往蒙彼利埃学习法律，在那里一直待到 1320 年，然后同弟弟盖拉尔多（Gherardo）到博洛尼亚大学继续学习。在此期间，他加深了对西塞罗、维吉尔（Virgil）以及法律课程中其他传统作家的认识。③ 他还结识了一些用方言写诗的人，并开始终生对奥古斯丁进行研究。1326 年初，父亲离世，他和弟弟返回了阿维尼翁。

这一年是教皇城的多事之秋，这里当时是基督教世界的思想中心。教皇约翰二十二世正在与方济各会就贫穷问题进行斗争。正如我们在上一章所看到的，切塞纳的米夏埃尔和奥卡姆的威廉为方济各会的立场作

---

① Ibid., 1: 14.

② Ernest Hatch Wilkins, *Life of Petrarch* (Chicago: University of Chicago Press, 1961), 3—4.

③ Ibid., 6; Kenelm Foster, *Petrarch: Poet and Humanist* (Edinburgh: Edinburgh University Press, 1984), 2.

辩护。愈演愈烈的冲突使教皇和教廷与教会中最流行、发展最快的灵性修会在一个议题上发生了争论，此议题不仅涉及基督教的意义问题，而且涉及什么是神职人员正当的生活方式。虽然没有直接证据表明年轻的彼特拉克参与了这场争论，但很难相信他不熟悉双方的立场。他与强大的科隆纳家族（Colonna family）关系友好，后者在这一时期的教廷内部有很大权力。由他后来的回忆我们还得知，他在这一时期沉浸在阿维尼翁的精神生活中。① 因此，彼特拉克很可能对这场争论非常了解。

不论这场争论以及奥卡姆所捍卫的唯名论立场对彼特拉克的世界观有何影响，它很快就被彼特拉克人生中的一个重大事件所取代：1327年，彼特拉克邂逅了一位年轻少妇，随即堕入情网。他的感情没有得到回报，他的爱情既没有希望又富有悲剧性。彼特拉克的诗情流露完全是源于对这个女人的爱，他在诗中称其为劳拉（Laura）。劳拉后来死于瘟疫，但这并没有使彼特拉克的灵魂平静下来，他终生都力图控制这种激情。②

将遗产耗尽之后，彼特拉克急需要钱，他决定担任神职。1330 年，

48

---

① Petrarch "On his Own Ignorance and that of Many Others," in *The Renaissance Philosophy of Man*, ed. Ernst Cassirer et al. （Chicago：University of Chicago Press，1948），69.

② 自彼特拉克的时代起，就有人对劳拉的身份甚至真实性提出过质疑。一些人注意到了但丁所叙述的与比阿特丽丝（Beatrice）的爱情同彼特拉克对劳拉的爱慕之间惊人的相似性，并猜想劳拉更像是一个文学的比喻，而不是真实的人。"劳拉"（Laura）这个名字与"桂冠"（laurel）之间的紧密关联，以及彼特拉克本人所获得的桂冠，使人认为"劳拉"并非真实的人，而是彼特拉克爱慕的名声。另一些人看出了"劳拉"这个名字中隐藏着一种基督教的象征。关于这一点，参见 Marjorie O'Rourke Boyle, *Petrarch's Genius：Pentimento and Prophecy* （Berkeley and Los Angeles：University of California Press，1991）。这个问题没有确定的答案，因为我们对彼特拉克人生的所有了解都源于他晚年编的各种书信集。由他本人的证词我们知道，他对其中许多内容作了修订，通过学术侦探工作我们知道，有些内容纯粹是虚构。在我看来，不应因为这些书信的身份就取消它们的资格，而应当按照处理任何自传材料的方式去处理它们。虽然我们可以对一些细节保持怀疑，但对作者并非凭空捏造应当保持总的信任。早在书信中涉及的一些人仍然健在时，许多信件就已经面世，但对于它们的真实性，几乎没有什么冲突的证词。

彼特拉克担任低级神品（minor orders），为红衣主教科隆纳服务。[①] 科隆纳更多是一位赞助人而不是雇主，他允许彼特拉克把大量时间花在旅行、收集图书、阅读尤其是写作上。他名义上为科隆纳服务到 1347 年，不过在此期间，他四处游历，大部分时间在一个小房子中度过，这是他在距离阿维尼翁不远的美丽山谷沃克吕兹（Vaucluse）购买的。离开科隆纳后，彼特拉克主要住在帕尔马、米兰、帕多瓦和威尼斯，靠这些年来获得的圣俸以及其他几位赞助人的支持过活，其中包括臭名昭著的米兰暴君维斯孔蒂（Visconti）家族。他创作了大量文学作品，但由于他习惯于反复修改，这些作品在他生前并未全部出版。早年为红衣主教科隆纳服务时，彼特拉克编写了李维《罗马史》的第一个学术版本。随后又有一系列重要作品问世：抒情诗集《歌集》（*Canzoniere*），记录历史名人生平的《名人列传》（*De viris illustribus*），关于西庇阿（Scipio Africanus）战胜汉尼拔（Hannibal）的史诗《阿非利加》（*Africa*），带有强烈内省和自我批判色彩的他与奥古斯丁的对话《我的秘密》（*Secretum meum*），赞颂私人生活高于公共生活的伟大著作《论孤独的生活》（*De vita solitario*），还有他最流行的作品《两种命运的补救方法》（*De remediis utriusque fortunae*），在 300 多年的时间里，这部著作在欧洲被广泛阅读。彼特拉克还效仿西塞罗的准自传著作《致阿提库斯的信》（*Letters to Atticus*），出版了四部不同的书信集，其中也包括一些给古代作家的信。[②] 1341 年，他在罗马荣膺桂冠诗人，无论生前还是身后，他都堪与西塞罗和维吉尔相媲美。

虽然彼特拉克的文学创作对其同时代人和后继者影响深远，但他毕生致力于复兴和推广古代世界伟大的文学哲学作品，这对人文主义事业和文艺复兴本身也同样重要。彼特拉克去世时拥有欧洲最大的私人图书

---

① 彼特拉克做的主要是文书工作，而从来没有接受过包含教牧义务的职位。而彼特拉克的弟弟则相反，他一直过着一种花天酒地的世俗生活，直到 1343 年进入了一所加尔都西会（Carthusian）隐修院，这着实令彼特拉克惊奇。

② 他 1345 年发现了西塞罗致阿提库斯的信，"自此以后，这封个人的（而非私人的）书信就成了他力图作用于他那时的世界的主要媒介"。Foster, *Petrarch*, 159.

馆，这一收藏成了人文学（*studia humanitatis*）的基础。① 除了罗马文学的复兴，彼特拉克还终生支持重新建立罗马国，支持教皇返回罗马。他支持科拉·迪·里恩佐（Cola di Rienzo）复兴罗马共和国的努力，这一努力失败后，他曾多次劝说皇帝路德维希四世和查理四世返回罗马。他还敦促几位教皇在罗马重建教皇职位。由于他的思想地位和身份，他还加入了几个在交战国之间斡旋的外交使团，这符合他更大的目标，即重新统一意大利，消除外国对意大利事务的干预。到了14世纪40年代，他已经成为欧洲最著名的私人（private man），备受教皇、皇帝和王公贵族的推崇。但彼特拉克已经决意保持自己的自由和隐私，他拒绝了所有宫廷生活邀请。这样一来，他便为独立的思想生活确立了典范，这后来成为人文主义传统的核心，并且在今天继续发挥着重要作用。

## 彼特拉克的世界观与人的境况

在《两种命运的补救方法》第二卷的开头，彼特拉克指出，给他的心灵留下最深刻印记的是赫拉克利特所说的，万物皆因争斗而存在。他接着说，一切事物都证明了这一点，因为"没有争斗和仇恨，大自然就创造不出任何东西"。② 无论在哪里，彼特拉克看到的都是持续变化，从无生命的东西一直到整个精神领域。③ 他断言战争是普遍的："从最高的天使到最小最低的蠕虫，无情的战斗从未停息过。"④

人生尤其会受斗争困扰。⑤ 按照彼特拉克的说法，其中一个原因在于事物的本性，但更大的原因是发生在我们灵魂内部的斗争。⑥ 对人造

---

① Wilkins, *Life*, 183. 当然，后来也发现了其他一些著作，补充到了这一收藏之中，特别是彼特拉克知之甚少的希腊诗人和哲学家的著作，但我们至今仍然看重的许多古典著作都是由彼特拉克第一次发掘出来的。

② Petrarch, *Remedies for Fortune Fair and Foul*, trans. with commentary by Conrad H. Rawski, 5 vols. (Bloomington：Indiana University Press, 1991), 3：4. 另见 Giuseppe Mazzotta, *The Worlds of Petrarch* (Durham：Duke University Press, 1993), 89。

③ *Remedies*, 3：8.

④ Ibid., 3：10.

⑤ Ibid., 3：10—12.

⑥ Ibid., 3：10.

成威胁的不仅是自然或命运，而且还有人本身。这首先源自人生所特有的对卓越的追求，驱策这种追求的是对名声的渴望以及嫉妒和怨恨的执拗运作。① 结果，"人的事情从未静止不动……坐在光滑的轮子最高处的人最接近坠落"。② 的确，"这个世界上没有什么力量是稳固的"，因为战争隐藏在和平的幌子背后。③ 即使在和平时期，我们也仍然被自己的激情所困扰，被"［我们］心灵中看不见的主人"所困扰，它源自"人的起源中所潜藏的一种秘密毒药"。④ 与和平相伴的是放纵和欲望。⑤因此，要想获得和维持自由，人就必须永远与诱惑战斗。⑥

彼特拉克确信，他那个时代的宗教制度不仅无法解决这个问题，实际上还加剧了它。在他看来，教会的统治集团已经腐败不堪。⑦ 他谴责了臭名昭著的贪婪的红衣主教安尼巴尔多（Annibaldo），并曾强调指出，教会可以拥有黄金，但不能被黄金所占有。⑧ 彼特拉克认为，这种腐败部分源于罗马从属于阿维尼翁和法国人，但也体现了处于中世纪基督教核心的更深层的精神匮乏。

彼特拉克认为，欧洲历史可以分为四个时期。前两个时期受理性的引导。⑨ 第一个时期为柏拉图主义的形而上学所支配，第二个时期为塞

50

_____

① 嫉妒是持久的毒药。Petrarch, "Ignorance," 49.

② *Remedies*, 1：238. 这里的轮子指命运之轮，它是中世纪和文艺复兴时期广泛使用的一种意象。

③ Ibid., 1：234, 284. 在 1352 年致斯特凡诺·科隆纳（Stefano Colonna）的一封信中，他纵览世界，只在威尼斯和巴黎找到了和平的某种希望。*Familiarum* XV, 7（2：267, 269）.

④ *Remedies*, 1：38. 他写信给弟弟盖拉尔多："把一天分成小时，把小时分成分钟，你将发现一个人的欲望比分钟的数目还要多。"*Familiarum* X, 5（2：70）.

⑤ *Remedies*, 1：286.

⑥ Ibid., 1：294.

⑦ Petrarch, *Book without a Name：A Translation of Liber sine nomine*, trans. Norman P. Zacour（Toronto：Pontifical Institute of Medieval Studies, 1973）, nos. 2—5, 9, 14. 另见 Petrarch, *Bucolicum Carmen*, trans. Thomas Bergin（New Haven：Yale University Press, 1974）, 74—113；以及 Ernst Hatch Wilkins, *Studies in the Life and Works of Petrarch*（Cambridge：Medieval Academy of America, 1955）, 48。彼特拉克的朋友兼追随者薄伽丘在《十日谈》中这种生动地描述了这种腐败。

⑧ *Familiarum* IV, 1（1：288）.

⑨ Foster, *Petrarch*, 154—155.

涅卡（Seneca）和斯多亚派的道德智慧所支配。在这两个时期，理性对人的美德有辅助作用。第三个时期是从道成肉身到 5 世纪，它为超自然的东西所引导。第四个时期利用了亚里士多德对柏拉图的攻击，它为经院哲学特别是阿威罗伊主义所主导。① 在这一时期，引导人生的同样是理性而非启示，但这里理性对美德起的是破坏而非促进作用。

彼特拉克既不满意实在论的经院哲学，也不满意唯名论，不过是出于不同理由。他毫不含糊地攻击阿威罗伊主义，并视之为最极端形式的实在论。阿威罗伊主义的基本原理将理智置于所有形式的个体化之上，认为理智不是分离的，而是一个整体。因此，思想的对象不是个体本身，而是存在。② 和唯名论者一样，彼特拉克也认为这种立场是异端，③认为实在论的经院哲学迷失于亚里士多德的范畴之中，没有触及个体事物的终极实在。④ 虽然在这些问题上，彼特拉克可能会赞同唯名论者的看法，但他厌恶唯名论者的辩证法进路，这在他看来往往只是玩弄辞藻，而不关乎真理。这里，他特别痛恨"不列颠人"（Brittani），司各脱、奥卡姆以及他们的追随者显然名列其中。⑤ 和当时的许多人一样，他受够了那些无休无止的争论，其针对的是远离现实的问题，使用的是无法理解的术语。他感到，神学正变得越来越迥异于虔敬，抽象的语言和技术术语已经使它再也无法真正说服或激励普通人了。⑥

彼特拉克对方济各会的态度也很矛盾。他在《论孤独的生活》中简要讨论了圣方济各。虽然他似乎赞赏方济各会的总体目标，但有时会

---

① *Rerum senilium libri*, 2 vols., trans. Aldo S. Bernardo（Baltimore：St. Johns University Press，1992），V，2（1：162—166）（此后引作 *Seniles*）。另见 Foster, *Petrarch*, 154—155。

② Cassirer, *Individual and Cosmos in Renaissance Philosophy*, trans. M. Domandi（Philadelphia：University of Pennsylvania Press，1963），127—128.

③ *Seniles*，V，2（1：162—166）；XV，6（2：580）.

④ Charles Trinkaus, *The Poet as Philosopher：Petrarch and the Formation of Renaissance Consciousness*（New Haven：Yale University Press，1979），55.

⑤ Paul Oskar Kristeller, *Eight Philosophers of the Italian Renaissance*（Stanford：Stanford University Press，1964），6；*Familiarum* I，7（1：37—40）.

⑥ Foster, *Petrarch*, 153. 另见 Charles Trinkaus, *The Scope of Renaissance Humanism*（Ann Arbor：University of Michigan Press，1983），260。

觉得其苦行过于严苛，有时又怀疑它有失真诚。[1] 不仅如此，彼特拉克是否希望看到所有基督徒都按方济各的标准来生活，也是有疑问的。在《论孤独的生活》中，彼特拉克虽然赞扬了方济各和其他苦行者的虔敬，但觉得他们的生活野蛮而且不人道。[2] 他们也许可以避免腐败，但却是通过偏向另一极端而做到这一点的。在彼特拉克看来，贫乏的生活不可能治愈无节制的生活。必须走一条中间道路，他认为这条道路就是美德的生活。

按照彼特拉克的说法，只有美德才能使我们在与命运无休止的战斗中取得胜利。[3] 命运不断用幸运和厄运这两个武器攻击我们，给我们留下的创伤是激情或强烈的情感。[4] 在激情的影响下，我们不再是自己的主人，变得心神不宁。只有通过早年的培训和习惯，人才能避免这种命运。这种培训体系是罗马世界特有的，赋予了它强大的力量和高贵的品格。在他那个腐败的时代，彼特拉克认为教育培训机构实际上使这个问题变得更加恶化。于是他感到，进行道德改革的唯一途径就是转变人的价值，因为他那个时代的沉沦不是一个政治问题，而是一个文化问题。他希望说服贵族不要尊崇财富和奢侈，而要追求美德和智慧，然后他们将成为其他人的榜样。[5] 然而，这一转变需要对文化进行彻底改造。于是，按照彼特拉克的理解，当务之急是为好的生活设计出一种更为高贵和美好的愿景，从而引发这一改革。

因此，彼特拉克的方案自始至终都是文化革新。[6] 然而，如何进行

----

① 例如，在那不勒斯时，彼特拉克生活在圣洛伦佐（San Lorenzo）的方济各会隐修院中，对方济各会的属灵派 Roberto da Mileto 在城中施加的政治权力感到震惊。Roberto da Mileto 是贫穷生活弟兄会的成员，他与其他方济各会修士和教皇的意见不一致。彼特拉克认为他是个伪君子。Wilkins, *Life*, 40.

② Petrarch, *The Life of Solitude*, trans. and intro. Jacob Zeitlin（Champaign：University of Illinois Press，1924），64.

③ *Remedies*，1：1.

④ 在彼特拉克看来，命运并不是一种独立的力量，而是言说人在充满变化纷争的世界中的基本境况的一种方式。Trinkaus, *Poet as Philosopher*, 120.

⑤ Mazzotta, *Worlds*, 127.

⑥ Ibid., 7.

这样一种革新，却无章可循。彼特拉克认为，任何时代的人都有能力获得高层次的文化和美德，但只有得到适当的滋养才能做到这一点。不幸的是，在过去一千年里，他们没有什么东西可以汲取。彼特拉克认为，要想解决这个问题，第一步就是要弄清楚什么是一种美德的生活，然后再使同胞们确信，这种生活美好而高贵。为了回答这个问题，并为这种生活提供令人信服的意象，他回到了古人。① 因此，彼特拉克没有兴趣只是模仿古代，而是想改善人类。② 他把目光转向古人，希望恢复文化在罗马所享有的崇高地位，但这只是因为他确信，这是在一个充满变化、纷争不断的世界中造就美德的唯一途径。③ 彼特拉克的方案有一种政治成分，但此方案本质上并不是政治的——他所理解的政治生活是一种获得道德的手段，其本身并不是目的。他承认政治支持对文化很重要，但最终还是把文化置于国家之上。此外，出于我们下面将要考察的一些理由，彼特拉克很担心文化道德标准会被共同体设定。在他设想的世界中，人与人不是通过自然的政治纽带，而是通过自愿的友谊纽带联系在一起。因此，他所设想的共同体更多是一群关系友好的私人（private men），彼此通过演说、书信、书籍等等进行交流，而不是一个共和国或公国。④

通过与经院哲学的冲突，彼特拉克确信，道德不能只是建立在正确的知识上。人必须意愿道德行为。因此，人必须有一个道德目的，并希望达到这个目的。⑤ 在这个意义上，思想是对善的追求。然而，在一个充满纷争、秩序混乱的世界上，思想所面对的道德问题是，人没有自然

---

① J. H. Whitfield, *Petrarch and the Renasence* (Oxford：Blackwell, 1943), 90.

② Ibid., 40.

③ Wilkins, *Life*, 29.

④ 这种新的共同体观念最终变成了文学界。

⑤ Petrarch, "Ignorance," 104；*Remedies*, 3：252. 在彼特拉克看来，亚里士多德从未实现他在《尼各马可伦理学》中最初承诺的使人变得更好的目标："认识是一回事，爱是另一回事，理解是一回事，意志是另一回事。他教导什么是美德。我并不否认这一点；但他的教导缺乏一些内容，能够鼓舞和激励人热爱美德，憎恨邪恶，或者无论如何，这种力量不够。"Petrarch, "Ignorance," 103. 彼特拉克是在把亚里士多德与西塞罗和塞涅卡相比较，他几乎肯定没有意识到他所谈论的是亚里士多德的演讲笔记而不是发表的著作。

目的可以追求。这里，彼特拉克同意唯名论的前提，即没有实体形式，没有实际存在的种，所以没有自然目的。因此，要想知道我应当追求什么目的，就必须理解我是谁，因为我并不只是人这个种当中的另一个成员，具有某些本质的规定性特征和特定的道德义务，而是一个绝对的个体，一个由神直接创造的独一无二的个人。因此，要想理解我应当做什么，就必须理解自在自为的我是什么。所以对彼特拉克而言，所有道德问题都回到了自我认识，所有人类历史都是对人物传记的研究。①

## 爱与美德

在彼特拉克抒情诗的背景下，这种新的个人观第一次开始浮现。彼特拉克的诗歌讲述的是他如何努力克服爱，摆脱这种激情的暴政，做自己的主人。② 因此，他的诗是极度内省的。③ 其著名的诗集《歌集》（*Songbook*）详细描述了这种心理斗争，揭示了彼特拉克的失败。《歌集》悲叹他所受的奴役，袒露他的耻辱，也是其他人的道德榜样。④ 然而，彼特拉克的诗也是他与这种激情搏斗的手段，正是这些诗把他带回到自己的内心，揭示出爱是一种隶属和屈从，必须通过沉思死亡和短暂的生命加以克服，这种世间的激情空虚不实。⑤

与但丁不同，对彼特拉克而言，爱并非对人的问题的解决，而是一种巨大的危险，因为除非我们被吸引到恰当的对象上，爱会奴役我们，

---

① Foster, *Petrarch*, 155.

② Petrarch, *The Canzoniere*（Rerum Vulgarium Fragmenta）, 2 vols., trans. Frederic Jones（Market Harborough：Troubador：2001）, 2：3.

③ Trinkaus 称他是第一个写主观诗的人。*Poet as Philosopher*, 2.

④ Mazzotta, *Worlds*, 44.

⑤ Mazzotta 声称，彼特拉克运用的是一种特别现代的自我观念，即一个对自己的记忆、冲动和欲望进行反思的孤立主体，它试图创造出一个自我封闭的虚构的宇宙，该宇宙拒绝接受时间和历史，使自我成为神的偶像崇拜的对应物。*Worlds*, 3. 然而，这种观点错误地把彼特拉克的个人观念与笛卡儿的主体性观念看成相似的。对彼特拉克而言，自我总是处于世界之中，总是属于世界。它并不是一个与广延的东西（*res extensa*）相对立的思想着的东西（*res cogitans*）。它总是与世界进行抗争，但世界并不是一个陌生的他者。

分散我们对美德和神的注意力。① 思想可以受爱的驱使，但爱必须有正确的对象。彼特拉克试图用自己的例子表明，只有沉思死亡，沉思世间所有激情对象的短暂无常，才能克服对世间事物的爱。于是，通往美德的第一步是，因不断思考死亡而产生对受造物的鄙弃。然而，只有当我们也被吸引到正确的对象，爱真正值得爱的东西，我们才能获得美德。在彼特拉克看来，唯一值得追求的世间对象便是美德，而追求美德的最强烈动力是对名声的爱。② 正是这种观念使彼特拉克转向了古人。

彼特拉克从对亚里士多德的研究得知，美德是通过习惯和效仿优秀的人获得的。然而，对他的世界来说，问题在于没有什么制度能够培养美德，没有什么优秀的人能够效仿。只有面对着令人振奋的美德生活的意象，人们才能奋起追求美德。在彼特拉克看来，创造这种意象是诗歌的任务。因此他认为，只有诗意地呈现榜样式的生活，才能激起按照美德行事的意志，他相信自己已经在古代世界中找到了这样的榜样。③

1337 年，彼特拉克开始撰写《名人列传》，他希望这部著作能够通过展示一系列榜样式的英雄生活，激励人们追求美德。④ 与李维和普鲁塔克一样，彼特拉克把历史当作一个道德榜样的资源库。⑤ 他试图在这部著作中表明，这些名人之所以能够取得成就，并非因为幸运，而是因为美德和渴望荣誉。⑥ 然而，这些榜样彼此大相径庭，通往美德的道路并非一条。事实上，这部著作的教益是，美德并不是让所有人都接受同

---

① 在彼特拉克看来，心智紊乱、容易冲动的情人丝毫不了解宁静。见他的 *Africa*，trans. T. G. Bergin and A. S. Wilson（New Haven：Yale University Press，1977），88。

② 彼特拉克利用西塞罗的观点，在其"加冕演说"（Coronation oration）中宣称，激情和对荣耀的渴望对于任何伟大的精神作品都至关重要。Hans Baron，"Petrarch：His Inner Struggles and the Humanistic Discovery of Man's Nature，" in *Florilegium historiale*（Toronto：University of Toronto Press，1971），30.

③ 在这方面，彼特拉克认为罗马人高于希腊人，因为他们没有将美德问题过分理智化。Foster，*Petrarch*，151. 关于道德美德的问题，彼特拉克坚持认为，罗马人已经改进了从希腊人那里接受的东西。Whitfield，*Petrarch and the Renascence*，103 and 107.

④ Jerrold Seigel，*Rhetoric and Philosophy in Renaissance Humanism：The Union of Eloquence and Wisdom*，*Petrarch to Valla*（Princeton：Princeton University Press，1968），58.

⑤ Mazzotta，*Worlds*，117.

⑥ Ibid.，118.

一种理想，而是要实现每个人的基本性格和能力。

彼特拉克利用李维、维吉尔、贺拉斯、西塞罗和塞涅卡的说法，以罗马的优秀人物为基础构造了他的方案。在彼特拉克看来，亚里士多德对美德或许有更深刻的认识，但他并没有提供使人变好的手段。而罗马道德学家则关心什么是道德，并鼓励人道德地行为。彼特拉克认为自己也扮演着类似的角色，即为同时代的人充当业余的道德顾问，向他们展示道德行为的卓越榜样，呼吁他们把自己提升到更高的层次，模仿过去那些荣耀的人，并与之竞争。①

在撰写《名人列传》时，彼特拉克忽然想起可以创作一部为美德生活提供至高榜样的拉丁语史诗。他想到了两个人，一位是恺撒，他建立了由神掌管的大帝国；另一位是西庇阿，他打败了汉尼拔和迦太基人，拯救了罗马共和国。彼特拉克选择把重点放在了西庇阿上，把自己的诗作称为《阿非利加》。在这部著作中，西庇阿战胜迦太基与罗马共和国的美德，在很大程度上取代了恺撒更成问题的美德以及他对罗马帝国的建立，成为美德生活的最高典范。② 这种选择部分反映出彼特拉克对共和政体的同情，这种同情也显见于他与里恩佐的友谊以及对后者1347 年在罗马发动共和革命的支持。③ 不过在彼特拉克看来，西庇阿之所以是更好的榜样，也是因为他比恺撒更具反思和内省能力。

彼特拉克笔下的西庇阿形貌俊美，身材高大，胸部宽阔，肌肉发达，纯洁宁静，庄重典雅；他作为敌人冷若冰霜，作为朋友和蔼可亲，不受命运左右，对财富无动于衷。他尊崇真正的荣耀，虔敬尽责，正义凛然，英勇善战，胸有成竹，对孤独、美、正义和祖国也怀有真挚的感情。④ 很难想象还有比他更完美的人。在彼特拉克看来，西庇阿之所以

54

---

① 　Trinkaus, *Scope*, 353.

② 　后来，彼特拉克变得越来越对恺撒有兴趣，也写了一部关于他的传记，名为 *De gestis Caesaris*。彼特拉克显然从不认为恺撒和西庇阿一样有德行，但却忍不住被恺撒的伟大所吸引。Foster, *Petrarch*, 156.

③ 　Petrarch, *Africa*, x. 这也反映在彼特拉克批判庞培没有抓住机会更早地除掉恺撒。在中世纪，没有与此类似的思想。Baron, "Petrarch," 27.

④ 　*Africa*, 70—77.

是典范，不仅因为他征服了迦太基，而且也因为他征服了自己。正是这一点使他成为美德的真正典范。① 他不仅有美德，而且美德是唯一使他愉悦的东西。② 在他看来，美德是唯一真正值得爱的东西，因为它征服了死亡，确保了名声，除了毁灭一切的时间，它对任何东西都毫不退让。③

而彼特拉克笔下的汉尼拔则是一个没有美德的人。其战术无疑与西庇阿相当，但他背信弃义，不可信赖，对世界和神充满愤恨，心狠手辣，嗜血成性，勾结恶势力，凶残狂暴，心怀不敬，过于自负。④ 因此，他的所有胜利都是华而不实的，因为他不是自己的主人，而是激情的奴隶。出于同样的理由，他无法获得真正的友谊，无法忍受孤独。

就这样，《阿非利加》展示了两个最高的道德榜样：一个是有美德的、英雄式的人物，他可以因为人格的力量而鄙视财富；另一个则是"马基雅维利式"的人物，他愿尽一切所能去争取胜利，但从来没有成为自己的主人，驾驭自己的欲望。⑤ 然而，从戏剧和哲学上说，这部著作是有缺陷的。从戏剧上说，其主人公过于完美。他将所有异教的社会美德同一种基督教的超凡脱俗结合在一起。⑥ 他没有什么需要克服，没有内心的冲突，没有可以令我们同情的缺点。他是一尊被置于高处的雕像，读者们几乎见不到他，更不用说效仿他了。

而从哲学上说，这部著作之所以失败，是因为它在赞颂美德和赞颂

---

① Foster, *Petrarch*, 148.

② *Africa*, 166.

③ Ibid., 37, 227. 然而，对罗马人而言，西庇阿在某种意义上只是一个象征。Ibid., 74.

④ "对于受过良好教育的人来说，这位胜利军队的领导者表明了命运的起伏不定和'不服从任何运气安排'。"Ibid., 126.

⑤ 这种对西庇阿的描绘非常类似于彼特拉克后来对优秀君主特征的设想。根据彼特拉克的说法，这位君主应当招人喜爱，主持公道，发展公共工程，小心谨慎地使用公共资金，为新税出力，避免残暴和过分授权，珍视友谊，摆脱虚荣和傲慢。Wilkins, *Life*, 242—243. 这种观念的力量明显表现于它多年后对伊拉斯谟的持续影响。见 Erasmus, *The Education of a Christian Prince*, trans. Neil Cheshire and Michael Heath (Cambridge: Cambridge University Press, 1997). 这部著作几乎与马基雅维利的《君主论》同时问世。

⑥ *Africa*, XV.

名声之间摇摆不定。彼特拉克知道，大多数伟人都被名声所驱使，他希 <sup>55</sup>
望只有有美德的人才能获得荣耀，但他也知道，事实并非如此。西庇阿
的美德激励着他的罗马同胞，他们击败了邪恶的汉尼拔及贪恋钱财的迦
太基人，但他们也很幸运，因为要不是汉尼拔在坎尼（Cannae）之战以
后过于自信，他也许会洗劫罗马。因此，西庇阿的胜利和名声似乎既要
归功于美德，又要归功于幸运。这一点在这部著作一开头就看得很清
楚。西庇阿父亲的鬼魂告诉他，虽然他的胜利将为他赢得盛誉和罗马的
长存，但两者都将逐渐消失。随着时间的推移，他和汉尼拔甚至会赢得
同等的赞誉，因为"庸众无法看出英雄壮举与穷凶极恶的行为之间的差
距"。[①] 不仅如此，甚至连罗马都将衰落，变成此前罗马的腐朽而苍白
的写照："有生必有死，盛极必衰，世间无物常驻。"[②] 时间将会胜过威
名。因此，人应当追求的不是荣誉，而是美德，因为"只有不听从死亡
的美德才能永驻，只有美德铺就了通往天堂的道路"。[③] 名声是别人给
予伟大行为的一种奖赏，无论这种行为是好是坏；而美德虽然往往不被
人认识，但它本身是好的，因为它确保会战胜激情，从而确保了自我
控制。

　　因此，在公共领域，美德与对荣耀的渴望不可避免地纠缠在一起。
然而，对荣耀的渴望并不必然会产生美德，倒可能产生最可怕的恶。真
正的美德并非植根于对名声的爱。由此彼特拉克认识到，他试图在《名
人列传》和《阿非利加》中描绘的古代伟人的杰出榜样不足以作为灌
输美德的基础。于是，他中断了这些书和第三本书《值得纪念的事》
（Rerum memorandum）的写作，在《值得纪念的事》中，他计划利用世
俗著作而非宗教著作，通过西塞罗所规定的四种基本美德的榜样对美德
作系统灌输。现在，他转到了一个对现代思想有重大意义的新方向，即

---

①　Ibid., 26.

②　Ibid., 34. 这在他的著作中是一个突出的主题："人做的任何事情都不会永远长存，
除了不朽的灵魂，没有什么属于人。作品会失败，土地会变质，房屋会倒塌。"Remedies,
3：330.

③　Africa, 37.

以内省的方式对自己进行考察和批判。[①]

## 彼特拉克的基督教

为了理解这种内在转向，我们需要简要考察基督教对彼特拉克思想的影响。正如我们前面看到的，在彼特拉克看来，人生活在一个混乱无序的世界中，总是沿多个方向受激情或爱的牵扯。然而，在死亡面前，这种爱会枯萎。死亡本身可以被名声克服，而名声又会成为时间的牺牲品。那么，有什么东西能克服时间吗？在彼特拉克主要关注的古代世界的语境下，似乎只有美德提供了这种可能性，因为美德，至少是柏拉图和斯多亚派所理解的美德，触及了永恒。然而最终，美德是不够的，因为它并非显然高于时间。于是，战胜时间只有通过基督教才有可能，只有理解了基督教对彼特拉克意味着什么，我们才能理解他最深层次的思想。[②]

经常有人以为，彼特拉克是虔敬的基督徒，但这种看法很难与他的古典主义相调和。许多学者注意到，彼特拉克 1343 年之后的生活明显转向了基督教，那时他的弟弟盖拉尔多成了一名加尔都西会修士（Carthusian）。据说这件事引发了彼特拉克的精神危机，改变了他对生活的整个看法。然而，几乎没有证据支持这一观点。事实上，有许多迹象表明，他之所以越来越多地关注宗教经典而非古代的榜样，更多与他对名

---

① Foster, *Petrarch*, 157.《阿非利加》于 1345 年搁笔，没有完成，彼特拉克生前也没有发表。Mazzotta 认为，彼特拉克试图写政治诗，但其修辞的失败提供了一种托辞，使他能够从一个幽灵般的、无法实现的历史世界退避到全神贯注于他的私人自我，这个自我既被爱赋予了力量，又在爱中失去了力量。Mazzotta, *Worlds*, 139. 然而，对彼特拉克的这种看法没有看到他所设想的自我能够以多种方式留在这个世界中，并且成为它的一部分，特别是与朋友在一起。

② 彼特拉克在他作于 1340 年和 1374 年之间的《凯歌》（*Trionfi*）中展示了这一论证。第一个凯歌讲述肉体的爱（*cupido*）战胜了人心；第二个凯歌讲述（劳拉所代表的）贞洁的爱战胜肉体的爱；第三个凯歌讲述死亡战胜了贞洁的爱；第四个凯歌讲述名声战胜死亡；第五个凯歌讲述时间战胜名声；第六个凯歌讲述永恒战胜时间（劳拉在天堂重新出现）。Foster, *Petrarch*, 19.《凯歌》总结了彼特拉克的整个哲学立场，恢复了世界的前后一致的秩序，把它作为一种从爱自己到爱神的线性递进的价值等级排列。Mazzotta, *Worlds*, 99.

声的局限性的反思有关，而不是源于什么精神危机。①

　　而且，很有理由对彼特拉克的基督教保持怀疑。例如，他对信、望、爱这些基督教的美德是否有过任何兴趣，就很可疑。② 或如格奥尔格·福格特（Georg Voigt）所指出的："彼特拉克的著作很少谈及圣徒和异端，奇迹和圣物，异象和启示……对于自最早的教父以降教会所做的一切，对于其间混杂的各种异教和迷信，对于最终的等级体系，他从来都无动于衷。"③ 说实话，彼特拉克与中世纪基督教的联系少得可怜，以至于他似乎忘记了罚入地狱的问题。④ 与他所了解和仰慕的但丁不同，他忽视了一个基督教观点，即地狱和罚入地狱是神的审判的完成，是至福的一个要素。⑤ 同样，他也没有暗示祈祷的重要性甚至是必要性，他实际上忽视了神意本身，而支持一种半伯拉纠主义的对美德的偏爱。⑥ 最后，彼特拉克暗示，即使灵魂是有朽的，最好也把它看成不朽的，因为这样做可以激起对美德的爱，这件事本身就是可取的。⑦ 因此，彼特拉克对宗教的关切似乎更多是一种对信仰的主观性和得救感受的关切，是对世人如何联系神的应许看待他自己的关切。⑧

　　在这方面，彼特拉克和唯名论一样，都是透过奥古斯丁的目光来看基督教，只不过彼特拉克是透过那个深受柏拉图和西塞罗等异教思想家影响的奥古斯丁的目光来看。⑨ 我们今天常常以为，奥古斯丁是中世纪基督教的基石，但实际上，他的著作通常只是通过彼得·隆巴德 <sup>57</sup>

---

① Wilkins, *Life*, 170.

② Foster, *Petrarch*, 160.

③ Georg Voigt, Pétrarque, *Boccace et les débuts de l'humanisme en Italie d'après la Wiederbelebung des classischen Altertums*, trans. Le Monnier（Paris：H. Welter, 1894）.

④ Whitfield, Petrarch and the Renascence, 39.

⑤ Ibid., 85.

⑥ Foster, *Petrarch*, 169.

⑦ Petrarch, *Petrarch's Secret or the Soul's Conflict with Passion: Three Dialogues Between Himself and S. Augustine*, trans. William Draper（London：Chatto and Windus, 1911）, 112.

⑧ Trinkaus, *Scope*, 244.

⑨ Foster, *Petrarch*, 161. 卡西尔指出，这位抒情天才（彼特拉克）在宗教天才（奥古斯丁）这里激动起来。*Individual and Cosmos*, 129.

（Peter Lombard） 著名的《箴言四书》（*Sentences*） 中的摘录才广为人知。此外，随着亚里士多德在 13 世纪的复兴，奥古斯丁的影响明显衰落，虽然方济各会士和奥古斯丁会的隐修士仍然忠诚于他。[①] 因此，只是随着唯名论革命和人文主义的兴起，奥古斯丁才重新成为神学和哲学思辨的中心。[②]

在哲学上，彼特拉克把奥古斯丁视为一个柏拉图主义者。但彼特拉克并不很了解柏拉图。例如，他认为对于柏拉图而言，最终的善是美德，只有通过模仿神才能获得。因此他深信，对于柏拉图而言，做哲学就是爱神。他宣称奥古斯丁赞同这种观点。[③] 此外，既然"毫无疑问，唯一真正的知识就是去认识和荣耀神，［那么］：'虔敬就是智慧'"。[④] 然而，要认识神就必须认识自己。于是，至高的哲学/神学著作是奥古斯丁的《忏悔录》（*Confessions*），正是这部著作对彼特拉克的基督教产生了最大的影响。

在彼特拉克对攀登旺图山（Mount Ventoux）的著名记述中，奥古斯丁对于他的重要性变得十分明显。[⑤] 他以弟弟直接登上山顶和他自己任性地选择了不同的通神之路作比喻，写他到达山顶后，坐下来打开《忏悔录》，目光立即落在了一行字上："人们晓得去赞美高山的顶，大海的浪，江河的洪流，浩浩无垠的海滩，千万星辰的运行，却独独遗弃

---

① William J. Bouwsma, "The Two Faces of Humanism: Stoicism and Augustinianism in Renaissance Thought," in *Itinerarium Italicum* (Leiden: Bill, 1975), 13.

② Bouwsma 指出，奥古斯丁主义似乎为经院哲学没有解决的现代社会的问题提供了一个答案，因为它不仅把人看成脱离身体的心灵，而且也看成身体和激情。Ibid., 33.

③ *Familiarum* XVII, 1 (3: 2—4); Foster, *Petrarch*, 175.

④ *Familiarum* X, 5 (2: 77). 另见 Foster, *Petrarch*, 15. 彼特拉克在《两种命运的补救方法》中详细阐述了这一点："哲学提供的不是智慧，而是对智慧的爱。因此，想得到智慧的人必须通过爱来赢得智慧……只有通过纯净而虔诚的心灵才能把握和热爱真正的智慧。关于这一点有言：*pietas est sapientia*——虔诚是智慧……哲学家同样讨论自然的奥秘，仿佛他们直接从天上来，出席过万能的主的私人会议——他们忘记了：谁曾认识主的心智？" *Remedies*, 1: 147. 另见 Foster, *Petrarch*, 16—17。

⑤ 几乎所有学者现在都相信，这次登山从未发生过，或至少不是像彼特拉克所描述的那样发生过。它其实是一种精神的讽喻。

了自己。"① 他说他惊讶不已，对自己仍然赞美世间的事物感到愤怒。他最后引用塞涅卡的话得出结论："我早就应该（甚至是从异教哲学家那里）认识到，'除了心灵，没有什么值得赞叹；心灵的伟大无可比拟'。"② 他从奥古斯丁那里学到的以及认为自己本该从塞涅卡那里学到的是，与之相比，世间万物（包括名声）毫不重要，最需要的是审视自我，因为只有认识自己，才可能认识永恒。③ 彼特拉克思想的伟大转变的核心正是这种洞见，这一转变造就了他那部极具内省和洞察力的著作《我的秘密，或灵魂与激情的冲突》（*My Secret*, *or The Soul's Conflict with Passion*）。

## 彼特拉克对自我的追寻

《我的秘密》曾被称为"有史以来最严苛的自我审视"。④ 它是彼特拉克与奥古斯丁之间的三场袒露心迹的对话。第一场对话始于奥古斯丁 58 的一个断言，即彼特拉克最需要记住自己是有死的，因为"毫无疑问，经常回忆一个人的苦难，对死亡进行沉思，最能帮助我们藐视这个世界的诱惑，规训暴风骤雨中的灵魂"⑤。这是死亡战胜了我们前面讨论过的激情。但他断言，彼特拉克和大多数人一样，未能足够严肃地面对死亡，而是不断欺骗自己，心甘情愿地抱住苦难不放。⑥ 第一场对话的其余部分着力强调了意志的自我纠正能力。⑦ 奥古斯丁一再声称，知识不

---

① *Familiarum* Ⅳ, 1（1：178）。

② Ibid.

③ 在这种承认中我们看到，彼特拉克从早先的斯多亚派的人文主义转到了奥古斯丁主义的人文主义。关于这一点，参见 Bouwsma，"Two Faces，" 36。

④ *Secret*, xii. 奥古斯丁想让他人改变信仰，而彼特拉克的自我审视（仍然没有发表）只是以他的个人名义进行的。Erich Loos，"Selbstanalyse und Selbstbewusstsein bei Petrarca und Montaigne，" *Abhandlungen der geistes und sozial-wissenschaftlichen Klasse*，1988，no. 13（Wiesbaden：Steiner，1988），11. Foster 提醒我们，虽然据我们所知，彼特拉克比他的任何前人都更能袒露自己，但在他的叙述中存在某种刻意的扮演。*Petrarch*，2—3.

⑤ *Secret*, 7；另见 14。

⑥ Ibid. , 13. 奥古斯丁一开始就表明，任何人都不可能违心地快乐，所以改革的第一步是去欲求它，它最终依赖于意志而不是理性，理性只能澄清议题罢了。Foster，*Petrarch*，165.

⑦ Ibid. , 170.

足以带来彼特拉克的道德改革："必须有意志，而且这种意志必须强烈和诚恳到能够配得上'目的'之名。"① 彼特拉克只有抛弃所有低级的欲望，才能真正热爱善，只有对死亡进行深刻的沉思，这种净化才有可能。②

在第二场对话中，彼特拉克的德行是通过传统的七宗不可饶恕的大罪来评价的。虽然他被免除了嫉妒、怨恨和贪食的罪过，但出乎意料的指控是傲慢和贪婪，不出所料的指控是色欲和怠惰（accidia）。③ 不过，与第一场对话相比，第二场的重点放在了心灵的失败而不是意志的失败上。但在这场对话中，奥古斯丁缓和了他的道德责难，说他从未想过要把斯多亚派的克己强加于彼特拉克，而只是鼓励一种亚里士多德主义的节制。④ 之后，这场对话以一种典型的斯多亚派观点作结：一个宁静的灵魂不会被世间的纷扰所影响。⑤

第三场对话讨论的是彼特拉克的两种最动人的激情，即爱和名声。他对劳拉的爱被刻画为一种偶像崇拜，剥夺了他的尊严和自由，加剧了他的忧郁，破坏了他的道德，把他的欲望从造物主转到了受造物。⑥ 正如我们在讨论《歌集》时所看到的，无论是人自己还是神，在这样的

---

① *Secret*，41. 彼特拉克认识到，意志在奥古斯丁本人的皈依中至关重要。关于这一点，参见 ouwsma，"Two Faces，" 37。

② *Secret*，25，32. Foster 指出，虽然彼特拉克试图清除自己的许多激情，但他从来没有放弃古典作品，这对于他来说仍然是人类智慧无与伦比的遗产。的确，在 Foster 看来，整部著作无异于古典主义的宣传品，试图寻找古代异教与基督教之间的共同点，而不是像真实的奥古斯丁那样，拒斥柏拉图主义的二元论和斯多亚派的无激情的美德观念。Foster，*Petrarch*，170—17?。

③ *Secret*，172. 关于 accidia 在彼特拉克思想中的含义有相当大的分歧。在基督教的语境中，它通常是指怠惰，但在彼特拉克那里，它似乎更接近于忧郁。事实上，一些学者把现代的忧郁概念追溯到了《我的秘密》中对 accidia 的这种讨论。

④ Foster，*Petrarch*，173；Seigel，*Rhetoric and Philosophy*，54.

⑤ *Secret*，104. 这成了《两种命运的补救方法》的基本主题。

⑥ *Secret*，125，132. Foster，*Petrarch*，174. 后来的人文主义者利用柏拉图的《会饮篇》，能够描述一个把思想引上去的爱之阶梯，但在彼特拉克的时代，《会饮篇》尚未被译成拉丁文。

爱中都遭到了遗忘。[1] 荣耀也被认为是一种虚假的不朽，但彼特拉克不能或至少不愿放弃它。[2] 不过，他的确同意接受奥古斯丁的建议：把美德当作目标，荣耀自然会有。[3]

但是，这种获得美德之路不在于对人在万物自然秩序中的位置作一种经院哲学式的考察，而在于对个体自我作内省审视。这种审视，至少在《我的秘密》中，是通过与一位精神导师作一种内心的、假想的对话而实现的。这里的精神导师是彼特拉克仅从书中知道的一位朋友，但在他看来仍然是朋友。于是，自我不是直接被理解，而是通过对话或讨论得到理解。获得自我认识的方式是，透过另一个人的目光来看自己，而另一个人在某种意义上也是另一个自我。[4] 彼特拉克后来在《两种命运的补救方法》中指出，这种谈话"将使你发现真正的自己，这个你能够看到所有东西，却独独看不到自己"。[5] 这种发现的目的并不仅仅是自我理解，而且也是自我改进和自我完善。

如果我们把《我的秘密》与它明显仿效的模本——奥古斯丁的《忏悔录》相比较，这一点就会很清楚。在《忏悔录》中，奥古斯丁直接向神言说，将其灵魂完全袒露给已经彻底了解它的神，希望宽恕和救赎他的罪。而在《我的秘密》中，彼特拉克是在向一个早已故去的对他一无所知的人言说，其目标不是获得宽恕，而是治疗自己。[6] 他并不渴求神的怜悯，而是希望通过假想的治疗对话来摆脱那些使他精力分散和奴役他的激情。因此，他的目标不是救赎，而是自我完善，他希望通

---

① Foster，*Petrarch*，175. 危险不仅是劳拉，而且是所有创造出来的美和人类文化，它们都有力量使人不再关注真正的自我认识和相关的对神的真正认识。Foster，*Petrarch*，141.

② Foster，*Petrarch*，176；Baron，"Petrarch，"33.

③ *Secret*，182—183.

④ 在这方面，彼特拉克的道路完全不同于笛卡儿，后者也通过对话来认识自己，但这种对话排除了所有其他对话。在彼特拉克那里，对自我的探索是友谊现象的表现。

⑤ *Remedies*，3：114. Trinkaus，*Poet as Philosopher*，128.

⑥ Loos，"Selbstanalyse，"7. 虽然如此，但必须承认，奥古斯丁是一个圣徒，而圣徒经常被视为人与神的调解人。《我的秘密》中几乎没有任何迹象表明，彼特拉克在寻求这种说情。Trinkaus 认为，在《我的秘密》中，彼特拉克的目标是要为他的同时代人的精神疾病提供治疗。*Poet as Philosopher*，94.

过人的意志而不是恩典来实现这一点。① 因此,《我的秘密》的核心处不是神,而是未显示出差别的道德完善理想,它在存在论上是柏拉图主义的,在道德上是斯多亚主义的。② 此外,在《我的秘密》中出现的奥古斯丁与其说更像实际写出《忏悔录》或《上帝之城》的奥古斯丁,不如说更像塞涅卡一些。③

## 私人生活的优越性

在《我的秘密》的结尾,彼特拉克向奥古斯丁保证:"我将忠实于真正的自我。我将振作起来,收起散乱的才智,努力使我的灵魂保持平静。"④ 但他预见到自己将因为许多重要的世俗事务而偏离这个目标。真正的美德生活要求远离日常生活的压力。彼特拉克在《论孤独的生活》(1346~1356)中解释了这种退避,并为之辩护。他在这部写于瘟疫时期的著作中铺设了一条道路,道路的一头是《阿非利加》中所描绘的古典美德的"行动的生活"(vita activa),另一头则是隐修的"沉思的生活"(vita contemplativa),不再与他人打任何交道。⑤ 事实上,这条道路乃是对我们所认为的私人生活的构想,它之所以摆脱公共事务的负担,不是出于对人的恨或对神的爱,而是为了进入一种阅读和写作的学习生活,周围有朋友聚在一起,不再有那种世俗的扰乱人心的激情。⑥

---

① 卡西尔把这看成人文主义的本质要素,因为当人把自己的本性赋予了自己时,他便获得了他的真正本性。*Individual and Cosmos*, 97.

② Foster, *Petrarch*, 163.

③ Trinkaus, *Poet as Philosopher*, 24. 因此,这个奥古斯丁更接近写作《论真正的宗教》(*De vera religione*) 的早期的奥古斯丁。

④ *Secret*, 191.

⑤ 就此而言,彼特拉克处于对"行动的生活"和"沉思的生活"之间的正确关系作不同评价的悠久传统之末,这一传统始于塞涅卡,经过犹太的菲洛、安东尼、巴西尔、哲罗姆、奥古斯丁,波美里乌斯(Julianus Pomerius)、大格列高利、塞维利亚的伊西多尔(Isidore of Seville)、彼得·达米阿尼(Peter Damiani)、明谷的贝尔纳(Bernard of Clairvaux)和阿奎那,最后到彼特拉克。关于这一点,参见 Zeitlin 在 *Solitude*, 33—55 中的讨论。另见彼特拉克后来的《论虔诚的闲暇》。*De otio religioso. On Religious Leisure*, ed. and trans. S. Schearer (Ithaca, N. Y.: Ithaca Press, 2002).

⑥ 彼特拉克的目标是闲暇,但这种闲暇既远离积极性的事务,又远离懒散。*Solitude*, 99.

在《论孤独的生活》中，彼特拉克明确断言公共生活与美德不相容。这种说法的核心处是这样一种信念，即社会生活由众人的意见和评价所主导，而众人总是受自己激情的奴役。因此，社会中的人并不是一个寻求自身的善的自由存在者，而是一个奴隶，他渴望赞美，害怕责备，只想要他人想要的东西。那些忙于公共事务的人

> 受制于他人的权力，要看别人的脸色行事。他们不要求任何东西是自己的。他们的房子、睡眠、食物都不是自己的，更严重的是，连他们的心灵和表情都不是自己的。他们的哭泣和欢笑都不是发自内心，而是迁就于他人的情绪。总之，他们办理别人的事情，想别人的想法，靠别人的恩惠过活。①

因此，众人只是随波逐流，彼此盲从，也就是说，他们受制于最低级的欲望，并把这些欲望的满足变成了赞美的对象。② 在这种情况下，美德是不可能的，人必然会变得邪恶，深受嫉妒和怨恨之害。忙碌的人心中充满了背信弃义，他会变得危害他人，心神不定，背信弃义，反复无常，情绪暴躁，嗜血成性。③

思想生活也会在公共领域中消失，因为公共生活努力培育的是财产而非心灵。④ 事实上，在这种情况下，心灵会因为痴迷于闲谈、喧闹和扰乱而变得麻木不仁。⑤ 彼特拉克承认，存在着一些如圣徒般起积极作用的人（比如西庇阿），但他相信这些人只是极少数，而且并不幸福。⑥ 在他看来，高贵的心灵只可能在神之中，在他自己以及他的私人思想

---

① Ibid., 122.
② 于是他写信给弟弟盖拉尔多，指出人不应听从众人的领导，因为他们身为大众这一事实已经证明了他们不知道该如何领导。*Familiarum* X, 3（2：59）. 另见 *Remedies*，1：33.
③ *Solitude*, 109, 101.
④ Ibid., 105.
⑤ Ibid., 128. 彼特拉克认为静默对于文学创作是绝对关键的。
⑥ Ibid., 125—126.

中，或者在某个与他有强烈思想共鸣的人那里找到宁静。①

只有在私人生活中，只有在彼特拉克所谓的孤独或退隐中，人才可能忠实于自己，享受其自身的个体性。这种观念完全偏离了中世纪传统。经院哲学不是按照人的特殊性和独特性来理解人的，而是把人看成一个种，看成理性的动物。经院哲学认为，人的幸福在于实现人的自然潜能，履行人的超自然义务。奥卡姆和唯名论拒绝接受这一观点，主张所有存在都是由神直接创造的全然的个体。因此，共相或种不存在，所有假定的种都只是一些名称或符号。对于人被理解成一个种，彼特拉克也有类似的疑问。在给弟弟盖拉尔多的一封信中，他指出："人的各种倾向发生冲突，不仅是因为一般意义上的人，也是因为个体：这一点我必须承认而不能否认，因为我既了解他人又了解我自己，我既按照群体又按照个体来思考人这个种。对于所有人，我到底有什么可说？谁能列举出有死的人之间的无限差异，这些差异似乎既不属于单一的种，也不属于单一的类？"②

这种对人的彻底个体性的洞察决定了彼特拉克的思想。我们已经表明，他在《歌集》和《我的秘密》中努力把自己描绘成一个带有各种特质的特殊个体。古斯塔夫·克廷（Gustav Körting）声称，这种对个性（personality）的强调标志着与中世纪的彻底决裂。③ 埃利希·洛斯（Erich Loos）则指出，彼特拉克见证了一种对个人含义的新的理解，即把个人理解成一种不可替代的个性。④ 他本人在书中的自我展示便例证了他所设想的个性的展现和表达。⑤ 个人要想知道应当如何生活，就必须知道他自己是谁。因此，人并不试图为他人制定规则，而只是显示他自己心中的原则。虽然他的生活在他看来是极为可取的，但他并不因此

---

① Ibid. , 105.

② *Familiarum* X, 5（2：77）. 另见 Foster, *Petrarch*, 147。

③ Gustav Körting, *Geschichte der Literatur Italiens im Zeitalter der Renaissance*, 3 vols. （Leipzig：Tues's Verlag, 1874—1884）, 1：578.

④ Loos, "Selbstanalyse," 4. 另见 Mazzotta, Worlds, 2。

⑤ 彼特拉克指出："在这个小镜子中，你将看到我的灵魂的整个性情。"*Solitude*, 102.

建议一般人都来效仿。① 每个人都应按照自己的偏好作决定，这是至关重要的，因为不可能有单一的道路适合所有人。②

彼特拉克并不是说每个人都应当随心所欲："每个人都必须认真思考自然赋予他的性情，思考通过习惯或训练而发展出来的最好的东西。"③ 在计划改变生活时，我们应当遵循自己的性格和倾向，而不是异想天开。因此，人在判断自己时必须特别诚实准确，避免耳目的诱惑。④ 这只是说，每个人都应当进行《我的秘密》中的那种自我审视。一旦人潜入自己的最深处，把握住了他的特殊本性，毫不掩饰缺点，那么他就应当沿着这种本性所要求的道路走下去。正如彼特拉克所言："每个人，无论是圣人、士兵还是哲学家，都应听从自己本性的不可抗拒的召唤。"⑤

然而在他看来，我们一般来说并不这样做，因为指引我们的不是自己的判断，而是众人的意见。⑥ 这种判断的扭曲很危险，正因为此，私人生活或孤独的生活才是必需的。只有在孤独中，在远离人群、远离政治的私人生活中，心灵才可能独立。只有在那里，才有可能"依照乐趣来生活，去你想去的地方，留在想留之处……无论何时何地都属于你自己，远离罪恶和不义！"⑦

彼特拉克以前的思想（以及他后来在《两种命运的补救方法》中的思想）在很大程度上显然要归功于斯多亚主义。对美德的极力强调和对快乐的总体诋毁深深地得益于西塞罗和塞涅卡。然而，彼特拉克在 ⁶²

---

① Ibid.，90.

② Ibid.，131.

③ Ibid.，131.

④ Ibid.，134.

⑤ Ibid.，87. 重要的是，这对于演说家而言并非如此，演说家必须总是想着听众们想听的东西。因此，在《论孤独的生活》中，彼特拉克宣称哲学家要优越于演说家。哲学家试图认识自己，从而使灵魂回到自身，鄙视演说家寻求的空洞的荣耀。Seigel，*Rhetoric and Philosophy*，47.

⑥ *Solitude*，133，139.

⑦ *Solitude*，149. 这种立场似乎也包含着准予所有其他人的行动一个自治的领域："只要你的行为正派得体，其他人的举动与你何干？"*Remedies*，2：207.

《论孤独的生活》中的立场至少同样得益于伊壁鸠鲁。彼特拉克甚至用伊壁鸠鲁著名的塔的形象来描述智慧的人与世界的关系。① 然而，从社会隐退到哲学花园中的这种伊壁鸠鲁主义理想是与罗马斯多亚主义对道德自治和美德的强调结合在一起的。但这种精神和道德上的自足并不等同于斯多亚主义的观念。② 斯多亚主义从来不承认这种激进的个体性。在斯多亚主义看来，人生的最高典范是贤哲。其他所有人都有与其社会地位相应的义务。但彼特拉克认为，私人是按照自己与众不同的存在来肯定自己和生活的。因此，正如蔡特林（Zeitlin）所说，彼特拉克不仅重视个体性，而且还宣称我们有权表达我们的个体性，有权根据个体的性质来表达和实现自己的个性，有权根据自然赋予的倾向和性情来调节这个特殊个体的生命，而不必在乎旁人的说法。③ 彼特拉克告诉我们，虽然在所有思想家中他最钦佩西塞罗，但他并不模仿西塞罗，因为他不想模仿任何人。④ 彼特拉克想成为他自己，享受自己的存在，这种愿望的正当性——尽管彼特拉克作了声明——更多地得益于伊壁鸠鲁主义而不是斯多亚主义。

不仅如此，这种个体性观念对于美德的实现有重要意义，这使人怀疑彼特拉克对斯多亚主义的依附。首先，这部著作中所说的美德并不能通过政治制度或教育培训体系来产生，因为只有通过一种内省式的自我审视，才能知道每个人的独特潜质和美德。其次，生活在社会中的人不可能克服低级冲动，因为他人的赞美和责备总是使他们偏离本己的目标。于是，只有退出行动的生活，正确地运用闲暇，才能满足对名声的漫无节制的欲望（这是《我的秘密》尚未解决的问题）。⑤ 只有在私人意志中，才可能战胜我们的激情，"驱逐邪恶，击溃肉欲，约束非法的

---

① Solitude, 150. 卢克莱修在《物性论》中第一次使用了塔的形象，但彼特拉克也许是从许多其他文献中采用它的。
② Trinkaus 认为彼特拉克是从罗马人那里接受这种观念的。Poet as Philosopher, 22. 这一结论没有看到彼特拉克所使用的新的个体性观念的重要性。
③ Solitude, 88.
④ "Ignorance," 115.
⑤ Solitude, 56.

癖好，严惩我们的放纵，把心灵朝更高的目标提升"。① "让一些人管理人口密集的城市，另一些人管理军队。我们的城市就是我们的心灵，我们的军队就是我们的思想。"② 这样一来，人仍然是政治的，但这只是因为他变成了拥有自己专属法律和习俗的独裁之城。

彼特拉克所建议的孤独并非懒散，而是一种精神活动。这里西庇阿再次充当了榜样，西庇阿声称："他闲暇时最不懒散，独处时最不孤独。"③ 正如彼特拉克所言："我所规定的假期是给身体的，而不是给心灵的；我不容许理智停止工作，除非它可以通过一段时间的休憩而复苏，变得更加多产……我不仅乐于，而且竭力唤起高贵的思想。"④ 这种生活首先致力于研究，不是为了名声或学术声誉，而是为了自我改进和完善。彼特拉克承认，如果不读书，他便无法忍受孤独："没有文学的隔绝是流放、监禁和折磨；文学将成为你的国家、自由和快乐。"⑤孤独不仅有利于阅读，而且可以促进写作，因为"只有在孤独状态下才可以最成功、最自由地从事文学"。⑥ 的确，这种闲暇或自由一直是艺术的源泉。⑦ 因此，孤独的生活非常适合于最真切的人生，那些哲学家、诗人、圣人和先知的人生。⑧

这种生活的目标是与高贵的思想、启发灵感的书籍和亲爱的朋友为伴。⑨ 因此，彼特拉克所赞美的孤独生活并不是如僧侣或隐士一般离群索居的生活，而是一种生活在朋友中间的私人生活。⑩ "没有孤独如此

---

① Ibid., 182—183.

② Ibid., 183.

③ Ibid., 288.

④ Ibid., 291.

⑤ Ibid., 131.

⑥ Ibid., 152.

⑦ Ibid.

⑧ Ibid., 205. 彼特拉克指出，正如西塞罗和奥古斯丁所表明的，所有其他生活实际上都是死亡。Kristeller 似乎有理地暗示，彼特拉克这里把隐修院的孤独理想变成了一种世俗的文学理想，许多诗人、作家和学者都是以这种形式评价它的。*Eight Philosophers*, 14.

⑨ *Solitude*, 66.

⑩ Ibid., 162.

85

之深，没有房子如此之小，没有门如此狭窄，但它可以向朋友开放。"①
的确，在彼特拉克看来，朋友的存在使孤独变得丰富了。他甚至声称，
他宁愿被剥夺孤独，也不愿被剥夺朋友。② 对于彼特拉克而言，孤独的
生活并非如此孤独。事实上，它更多是志同道合者的一种私人伙伴关
系。所有这一切再次使我们想起了伊壁鸠鲁的花园。③ 它也深植于彼特
拉克本人的生活体验中，因为他终生都在努力培养和维持一个很大的朋
友圈。然而，对于彼特拉克来说，友谊总是意味着交谈，无论是口头的
还是书面的。这样一来，彼特拉克便可以经常把早已故去的思想家称为
自己的朋友。④ 他们通过自己的书籍同他对话。因此，在彼特拉克看
来，孤独的生活并不是加尔都西会隐修院（他的弟弟选择了这个隐修
院，彼特拉克在《论虔敬的闲暇》中赞扬了它）的那种静默，而是通
过书籍，在书信和想象中与朋友持续对话。⑤

64　　对彼特拉克而言，孤独"实际上是某种神圣的、纯真的、不会堕落
的、人的所有财富中最纯洁的东西"。⑥ "因此，无论我们的愿望是侍奉
神（这是唯一的自由和唯一的幸福），抑或通过美德实践来培育我们的
心灵（这是次好的），抑或通过反思和写作把我们的记忆留给后世，捕
捉飞逝的时光，延长短促的生命，抑或把获得所有这些东西当作目标，
我恳求你们，让我们最终摆脱这些，把剩下的不多的时间花在孤独
中。"⑦ 然而，彼特拉克清楚地知道，孤独并不适合每一个人。事实上，
大多数人的性情并不适合这样的生活。彼特拉克声称，只要他能说服少

---

　　① Ibid., 292.

　　② Ibid., 164.

　　③ Zeitlin 指出，彼特拉克赞美闲暇的生活，远离人群和俗务，投身于阅读、文学创造和
沉思冥想，希望三两好友聚在一起，这更像贺拉斯和伊壁鸠鲁的生活，而不像基督教神秘主
义者的生活。Solitude, 55.

　　④ 关于通过书籍与智慧的人的交流的重要性，参见 Remedies, 1：2—3。

　　⑤ Trinkaus 指出，彼特拉克在《论虔诚的闲暇》中认识到了加尔都西会过分强调孤独的
危险。Poet as Philosopher, 53. 彼特拉克对僧侣们的闲暇所隐含的不信任先于马基雅维利和培
根对沉思理想的颠倒。Whitfield, Petrarch and the Renascence, 107.

　　⑥ Solitude, 137.

　　⑦ Ibid., 301.

数人走上这条道路，其余的人能够更为友好地看待孤独，他就很满足了。①

## 在亚当与普罗米修斯之间

对于中世纪的基督教而言，人的尊严问题是由那个几乎普遍认同的看法造就的，即亚当的堕落使人付出了沉重的代价。② 从这个角度看，人没有内在的价值或尊严。他曾一度拥有神的形象这一崇高地位，但却因为原罪而失去了它。因此，人只能通过神的恩典从原罪中得到救赎。令人惊讶的是，罪的问题很少出现在彼特拉克那里。彼特拉克当然认为，我们经常被各种激情所误导，但他似乎也同样肯定，只要我们尝试，就能克服它们。这里，彼特拉克距离他的中世纪前辈相当遥远。在他看来，公共美德通常是追求名声的副产品，它可能会被追求大众赞美的堕落欲望所玷污，但《论孤独的生活》中所描述的私人美德却是个人意志的产物，它通过自我控制而获得了尊严。然而，个人的尊严并非源于他是什么——即在万物中占据最高位置的理性动物，而是源于他做什么——即运用意志将自己从激情的控制中解放出来。③ 因此，《论孤独的生活》从表面上看仿佛断绝了与世界的联系，实际上却是肯定了人的个体性，这种肯定同时也认可了有德之人对自己生命的悦乐。④

虽然彼特拉克并未因此而抛弃基督教，但他似乎至少接受了一种准伯拉纠主义的观点，认为人是得救还是受罚取决于自己的行为。如果人能够提升自己，他对神的恩典就没有什么实际需要。正是因为诸如此类的原因，就像惠特菲尔德（J. H. Whitfield）指出的那样，彼特拉克的思想导致了伊壁鸠鲁主义。他承认，虽然彼特拉克总体上对伊壁鸠鲁持相 ⁶⁵当批判的态度，但两人也有许多共同之处。⑤ 彼特拉克认为最高的善是

---

① Ibid. , 307, 310.

② Kristeller, *Renaissance Thought*, 170.

③ 关于这一点，参见 Whitfield, *Petrarch and the Renascence*, 94。

④ 如 Zeitlin 所指出的，在这方面他是蒙田的先驱。*Solitude*, 58.

⑤ Whitfield, *Petrarch and the Renascence*, 120.

诚实（*honestas*），而伊壁鸠鲁认为是快乐（*voluptas*），但假如美德总是个人的特质，那么它与人做任何使人快乐的事并没有什么不同，或者换句话说，诚实实际上无法与快乐相区分。① 当然，彼特拉克想否定这样一个结论，但是显然，这种可能性在彼特拉克的思想中是存在的。② 惠特菲尔德非常合理地暗示，现代性从来也不能完全否认伊壁鸠鲁的位置。他承认，这种享乐主义的转向看起来好像偏离了彼特拉克，但他认为更确切地说，这是在更广泛地肯定彼特拉克基本的伊壁鸠鲁主义立场的背景下，对彼特拉克思想中消极部分的拒斥。③

有人指控彼特拉克否认人的本性是理性的动物和神的形象，从而背叛了人性，也有批评者指责他把一种超人的力量赋予人的意志，从而极度夸大了人的潜力。彼特拉克的个体性观念似乎特别容易受到这样一种指控。他在《两种命运的补救方法》中主张，神已经表明，人的地位高于所有其他受造物。④ 的确，在对基督进行反思时，彼特拉克宣称："他以人的形象被创造出来，也许会把人变成神……单凭这一点，不是已经使人的境况变得高贵，对他的苦难有所减轻了吗？除了成为神，人还能要什么、想什么（我没有说希望什么）呢？……除了人的肉体和灵魂，他并未拥有任何其他肉体和灵魂（虽然他本可以这样做）。"⑤ 这样一来，彼特拉克似乎把个人的能力放大到超出了人的限制。

虽然肯定有人会貌似有理地对彼特拉克作这两种指控，但我并不认为它们最终触及了彼特拉克思想的核心。彼特拉克既不想把人的存在局限在单纯的运动物质这一有限领域，也不想努力挑战神，而是寻求一种介于伊壁鸠鲁和普罗米修斯之间的中间道路。他深切体会到，人的生活中需要一种无限（和永恒）的感觉，也同样确信，人本身无法提供它，甚至最终无法理解它。按照彼特拉克的说法，普罗提诺（Plotinus）承

---

① Ibid. , 117.

② 要想对这种观念的力量有所认识，必须考察瓦拉的《论快乐》（*On Pleasure*），它为一种或可称为基督教的享乐主义的东西作了明确而全面的辩护。

③ Whitfield, *Petrarch and the Renascence*, 142—143.

④ *Remedies*, 2：226.

⑤ Ibid. , 2：225.

认四种美德：政治的美德、涤罪的美德、净化的美德、神的美德。① 政治的美德是恺撒或西庇阿等人的美德；涤罪的美德是这样一些私人的美德，他们成了哲学的追随者，并且成功消除了在前人那里只是得到缓和的激情。彼特拉克把自己归入了这一群体；净化的美德是（斯多亚派）贤哲的美德。虽然他们或许值得羡慕，但彼特拉克怀疑是否存在过这样的人；而神的美德只属于神，完全超越了人类。因此，在彼特拉克看来，实际的人可能达到的最高生活形式是，通过消除激情而不仅仅是使之有所缓和，而真正成为激情的主人。只有过一种自娱自乐的私人生活，而不是过旨在博得大众赞美的公共生活，这种生活才是可能的。

　　成功过这样一种生活的能力在很大程度上取决于个人的能力，特别是意志的力量，但彼特拉克从来没有声称这些能力就是所需的一切。他断言，如果没有基督和基督的帮助，没有人能够变得智慧和善。② 于是，彼特拉克似乎拒绝接受伯拉纠主义。在彼特拉克看来，三位一体的神是最高的力量，最高的智慧，最高的善。③ 这种说法向我们透露了许多关于彼特拉克神学观点的内容。根据彼特拉克的说法，西塞罗等古代思想家认为，神必须是理性的和善的，但他们没有理解也无法理解神的能力，因为他们无法理解神从无中创世的能力。这一伟大突破是基督和基督教带来的。④ 这一关键事实"伊壁鸠鲁和他的追随者不可能知道，我们的亚里士多德主义哲学家也不屑于知道"。⑤ 他们不晓得，世界是通过作为神意之表达的圣言（the word）而被创造的，也就是说，圣言（the articulation of the word）创造了世界，因为它是神的意志和能力的表达。古人无法理解这样一个神，因为他们继续用人的能力来衡量所有的神。然而，人不可能是全能的。和唯名论者一样，彼特拉克也极力强调神的意志的全能以及神人之间的截然分离。

---

① *Solitude*，139. 另见 59。
② "Ignorance," 10.
③ *Familiarum* XVII, 1（3：4）.
④ "Ignorance," 98.
⑤ Ibid., 99.

但与唯名论者不同，彼特拉克看到了一个虽然任性但并非令人不安的神。对于唯名论而言，神的绝对力量的推论是神不可预测。而对于彼特拉克而言，神是"一、善、真和恒久"。[1] 因此，神对人类有天然的吸引力："人的渴求无边无际且不知餍足，直到在你这里安歇下来，在你之上，它便无有继续升起的余地。"[2] 在彼特拉克看来，这样一个全能的神既无法企及，又无限可爱。彼特拉克把这种对神的看法和对宗教所起作用的看法与他在晚年论著《关于我们自己和其他人的无知》（*Of Our Own Ignorance and That of Many Others*）中对美德的关切联系在一起：

67　　　　虽然我们的最终目标并不在于哲学家们所定位的美德，但正是通过美德，笔直的道路通向了我们的最终目标所在；我必须补充说，我们不仅要知道这些美德，而且还要去爱它们。因此，真正的道德哲学家和传授美德的良师是那些尽其所能使听者和读者变得更善的人，他们不仅教给我们什么是美德和邪恶……而且也向我们心中灌输对最好的东西的爱和对它的渴求，同时也灌输对最坏的东西的恨以及如何逃离它。努力寻求一种善的、虔敬的意志要比寻求一种有能力的、清晰的理智更加安全。意志的目标……是善；理智的目标则是真。意愿善要比认识真更好……在这一生中，我们不可能完全认识神；虔敬而热烈地爱他则是可能的……要知道，美德是仅次于神本身的最好的东西。当我们认识到这一点时，我们就应当全身心地为了他而爱他，也要因他的缘故而爱美德。[3]

从表面上看，这种说法似乎很虔敬，但它并不符合耶稣的两条诫命。彼特拉克并未暗示我们要遵守神的诫命，爱我们的邻人，或者过一种贫穷和苦行的生活。他也没有陷入伊壁鸠鲁主义或完全以人为中心的

---

①　*Familiarum* Ⅳ, 1 (1: 180).
②　"Ignorance," 63.
③　Ibid., 105—106.

斯多亚主义。[①] 他继续赞美古典的美德生活、朋友的价值以及闲暇的必要性，但他并非赞美这些东西本身，而是因为它是神所喜悦的，是通往永生的道路。于是在彼特拉克看来，基督教生活的最高境界很像贤哲的生活，而与圣徒或殉道者的生活完全不同。彼特拉克很少提到苏格拉底的例子，但他头脑中想到的显然是与苏格拉底的生活类似的东西。因此他认为，我们不是通过《圣经》或教父的著作，而是通过一种内省的自我审视而认识到我们的义务。彼特拉克告诉我们："良心是美德最好的评判。"[②] 它是证人，告诉我们什么是对的。[③] 要想学会应对这种召唤，可能需要阅读《圣经》（以及西塞罗、塞涅卡等人的作品），但最终取决于彼特拉克在《我的秘密》中的那种批判式的自我审视，以及《论孤独的生活》中所描述的对公共生活的回避。

因此，彼特拉克既没有让人与神竞争，又没有把神从人这里剥夺。其目的是把基督教与他在西塞罗和塞涅卡那里看到的美德观念结合起来。所有这一切都被包含在一种个体性观念中，它即使并非源于唯名论，也是为唯名论所预示。更一般地说，彼特拉克试图把一种强调人依赖于其创造者的奥古斯丁主义与一种强调人的独立性的斯多亚主义综合起来。[④] 但是，这两种立场从表面上看似乎是矛盾的。彼特拉克所运用的个体性概念旨在解决这一矛盾。这两种立场可以结合到个人之内，只要这个人受过正确的（和广泛的）教育，选择过一种私人生活而不是公共生活，有足够的财力过一种闲暇的生活，愿意控制自己的激情，周围能有真正的朋友。

在彼特拉克看来，只有非凡的人才可能过好的生活。因此，他无疑有一种根本的精英主义。彼特拉克晚年说，其目标是把柏拉图的智慧、基督教的教义和西塞罗的雄辩结合在一起。[⑤] 这当然是一项艰巨的任

① Foster, *Petrarch*, 168.
② *My Secret*, 23.
③ *Remedies*, 1：32.
④ Bouwsma, "Two Faces," 43.
⑤ 另见 "Ignorance," 115。

务，他意识到自己没有能力完成，但他的崇高榜样是一个开端，激励着一代代人文主义者沿着这条道路继续前进。我们现在就来考察这种人文主义方案。

# 第三章　人文主义与人的神化

## 彼特拉克与人文主义的起源

我们今天很难理解彼特拉克对其同时代人的影响，这部分是因为我们觉得很难理解他对我们的影响。在我们这个时代，彼特拉克很少会被人记起。很少有人文主义者或学术界人士能够说出他的哪怕一部作品，他的拉丁文著作没有一部能够跻身伟大的书籍清单。然而，如果没有彼特拉克，就不会有人文主义者或学术界人士，不会有伟大的书籍，不会有图书文化，不会有我们所理解的人文主义、文艺复兴和现代世界。那么，他为什么会被我们遗忘呢？这种遗忘有几个因素：文学学者越来越多地关注民族文学，从而忽视了拉丁语文学；学术品位和时尚在不断改变；他的许多作品都是人们所不熟悉的类型。但真正的原因更加深刻。彼特拉克所说的东西很少是我们不知道的，结果，他对我们似乎是多余的。但这恰恰说明了他的重要性，因为他所获得的成就现已成为理所当然之事，以致我们很难想象事情还能是另一副样子。

彼特拉克去世时是欧洲最著名的诗人，在此后的 150 年间，他的影响与日俱增，声名远播。① 这部分当然是因为他高超的语言能力，能够打动人心，但这并非全部。但丁曾在方言诗流行之前写过这样的诗，但并没有许多人效仿。彼特拉克的影响更多是因为，他为如何在一个陷入巨大精神危机的基督教世界中生活提供了一种新的看法，这场危机是由唯名论革命和 14 世纪的灾难性事件带来的，这个基督教世界因为十字军东征的失败而转向内在，在东西方重新焕发活力的伊斯兰世界对它形成了潜在威胁。彼特拉克方案的基础是，断言个体的人具有存在者层次上的优先性，对一种有意义的人生的追寻始于对人的个体性的审视。通过向公众展示自己的内心生活，展示不同于守卫中世纪基督教教堂入口的圣徒和殉道者的诸多古代人的个性，彼特拉克使这一设想变得具体而富有吸引力。这样一来，彼特拉克便使其同时代人走上了两段路程。路程的第一段向内通向那个未经开发的充满激情和欲望的自我，这些激情和欲望不再是某种必须根除或加以限制的世俗的、非精神的东西，而是每个人个体性的反映，所以值得去展现、培养和享受。路程的第二段向后通向古老的、但现在突然相关的过去，那时有许多勇敢而高尚的个

---

① 关于这一点，参见 Joseph Trapp, *Studies of Petrarch and His Influence* (London：Pindar, 2003)。从他对其同时代人的影响便可看出他的影响。薄伽丘见到彼特拉克时，肯定是在世的最伟大的意大利作家。但他很快便完全落入了彼特拉克的魔咒，以至于此后几乎完全用拉丁语写作，并且开始学习希腊语。在 14、15 世纪末，彼特拉克对许多人都有类似的影响。彼特拉克生动地描述过自己的著作对同时代人的影响：

> 在我们的记忆中，很少有人写诗。但现在几乎没有人不写诗，甚至有极少数人除了诗什么都不写。一些人认为，就我们的同时代人而言，这主要归咎于我……我担心会有一位老人突然来责备我，这并非毫无根据。他愁眉苦脸，含着眼泪说："我一直尊重您的名字，但您作为回报，却毁掉了我唯一的儿子！"我尴尬地站在那里，半天说不出话来。从这位老人的表情可以看出，他内心中忍受着巨大的悲痛，这深深地刺痛了我。过了一会儿，我稍微平复了一些，回答说，无论是他还是他的儿子，我都不熟。这倒是实情。老人回答说："你是否知道他有什么要紧？他当然知道你。我已经花了大量精力让他受民法教育，但他说他想步你后尘。我最美好的希望已经落空。"……如果我……敢上街……狂热的人从四面八方冲过来抓住我，请求指点，给我建议，彼此争吵，扭成一团……如果疾病传开，我就完了。(*Familiarum* XIII，7 [3：200—201])

我们容易认为这些说法是出于自私的考虑，但就彼特拉克而言，他的影响有太多证据，以至于如果有什么的话，他的评论也是低估了他对时代的影响。没有彼特拉克，就不可能设想会有（只提几位最著名的）阿里斯托（Aristo）、塔索（Tasso）、乔叟、莎士比亚和多恩（Donne）的诗。

人，他们通过培养自己的个体性而赢得了名声和某种不朽。此外，这两段路程是相连的，因为正是通过探究和欣赏古代伟人的生平，我们才开始理解如何形成自己的个体性，从而过一种不仅虔敬而且高贵的生活，一种值得被纪念的生活。他表明，不朽不仅属于圣徒和殉道者，而且属于所有那些像西庇阿、西塞罗、荷马、维吉尔、苏格拉底、柏拉图一样被效仿的人，属于那些创造和维系了希腊罗马世界的勇士、政治家、艺术家和哲学家。这些杰出榜样背后隐藏的是这样一种观念，即重要的是个体的人及其目标，他有一种内在的尊严和价值。这种看法是革命性的，它与占统治地位的原罪和堕落教义形成了鲜明对照，后者否认个人有内在的价值或自我完善的能力。正是彼特拉克对个人的存在者层次上的优先性和价值的强调成为人文主义方案的指路明灯，使文艺复兴和现代世界成为可能。

　　彼特拉克渴望将基督教的虔敬与古罗马的美德在柏拉图主义的名义下结合起来，这已经对人文主义方案有所预示。虽然彼特拉克本人始终未能达到这个目标，但那些随他而觉醒的人们试图加倍努力来实现它。然而，我们将会看到，将这些异类的要素结合起来是一项艰巨的任务，人文主义者不仅要重新思考什么是道德的，而且也要重新思考做基督徒意味着什么。意大利人文主义者更关注古罗马的榜样，他们越来越趋向一种英雄式的、最终是普罗米修斯式的个体主义，需要越来越强调对基督教作出新柏拉图主义的解释，这种解释不再强调人的堕落，而是强调把人看成神的形象。结果，意大利人文主义者觉得越来越难维持神与人的分离。北方人文主义者没有把人的能力看得这么高，但他们也强调了道德生活的重要性。然而，在他们眼里，这种生活的榜样不是西庇阿、西塞罗或恺撒，而是基督。因此，他们并不追求伟大或荣耀，而是试图通过单纯的基督教的爱的实践获得体面和尊严。与他们的意大利同胞相反，北方人文主义者并不设想人能够因此而成为神，但他们的确设想人的自由意志可以在确定是否能够得救方面发挥重要作用。虽然他们因此并未落入普罗米修斯主义，但他们往往非常接近伯拉纠主义。不过，这两种形式的人文主义都无法实现一种综合，能够完全解除由神的全能观念所产生的巨大焦虑，因此也都无法阻止一种更加热忱的福音派基督教的兴起，后者从对基督教的虔敬、罗马道德和柏拉图主义的人文主义综合转向了一种从核心处动摇欧洲的启示神学。

"人文主义"一词最早由 19 世纪的学者用来命名文艺复兴时期基于古典文学的教育体系。他们利用了 15 世纪的 *umanista* 一词，这个词所对应的人在人文学（*studia humanista* 或 *studia humanitatis*）领域研究古典文学和哲学，不是为了认识神或提出一种神学，而是为了理解人是什么以及人应当如何生活。[1] 于是，人文主义被视为一种全面的教育和培训体系，它高度重视人的个体性、人的尊严以及人在宇宙中的特权地位。[2] 因此，"人文主义"不仅是一种哲学，而且也是一场包括诗歌、艺术、文学、历史和道德哲学在内的全面的文化运动。[3]

虽然所有人都同意，人文主义从彼特拉克那里汲取了灵感，但许多人认为，它也在很大程度上得益于一种更古老的关于书信写作和公共演说的意大利传统。中世纪文明对意大利的渗透从不像对欧洲其他地方那么深。有一种可以追溯到罗马晚期的独特的意大利传统，表现在艺术和诗歌、世俗教育、法律习俗、语法和修辞中。[4] 这种公共演说和写作的大师被称为"述记"（*dictatores*）。[5] 彼特拉克的父亲便是在这一传统中

---

[1] Paul Oskar Kristeller, *Renaissance Thought and Its Sources*, ed. Michael Morney（New York：Columbia University Press，1979），99.

[2] Ibid.，30.

[3] 在库萨的尼古拉之前没有狭义的人文主义哲学。像卡西尔这样的学者会把人文主义看成一种对经院哲学的形而上学替代或哲学替代，他们通常会把早期的人文主义思想解释成原哲学的（proto-philosophical）。Cassirer, *Individual and Cosmos in Renaissance Philosophy*, trans. M. Domandi（Philadelphia：University of Pennsylvania Press，1963），1—6. 而另一些学者的看法则恰好相反，Kristeller 是这种观点的主要拥护者，他们主张，用哲学术语来理解人文主义是错误的。例如见 Paul Oskar Kristeller, *Renaissance Thought and Its Sources*, ed. Michael Morney（New York：Columbia University Press，1979），30—31. 事实上，这两个学派都走入了歧途，因为它们运用的都是被移置的哲学观念。前者是从笛卡儿主义的角度来理解哲学，后者则是从经院哲学的角度来理解哲学。无论采用哪个标准，人文主义都不是一种哲学。我想指出的是，人文主义代表着一种既非笛卡儿主义亦非经院哲学的哲学立场。

[4] Kristeller, *Renaissance Thought*, 86.

[5] Jerrold E. Seigel, *Rhetoric and Philosophy in Renaissance Humanism：The Union of Eloquence and Wisdom, Petrarch to Valla*（Princeton：Princeton University Press，1968），210—222.

长大的，他给了儿子类似的教育。许多其他早期的人文主义者也是在这
一传统中受训练的。虽然没有人怀疑这种早期传统对人文主义的发展起
了一定作用，但关于它到底有多重要，却存在相当大的争论，因为与人
文主义者不同，"述记"并不关心古代。有些人把人文主义仅仅看成这
种"述记"传统的延伸，把人文主义对古人的关切仅仅看成一种提高
自己修辞术的手段，而不是看成对其目标和行动进行重新定向。[①] 他们
认为，像科卢乔·萨卢塔蒂（Coluccio Salutati）这样的人文主义者占据
的位置等同于 150 年前"述记"的位置。他们还指出，人文主义者在
15 世纪之前的大学中通常占据着修辞或语法的席位，而不是道德哲学
的席位，他们并没有发展出自己的形而上学。[②] 然而，这些论证并不很
令人信服。虽然人文主义方案可能产生于"述记"传统，但其发展显
然超出了后者，这不仅体现在人文主义者的复古，而且也体现在他们的
目标和愿望。例如，彼特拉克从未声称自己是一个演说家，而是自称道
德哲学家或诗人。[③] 此外，虽然人文主义者在 14 世纪上半叶的大学中并
未占据道德哲学的席位，但这几乎肯定是由于其对手对这些席位的垄
断。类似地，虽然早期的人文主义者并没有建立一种形而上学，但这与
其说是因为他们对哲学不感兴趣，不如说是因为他们更偏爱道德哲学，
对经院哲学那种无休止的形而上学争论感到厌恶。因此，虽然人文主义
得益于"述记"传统，但显然超越了它。在彼特拉克之后，人文主义
者无疑有了一种不同于前人的目标。

　　学者们不仅质疑人文主义的起源，而且质疑其意义和重要性。至少
自布克哈特和尼采的时代以来，已经有一个学派把人文主义理解成一种
反基督教的古代异教的复兴，从尼采所谓的奴隶道德转变为希腊人和罗
马人的主人道德。到了 20 世纪，随着"人文主义"越来越被等同于
"世俗人文主义"，这种把人文主义看成反基督教的观点得到了更广泛

---

① Kristeller, *Renaissance Thought*, 90.
② Ibid., 97.
③ 虽然在彼特拉克看来，这两者都与西塞罗的演说术观念相关联，但它们并不相同。
Seigel, *Rhetoric and Philosophy*, 36—37.

的接受。天主教徒和新教徒从这一角度普遍攻击人文主义，认为它是一种世俗的、最终是无神论的现代性的先兆。例如，托马斯主义者吉尔松就认为，人文主义其实是伊壁鸠鲁主义的再生，它在很大程度上导致了难以遏制的享乐主义——他认为这种享乐主义正在破坏现代生活。① 新教神学家莱因霍尔德·尼布尔（Reinhold Niebuhr）则以类似的方式把人文主义看成一种把人而不是神置于万物中心的努力，它夸大了人的能力，特别是夸大了凭借人的意志获得拯救的能力。② 宗教团体一般都接受这些意见。

　　随着人文主义越来越受到宗教人士的批判，它作为道德政治生活的一种可能基础，也对逐步世俗化的社会变得越来越有吸引力。汉斯·巴隆（Hans Baron）首先提出了对人文主义的也许占主导地位的世俗解释，它将人文主义与公民共和主义（civic republicanism）联系起来。这种解释接受了尼采对人文主义的解读，即认为人文主义本质上是异教的、令人怀疑的、世俗化的、反宗教的，但拒绝接受尼采的杰出人物统治论的结论，即人文主义与暴政几乎相同。相反，巴隆及其诸多追随者则把人文主义特别是它对罗马美德和公民生活的强调看成佛罗伦萨和其他意大利国家公民共和主义的基础。③ 持这种解释的人不是把人文主义者看成过一种沉思生活的思想家和艺术家，而是看成注重行动生活的政治行动者。他们提到了萨卢塔蒂、莱奥纳多·布鲁尼（Leonardo Bruni）

---

　　① 这种观念使得吉尔松断言，文艺复兴并不是中世纪加上人，而是没有神因此也没有人的中世纪。Etienne Gilson, *Humanisme médiéval et Renaissance* (Paris, Vrin, 1986), 192.

　　② Reinhold Niebuhr, *The Nature and Destiny of Man*, 2 vols. (New York: C. Scribner's Sons, 1941—1942), 1: 61—64; 2: 157—161.

　　③ 汉斯·巴隆主张，文艺复兴时期的意大利是原现代的，至少是在其政治思想中。他的经典著作是 *The Crisis of the Early Italian Renaissance: Civic Humanism and Republican Liberty in an Age of Classicism and Tyranny* (Princeton: Princeton University Press, 1966)。他实际上接近于拥护布克哈特的论题，即把文艺复兴看成现代性的第一个时刻。关于他的贡献，参见 Heiko Oberman, "The Shape of Later Medieval Thought: The Birthpangs of the Modern Era," in *The Pursuit of Holiness in Later Medieval and Renaissance Religion*, ed. Charles Trinkaus and Heiko Oberman (Leiden: Brill, 1974), 4; 以及 James Hankins, "The Baron Thesis after Forty Years," *The Journal of the History of Ideas* 56 (1995): 309—338。

和弗朗切斯科·布拉乔利尼（Francesco Bracciolini），所有这些人都曾担任佛罗伦萨共和国的国务秘书（chancellors），还提到了弗朗切斯科·圭恰迪尼（Francesco Guicciardini）等后来的人文主义者，特别是马基雅维利，他不仅担任了佛罗伦萨（第二）国务秘书，而且效仿罗马发展出一种共和主义理论，负责了第一佛罗伦萨共和军的组织工作。英美学术界特别强调这种人文主义观点，他们关注人文主义者对古代公民共和主义结构和美德的效仿与复兴，以及这种共和主义对英美制度和实践的影响。①

　　然而，那种认为人文主义主要是公民人文主义的观点却是错误和误导的。虽然在这一时期，公民人文主义或公民共和主义的确在一些意大利城市发挥了作用，但它并不构成整个人文主义运动的全部甚或主要部分。把它看成核心其实是接受了人文主义者自己宣传的一种历史神话，他们清楚地知道自己是基督徒而非异教徒，既是世俗王国的成员，又是基督教共和国（*republica christiana*）的成员。② 即使承认这一公民要素可能在意大利（至少是佛罗伦萨）人文主义中发挥了重要作用，在17、18世纪英美自由主义的发展中发挥了一种虽然是衍生的但仍然重要的作用，但在15、16世纪，公民人文主义在欧洲其他地方（几乎肯定也包括意大利）并没有基督教人文主义那样重要。巴隆等人试图为与洛克的权利概念和资本主义政治经济不相联系的共和政体找到一种世俗基础，他们对这种早期的人文主义传统作了过分解读。因此，他们忽视了人文主义与基督教的深层关联。

　　基督教人文主义通常与北方人文主义特别是与伊拉斯谟和托马斯·莫尔（Thomas More）联系在一起。虽然他们都是无可争议的基督徒，但认为早期的意大利人文主义者不是基督徒却是错误的。虽然在意

---

　　① 这种立场最重要的代表是 J. G. A. Pocock，*The Machiavellian Moment：Florentine Political Thought and the Atlantic Republican Tradition*（Princeton：Princeton University Press，1975）和 Quentin Skinner，*Machiavelli*（Oxford：Oxford University Press，1981）。

　　② Charles Trinkaus，"Italian Humanism and Scholastic Theology," in *Renaissance Humanism：Foundations，Forms，and Legacy*，ed. Albert Rabil，3 vols.（Philadelphia：University of Pennsylvania Press，1988），3：327—344。

大利发展出的人文主义对基督教的看法与中世纪和经院哲学的基督教完全不一致，与在宗教改革的斗争中发展出来的新教或天主教神学也几乎没有什么共同之处，但它在意图上无疑是基督教的。而且我们将会看到，它在 17 世纪以后的基督教发展中扮演着重要的，虽然常常是隐蔽着的作用。那么，我们应该如何来理解人文主义与基督教的联系呢？

虽然人文主义者几乎全都反对经院哲学，但对于唯名论，他们的态度并不那么明确。事实上，虽然他们抛弃了唯名论的方法和语言，但在一些方面，他们的看法惊人地相似。杰罗尔德·西格尔（Jerrold Seigel）和查尔斯·特林考斯（Charles Trinkaus）等学者基于恩斯特·卡西尔（Ernst Cassirer）的早期工作相当令人信服地指出，人文主义事业得益于唯名论。[1] 虽然对于萨卢塔蒂以及库萨的尼古拉等后来的思想家来说，这是显而易见的，但在彼特拉克那里并非那么明显，他的思想与奥卡姆及其直接追随者的思想或多或少是同时代的。

由于 13 世纪的经院哲学在意大利并不像在北欧那样强大和广为传播，澄清这种联系变得很困难。事实上，经院哲学和人文主义在意大利几乎同时变得引人瞩目。[2] 因此，意大利对经院哲学的体会与欧洲其他地方有显著不同。[3] 然而，特林考斯等人已经表明，意大利人卷入了 14 世纪初激烈的唯名论争论。[4] 他们还表明，彼特拉克、萨卢塔蒂、布拉乔利尼、菲奇诺等人是在回应一种哲学和心理困境，这种困境源于实在论的经院哲学家与其唯名论对手之间的激烈争论。[5] 我们知道，彼特拉

---

[1]　Seigel, *Rhetoric and Philosophy*; Charles Trinkaus, *The Poet as Philosopher*: *Petrarch and the Formation of Renaissance Consciousness* (New Haven: Yale University Press, 1979), 28—29.

[2]　Kristeller, *Renaissance Thought*, 100.

[3]　经院哲学迟来意大利使得它最终有相当多的变种。如 Kristeller 指出，在博洛尼亚，奥卡姆主义和阿威罗伊主义在法律和艺术中扮演了重要角色，而托马斯主义和司各脱主义在神学家中很流行。Ibid., 42.

[4]　Charles Trinkaus, *In Our Image and Likeness*: *Humanity and Divinity in Italian Humanist Thought*, 2 vols. (Chicago: University of Chicago Press, 1970).

[5]　Marvin Becker, "Quest for Identity," *Florilegium historiale*: *Essays Presented to Wallace K. Ferguson* (Toronto: University of Toronto Press, 1971), 295—296.

克熟知唯名论者的词项论证。[1] 此外，他虽然出生在意大利，在博洛尼亚学习过一段时间，但他早年曾在阿维尼翁生活过很长时间，并与那里的经院学者有过接触。最后，他和萨卢塔蒂都与熟悉唯名论的圣墓镇的博尔戈（Dioigi of Borgo San Sepolcro）和路易吉·马西利（Luigi Marsili）等奥古斯丁会修士过从甚密。[2]

即使不认为唯名论思想影响了彼特拉克，或者彼特拉克是在对它作出回应，毫无疑问的是，唯名论影响了后来的人文主义思想。其相似之处是显而易见的。[3] 从存在论上讲，唯名论和人文主义都反对实在论而主张个体主义。两者也都反对三段论逻辑。唯名论者试图用一种名称逻辑或词项逻辑来取代它，人文主义者则转向了修辞。[4] 从神学上讲，两者都把神描绘成彻底全能的，因而反对理性神学而赞成《圣经》。[5] 它们还都大量借鉴了奥古斯丁的思想。从宇宙论上讲，两者都没有把世界看成一种不可改变的自然秩序，而是看成混乱无序的运动中的个体物

---

[1]　Beryl Smalley, *English Friars and Antiquity in the Early Fourteenth Century*（Oxford：Blackwell，1960），287—292；Trinkaus, *Poet as Philosopher*, 57.

[2]　Charles Trinkaus, *The Scope of Renaissance Humanism*（Ann Arbor：University of Michigan Press，1983），244.

[3]　关于这一点，参见 ibid.，241—244；Trinkaus, *Poet as Philosopher*, 54；Smalley, *English Friars*；以及 Heiko Oberman，"Some Notes on the Theology of Nominalism with Attention to Its Relation to the Renaissance," *Harvard Theological Review* 53（1960）：47—76。

[4]　在后来的人文主义思想中，这两者之间最终有一种结合。从库萨的尼古拉开始，通过达·芬奇、伽利略及其继承者的拓展，这变成了一种数的逻辑，充当了一种数学运动科学的基础。关于这一点，参见 Amos Funkenstein, *Theology and the Scientific Imagination from the Middle Ages to the Seventeenth Century*（Princeton，N. J.：Princeton University Press，1986）和 Alexander Koyré, *From Closed World to Infinite Universe*（Baltimore：Johns Hopkins University Press，1957）。

[5]　彼特拉克写信给弟弟盖拉尔多说："要让［神］改变的不仅是单个的心灵，而且是整个人类、整个世界，简言之，改变万物的本性，这是最简单的事情。"Petrarch, *Rerum familiarum libri*, trans. Aldo S. Bernardo, 3 vols.（Albany：State University of New York Press，1975—1985），X，5（3：80）. 另见 Petrarch, "On his Own Ignorance and that of Many Others," in *The Renaissance Philosophy of Man*, ed. Ernst Cassirer et al.（Chicago：University of Chicago Press，1948），94 和 Kenelm Foster, *Petrarch：Poet and Humanist*（Edinburgh：Edinburgh University Press，1984），150。亦参见 Petrarch, *De otio religioso. On Religious Leisure*, ed. and trans. S. Schearer（Ithaca，N. Y.：Ithaca Press，2002），37。关于这一点，参见 Trinkaus, *Scope*。

体。最后，两者都没有把人看成理性的动物，而是看成有意志的个体存在。① 在政治领域，它们都试图发展出更具共和主义色彩的权威理论。② 然而，所有这些相似性或许只是偶然。此外，多种多样、形式各异的人文主义与唯名论之间存在着重要的实际区别。因此，要想理解人文主义与基督教的关联，我们需要更加仔细地考察人文主义的发展。

从一开始，人文主义就是一些似乎并不相容的成分的奇特杂糅。崇拜古代异教，赞美其道德和政治英雄、艺术和哲学、悲剧文学和修辞手法，并不容易与原罪、崇拜殉道者、隐修生活、基督教的爱、《圣经》的至高重要性以及禁欲主义相容，把两者结合起来一直需要艰苦的努力。正如我们在上一章看到的，彼特拉克崇尚和赞美行动的生活以及维持它所需的美德，但他也承认僧侣们所践行的沉思生活的美德，并且提出了一种关于世俗私人生活的新设想，使人可以有自己的闲暇来沉思和创造。因此，他试图把他所崇尚的英雄罗马人的积极的政治生活与他认为不得不接受的奥古斯丁主义的基督教结合在一起。彼特拉克虽然批判教会的腐败，但认为这种腐败的源头并不是基督教的教义或教会的制度结构，而在于人性的弱点。他还怀疑人类是否可以过完全世俗的生活。虽然他在其最世俗的著作《两种命运的补救方法》中断言，理性可以在改善人类困境方面发挥重要作用，但他也承认，现世问题的解决之道不可能与拯救问题分开。最后，虽然他很欣赏像西庇阿和加图（Cato）这样高贵的人，但从没有忘记他们是异教徒，例如，他拒绝接受西塞罗

76

---

① 彼特拉克赞同意志在求善方面具有首要性，这种观点是因司各脱和波纳文图拉对爱的强调而发展起来的，与彼特拉克关系密切的奥古斯丁会托钵修士广泛接受了它。Trinkaus, *Poet as Philosopher*, 111. 关于这一点，参见 Ugo Mariani, *Il Petrarca e gli Agostiniani*（Rome：Storiae Letteratura，1957）。意志的首要性在后来的人文主义者那里甚至更为明显，特别是在萨卢塔蒂和皮科那里。

② 奥卡姆和帕多瓦的马西利乌斯都提出了非正统的权威学说，它们很类似于更多奥古斯丁主义的人文主义者的许多观点。Giuseppe Mazzotta, *The Worlds of Petrarch*（Durham：Duke University press，1993），26. 关于这一点，特别是人文主义内部不同的政治观点，参见 William J. Bouwsma, "The Two Faces of Humanism: Stoicism and Augustinianism in Renaissance Thought," in *Itinerarium Italicum*（Leiden：Bill，1975）。

的教导，即美德归自己掌握，命运则归他人掌握。[①]

虽然彼特拉克认识到有必要调和虔敬（*pietas*）与人性（*humanitas*），但他从未能够把它们融贯地综合在一起。不过，他的确设定了一个目标，其后继者试图以不同方式实现它。正如我们前面所指出的，他认为这种结合的关键是柏拉图主义。然而，他对柏拉图主义的实际理解并不很清楚。他对柏拉图的了解大都来自二手资料，主要是来自西塞罗和奥古斯丁。这两位精神导师都尊崇和引用柏拉图，这显然使他确信，基于柏拉图主义对基督教和异教进行调和是可能的。然而，他对柏拉图的实际了解相当有限，对柏拉图主义后来发展的了解就更少。尽管如此，他的人文主义后继者沿着他的道路转向了柏拉图和柏拉图主义，力图调和基督教的虔敬和罗马的美德。

彼特拉克之后的人文主义者不大愿意赞美甚或接受隐修生活以及其他一些中世纪的宗教活动，但他们并非反宗教或反基督教。他们也试图调和道德与虔敬。在试图平衡这两个要素的过程中，他们通常要依赖一种对基督教的新柏拉图主义解读，认为人并不是一种无可救药的堕落的受造物，而是神的形象，从而证明其英雄个人的设想是正当的。然而，这项决定迫使他们淡化原罪和堕落，以致总有落入伯拉纠主义的危险。但尽管如此，即使是最极端的人文主义者也不认为自己是非基督教的。对此我们或许会感到奇怪，因为很难想象这种英雄式的或普罗米修斯式的个人会是一个优秀的基督徒，这在很大程度上是因为我们把基督教与谦卑联系在一起。因此，我们容易得出结论说，意大利人文主义者的基督教仅仅是一种伪装，其根本目的是反对基督教。然而，这一结论是错误的。人文主义者在思想上很清楚这种张力，但他们相信，这些不同要素可以相互调和，所以不认为必须在雅典和耶路撒冷之间，或者在上帝之城与异教之城之间作出选择。

诚然，大多数人文主义者的宗教观点与他们的中世纪前辈相当不同，但这并不意味着他们就不再是基督徒。事实上，在很多情况下，他

---

① Trinkaus, "Italian Humanism and Scholastic Theology," 330.

们发展自己的信仰和修行乃是出于对中世纪基督教的反感，从而想努力恢复一种更加原始和本真的基督教修行。人文主义者确信，他们同时代人的宗教修行充其量是奥古斯丁和其他教父的真正基督教的扭曲形象，他们将这归咎于经院哲学依赖异教的亚里士多德和伊斯兰教的阿威罗伊。他们认为，要想重新唤醒真正的宗教性，关键是要查明并根除这些信仰和修行。他们的历史和语言学识越来越揭示出，这些东西都是后来加给基督教的。这种改革冲动因为重新发现西塞罗、塞涅卡等罗马作家的著作以及柏拉图的对话和后来新柏拉图主义者的著作而得到加强。[①]这些著作使他们越来越准确地看到，基督教最初是在何种思想氛围中发展起来的，古代的道德和形而上学教导如何影响了基督教的信仰和修行。

## 意大利人文主义

从一开始，意大利人文主义就试图调和基督教的虔敬与古代的美德。在彼特拉克之后的那代人当中，最重要的人文主义者是萨卢塔蒂（1341~1406）。他早年曾受教于彼特拉克的朋友莫里奥（Moglio），后任教皇秘书。1368 年，他开始与彼特拉克通信。1375 年，他应召担任佛罗伦萨共和国的国务秘书，并且是公民共和主义的主要倡导者之一。萨卢塔蒂虽然常常忙于公民事务，但写过两部短论——《论命与运》（*On Fate and Fortune*）和《论宗教和逃离世界》（*On Religion and Flight from the World*）。他受彼特拉克和唯名论的强烈影响，提出了一种特别强调意志力量的个人观念。在提出这种个人观念时，他利用了异教的榜样，这遭到了乔万尼·多米尼奇（Giovanni Dominici，1357~1419）等人的攻击，但他在《论命与运》等著作中提出的个人尊严观念显然植根于他从奥古斯丁那里获得的自由意志观念。[②]他还谴责斯多亚派的信

---

① 1431 年第欧根尼·拉尔修（Diogenes Laertius）简明扼要（虽然缺乏深度）的《名哲言行录》（*Lives of Eminent Philosophers*）的出版对于这一复兴起了重要作用。

② John F. D'Amico, "Humanism and Pre-Reformation Theology," in *Renaissance Humanism*, ed. Rabil, 3: 355.

念，即美德是唯一的善，情感是非基督教的和有害的。他基于本质上唯名论的理由反对亚里士多德主义，但他也反对唯名论的观点，即神的全能使所有人的自由成为不可能。① 于是毫不奇怪，实在论/唯名论争论双方都认为他是反基督教的，但认为他们的证词是决定性的将是一个错误。在 14、15 世纪，并没有单一形式的基督教，而是有各种类型的基督教信仰和修行。基督教人文主义当然从来不是大多数基督徒的选择，但它在知识分子当中特别有影响，一般被认为是正统。

人文主义事业的核心是捍卫人的尊严观念。② 为了捍卫这样一种观念，人文主义必须强调，人是以神的形象被创造出来的，而且要将堕落和原罪的影响减到最小。这些要点对于大多数人文主义者是至关重要的，但也是有问题的。他们知道，如果不对这两件事情作自由解读，就不得不得出结论说，古代伟大的道德英雄，如苏格拉底、西塞罗和加图等人，都已被罚入了地狱。但丁曾试图巧妙地解决这个问题，策略是把苏格拉底置于灵薄狱（limbo），而这对大多数人文主义者来说是不够的，他们需要相信，道德和虔敬多多少少是等同的。如果连苏格拉底这样的人都下了地狱，那么将很难避免唯名论的结论，即神是冷漠的甚至是不公正的。然而，倘若这些有美德的人有可能在不知道基督的情况下得到拯救，那么就很难理解为什么基督及其牺牲是必要的。

在努力解决这个问题的过程中，人文主义者使用了两种不同策略。根据保罗在《罗马书》中所说的，神的律法是通过自然秩序来彰显的。他们主张，异教徒过着一种符合自然的美德生活，所以他们已经承认、尊敬甚至是"崇拜"神，即使他们并不知道基督。这对于像苏格拉底和西塞罗这样认识到只有一个神的异教徒来说尤其如此。于是，只要把想象力稍加拓展，有美德的异教徒便可算作选民。这种看法的问题是，它似乎迫使人滑向伯拉纠主义。第二种可能性我们将在下面讨论，它设

---

① Anthony Levi, *Renaissance and Reformation*: *The Intellectual Genesis* (New Haven: Yale University Press, 2002), 99.

② Giannozzo Manetti（1396~1459）是最早明确阐述人的尊严学说的人之一。关于这一点，参见 D'Amico, "Humanism and Pre-Reformation Theology," 359。

想基督教与异教思想有共同的起源。这一共同起源将证明人文主义者的信念是正当的，即异教徒的道德教导受到了神的感召，因而本质上等同于基督的教导。

布鲁尼（1369~1444）的著作促进了异教思想与基督教思想恢复友好关系。他是萨卢塔蒂的学生，和萨卢塔蒂一样任教皇秘书，后于1415年回到佛罗伦萨接替萨卢塔蒂担任国务秘书。布鲁尼有许多贡献，其中包括翻译和出版伟大的基督教教父巴西尔（Basil）的一封信，捍卫基督教学者对异教诗人的解读，从而大大缓解了一种宗教疑虑，即人文主义者对世俗文本的解读败坏了虔敬。[①] 他还普及了由弗拉维奥·比翁多（Flavio Biondo，1392~1463）最早提出的新历史观，即不是按照主导了历史思想近一千年的四帝国理论划分历史，而是按照古代、中世纪和现代三部分划分。这种新的认识得益于彼特拉克关于一个黑暗时代将他的时代与古代分隔开来的观念，它对于基督教人文主义的发展至关重要，因为人文主义者恢复一种原本的古代基督教的努力由此获得了正当性，这种基督教比在黑暗的中世纪发展出来的堕落的基督教更接近于古代道德思想。最后，他是最早翻译柏拉图对话的人之一，虽然他的翻译并不很准确。

在布鲁尼的学生瓦拉（1407~1457）的作品中，这种对复兴的可能性的信念表现得特别清楚，亦即将基督教的虔敬与古代道德结合起来。瓦拉既是基督教的坚定捍卫者，又对新柏拉图主义深信不疑。他与那些发动1277年大谴责的人一样反对亚里士多德主义和阿威罗伊主义。[②] 尤其令他不安的是，他发现斯多亚主义和亚里士多德主义的说教摆出了一副基督教虔敬的样子。他认为，要想做一个基督徒，就必须接受《圣经》的真理。然而，正如他所看到的，这种真理已被大大歪曲。幸运的

---

① Kristeller, *Renaissance Thought*, 73.

② Trinkaus, "Italian Humanism and Scholastic Theology," 334—336. 在《论快乐》中，瓦拉创造了一位斯多亚主义者、一位伊壁鸠鲁主义者和一位基督教享乐主义者之间的对话，他们视至福为最高的快乐，视美德为获得它的途径。因此，瓦拉所想象的伊壁鸠鲁主义必须在他的新柏拉图主义语境中来理解，将它理解成在柏拉图的爱之阶梯上从感官的快乐爬到至福的一种努力。

是，有了人文主义者的语文学工具，学者们能够在很多方面纠正这种歪曲。他的"纠正"中最有名的，也肯定是最重要的，便是他 1440 年轰动性地证明，教皇世俗权威的基础——君士坦丁惠赐书（Donation of Constantine）是伪造的。虽然这一证明削弱了教会的权力，但它并非反对基督教，当时人们也没有这样认为。事实上，瓦拉 1448 年被任命为教皇秘书，这部分得益于他证明伪造所凭借的语言技巧。

正如我们在上一章所看到的，彼特拉克把人看作意志的而不是理性的存在。事实上，这内在于人的个体性。然而，彼特拉克未能完全看清楚这一立场的后果，只有到了后来的人文主义者，它才逐渐变得清晰起来。从这个角度看，思考并非一种沉思，而是一种行动。人在思考时，不单是发现了世界中的一种固有秩序，而且还意愿它，或者给它赋予形式。于是，所有的 *logos* 或语言都是一种 *poiēsis* 或制造（poetry［诗歌］），因此认识总是一种创造。① 然而，人的创造不是也不可能是从虚无中创造，因为神的意志已经给世界赋予了形式。因此，认识永远是对神的原初制造的一种重新制造，或者用柏拉图的话说，是一种"模仿"（*mimēsis*），一种对神已经意愿的东西的重新意愿。这样一来，艺术开始在人文主义方案中扮演核心角色，不过艺术并没有被视为一种创造性练习或表达的练习。而是说，人文主义利用柏拉图的思想，设想艺术家应当重新创造出形态各异的受造物的神圣美妙本质，直至对神本身进行描绘。

瓦拉清楚地看到了艺术与宗教的这种联系。特林考斯写道："瓦拉宣称，宗教世界之所以被发明和描绘出来，不是因为它不存在——因为关于我们信仰的超越性信念断言它存在——而是因为除了通过预言和隐喻，我们便无法认识它。"② 神是一个无限的存在，只有通过隐喻的方式才能以纯粹有限的形式把握神。因此，宗教必须被人的意志赋予形式。然而在这方面，宗教与其他形式的认识并没有什么不同。于是，特

---

① 冯肯施坦称之为"制造的知识"（ergetic knowledge）. *Theology and the Scientific Imagination*, 296—299.

② 引自 Trinkaus, "Italian Humanism and Scholastic Theology," 343。

林考斯得出结论说，在瓦拉看来，"人的心灵和想象力富有主动性和创造性，不仅重新发明和描绘了神的世界，而且重新发明和描绘了永恒的自然界和人的世界。之所以如此，是因为人曾以神的形象和模样被创造出来，神就是被虔诚的人发明和描述出来的"。① 在瓦拉看来，人的这种能力并没有使人与神相互对抗，而是反映了人作为神的形象分享了神性。于是，人的意志在神的意志中运作以塑造世界，但它总是在已经被神的意志创造出来的世界中起作用。

然而，这两种意志如何可以共存，却令人费解。这个问题使瓦拉大惑不解。例如，他在《论自由意志》(On the Free Will) 中承认，人无法理解自由意志如何可能与神的预知相容。虽然他确信可以相容，但他只能对此作出猜测，有时暗示神的意志是通过人的意志来起作用的（后来路德更加明确地发展了这种观念），尽管是以一种完全神秘的方式，这种神秘方式似乎使他同时陷入了伯拉纠主义和摩尼教。②

在把这种角色赋予人的意志时，瓦拉借鉴了罗马帝国晚期调和论的新柏拉图主义。③ 彼特拉克和萨卢塔蒂在试图提出一种独立于经院哲学和唯名论的神学立场时已经转向了柏拉图。在他们看来，这种转向的正当性在于奥古斯丁自称的柏拉图主义。然而，14 世纪甚至是 15 世纪的思想家只能看到柏拉图和新柏拉图主义者的极少量著作。他们对奥古斯丁本人的认识几乎完全来自于隆巴德《箴言四书》中对他的著作摘录，这使人对奥古斯丁的思想产生了片面的印象。与东部基督教在费拉拉—佛罗伦萨会议（1438~1445）上的重新接触，加速了对柏拉图和新柏拉图主义思想的重新发现，在这次会议上， 意大利人文主义者第一次见

① Ibid. , 344.
② 摩尼教本来是一种由波斯拜先知摩尼（Manes）传授的二元论宗教哲学，它结合了琐罗亚斯德教、基督教和诺斯替主义的思想要素。和琐罗亚斯德教一样，它把世界视为两个神或两种本原的战场，其中一个是善的，另一个是恶的。在古代晚期，它通过解释恶的起源这个令人困惑的问题，为正统基督教提供了一种强大的替代。奥古斯丁最初被摩尼教所吸引，但后来拒绝和抨击了它。基督教一般将摩尼教视为异端。到了现代，摩尼教被用来形容这样一种人，他们用非黑即白的术语将世界视为善恶之间不可调和的根本斗争。
③ 关于柏拉图和柏拉图主义对文艺复兴的重要性，参见 James Hankins, *Plato in the Italian Renaissance*, 2 vols. (New York：Brill, 1990)。

到了新柏拉图主义传统的当世代表盖弥斯托斯·普勒东（Gemistus Pletho，1355～1464）。他和弟子约翰·贝萨利翁（John Bessarion，1403～1472）的影响非同寻常，特别是对佛罗伦萨的人文主义者的影响，激励了古希腊语和古希腊哲学文本的研究。古希腊思想对人文主义的这种越来越大的影响对世俗社会也有冲击，但其背后的动力无疑是宗教性的，其目的不是要发现一种异教的或世俗的东西来替代基督教，而是要重新发现一种基督教形式，能够有助于在土耳其的实际威胁下重新统一教会。① 人文主义方案的核心是，寻找一种能够将虔敬与尚武美德（martial virtue）结合起来的基督教勇士，从而能够抵抗住受宗教感召的伊斯兰勇士。这表现在人文主义的许多伟大艺术作品中，如塔尔夸托·塔索（Tarquato Tasso）的《被解放的耶路撒冷》(*Jerusalem Delivered*) 和阿尔布莱希特·丢勒（Albrecht Dürer）的《骑士、死神与魔鬼》(*Knight，Death，and the Devil*)。

　　人文主义者之所以容易接受柏拉图主义和新柏拉图主义，是因为那种神秘主义传统，特别是埃克哈特（1260～1327/28）和约翰·勒伊斯布吕克（John of Ruysbroeck，1293～1381）的思想，他们极为重视作为神之居所的个人精神的无限潜能。然而他们认为，这种认识的最终目标不是独立自主，而是通过个体性消解在神的无限之中而与神重新合一。他们的思想与普罗提诺思想的相似性显而易见。② 人文主义遵循的是同一条道路，但强调的不是个人在神之中的消解，而是神的力量内在于个人之中。这最终把意大利人文主义引向了一种与基督教不相容的普罗米修斯主义，但这只是一条漫长道路的尽头。在其他地方，这条道路仍然处于前宗教改革时期相对较清晰的基督教正统内部。

---

　　① 1291年十字军东征结束后，伊斯兰世界开始转入进攻。14世纪初，仍然处于黑死病灾难恢复期的四分五裂的基督教世界受到突袭。摩尔人继续在西班牙同基督徒作战，土耳其人几乎占领了整个东罗马（拜占庭）帝国，只有君士坦丁堡到了1453年才陷落。此外，1453年以前，英法还深陷百年战争的泥潭。意大利和德国在此期间也争执不休。
　　② 奥古斯丁在《驳学园派》中指出，普罗提诺的思想复兴了真正的柏拉图主义，晚期学园派的怀疑论曾经将它淹没。几乎所有人文主义者都把这种（充其量是不可靠的）解释视为事实。

虽然从彼特拉克到瓦拉的人文主义者都把柏拉图主义看成调和基督教的虔敬与罗马道德的主要根据，但他们对柏拉图主义和新柏拉图主义思想并不很熟悉，所以无法有效地达到目的。对于柏拉图主义，瓦拉显然比彼特拉克知道更多，但他的知识仍然有限。于是，直到马尔西利奥·菲奇诺（Marsilio Ficino，1433~1499），柏拉图主义才开始成为人文主义方案的动力之源。[1] 菲奇诺主要是哲学家，但也是学者、医生、音乐家和教士。他将柏拉图的几乎所有作品和众多柏拉图主义者的著作译成了拉丁文。他在佛罗伦萨的别墅也是一群对柏拉图有兴趣的人文主义者的聚会场所，被戏称为柏拉图学园。他对文艺复兴时期的许多伟大人物都产生了直接而深远的影响，包括洛伦佐·德·美第奇（Lorenzo de' Medici）、莱昂·巴蒂斯塔·阿尔贝蒂（Leon Battista Alberti）、安吉洛·波利齐亚诺（Angelo Poliziano）、克里斯托福罗·兰迪诺（Christoforo Landino）、皮科·德拉·米兰多拉（Pico della Mirandola）、波提切利、米开朗琪罗、拉斐尔、提香和丢勒，还对许多人产生了间接影响。他相信，柏拉图和新柏拉图主义者能够担当起彼特拉克寻求的那种综合，因为他们揭示了每个人内部都拥有一种不朽而神圣的本原，《圣经》在把人描述为神的形象时所指的正是这种本原。菲奇诺有很好的理由支持这种观点。他知道，教父们曾对柏拉图主义和新柏拉图主义思想大加利用。他相信，基督教和柏拉图主义在更古老的三重伟大的赫尔墨斯（Hermes Trimegistus）和琐罗亚斯德（Zoroaster）的思想中有共同的来源。

尽管当时的学者承认新柏拉图主义对早期基督教产生了深刻影响，甚至承认希腊和犹太—基督教思想在某些方面得益于琐罗亚斯德的思想，但他们拒绝把一种字面上的赫尔墨斯传统当成两者的共同起源。[2] 然而，在两百多年的时间里，对这样一种共同起源的信念广为传播，在

---

① 关于菲奇诺和柏拉图主义的复兴，参见 Michael J. B. Allen, *Synoptic Art：Marsilio Ficino on the History of Platonic Interpretation*（Florence：Olschki, 1998）。

② 然而，认为有一种秘密的智慧先于希腊人和犹太人而存在，这种想法仍然颇为流行，力量甚大，特别是以新时代灵性（New Age Spirituality）的各种形式出现。

基督教的自我认识和现代思想的形成过程中发挥了核心作用。事实上，如果我们认识不到这种赫尔墨斯传统的重要性，就很难理解现代性的起源。

几乎所有晚期教父都大量利用了新柏拉图主义的思想资源，但这一事实很久以来并不为人所知。这在很大程度上是因为公元 529 年查士丁尼关闭了柏拉图学园，他的反异教倡议也有助于把基督教思想同古代哲学隔离开来。中世纪所知的新柏拉图主义的唯一来源是阿普列乌斯（Apuleius），据说他还翻译过对话录《阿斯克勒庇俄斯》（*Asclepius*），这是中世纪唯一可以看到的对赫尔墨斯主义的叙述。[①] 在柏拉图主义和新柏拉图主义思想的复兴中起决定性作用的人是米海尔·普塞洛斯（Michael Psellos，1018~1081），他是拜占庭学者，将柏拉图主义哲学、迦勒底神谕（*Chaldean Oracles*，被归于琐罗亚斯德）和《赫尔墨斯文集》（*Corpus hermeticum*，被归于三重伟大的赫尔墨斯）与《圣经》结合起来。因此，他是拜占庭传统之父，这一传统在普勒东和贝萨利翁那里达到顶峰，并随着菲奇诺而在西方获得新生。[②]

那么，什么是赫尔墨斯主义？三重伟大的赫尔墨斯被认为是古埃及智慧的代言人。据说他不仅教导过摩西，并通过摩西教导过犹太人和基督徒，而且还教导过俄耳甫斯（Orpheus）和希腊人，包括毕达哥拉斯和（间接地）柏拉图。赫尔墨斯的著作和其他古代智慧文本，如迦勒底神谕，连同犹太卡巴拉密教（Kabbalah），被认为是犹太教圣经和基督教圣经的来源。因此，为了恢复一种更为本真的基督教，了解这种来源并把它用于解释《圣经》就显得很重要了。

菲奇诺显然受到了拜占庭新柏拉图主义传统的影响，但他与赫尔墨斯主义的邂逅不无偶然。1462 年，美第奇给了菲奇诺一些手稿让他翻译，其中包括多篇柏拉图的对话和《赫尔墨斯文集》。我们现在知道，《赫尔墨斯文集》是公元 1~3 世纪亚历山大里亚的新柏拉图主义者撰

---

① Kristeller, *Renaissance Thought*, 152.

② Ibid., 53, 156.

写的，但菲奇诺及其同时代人并不知道这一点。他们以为这些著作就是它们所声称的那样。此前，菲奇诺曾为《二十四位哲学家》（*The Book of Twenty-Four Philosophers*）写过评注，我们现在知道，这是一部赫尔墨斯主义文本。即使在这个时候，他已经认识到了它与柏拉图的相似性。拿到《赫尔墨斯文集》时，他刚刚译完俄耳甫斯颂歌，他几乎立即注意到希腊早期的创世记述、柏拉图在《蒂迈欧篇》中讲的故事、《创世记》的记述与《赫尔墨斯文集》中的创世记述之间的相似性。毫不奇怪，他得出结论说，它们有一个共同的起源，[①] 由此开始了一个一直持续到 17 世纪的错误。正如我们将会看到的，这虽然是一个错误，但由它可以产生出大量令人难以置信的东西，无论是在人文主义思想中，还是在从哥白尼、布鲁诺到培根、伽利略、开普勒、笛卡儿、牛顿的近代科学发展中，它都发挥了巨大作用。[②]

虽然《赫尔墨斯文集》的文本并非像人们所认为的那样，但它们的确在一些重要方面为早期基督教思想的形成作出了贡献，特别是神的绝对能力和绝对自由的观念。这条新柏拉图主义线索是在埃及世界发展起来的，那里充斥着许多不同类型的哲学宗教思想。调和论的冲动也相当强劲。菲洛（Philo）、普罗提诺和普罗克洛斯在这种环境中成长起

---

① 菲奇诺后来来谴责赫尔墨斯那里的魔法要素，把他置于琐罗亚斯德之后，作为希腊思想和基督教思想的来源，但他从未放弃神学上的赫尔墨斯。赫尔墨斯对文艺复兴时期的想象力很重要，这显示于锡耶纳大教堂地板上的画，它描绘了一位埃及的女预言家，题为"神学家赫尔墨斯"（*Hermes theologus*）。

② 直到 1614 年，赫尔墨斯主义思想才被证明有一种基督教的而不是摩西的/埃及的起源。关于赫尔墨斯主义思想对于近代科学的起源的重要性，参见 Frances Yates, *Giordano Bruno and the Hermetic Tradition* (Chicago: University of Chicago Press, 1964)。Yates 在这部著作以及其他地方指出，必须在赫尔墨斯主义、炼金术和玫瑰十字会传统的背景下来理解近代科学。Walter Pagel, *Paracelsus: An Introduction to Philosophical Medicine in the Era of the Renaissance*, 2d ed. (New York: Karger, 1982); Allen Debus, *Chemical Philosophy: Paracelsian Science and Medicine in the Sixteenth and Seventeenth Centuries*, 2 vols. (New York: Science History Publications, 1977); 以及 Paolo Rossi, *Francis Bacon: From Magic to Science* (Chicago: University of Chicago Press, 1968) 等著作也给出了类似的看法。Umberto Eco 在其《傅科摆》（*Foucault's Pendulum*, trans. William Weaver, New York: Random House, 1989）中诙谐地模仿了这些唯灵论观点在当时的吸引力，但我们不应因此就认为它们对人文主义思想的早期发展不重要。

来，他们的思想具有很强的调和论倾向。赫尔墨斯文本正是这种调和论运动的一部分，它将来自多个传统的要素汇合在一起，对维克托利努斯（Victorinus）、阿塔那修（Athanasius）、亚历山大的克雷芒（Clement of Alexandria）、奥利金（Origen）等许多早期教父产生了深远的影响。①因此，虽然菲奇诺及其人文主义后继者误认为赫尔墨斯主义思想是犹太教和基督教思想的来源，但他们正确地认识到了它对基督教的重要性。②

　　通过对这些文本的研究，菲奇诺确信，假如透过柏拉图主义的眼光来看《圣经》，人文主义便可以恢复一种更加原本的（和强健的）基督教。③不仅如此，这样一种柏拉图主义的基督教可以作为经院哲学的替代。在澄清这种看法时，他不仅利用了柏拉图，而且利用了奥古斯丁，不过更多地利用了奥古斯丁早期的反摩尼教思想。与后来质疑自由意志的反伯拉纠主义著作相比，奥古斯丁早期的思想更看重人的自由意志。菲奇诺还受到了他研究晚期新柏拉图主义（他翻译了普罗提诺和普罗克洛斯的著作）特别是伪狄俄尼索斯（Pseudo-Dionysus）著作的深刻影响，他以为伪狄俄尼索斯是保罗的第一位雅典追随者（《使徒行传》17：34中有所提及），但我们现在知道，伪狄俄尼索斯是普罗克洛斯的追随者。④

　　在菲奇诺看来，人首先是神的形象，所以人有一种内在的尊严和力量。根据菲奇诺的说法，柏拉图和他的追随者以其个人灵魂不朽的学说

_____

　　① 　新柏拉图主义变得对早期基督教神学很重要，因为它可以用来支持三位一体，反对阿里乌斯主义者的攻击。阿里乌斯主义者否认耶稣与神的同一，认为他只是受造物中最高的一个。在这种努力中，维克托利努斯极为重要，他的思想影响了所有后来者。Levi, *Renaissance and Reformation*, 28.

　　② 　约瑟夫斯（Josephus）指出，毕达哥拉斯和其他希腊哲学家一样，曾经从摩西五经的教导中得到过智慧。Levi, *Renaissance and Reformation*, 22.

　　③ 　菲奇诺指出，苏格拉底是"在时机成熟时"（in the fullness of time）由神派遣到世上的，这个词通常只用来形容道成肉身的基督。Levi, *Renaissance and Reformation*, 429.

　　④ 　Levi, *Renaissance and Reformation*, 121.

断言了这一点。① 这是人的神性的基础，正是通过对灵魂的培育，我们才变得像神一样。这样一来，菲奇诺就恢复了世界灵魂作为宇宙中心的新柏拉图主义学说，使人的灵魂在宇宙等级结构中占据一个特权地位，作为宇宙的纽带，作为理智世界与物质世界之间的联结。② 菲奇诺认为，灵魂的培育使人"成为万物"。他甚至认为，人能够"自己创造天界和天界所包含的事物，只要他能获得工具和天界物质"。③ 既然他无法获得，他就必须满足于通过运用技巧和想象来模仿性地重新创造这个世界。

菲奇诺神学的核心处是这样一种对神的看法，它与经院哲学不一致，但与他的人文主义先驱的神相连续。这个神是意志之神，而不是理性之神，它的原型不是亚里士多德的第一推动者，而是柏拉图的巨匠造物主。普罗提诺已经证明，奥古斯丁也已经承认，一个三位一体的神要想存在，就绝不能仅仅爱（love），而必须就是爱（be love），因为只有爱才能解决存在于神的内部的一与多的问题。而理性无法实现这一点。因此，神的创世必须是一种爱的意志的行动。此外，如果神本质上就是爱，那么他的所有造物以及人类就必须由爱来支配和引导。然而，这样一种对爱的看法正是菲奇诺在柏拉图的《会饮篇》（Symposium）中所发现的东西。菲奇诺在《论快乐》（On Pleasure，1457）中第一次详细描述了它，而后在《论爱》（On Love，1466）中作了更充分的描述，《论爱》曾被正当地称为文艺复兴时期最重要的文学作品。虽然菲奇诺接受了唯名论所假定的存在论上的个体主义，但他认为所有个体存在者都充满着神的爱，并且被这种爱统一在一起。在爱的驱动下，它们自然地被引向善，从而被引向神。于是他断言，那些基于本能和自然激情的行为，包

---

① 在说服教会把灵魂不朽接受为教义方面，菲奇诺发挥了重要作用。1512 年的第五次拉特兰会议批准了这个教义。

② Paul Oskar Kristeller, *Eight Philosophers of the Italian Renaissance* (Stanford：Stanford University Press，1964)，43，66.

③ *The Letters of Marsilio Ficino* (London：Fellowship of the School of Economic，Sciences，1975~)，1：190. 弥尔顿的撒旦显然是以这样一种人文主义想象为模型的。

括性欲，把人引向了神。① 自然本身就是一种恩典，菲奇诺断言它会把人引向善，从而引向神。在关于此议题发表的第一部著作《基督宗教》（*The Christian Religion*，1474）以及融合了他思想中异教和基督教元素的《柏拉图主义神学或灵魂不朽》（*Platonic Theology or the Immortality of Souls*，1482）中，他进一步阐述了这种观点。②

菲奇诺的宗教观很是宽广。事实上他确信，虽然基督教是最好的，但存在着多种不同形式的正当的宗教信仰和修行："神意不允许世界上的任何地方在任何时间完全没有宗教，尽管它的确允许仪式可以有所不同……神宁愿以任何方式被崇拜，无论是多么不经意……也不愿通过傲慢被崇拜。"③ 虽然菲奇诺的基督教因此而明显受到新柏拉图主义、诺斯替主义以及赫尔墨斯文献的影响，但它并不反对基督教。他的思想和整个基督教人文主义事业的核心总体上认为，自然是一种恩典。④ 这种观念十分重要，因为它为神的意志与人的意志的和解提供了一个基础。假如自然受神的支配，以至于人自然被引向善，那么人就可以与神的意志相和谐地自由行使自己的意志。当然，在基督教传统内部，这种观念的障碍是原罪。不过，原罪的结果是可以争论的，人文主义者普遍认为，原罪只是导致我们的理性变得一时黑暗，甚至在救赎之前即有可能得到克服，以后就更容易被超越。虽然这在很多方面都违背了官方的教会教义，但它在意图上并不是非基督教的。

虽然新柏拉图主义以这种方式为调和人文主义的个体主义与神的全能提供了一种方法，但这样做已经非常接近于伯拉纠主义，而且在某些

---

① Kristeller 指出，菲奇诺把柏拉图在《斐德罗篇》和《会饮篇》中所描述的爱等同于保罗所教导的基督教的爱。Kristeller，*Eight Philosophers*，47.

② 菲奇诺强调了人的灵魂的神性以及人与神的关系："让他把自己尊崇为神的形象吧。神一经屈尊降临于他，他便渴望再次飞升到神。让他全身心地爱神，以使自己变为神，神通过非凡的爱将自己转变为人。"*The Christian Religion*，Opera omnia，2 vols.（Turin：Bottega d'Erasmo，1962），1：22—23. 在菲奇诺看来，灵魂飞升到神需要理智和意志这两个羽翼。因此，对神的认识和爱只是同一事物的两个不同方面。Kristeller，*Eight Philosophers*，45.

③ Ficino，*The Christian Religion*，1：4.

④ 这种想法是半伯拉纠主义的，但在 14、15 世纪，许多基督徒都认为它是正统，因为几乎没有人知道第二次奥兰治会议（公元 529 年）谴责了半伯拉纠主义。

情况下显然已经越界。在菲奇诺的学生皮科（1463~1494）那里肯定是如此，他把人文主义方案推到极致，使之在许多方面都超越了基督教的范围。

皮科原本接受的是经院哲学的训练。他师从犹太阿威罗伊主义者以利亚·德尔·梅迪戈（Elea del Medigo）。在对犹太卡巴密教产生了浓厚兴趣之后，他在佩鲁贾（Perugia）学习了希伯来语和阿拉伯语。① 通过菲奇诺，他开始接触许多其他非基督教文献，并和菲奇诺一样，力图用它们来塑造一种能够照顾到灵性的基督教，他相信这种灵性是人类繁荣所必不可少的。以菲奇诺在《基督宗教》中的主张为基础，皮科在其《关于人的尊严的演说》（*Oration on the Dignity of Man*，1486）中宣称，人有自我创造能力，可以选择自己的本性。在皮科看来，这种能力不是固有的，而是神的恩赐。人有意志和自由不是因为人是最高的受造物，而是因为人作为神的形象高于一切受造物，人最完满地分享了神的存在。在《关于人的尊严的演说》中，皮科以对人的起源的论述引出了他对源自世界上几乎所有宗教的 900 个论题所作的辩护。皮科的目标是使人认识到自己所拥有的特殊尊严和自由意志的力量，按照菲奇诺的说法，他认为这种力量类似于神本身的力量。② 至于这一宏大规划是否已经完成，是一个悬而未决的问题，因为即使是其最初的表述，也已经大大超出了教会能够接受的范围，皮科和他的作品也因此遭到谴责。不过，皮科并没有致力于为所有知识提供一种全面的说明。

皮科相信，真理是普遍的，所有哲学和宗教都占有其中一部分。③ 在后来的著作《论创世七日》（*Heptaplus*）中，他主张，除天使界、天界、元素界以外，还存在着由人自身构成的第四个世界。④ 在这部著作中，他试图表明，《创世记》中的创世记述与希腊自然观是相符的。在

---

① Kristeller, *Eight Philosophers*, 54—56, 66.

② Richard C. Marius, *Martin Luther*: *The Christian Between Life and Death*（Cambridge, Mass.: Harvard University Press, 1999），95.

③ Kristeller, *Renaissance Thought*, 205.

④ Kristeller, *Eight Philosophers*, 67.

最后一部著作《论存在与一》（*Of Being and Unity*）中，皮科甚至认为，柏拉图和亚里士多德本质上是一致的（他的大多数同时代人都认为两者截然对立）。他的工作表明，新柏拉图主义调和异教智慧与基督教的努力既是必要，又有实际困难。然而，就其核心而言，这仍然是一种基督教的而非异教的方案。皮科本人为我们提供了这方面的证据。他相信，哲学需要走很远的路，才能探入神的真理，在他看来，神仍然隐秘难解。因此，哲学虽然可以把人带得很远，但到了一定时候需要依靠宗教。就他本人的情况而言，当事实证明不可能实现异教文献与基督教的和解时，他在萨沃纳罗拉（Savonarola）的影响下，选择遵循一种更具基要主义色彩的基督教观念。于是，在最极端处，在一种普罗米修斯式的对神的拒斥的边缘，人文主义悬崖勒马退了回来。

因此，虽然人文主义方案在试图理解神人之间神秘关系的过程中越来越强调人的意志，对神的意志的强调越来越少，但它永远也不愿通过否认神的效能或权威来解决问题。人文主义者很清楚伊壁鸠鲁对这个问题的解决方案，但他们选择不去用它。很多人声称，人文主义者实际上并不信神，而只是装作有信仰，以免被当作异端烧死。然而，如果认真考察大多数人文主义者的生活就会看到，在此期间很少有人能被看作无神论者。[1] 在皮科思想中达到极致的人文主义方案虽然把人提升到一种准神圣的地位，但它并不因此就拒斥了神。事实上，人之所以能够高于其他存在者，不是因为他自身内在的卓越或能力，而是因为他作为神的形象的地位。

在某种意义上，人文主义内部关于神与人的本性和关系的争论再现了阿里乌斯派（Arians）与三位一体论者（Trinitarians）关于三位一体中圣父与圣子之间关系的基督教争论。对人文主义而言，这成了人更应该被看成受造物中的一种，还是更接近神本身的问题。然而，对这个问题的回答不仅取决于如何理解人，而且取决于如何理解神。如果人只是

————————

① David Wootton, *Paolo Sarpi*: *Between Renaissance and Enlightenment* (Cambridge and New York: Cambridge University Press, 1983).

一种受造物，那么考察人性就不可能帮助我们认识神，但如果人与神类似，那么要想认识神和他的诫命，我们不仅可以通过《圣经》，而且也可以通过对我们自己进行考察。在这种情况下，往往能够深刻洞察人的灵魂的古代哲学不仅可以帮助我们认识世界，而且可以帮助我们认识神。虽然这在某些人看来似乎是非基督教的，但在人文主义者看来，奥古斯丁本人的例子已经给它授了权。[①]

然而，皮科已经预示，人文主义会越来越面临一个问题。人文主义学者正在迅速发掘和普及来自许多不同传统的文本。面对这一大堆往往相互矛盾的新材料，人文主义关于真理只有一个的信念变得越来越难维持。要想弄懂皮科在结论中提出的 900 个论题的意思，即使在理论上也是一项艰巨的任务，在实践上更是不可能的。于是，关于一种普遍智慧的观念开始消退。

皮科赋予人一种类似于神的自我创造能力，许多人文主义者都试图把自己变成这种"文艺复兴的人"，力争在政治、文学和艺术上获得荣耀和不朽的名声。然而，正如马基雅维利明确表示的，在人文主义者看来，即使是最伟大的个人也不可能总是成功。命运在人的事务中起着太过强大的作用，死亡为人的努力设定了界限。神或许会赋予人与神类似的自由，但并没有赋予人与神类似的力量或智慧，或与神类似的寿命，以实现自己的目标。对这一事实的认识把人文主义引向了不同方向。一方面，一些人文主义者集中于创造能够体现人文主义者理想的文字和视觉形象，但它们也掩盖了人文主义者将要面临的越来越多的棘手矛盾。88 另一些不愿放弃寻求普遍真理的人文主义者虽然坚持研究自然和人，但却逐渐陷入了怀疑论的魔咒。随着西塞罗的《论学园派》（*Academica*）于 1471 年重现人间，怀疑论再次回到了现代世界。这种怀疑论在人文

---

① 在布鲁诺 16 世纪末的著作《论英雄气概》（*Degli eroici furori*）中，对人的神化也许表现得更明显。Cassirer, *Individual and Cosmos*, 77. 在布鲁诺看来，我们必须像神一样试图洞悉无限宇宙的真正本质，并把它引到我们之中。他认为，这不仅是我们统治自然的基础，而且也是人变形为神的基础。Ibid., 188—189. 甚至是枢机主教库萨的尼古拉，也把基督的观念作为人性的典范，把包含有限和无限的"中间的自然"（*natura media*）作为人的自我神化的一种明确表达的基础。Ibid., 38.

主义运动内部发展和蔓延。它不否认一切知识的可能性，而只是悬搁关于事物真理的判断，依赖于或然推理，而不是绝对确定的推理或必然推理。尽管如此，它还是助长了一种茫然无措和危机感，这种感觉在宗教改革运动的预备时期发挥了重要作用。[1]

在这种背景下，彼特拉克所设想的人文主义方案开始解体。三种不同的道路开始出现，对应于彼特拉克后期思想中所强调的三个要素。第一种可能性是，强调奥古斯丁主义所主张的虔敬高于一切，放弃柏拉图主义和尚武美德；第二种可能性是，强调罗马人的尚武美德，淡化或放弃基督教的虔敬和柏拉图主义；最后一种可能性是，采取一种总体上新柏拉图主义的基督教进路，放弃虔敬与尚武美德。第一种是萨沃纳罗拉（以及后来的路德）的道路，第二种是马基雅维利的道路，第三种是伊拉斯谟的道路。

萨沃纳罗拉（1452~1498）接受的是传统的亚里士多德主义和阿威罗伊主义的训练，他并不热爱人文主义，甚至不能容忍它。[2] 22 岁那年，他突然改变信仰加入了多明我会，开始倡导和履行一种禁欲和苦行的生活。美第奇所领导的佛罗伦萨人文主义者的腐败使他感到震惊，他（正确地）认为亚历山大六世治下的教廷简直是一个罪恶的巢穴。萨沃纳罗拉的神学（和 20 年后路德的神学一样）是天启的、严格的。他抨击人文主义者的异教信仰，抨击财富对统治阶层的腐蚀，以及美第奇家族对佛罗伦萨的违宪统治。洛伦佐·美第奇去世后，法国人进行了干预，把美第奇家族赶出了佛罗伦萨，萨沃纳罗拉成为一个准神权政治的共和国的领袖，这个共和国在某些方面预示了加尔文的日内瓦。萨沃纳罗拉从 1494 年统治到 1498 年。他虽然是一个出色的演说家，反对不信

① D'Amico, "Humanism and Pre-Reformation Theology," 364. 前宗教改革时期的怀疑论是学园派的怀疑论，而不是更加激进的皮罗主义怀疑论，后者在 1562 年塞克斯都·恩披里柯的著作出版后占据了统治地位。这种 15 世纪末的怀疑论危机也导致 16、17 世纪对阿奎那的思想重新恢复了兴趣，尽管这个阿奎那是一个以更加唯名论的方式来理解的阿奎那。见 Levi, *Renaissance and Reformation*, 12。
② 萨沃纳罗拉强调，人文学与此并不相干。Peter Godman, *From Poliziano to Machiavelli: Florentine Humanism in the High Renaissance* (Princeton: Princeton University Press, 1998), 139.

教、经济腐败和滥用政治权力等等，但在政治上却没有什么能力。他的权力源于他富有魅力的雄辩，从而几乎完全依赖于追随者的热情。通过这些手段上台之后，他并没有通过制度改革来确保自己的地位。接着，他持续不断的批评激怒了教皇亚历山大六世，教皇因此剥夺了他的讲道权力，他无法再用讲道坛来激励和动员自己的支持者。他曾经攻击过的一个利益集团联盟推翻了他，将他绞死并施以火刑。马基雅维利等人认真研究了他的失败教训，认为如果仅仅是虔敬，无论多么强烈，都无法为人的社会性提供稳固基础。

萨沃纳罗拉倒台后，皮耶罗·索代里尼（Piero Soderini，1450～1513）上台，佛罗伦萨共和国得以重建。正是在这个共和国，马基雅维利担任第二国务秘书，第一次引起了公众的注意。马基雅维利的父亲曾是一名"述记"传统的公证员，并且是佛罗伦萨国务秘书巴尔托洛梅乌·斯卡拉（Bartolomeo Scala，1430～1497）的朋友。他尽最大努力让儿子接受人文主义教育，为日后担任类似的公职铺路。

由于美第奇家族的支持，佛罗伦萨的人文主义变得更具柏拉图主义意味，较少共和主义色彩。一般来说，他们倾向于造就致力于沉思生活的受过教育的精英，而不是有可能反对其统治的实用的共和主义者。菲奇诺便是这样一种抽象的"柏拉图主义的"人文主义者的杰出范例。在美第奇家族统治的最后几年，这种进路仍然占支配地位，这时，菲奇诺和兰迪诺（1424～1498）的学生波利齐亚诺（1454～1494）在佛罗伦萨大学（Studio）倡导一种人文主义，认为所有其他学科都隶属于对各类文学作品的研究。然而，即使是他也转到了一种不那么柏拉图主义的方向，即优先研究历史，而不是研究诗歌和哲学。美第奇家族倒台之后，人文主义教育越来越转向实践。波利齐亚诺在佛罗伦萨大学的继任者是马尔切洛·维尔吉利奥（Marcello Virgilio）。他是亚里士多德主义者，认为从政治生活逃到柏拉图主义理想很可悲。① 与波利齐亚诺不同，维尔吉利奥强调人文学对于政治的重要性，而不是对于文学的重要

---

① Ibid. , 186.

性，强调行动生活的重要性，而不是沉思生活的重要性。因此，他认为实用比纯学术更重要，主张造就行动者而不是思想者。① 在索代里尼治下，他担任了第一国务秘书，因此是马基雅维利的同事。

马基雅维利被一种更实用的人文主义所吸引，但他也追求阅读和写作的生活。他认为自己不仅是政治家，而且也是诗人。但无论是政治家还是诗人，他都是一个实在论者，认为柏拉图主义没有什么用，不假思索地拒绝菲奇诺及其追随者的观念论。因此，他的人文主义不是柏拉图主义的或奥古斯丁主义的，而是罗马式的。然而，即使他崇拜罗马人，他的思想也从早期人文主义赞美罗马道德学家逐步转变为青睐罗马政治家和历史学家。因此，对他而言，李维和塔西陀要比西塞罗或塞涅卡重要得多。他更关心政治效果，而不是个人的道德纯洁。虽然与不道德的汉尼拔相比，彼特拉克更看重具有道德美德的西庇阿，但马基雅维利显然偏爱汉尼拔，虽然他承认，成功的君主好像必定是西庇阿。

马基雅维利对宗教的态度很复杂。萨沃纳罗拉的失败使他确信，单靠虔敬无法为社会生活提供有效基础。他还发现，教会的腐败覆盖面广且根深蒂固。因此，他反对教会干预政治（尽管不像他的朋友圭恰迪尼那样反对）。他有时会出席弥撒，但从来没有对任何形式的宗教显示过真正的热情。与我们今天的常见看法相反，他几乎肯定不是无神论者，虽然和他的很多人文主义同仁一样，无论是依照先前的还是后来的标准，他的宗教信仰都很难说是正统。

尽管马基雅维利显然相信神创造了这个世界（约四五万年前），但他对人类社会的创造和组织更有兴趣，这在他心目中显然不是神的机构。他认为，神把自由选择赋予了人，不会干预人类事务。② 因此，人类社会的成功与失败完全取决于人。祈祷和宗教仪式无法改善尘世生活，无法增加我们得救的机会。神根据我们拿自由所做的事情来审判我们。因此，我们根据我们的成就而被拯救或惩罚。

---

① Ibid. , 163, 181.

② Sebastian De Grazia, *Machiavelli in Hell* (Princeton: Princeton University Press, 1989), 87, 379. 马基雅维利对其他宗教表示了某种好奇，但嘲笑了魔鬼学和占星术。Ibid. , 65.

这当然是伯拉纠主义的立场，因此以我们的标准看是异端，尽管这种伯拉纠主义观念当时并没有被认为过于非正统。然而，马基雅维利实际上要比他的许多人文主义者同仁更加趋近真正的伯拉纠主义，因为他像伯拉纠一样，设想神不仅偏爱美德，而且偏爱超人的美德。在马基雅维利看来，真正具有美德的人不是圣徒或殉道者，而是那些创建国家并为之立法的人。他像西塞罗一样暗示，这些创建者被尊奉为神。[1] 神爱他们，擢升他们，因为他们造就了最高的善。[2]

因此，在马基雅维利看来，最让神喜悦的不是精神的或教牧的工作，而是最高层次的政治才能。[3] 正如塞巴斯蒂安·德·格拉齐亚（Sebastian De Grazia）所说，

> 马基雅维利所相信的东西，或者希望为真的东西，或者在其著作中作为信仰之表达，试图说服自己和使他人皈依的东西，是一种新的或改变了的救赎体系，是一种真正的宗教。在这种宗教中，世间的圣徒稀有、贫穷而诚实，神所爱的是在行动上和著作中建立国家的人，是伟大的立法者，宗教创始人，国家的拯救者，他们进入和走出罪恶均由神所把握，死后因神的末日审判而直接去往英雄的居所。[4]

马基雅维利设想，神承认，君主只有作恶，才能建立和维持一个井然有序的国家，这是最高的尘世的善。因此，神必须承认君主本质上是

---

[1]　Ibid., 353.

[2]　Ibid., 121, 217, 378.

[3]　Ibid., 216, 381, 382.

[4]　Ibid., 385. 根据德·格拉齐亚的说法，在马基雅维利看来，得救的人包括图拉真和大卫（直接批准）、摩西、居鲁士和忒修斯（作为神的朋友）、西庇阿（一个神圣的人）以及那些最让神喜悦的人，包括改革家等等。他还补充了梭伦、利库尔戈斯（Lycurgus）、亚里士多德、柏拉图和洛伦佐·美第奇。根据他的标准，这一名单还可能包括色诺芬、西塞罗、奥勒留、普鲁塔克、修昔底德、塔西陀、但丁、彼特拉克、薄伽丘、菲奇诺、皮科、努马·庞皮留斯（Numa Pompilius）、奥古斯丁、方济各、多明我和哲罗姆。Ibid., 52.

善的。君主尽管作了"恶",但他不会下地狱,而会被迎入天堂。[①] 因此,马基雅维利的人文主义是最宽泛意义上的基督教的,但这是一种隶属于世人行为的基督教。[②]

在描述这些立法者时,马基雅维利大量借鉴了他十分欣赏的皮科的思想,把他们描绘成自我创造的普罗米修斯式的人物。在马基雅维利看来,他们在某种意义上存在于日常人类社会之外,独立性和足智多谋将他们与其他人区分开来。完全的独立性能使他们更好地应对生活所迫和紧急政治情况。这种独立性表现于马基雅维利所说的四个成功的伟大创始人——摩西、居鲁士(Cyrus)、忒修斯(Theseus)和罗慕路斯(Romulus)。他们都是孤儿,因此几乎从出生之日起就不得不依靠自己。马基雅维利在讨论切萨雷·波吉亚(Cesare Borgia)时重新强调了这一点,波吉亚也许在所有其他方面都与马基雅维利的四位英雄同样伟大,但他没能牢牢掌握权力,因为他有一位父亲而且依赖于这位父亲。

但与皮科和菲奇诺相反,马基雅维利认识到,即使最伟大的人的能力也是有限的。皮科和菲奇诺可以从他们更具美学和理论色彩的角度设想,真正有创造力的人能够模仿性地重新创造这个世界。马基雅维利的政治生活经验使他确信,所有人都被各种不可预知的因素所制约。在他看来,即使是最训练有素的人,也只有一半时间能够成功。

就其悲观主义实在论而言,马基雅维利更接近于彼特拉克而不是菲奇诺。正如我们所看到的,彼特拉克确信,混乱和战争是事物的自然状态。他希望能有一个新的西庇阿给这种混乱带来秩序,但如果没有,他

---

① 　Ibid. , 356.

② 　这虽然是马基雅维利所明确阐述的神学立场,是他或者相信,或者希望相信,或者希望他人相信,或者至少认为自己相信的立场,但我们并不清楚他的宗教信念有多深。显然,在他的论述中,神给予有实力的君主的报偿反映了这样一位君主从人民那里获得的支持和从后代那里赢得的不朽名声。所有这些显然能够激励君主为共同利益服务,而不仅仅是为了他狭隘的自我利益服务。马基雅维利的得救和荣耀学说有助于造就一个良好治理的国家,这使许多学者认为,他对基督教和道德是不真诚的。虽然这或许是事实,但并没有证据表明它是事实。此外,像这样的信念明显在马基雅维利同时代的许多人文主义基督徒当中广为传播。我们之所以难以相信马基雅维利是基督徒,更多是因为我们一般会接受宗教改革的观点,即基督教主要是信仰的事情,而不是实践。这种标准使我们把马基雅维利判定为无神论者。

相信只能与少数几位朋友一起退入孤独才能获得快乐。从菲奇诺开始，人文主义者在柏拉图思想的影响下开始相信，万物之中有一种内在的本原，一种爱的秩序，把每一事物都引向善，从而引向神。在马基雅维利那里，我们看到了对这种观念的最终拒斥。他告诉我们，至少从该隐（Cain）时代以来，世界的爱的和谐已被愤怒和野心打乱。[1] 人类不是被引向共同利益和神，而是被导向自己的利益，享受这种利益总是以他人的牺牲为代价的。傲慢、嫉妒、怠惰、野心、仇恨、残忍、欺骗，马基雅维利所列举的这七宗罪四处蔓延。[2] 在这种情况下，人类必须不断斗争，才能不被厄运吞噬。只有一个基础牢固、运转良好的国家才能改善这种状况，防止人类遭到蹂躏，能够建立和维持这种国家的人很是罕见。然而，这些创始人为人类提供了最高的善，因而极为宝贵。

虽然马基雅维利关于社会世界的论述在许多方面都类似于彼特拉克，但他由此得出的推论却是不同的。在彼特拉克看来，幸福的关键是一种平衡，它是通过控制自己来实现的。彼特拉克认为，这种平衡所面临的最大危险不是来自逆境，而是来自成功，即不是来自厄运，而是来自好运。这就是为什么他最后会认为，只有私人生活才能提供真正幸福的可能性。而在马基雅维利看来，好运并非危险，或者仅就它可能使我们掉以轻心而言才是一种危险。重要的是，我们要认识到厄运持续不断的压力，并且积极为它做准备。因此，马基雅维利的世界或许是神创造的，但它并非由神的爱所统治。事实上，它由罪所统治，只有认识到如何为了共同利益而作恶，我们才能取得进展，为人类的繁荣创造机会。于是，马基雅维利所居住的世界很像唯名论两个世纪前所揭示的世界，但在这样一个世界中，神无所事事，甚至连那些力量最大、才智最高的人也只能取得部分成功，而且只能持续很短时间。普通人虽然可能会成功一时，但这只是凭借纯粹的运气。因此，马基雅维利的人文主义既是英雄性的，又是悲剧性的。在他的思想中，我们看到个人在实践领域中

---

[1]　见 "Tercets on Ambition," in *Machiavelli: The Chief Works and Others*, trans. Allan Gilbert, 3 vols. (Durham, N. C.: Duke University Press, 1965), 2: 735—736。

[2]　De Gazia, *Machiavelli in Hell*, 79.

最终被神化。但我们也看到，即使是这些新的巨人（titans），力量也没有大到能够控制他们周围的这个令人晕眩的混乱世界。因此，他的人文主义给了那些寻求和平和稳定的人徒劳的慰藉，给了那些渴求荣耀或智慧的人最渺茫的希望。

## 北方人文主义：伊拉斯谟

向北翻过阿尔卑斯山，由于遇到了现代虔信派（*devotio moderna*），在意大利扮演重要角色的英雄式的人文主义变得缓和了些。现代虔信派是由德文特（Deventer）的赫拉德·赫罗特（Gerard Groote，1340~1384）发起的一场宗教运动。他认为，要想做一个基督徒，就必须遵循基督的道德榜样。这一运动开始于荷兰，但传播到了整个德国以及波兰的大部分地区。它的教义来源于肯彭的托马斯（Tomas à Kempis）的"仿效基督"（*Imitatio Christi*）。在制度上，它造就了一种旨在精神上自我完善的新的隐修形式和被称为"共同生活弟兄会"（Brethren of the Common Life）的平信徒运动。

对于那些受到哲学怀疑论的困扰，但又没有被意大利人文主义那种英雄式的个体主义或马基雅维利的机会主义所吸引的人，现代虔信派提供了一种回答。共同生活弟兄会在一种灵性中寻求解脱，它强调，带有宗教感情（而不是理性或意志）的简单生活是信仰的本质。在修行上，现代虔信派淡化事功和仪式，是一种关于爱、信仰和谦卑的个人化的内省式宗教。库萨的尼古拉（1401~1464）明确提出了这种立场，他在《论有学识的无知》（*On Learned Ignorance*，1440）[1] 中强调了信仰的简单性和理性的不确定性。他的著作不仅本身很重要，而且也对雅克·勒菲弗尔（Jacques Lefèvre d'Étaples）、约翰·科利特（John Colet）和伊拉斯谟产生了重要影响。[2]

相比于意大利人，北方人文主义者对人的能力的判断较为温和，怀

---

[1]　Levi, *Renaissance and Reformation*, 368.
[2]　重要的是，不要把"现代虔信派"（*devotio moderna*）与"现代道路"（*via moderna*）混淆起来，尽管比尔等思想家试图将它们结合起来。

疑色彩更强，不大相信世界由爱统治，更加根植于《圣经》，较少关注尚武美德和伟大，不太依赖诺斯替主义、赫尔墨斯主义和新柏拉图主义文献，更依赖那些注重《圣经》甚于哲学的教父。他们还关注改革教会，消除弊端，减少对礼节的拘泥。因此，他们给教会造成的危险与其说是他们关于人的能力的夸张断言，不如说是他们的主张对于广大民众有天然的吸引力。意大利人文主义一直受到上层阶级和知识分子的欢迎。而北方人文主义则有一种更加民主的诉求，它大大促进了对教会愈演愈烈的抗议，最终演变为宗教改革运动。

与意大利人文主义相比，这种形式的人文主义对僧侣和教士们构成了更大危险，因为它不那么奢侈，异教色彩不浓，更加植根于一种教会至少在名义上遵奉的基督教的爱的理念。教会从一开始就认识到了这一危险，并试图压制它。其中最有名的例子是，教皇企图谴责约翰内斯·罗伊希林（Johannes Reuchlin，1455~1522）这位将希伯来的教导引入德国学术生活的人文主义者。[①] 许多人文主义者都为他辩护，教皇利奥十世最终未能谴责他，这对于人文主义来说是一种胜利。然而，战线已经拉开，战斗将会在伊拉斯谟和路德那一代打响。

1466 年，伊拉斯谟生于鹿特丹。他是一个私生子，父亲是后来成为神父的罗吉尔·杰拉德（Roger Gerard），母亲叫玛格丽特（Margaret），是一个医生的女儿。他上了德文特的一所由共同生活弟兄会开设的有人文主义倾向的学校。父母去世后，伊拉斯谟被迫进了一所奥古斯丁会隐修院，它位于高达（Gouda）附近的斯泰恩（Steyn）。从 1485 年到 1492 年，伊拉斯谟一直住在这里，并受到了严苛的对待，以致他终生都对僧侣怀有敌意。在此期间，他很受瓦拉著作的启发，并对瓦拉的《雄辩术》（Eloquence）作了释义。他还写过《论蔑视世界》（On Contempt of the World，1489），赞美了孤独的生活。他最终被任命为坎布赖（Cambray）主教的秘书，从而逃离隐修院，接受了神职，并

<hr />

① 正如 Albert Rabil 所指出的，"人文主义者认为，罗伊希林的敌人想完全废除所有优秀的学问"。"Desiderius Erasmus," in *Renaissance Humanism: Foundations, Forms, and Legacy*, ed. Albert Rabil, 3 vols. (Philadelphia: University of Pennsylvania Press, 1988), 2: 247.

前往巴黎学习至 1499 年。

在巴黎，伊拉斯谟在方济各会学舍（Franciscan Studium）听司各脱主义者的讲座，靠教私人学生拉丁语来谋生。1494 年，他在《驳野蛮人》（*Against the Barbarians*）中批评了修士们对学术的不信任，力主世俗教育，利用异教经典。这部著作表明他对彼特拉克、薄伽丘和萨卢塔蒂的人文主义传统越来越熟悉。① 1499 年，伊拉斯谟访问了英格兰，见到了托马斯·莫尔并与之结为好友，直到莫尔 1535 年去世。伊拉斯谟大部分时间都生活在牛津，与人文主义者科利特一起工作。科利特也憎恶经院哲学，他向伊拉斯谟介绍了解读《新约》的一种更以历史研究为基础的道路。② 伊拉斯谟受科利特影响，对唯名论的那个有无限权力的遥远的神的观念怀有敌意，并开始强调现代虔信派传统中耶稣的人性。③ 从 1500 年到 1506 年，伊拉斯谟回到巴黎生活，在此期间，他撰写了《格言集》（*Adages*）和《基督教战士手册》（*Handbook of a Christian Soldier*），确立了他作为人文主义领袖的声誉。《基督教战士手册》显然属于现代虔信派传统，但也表达了对彼特拉克以后的人文主义传统的同情。该书强调，真诚和正直比虚礼和从众更重要。

短暂访问英格兰后，伊拉斯谟移居意大利，在那里从 1506 年生活到 1509 年，担任了苏格兰国王詹姆斯四世的私生子的老师，与出版商阿尔杜斯·马努提乌斯（Aldus Manutius）在威尼斯进行了合作，还访问了罗马和佛罗伦萨。在罗马，他本来有机会担任各种神职，但全都拒绝了。和彼特拉克一样，伊拉斯谟更关心他的独立性，而不是财富或名声。在佛罗伦萨，伊拉斯谟全身心地投入工作之中，以至于他似乎没有见过甚至听说过达·芬奇、米开朗琪罗、拉斐尔或马基雅维利，而这些人当时就住在佛罗伦萨。④

亨利八世登基之后，伊拉斯谟回到了英格兰。他希望能够得到一笔

---

① Ibid. , 220.
② Ibid. , 225.
③ Levi, *Renaissance and Reformation*, 186.
④ Rabil, "Desiderius Erasmus," 231.

薪金，以便致力于文学创作。离开意大利时，伊拉斯谟写出了著名的讽刺文学《愚人颂》（*Praise of Folly*），激烈地批判了隐修制度和教会政治制度。在英格兰逗留期间，他主要住在剑桥，担任神学和希腊语教授。在此期间，他整理翻译了希腊文版的《新约全书》（1516）。对于宗教改革运动来说，这和路德的《九十五条论纲》同样重要。[①]

1514 年，伊拉斯谟已经达到了成功的顶峰，被誉为"人文主义之王"。其著作赢得了广泛赞誉，这是因为他把人性和虔敬成功地融入了一种生气勃勃的基督教人文主义中。[②] 当时，他在教士和僧侣中都有敌人，但在最高层也有很大影响力。1515 年，伊拉斯谟被任命为查理王子的顾问，后者次年成为西班牙国王，后于 1519 年成为神圣罗马帝国皇帝查理五世。伊拉斯谟搬到了距离布鲁塞尔皇宫很近的鲁汶，开始撰写《基督教君主的教育》（*The Education of a Christian Prince*，1516），以使查理为将来的责任做准备。1519 年，伊拉斯谟编辑的圣哲罗姆著作和《对话录》（*Colloquies*）问世，后者常被视为他的杰作。

宗教改革对伊拉斯谟及其在欧洲政治思想生活中扮演的角色产生了深刻影响。随着反对教会的声浪不断高涨，伊拉斯谟在鲁汶的生活变得越来越困难，因为人们怀疑他秘密支持路德。于是，他 1521 年搬到了巴塞尔，在那里一直待到 1529 年，然后搬到了弗赖堡，1536 年在弗赖堡去世。

与科利特和许多其他北方人文主义者一样，伊拉斯谟也致力于一种内心转变的宗教，致力于和平主义和道德理想。[③] 他既反对经院哲学，也反对唯名论。在《译述》（*Paraphrases*）中，他试图将作为祭司和祭品的基督的作用减到最小，而转向他所谓的基督哲学（*philosophia Christi*），主张内心的道德转变具有核心意义。他认为真正的宗教核心是内心的虔敬，而不是教义的断言。在这方面，他将人文主义的传统元

---

① Gordon Rupp, trans. and ed. , *Luther and Erasmus: Free Will and Salvation* (Philadelphia: Westminster Press, 1969), 6.

② Rabil, "Desiderius Erasmus," 216.

③ Levi, *Renaissance and Reformation*, 180.

素与现代虔信派的朴素和谦卑结合起来，缓和了意大利人文主义的普罗
米修斯式的尚武倾向，将道德深度赋予了北方的虔敬。在与现有教会的　<sup>96</sup>
腐败相对抗时，伊拉斯谟希望能够进行改革，使一种未被神学机巧复杂
化的单纯的道德基督教成为可能。[①] 他从罗伊希林事件得知，这条道路
很可能会使他卷入与教士、经院学者和僧侣的冲突。因此，他的改革道
路是间接的，仿照卢奇安（Lucian）和《申辩篇》（Apology）中的苏格
拉底，依靠修辞和讽刺而不是争论来吸引别人走上他的道路。[②]

　　伊拉斯谟并不相信教会腐败来源于教义。他和莫尔都认为，人类事
务中的混乱无序主要源于滥用权力和营私。教会拥有强大的世俗权力，
它的许多做法都有利可图，财富对于确保神职也有重大影响，这些更多
与教会的腐败和反教权主义有关，而不是与神学教义有关。只有神职人
员能够举行圣礼仪式，这使他们有了滥用权力的机会。出售赎罪券只是
这种滥用的一个例子，这种做法在教会中很普遍，尤其是在教皇亚历山
大六世和克雷芒七世任内。因此，在伊拉斯谟看来，目前的宗教做法不
仅无助于提高公众道德，而且更有可能滋生腐败。[③] 改革迫在眉睫。伊
拉斯谟认为，改革后的教会应当把虔敬和道德结合起来，为人的基本尊
严提供支持。因此，他并不试图改变教会的教义或制度，而是试图改进
道德行为。这便是他教育改革的目标。然而他认为，只有拥有足够多受
过他的基督哲学训练的讲道者，这样一种方案才可能取得成功。所以人
文主义教育在教会内部占据一个位置是至关重要的。

　　虽然伊拉斯谟拒绝接受那种最具英雄性的人文主义，但一些人怀
疑，他强调道德生活是得救的关键，有可能意味着《圣经》和信仰是

---

　　① Martin Brecht, *Martin Luther*, 3 vols. (Stuttgart：Calwer, 1983～1987), 2：232. 根据
Trinkaus 的说法："伊拉斯谟正在谋取一种开放的、有助于和平的基督教，除了极端的狂热，
一切都可以在其中共存。" Charles Trinkaus, "Erasmus, Augustine, and the Nominalists," *Archiv
für Reformationsgeschichte*, 67 (1976)：31.
　　② 从古至今，还没有人以这种方式使用过讽刺。Rabil, "Desiderius Erasmus," 234—
236. 在伊拉斯谟看来，苏格拉底是一个引诱人进入美德的森林之神（Silenus）。伊拉斯谟认
为，存在着一些类似的道德和宗教人物，其中最伟大的是基督。Ibid., 237.
　　③ 在这方面，伊拉斯谟是"现代道路"做法的毫不留情的批判者。Levi, *Renaissance
and Reformation*, 15.

不必要的。在《献给伊拉斯谟和路德的颂辞》（*Eulogy of Erasmus and Luther*）中，菲利普·梅兰希顿（Philipp Melanchthon）便作出了这样的断言。他声称，伊拉斯谟和古人一样是道德哲学家，而不是真正的神学家。① 但是，这样的结论立足于一种狭隘的基督教观。伊拉斯谟并不反对虔敬，他所感到沮丧的是用宗教活动来掩饰最公然的不道德。他认为内心信仰和道德生活对于得救都是必需的。他还担心，如果基督徒认为仅凭信仰便足以得救，那么人们便可能会尝试以不道德的方式去实现神的意志，或以虔敬的连祷为自己的不道德行为作辩护。在伊拉斯谟看来，基督生活的道德训导支持的是基督教的和平主义，而不是好战的教条主义。② 他最担心的是，改革进程会演变成暴力冲突，造成严重破坏，把整个世界都拖入战争。他没有把希望寄托于这种革命性变化，而是寄托于系统的人文学（humane letters）教育和《圣经》研究，从而渐进地进行改革。在他看来，这一过程以一种清除了意大利异教信仰的注重道德的基督教人文主义而告终。③

虽然这种方案很困难，但伊拉斯谟有充分的理由相信，他和他的人文主义者同仁很快就会成功。他不仅是皇帝的顾问，而且他以前的一名学生已经成为教皇阿德里安六世，而他的朋友和精神伙伴莫尔则是亨利八世的顾问。鉴于他的思想的广泛影响以及他和他的人文主义者同仁对政治事务的实际影响力，伊拉斯谟确信自己生活在另一个黄金时代的黎明时分。④ 然而短短几年内，所有这些希望就都破灭了。前途变得一片

---

① *The Collected Works of Erasmus*, vol. 76：*Controversies*：*De libero arbitrio. Hyperaspistes* 1, ed. Charles Trinkaus（Toronto：University of Toronto Press, 1999）, xxi.

② 在评价伊拉斯谟的和平主义时，不要忘了他承认自己缺乏勇气。1521 年 7 月，他给 Richard Pace 写信说："我从来不敢为了真理而拿自己的生命冒险。并不是所有人都有殉难的勇气……如果教皇和皇帝作出了正确的决定，我会遵守，因为它是神圣的；如果他们作出了错误的决定，我会忍受他们，这样做很安全。"Ep. 1218, *The Correspondence of Erasmus*, trans. R. A. B. Mynors（Toronto：University of Toronto Press, 1974—）, 8：259. 在他看来，"一种非正义的和平远比一场正义的战争更可取"。Rabil, "Desiderius Erasmus," 243.

③ Gordon Rupp, *The Righteousness of God：Luther Studies*（London：Hodder and Stoughton, 1953）, 261.

④ Rabil, "Desiderius Erasmus," 240.

黯淡，未来不是黄金时代，而是黑铁时代，不是和平与繁荣的时代，而是战争和毁灭的时代，各种宗教派别因为教义分歧争得你死我活。之所以会出现这种出人意料的逆转，其来源当然是路德。

## 伊拉斯谟的基督哲学

和大多数人文主义者一样，伊拉斯谟也对形而上学有一种反感。在他的心目中，形而上学与经院哲学密切相关，与经院学者和唯名论者之间的争论密切相关。用他的名言来说，这些争论是一种"高级疯狂"。[①] 然而，拒斥这种形而上学的思辨和争论并非拒斥哲学本身。事实上，这种拒斥反映了一种努力，即基于古代榜样将哲学重新理解为道德哲学。和他的人文主义先驱一样，伊拉斯谟认为，哲学思考的目的是行动，而不仅仅是思辨。因此，哲学思考与修辞密切相关。然而，伊拉斯谟是一个基督教人文主义者，他不仅关注对道德的促进，而且关注将它与基督教的虔敬调和起来。其思想事业的核心是，通过一种人文主义研究，把研究异教文献和《圣经》结合在奥利金、哲罗姆、奥古斯丁、彼特拉克、瓦拉和皮科的新柏拉图主义视域之内，从而尝试建立一种基督哲学，将意大利人文主义的（去除了尚武的英雄主义之后的）个体主义与现代虔信派对基督的仿效结合在一起。

尽管伊拉斯谟对形而上学思辨没有什么兴趣，但他无法避免作一些形而上学假设。和大多数人文主义先驱一样，他也接受了一种关于个体存在者的唯名论的存在论，尽管没有对此作过多思考。他更关心的是逻辑或语言问题，以及语词与事物的关系。和柏拉图以及那些人文主义先驱一样，他也拒绝接受一种自然语言的观念，或语词与事物的一种自然关系。他总体上同意唯名论的看法，即语词主要是符号，但他鄙视主导唯名论思想的那种语词争论。他更多地把语言看成一种历史现象，从而看成人与人之间交流的一种媒介。[②] 然而，这种媒介可能会被扭曲，为

98

---

① 引自 Bernard C. Flynn, "Descartes and the Ontology of Subjectivity," *Man and World* 16 (1983): 5。

② Trinkaus, "Erasmus, Augustine, and the Nominalists," 30。

的是促进人的自我利益而不是共同利益。因此，所有语言和思想都是修辞的。

在伊拉斯谟看来，修辞是道德和宗教生活的核心。这对于基督教来说尤其如此，因为基督教把语言视为交流的手段，不仅是在人与人之间，而且也在人与神之间。事实上，在伊拉斯谟看来，神与人仅仅通过《圣经》（the word）来沟通，这种圣言不得不通过人的语言来理解，而人的这种语言不仅揭示真理，也会掩盖真理。于是，伊拉斯谟的神学本质上是修辞的。① 因此，《圣经》无法直接阅读，而是必须始终比拟着阅读。② 在早先的《一个基督教战士的手册》中，伊拉斯谟认为有可能以一种纯粹隐喻的方式来阅读《圣经》，但在发现了瓦拉的《注解》（Annotations）之后，他开始认识到语法和文学批评的重要性。③ 然而，他越来越意识到他那个时代与之前时代的历史差异，这使他相信，虽然所有语言都可以显示神，但阅读和解释《圣经》还需要历史知识，因为特定语境下的语词有其特定含义。④ 于是，他开始认为必须接受原初语境下神的道。此外，遵循着菲奇诺和皮科的学说，他还认为，研究古代的道德哲学，特别是柏拉图主义和新柏拉图主义思想，可以帮助理解《圣经》。

伊拉斯谟认为，历史分歧和语言分歧并非解释《圣经》的唯一障碍。正如他所看到的，问题的核心在于神的无限性无法在他自身的启示中完全揭示或充分揭示。因此，"基督掩盖他的神性，以把自己冒充成像常人一样软弱"。⑤ 在《圣经》那里，情况也是类似。因此，不仅要理解字面意思，而且要理解潜藏在背后的意思。语言、语法和修辞可以

---

① Charles Trinkaus 第一次以这种方式来解释伊拉斯谟的思想，还有许多人则详细阐述了它。Manfred Hoffman, *Rhetoric and Theology*: *The Hermeneutic of Erasmus* (Toronto: University of Toronto Press, 1994), 6.

② Erasmus, *Collected Works*, 76: XVIII.

③ Rabil, "Desiderius Erasmus," 244.

④ Manfred Hoffmann, "Erasmus im Streit mit Luther," in *Humanismus und Reformation*: *Martin Luther und Erasmus von Rotterdam in den Konflikten ihres Zeit*, ed. Otto Hermann Pesch (Munich: Schnell und Steiner, 1985), 94.

⑤ Ibid., 100.

帮助我们理解基督的教诲，但单凭它们本身是不够的。在伊拉斯谟看来，最需要的是使人的语言和神的语言彼此和谐。[①] 他认为在阅读和解释《圣经》的过程中，人们不得不参与一种彼此交谈的过程，以寻求对神的道的不同解释之间的一致。因此，解释《圣经》的目标不是直接与神相遇，而是通过一个交谈的、取得一致同意的过程，恢复《圣经》与基督教群体的统一性。[②] 然而，任何这类研究必须始终集中在《圣经》中所揭示的那个有血有肉的基督，而不是抽象的神的概念。

这种对基督的生活、特别是基督的爱（*caritas*）的强调，对于伊拉斯谟的基督哲学至关重要。和菲奇诺一样，伊拉斯谟也认为，希腊罗马哲学家的道德说教等同于由基督所例证的基督教的爱。在人文主义背景下，这种综合早已是一种理想，但有些基督徒会以怀疑的态度看待这种理想，因为它似乎滑向了伯拉纠主义。在伊拉斯谟看来，这种危险不可忽视，但他相信，如果不能达成这样一种综合，那么就会使基督教面临一种善恶二元论，让神为恶负责，从而破坏了个人的道德责任。[③]

伊拉斯谟相信他已经在这两极之间找到了一条出路。虽然他是人文主义者，但他既不接受意大利公民人文主义的尚武成分，也不接受后来意大利人文主义者的普罗米修斯式的看法，这些意大利人文主义者不仅把人看成个体的有意志的存在，而且看成一种自我意愿和自我创造的存在。伊拉斯谟投身于现代虔信派，为其指出了一种更为谦卑的人文主义的方向，即在神面前俯首帖耳，但仍然尊崇和赞美道德美德。虽然他不认为基督徒可以正当地追求荣耀——特别是如果涉及暴力的话——但基督徒能够而且应当效仿苏格拉底、西塞罗和基督，为的是过一种正直的生活。然而，要使这种生活成为可能，人就必须拥有一定程度的自由或自主。

---

① Ibid. , 103.

② 关于这一点，参见 Erasmus's letter to More in Spring 1527. Ep. 1804, in P. S. Allen, M. M Allen, and H. W. Garrod, eds. , *Opus epistolarium Des. Erasmu Roterodami*, 12 vols. （Oxford: Clarendon, 1906~1958），7: 5~14。

③ 伊拉斯谟认为，说人做任何事情都无法影响人的得救会使人丧失信心，这可能会导致无动于衷、赦罪泛滥或万念俱灰。Erasmus, *Collected Works*, 76: xcv.

　　当然，人文主义并未以伊拉斯谟而告终。事实上，像蒙田这样的思想家又把人文主义带到了新的高度。然而，要想了解人文主义的进一步发展，我们必须退后一步，或者即使不是退后，至少也是在一旁，考察在回应唯名论革命过程中产生的、帮助形成现代性的另一种思路的发展。一切形式的人文主义都接受了唯名论关于彻底个体存在者的存在论。然而，在试图走出唯名论所导致的混乱世界的过程中，人文主义走的是一条绝非唯名论的道路，把存在者层次上的优先性赋予了人，而不是神或自然。从彼特拉克开始，一直到马基雅维利和伊拉斯谟的思想，在人看来，万事万物中的第一个便是人。这种看法并不否认神的存在性或重要性，但它确实暗示，我们只能通过人来达到神。我们将在下一章看到，现代性起源处的另一种思路对这种看法深恶痛绝，那就是宗教改革的思想。

# 第四章　路德与信仰风暴

　　这位身材魁伟、25 岁的年轻人很有理由对自己感到满意。他回家后重返了大学，1 月已经获得硕士学位，并且开始了法学研究。父亲为他感到自豪，美好的生活展现在他面前。这天是 7 月 2 日，恰逢 1505年正中，除了天边飘着几朵云彩，这位精力充沛的年轻人几乎没有受到什么困扰。然而霎时间，风起云涌，乌云压阵。他环顾四周，想找个地方遮风挡雨，但什么也没有找到，他知道自己很快就会浑身湿透。他毫不怀疑，这些云层和伴随而来的风暴不仅带来了风和雨，还伴随着猛烈的风暴，这将席卷并改变整个欧洲文明。他不知道，这看似降临在他一人身上的熠熠闪电、滚滚雷声和倾盆大雨，实际上只是他尚未听到的隆隆炮声、万军齐鸣和血泪哀号的先兆。这一天结束时，他发现自己必须离开前途光明的世俗生活，回到神那里。在他看来，神的伟力既是他的最大折磨，也是他唯一的避难所。这一天开始时，他还是人文主义之子；而这一天结束时，他已经成了未来的基督教改革之父和现代的奠基人之一。

　　路德尝试重新恢复他所认为的基督教的核心要求，这是回答由唯名论的神所引起的基本问题的第二种伟大努力。路德出生在一个巨变的时代。新世界和天界新秩序的发现，以及古代世界被重新发现，正在使以前显得并不遥远的地平线迅速拓展。与这些非凡事件相联系的，是一种新的世俗文化和社会制度的发展。这一转变的主要特征是：城市不断发展，中产阶级成长起来，农民对自己的命运日益不满，各个公国基于种族和语言的相似性合并成国家。法国、英格兰和西班牙处于发展的前列，是欧洲最强大的国家。中世纪留下的两大机构——神圣罗马帝国和罗马天主教会依然存在。神圣罗马帝国由几个种族上差异甚大的小公国拼合而成。罗马天主教会在意大利和德国都拥有巨大的世俗权力，多位德国主教和大主教的政治力量遍及广大疆域。[1] 然而，由于帝国内部的种族和民族感情日益高涨，再加上北方对意大利统治教会的不满，这些机构显然缺乏稳固的基础。[2]

日益增长的财富和腐败使教会的精神力量被进一步削弱。教会中的腐败并不是什么新鲜事。我们知道，彼特拉克和薄伽丘已经就此严厉批评过教会。但是，腐败现在变得更加猖獗，滥用职权、渎职、纳妾、暴食和政治暗杀已经在教会内部愈演愈烈，在外界广为人知。早在几个世纪之前，对一种更加原本和纯洁的基督教的渴望已经引发了一系列激进的运动，使教会的权威受到了严重挑战。小兄弟会、清洁派和韦尔多派曾经呼唤一种更加原本的基督教。他们曾遭到武力镇压，但若非在教会内部建立托钵修会，那种对更纯洁的宗教修行的渴望就不会得到满足。[3] 然而，正如我们所看到的，即使是对那些渴望更纯洁的基督教的人让步，也没有解决这个问题，而只是使之内在化，因为它导致教皇和教廷与方济各会这个当时最受欢迎的修会发生了公开冲突。虽然他们之间达成了和解，但改革教会做法的努力并没有因为解决贫困争论（Poverty Dispute）而终止。兴起于 14 世纪的严守派运动（Observant movements）以及随之而来的共同生活弟兄会等非神职兄弟会的发展，只是这种运动在教会内部继续存在的一个例子。[4] 至少它们可以被纳入更大的教会团体中去。而约翰·威克里夫（John Wycliff）在英格兰，此后扬·胡斯（Jan Hus）在波希米亚更为激进的改革尝试则无法做到

① Richard C. Marius, Martin Luther: *The Christian Between Life and Death* (Cam-bridge, Mass.: Harvard University Press, 1999), 1.

② Martin Luther, *Selections from His Writings*, ed. and intro. John Dillenberger (New York: Doubleday, 1962), xi; Heiko Oberman, *Luther: Man Between God and the Devil* (New Haven: Yale University Press, 1989), 29.

③ Oberman, *Luther*, 51.

④ Ibid., 52—53.

这一点。威克里夫主张用方言阅读《圣经》，反对独身，攻击圣餐变体论。他还主张，国家有权没收教会财产，因为教会已经堕落。除了接受威克里夫所提出的大部分改革内容以外，胡斯还认为，真正的基督徒需要服从的是神而不是教皇。胡斯后来遭到逮捕并被处死，其追随者也遭到追捕。但胁迫并不能消除这些思想。

## 路德的早年生活和教育

路德的父亲生于一个矿工的农民家庭，不过婚后，他购买了几家铸造厂，稳入中产阶级之列。马丁·路德是第二个儿子，生于 1483 年年底。父亲的新地位使这个家庭能够为他提供良好的教育。1497 年，他们先把路德送到马格德堡的中学，1501 年又把他送到爱尔福特大学，以期他日后能够像母亲家的人那样成为一名公务员。在马格德堡，路德在共同生活弟兄会的照顾下生活，那时共同生活弟兄会已经有些丧失最初的动力。①

爱尔福特大学是教育变革的前沿阵地。它早已采用了一套更具人文主义色彩的课程，但也有助于更清晰地表达大举侵入德国的唯名论运动。爱尔福特大学神学院是欧洲最有活力的神学系之一，这里的中心人物是唯名论者约多库斯·特鲁特费特（Jodokus Trutfetter）和巴托洛梅乌斯·阿诺尔迪（Bartholomaeus Arnoldi）。② 爱尔福特也长期处于德国神学改革的前沿。如 1479 年，神学院的教员约翰内斯·韦泽尔（Johannes Wesel）曾因反对赦罪，要求允许平信徒在圣餐仪式上饮葡萄酒，以及坚持唯有《圣经》是真理而受到谴责。③

与阿奎那或司各脱不同，奥卡姆从未建立学派。结果，唯名论运动

---

① Ibid., 96.

② Ibid., 114.

③ Ibid., 116. 事实上，从一种神学的角度看，爱尔福特被认为是唯名论"现代道路"的据点。关于这一点，参见 E. Kleineidam, *Universitas Studii Erffordensis*：*Überblick über die Geschichte der Universität Erfurt im Mittelalter, 1392~1521*, 2 vols.（Leipzig：Benno, 1988），2：146。

在 14 世纪沿着若干不同的神学方向发展，其中许多都彼此冲突。[①] 我们曾在第一章简要考察过它们。尽管里米尼的格列高利（Gregory of Rimini）、德·阿伊、英根的马西利乌斯和比尔走上了不同的道路，但他们都主张，人的自由是极为有限的，一个罪人所能做的极致就是承认他的罪孽，祈求神的宽恕。[②] 然而，1497 年，特鲁特费特和阿诺尔迪成功提出了唯名论的一个共同核心，并将其发展为一个有凝聚力的体系。[③] 这是一次真正的突破，它基于这样一种观念，即所有关于世界的哲学思辨都必须经由经验和有实际根据的理性来检验，不要考虑权威对此有何看法，所有神学思辨都必须通过《圣经》的权威——由教会解释——来检验。[④]

104　　路德正是在这种环境中受的教育。他显然欣赏西塞罗的工作，并把维吉尔和卢奇安当成他最喜爱的两位作家，但认为奥卡姆是他的老师。[⑤] 然而，无论在思想上有多少优点，这种教育并不能使路德在精神上感到满意。这也许并不奇怪。自彼特拉克时代以来，人文主义越来越走向一种新柏拉图主义的基督教观，强调人是神的形象，降低了堕落和原罪的重要性。到了 15 世纪末，维持这一立场所造成的困难也导致了越来越多的怀疑，不是关于神是否存在，而是关于人的智慧是否有能力理解世界的神圣秩序。[⑥] 人文主义还运用其不断增加的学术资源来证明，《圣经》是人的创造，而不是神的创造。而唯名论所提出的问题不

①　Alister E. McGrath, *Iustitia Dei: A History of the Christian Doctrine of Justification, the Beginnings to the Reformation* (Cambridge, Mass.: Blackwell, 1994), 70—75; Marius, *Martin Luther*, 35.

②　例如，他们因此而反对莫尔，后者主张，神会敲门，但是否开门是罪人自己的选择。Marius, *Martin Luther*, 197.

③　W. Urban, "Die 'via moderna' an der Universität Erfurt am Vorabend der Reformation," in *Gregor von Rimini: Werk und Wirkung bis zur Reformation*, ed. H. A. Oberman (New York: de Gruyter, 1981), 311—330.

④　Oberman, *Luther*, 118—119.

⑤　*D. Martin Luthers Werke*, 67 vols. (Weimar: Hermann Böhlaus Nachfologer, 1883—1997), 6: 600. 11, Oct. 1520. (此后引作 WA)

⑥　Henri Busson 的 *Le rationalisme dans la literature française* 反驳了认为 16 世纪没有宗教怀疑论这种观念。引自 *Marius*, Martin Luther, 30。

138

是关于神的存在，而是关于神的善。两者都使得对死亡和得救问题的传统宗教回答变得很成问题。人文主义似乎暗示，死后可能不再有来生；唯名论则暗示，即使有来生，我们也无法确保甚至增加我们得救的机会。于是，路德所受的教育不仅没有为他提供精神资源来面对最严肃的生命问题，甚至还暗示没有这样的资源可用。

## 作为修士的路德及其精神危机

路德精神生活中的上述重要事件发生于 1505 年，那时他遭受了一场暴风骤雨。出于对生命的忧虑，他向圣安妮起誓，倘若神宽恕他，他将进入隐修院。路德对死亡的恐惧和所作的誓言都指向了严重的宗教怀疑，因为正如路德后来所说，恐惧死亡就是怀疑基督教信仰的核心信条，即耶稣基督复活的拯救力量，怀疑这个就是怀疑耶稣基督是神。[①]然而，相比于对死亡和虚无的恐惧，更能显示路德内心活动的是，面对一个遥远的、审判时冷酷无情的神，他越来越疑心自己能否得救，正如奥卡姆反复说的，神不欠人的债。路德进入隐修院在一定程度上反映了他对死亡的恐惧，但更多体现了他对得救方式的绝望追寻。[②]

先不考虑他的精神关切，路德之所以决定进入爱尔福特的一所严守派奥古斯丁会隐修院，几乎肯定因为这里是唯名论神学的一个重要中心。在那里，据说他师从约翰内斯·纳坦（Johannes Nathen）研究神学，纳坦曾有四五年待在图宾根，是奥卡姆的追随者唯名论者比尔的年轻同事。[③] 因此，路德能够继续他的研究，实现他那种在隐修院背景下学习的几乎无法满足的渴望。然而，隐修生活的仪式和他的持续研究似乎并没有解决甚至缓解他的精神问题。

隐修生活有一种信念，即只有追求完美，才可能指望在神面前存在。此前，唯名论曾经否认人类有能力确定神对他们有什么要求。毫不

---

① 　Ibid. , 112.
② 　追求仁慈的神是隐修生活的重要组成部分。Oberman, *Luther*, 127.
③ 　Ibid. , 138. 在那个时代的重要神学家当中，只有比尔试图将现代道路与现代虔信派结合起来。

奇怪，路德对自己是否值得拯救的疑虑似乎加强了。在现代道路上，人们认为一个人即使做到最好，也不足以值得拯救，但这至少可以构成一种对神的向往和对恩典的渴求，神接着会对此作出回应。[1] 这便是我们前面讨论的"做事原则"的核心，即这样一个实际结论：神会拯救每一个献出自己一切的人。但这种观念并没有使路德感到宽慰。人怎能知道什么是自己的一切？于是，路德的生活笼罩在一个愤怒的神的恐怖阴影之下。例如，在他的第一场弥撒中，他把活的神战战兢兢地持在手中，以免在礼拜仪式上犯错或掉落圣饼。

这种与神的疏离感和关注得救的极端不确定性是隐修生活中一个令人烦恼的问题，它经常会使苛求的修士们远离世界，进入思辨的或迷狂的神秘主义。[2] 这种情况之所以没有发生在路德身上，很大程度上似乎是由于约翰内斯·冯·施陶皮茨（Johannes von Staupitz）的干预。施陶皮茨是萨克森奥古斯丁会隐修院的院长，也是一个热诚的改革者。身为《圣经》的主要诠释者，他主张回到文本本身。更重要的是，他教导说，基督保证了神是仁慈的，基督通过恩典应当救助神的选民。这两种立场都源自现代道路，但也与唯名论所设想的那个遥远的不可预测的神的形象相左。[3] 施陶皮茨显然对路德产生了巨大影响。他禁止路德对神的愤怒进行思辨，并敦促他把注意力转向基督，因为他认为，对基督的受难进行沉思将会唤起真正的爱，使悔罪成为可能，从而迫使基督把他从罪孽中拯救出来。[4] 他还让路德逐字逐句背诵《圣经》。他清楚地认识到了路德的巨大潜力，在改革隐修生活的背景下为他制订了更大的计划。这清楚地表现在，他 1512 年任命路德继任他在维滕贝格大学的圣经文学教席。

然而，在路德成长过程中发生了一个关键事件。1510 年 11 月，他被派往罗马代表他的修会，反对施陶皮茨的改革。如果说路德对这次访

106

---

① Marius, *Martin Luther*, 57.
② Oberman, *Luther*, 180.
③ Ibid., 181.
④ Ibid., 182.

问感到震惊，那是一种轻描淡写。他发现无神论在罗马很是猖獗，连最高的教会职员都很腐败，他对此深恶痛绝。这种厌恶使他越来越怀疑，教会是否还是一个权威机构，它是否有能力为他向神求情。于是，当路德爬向拉特兰宫中的圣梯顶端，试图使其祖父的灵魂从炼狱中获释时，也许并不奇怪，他对教会现有做法的功效以及这些做法所基于的著作的神学持怀疑态度，这使他深受困扰。似乎正是这种怀疑危机使他从根本上重新思考了神和人的本性以及神人之间的关系，这不仅会挑战教会的权威，而且会使欧洲生活发生根本转变。

路德对施陶皮茨观点的拒斥加剧了他的危机，施陶皮茨主张，神的全能限制了魔鬼的力量。[①] 而路德认为，魔鬼是这个世界的统治者。魔鬼统治人不是通过强力，而是以一种类似马基雅维利式的奸诈，诉诸人的傲慢、对名声的渴望、理性，甚至是对同胞的关切。与前人所理解的魔鬼不同，路德所理解的魔鬼并不是一个使永恒的灵魂疲惫不堪、败坏神和人的理性的具体存在，而是一种错误导向的意志，其目标不是神，而是自身的利益。路德之所以认为我们迫切需要摆脱罪和魔鬼，也是因为他有一种根深蒂固的信念，即末日就要降临在我们身上。我们不仅没有时间证明自己值得拯救，而且随着最后的斗争开始出现，撒旦的愤怒和控制人的行为的力度也会增加。于是路德相信，时间很短暂，撒旦很强大，神通过无法理解的标准严厉审判人类。所以毫不奇怪，他觉得自己滑入了一个精神的深渊。

### 路德的解决方案：信仰的拯救力量

似乎由于 1515 年他所谓的"塔楼体验"（Tower Experience），路德得到了对这个深刻的精神问题的回答。根据路德的说法，人无论做任何事情都无法拯救自己，而只能凭借信仰而得救。然而，信仰只有通过恩典才能产生，恩典只有通过《圣经》才能产生。路德的伟大洞见以及最终整个宗教改革的口号就是，惟独信心（*sola fides*），惟独恩典（*sola*

---

① Ibid. , 183.

gratia），惟独《圣经》（*sola scriptura*）。正如我们所看到的，路德多年来一直在与从唯名论那里继承下来的对神的看法角力。在他看来，这个神是一个遥远而无情的法官，其审判标准可能永远不得而知。这个神在末日作出审判，少数人得救，大多数人则得到永罚。这样的神如何可能去取悦，更不用说去爱，这对路德来说仍然是一个紧迫的问题。他做什么好的事功才能取悦这样一个神？他做任何事情难道不都必定不够吗？

路德的伟大洞见是，没有事功能够满足这样一个神，但也不必要有什么事功，因为这个神并不是一个遥远而严苛的法官，而是一个仁慈的救主，他牺牲了自己来拯救我们，除了信仰他，相信复活，相信对罪的宽恕，相信永生，不要求我们做任何其他事情。在1545年出版的路德著作全集的自传前言中，路德描述了这种洞见。经过了《罗马书》中神的审判所造成的长期困扰，路德宣称，他决定再次审读文本，看他是否正确理解了那段使他备受折磨的话。在重读那段话的过程中，他获得了一种深刻的精神启示。"神的公义"并非指某种抽象的、遥远的东西，并非指唯名论所设想的那个超越的神的属性，而是指神对我们的释罪，使我们成为义人。同样，"神的力量"也不是某种遥远的、深不可测的东西，而是神使我们变得强大所依凭的力量，"神的智慧"是神使我们变得智慧所凭借的力量。[1] 这样一来，路德得以把唯名论那个抽象而遥远的神变成了一种充满个人的内在力量。于是，同神在《圣经》中的圣言相遇会产生信仰，它在我们之中运作，使我们发生转变。通过它，我们在神中重生，因为神寓居于我们之中。[2]

在路德看来，神乃是通过恩典，通过把他自己灌注到我们之中并拥有我们，而在我们之中完成这项工作。神就好像通过道寓居于我们之中。神的爱将神与我们结合在一起，这种爱便是我们得救的根源。根据路德的说法，这样一来，道便寓居于我们的心中。这种仁慈的道的灌注

---

① *Preface to the Complete Edition of Luther's Latin Writings*, 1545, *WA* 54. I：179—187；*Luther's Works*, 55 vols. (St. Louis and Philadelphia, 1955—1975), 34：323—338. （此后引作LW）

② Ibid., *WA* 54. I：186. 3—13；*LW* 34：337.

有一种惊人的效果，它创造了一个新的自我，一种新的存在。如路德对自己体验的描述："在这里我觉得我完全获得了重生，并已通过敞开的大门进入了天堂。"①

这种伟大的洞见同时拒斥了古代道路和现代道路，也同时拒斥了经院哲学和唯名论。② 在路德看来，两者的学说都源于对亚里士多德等哲学家的解读，而不是源于神的道。在这方面，两者都不符合特鲁特费特和阿诺尔迪作为唯名论的核心所规定的直接证据原则。这样一来，路德便使唯名论的一条基本原则违背了它自己的神学。早在 1520 年，他就承认了这一点，声称这不是一个权威的问题，而是论证和断定的问题。"这就是为何我竟然会去批驳我已完全吸纳的、我本人所属的、走现代道路的奥卡姆学派。"③ 唯名论认为神是最高的自由，因此可以愤怒无情，人的自由意志只够欢迎神进入自己的生命。路德认识到，神的正义不是一个外部判断，而是神给予人的正义或释罪，这种认识把宇宙中的最高力量重新设置为一个仁慈的存在。④ 因此，路德并不否认神的全能（事实上是放大了它），而是暗示，他那个神的令人敬畏的力量（和它所产生的恐惧）是一种赐福，因为它通过人并且在人之中起作用，是人得救的基础。

## 路德与宗教改革运动

虽然路德的洞见很深刻，但要不是由于他的个人危机与他那个时代的精神和政治危机相交叉，它很可能一直不为我们所知。正是这一结合造就了宗教改革运动。

路德和教会都认为，宗教实践的核心目标是得救，但如何获得拯

---

① Ibid. ，*WA* 54. I：186. 8—9；*LW* 34：337.

② Heiko Oberman，"'Iustitia Christi' and 'Iustitia Dei'：Luther and the Scholastic Doctrines of Justification，"*Harvard Theological Review* 55，no. 1（1966）：1—26.

③ *WA* 6：195. 4—5. 另见 Oberman，*Luther*，120。

④ 关于这一点，参见路德的"Disputation Against Scholastic Theology，1517"in *WA* 1：221—228；*LW* 31：3—16。

救，他们的意见并不一致。根据教会的说法，得救是通过神的恩典实现的，但这种恩典背后是神的公义和神的理性。因此，神会拯救那些因其良好的事功和真正的悔改而值得拯救的人。在评价人的活动的罪性以及指定此世中的赎罪方面，教会发挥着至关重要的作用。然而，教会很早就发觉很难说服许多新皈依的基督徒（特别是其中最强大的基督徒）进行悔罪，因此开始用一种缴纳金钱的方式来取代实际的服务。这就是赎罪券观念的起源。然而，出售赎罪券的做法很快就成了一种可靠的收入来源。不仅如此，教会当局开始宣称，教会是一个贮藏所，其中贮有为基督而死的殉道者受苦所挣得的所有宽恕，教会有权出售这种宽恕，以豁免罪人或他们已经过世的亲属原本应在炼狱中度过的时间。这样一来，接受金钱以取代此世中的悔罪行为的可疑做法，就成了一种腐败行为，即接受金钱并许诺神会宽恕生者和死者的罪。罗马教皇批准出售赎罪券有多种原因。在路德的时代，利奥十世批准它是为了支付完善梵蒂冈的费用。由于这笔钱中有大部分是在北欧筹集后转到意大利的，这种使资金外流的做法引起了德国君主的极大不满。此外，还有深深的疑虑（往往很有理由），即这种做法的真正目的并不是实现所谓的神圣目的，而是为了支持教皇和教廷奢华腐朽的生活方式。①

路德不仅把出售赎罪券的做法看成教会腐败的表现，而且看成撒旦的事功。事实上，在路德看来，认为人可以通过事功得救的教义本身就是撒旦的，因为它会骗取人的傲慢来说服人相信他能拯救自己。然而，正是这种傲慢使人疏远了神，远离了唯名论所认识到的基本真理，即神不欠人的债，远离了路德所进一步阐明的真理，即人只有通过信仰才能得救，也就是说，一个仁慈的神会拯救那些信仰他的人。② 这样一来，路德不仅把出售赎罪券，而且把支撑它的事功观念都看成了教会在撒旦

---

① 利奥十世"最突出的地方是他能够把宗座的财力浪费在狂欢、战争、赌博和狩猎上……三位教皇的资源被他挥霍一空：他的前任、他自己以及他的继任者的财物"。Roland H. Bainton, *A Life of Martin Luther*（New York：Mentor，1950），56. 于是，赎罪券就成了一种哲人石（或者更好地称为"神学家之石"），能够把罪的稻草变成黄金。

② *Lectures on Galatians*，1535，*WA* 40.1：39.14—28；*LW* 26：3.

支配之下堕落的证据。

　　1517 年 10 月，当路德提出了著名的《九十五条论纲》时，这种决断还只是一种怀疑，但它因教会的反应而得到肯定。虽然这些论纲几乎肯定不会像普遍认为的那样张贴在维滕贝格教堂的大门上，但没有贴也无妨，因为它立即引起了轰动。《九十五条论纲》迅速以多个版本印行，两个星期内传遍整个德国，不到两个月便传遍了整个欧洲。[①] 正如第一条论纲所清楚表明的，它们宣扬一种忏悔和信仰的生活，拒绝接受事功教义和赎罪券的做法。

　　看起来，路德或许相当天真地相信，一旦此事已明确提出，教会或至少是教皇将终止出售赎罪券的做法。然而，教会的反应最初是负面的，然后变得越来越敌对。从 1518 年红衣主教卡耶坦（Cajetan）对他的考察和 1519 年他与约翰·埃克（Johann Eck）的争论，我们可以越来越清楚地看到，他距离占统治地位的教会观点是多么遥远，教会是多么不愿意去基于《圣经》来争论这件事。

　　虽然许多攻击使他与教会进一步疏远，但他并不情愿立即决裂。不过，随着情况的发展，他开始认为这不仅是必要的，而且是唯一正确和神圣的事情。路德并不是以世俗的方式，而是以深刻的神学方式来看待历史的。历史并非简单的一系列事件，而是一种由神决定的计划，从创世一直到再临。他总是以这种末世论的世界观对时事进行分析。在这种对历史的解读中，他深受明谷的伯尔纳（Bernard of Clairvaux）的影响，后者曾主张，基督教的历史由三个越来越危险的时期组成：第一个时期是教父时代，那时教会遭受皇帝的压迫，导致出现了无数殉道者；第二个时期是异端时代，他们所造成的精神颠覆甚至比罗马军队还危险；最后一个时期最危险，它将随着末日的临近而出现，那时对基督教的威胁来自教会内部。由于赎罪券争论，路德早在 1514 年就已经开始怀疑末日即将到来。[②] 1520 年，他发现君士坦丁惠赐书是伪造的，这进一步使

110

　　① Luther, *The Bondage of the Will*, trans. J. I. Packer and O. R. Johnston（Grand Rapids：Baker，1957），24. 这是印刷机的出现所导致的最早的大事之一。

　　② Oberman, *Luther*, 68—70.

他怀疑，罗马被魔鬼统治着。他告诉自己，他曾把真正的福音教义放在教堂前，但那些当权者不仅没有接受它，而且抵抗和试图压制它。他们现在还恶毒攻击这些带来福音的人。他想必认为，末日即将到来。在这个时候，怎能不以最紧迫、最激烈的方式将它说出来呢？

此后，路德与教会之间的关系急剧恶化。1520 年 6 月 15 日，教皇颁布了《主，起来吧》（*Exsurge Domine*）诏谕，宣布基督与教会继续相互依存，并用开除教籍威胁路德。到了 1520 年 11 月，路德确信教皇是敌基督。[①] 1520 年 12 月 10 日，他在维滕贝格烧毁了教皇诏谕和教会法，1521 年 1 月 3 日，他被利奥十世开除教籍。然而，他被开除教籍在德国并没有被普遍接受。许多德国人，尤其是路德的保护人萨克森的选帝侯智者腓特烈（Fredrick the Wise）坚持说，他在德国有申辩的机会。这导致了 1521 年沃尔姆斯议会（Diet of Worms）上的著名对抗。本来组织这一事件是为了防止路德有一个公开讨论的场所来表达意见。然而，通过一系列聪明的策略，他成功提出了自己的大部分主张。尽管如此，当最后不得不说是否会宣布放弃以前的信仰时，路德回答说："除非用《圣经》的证词或明显的理由来说服我（我不能只信任教皇或议会，因为众所周知，他们经常犯错而且自相矛盾），我会坚守我所援引的《圣经》，神的道控制了我的良心，我既不能也不愿撤销任何东西，因为违心之事既不安全，也不确当。愿神佑助我，阿门！"[②] 一个人只有被神的道所俘虏时，也就是说，只有当他受神的意志引导，他的意志就是神的意志时，才能正确地意愿。然而，正确的意志是真正自由的来源。因此，人的意志服从于神的意志将使基督徒从所有其他羁绊中解放出来。路德从而得出结论，如果服从神，那么"基督徒将是完全自由的万有之主，不服从任何东西"。[③]

由于这种对抗，路德受到年轻的皇帝查理五世的谴责，被迫隐藏在瓦尔特堡（Wartburg）。不过，他所受的谴责几乎没有妨碍其思想的传

---

① Marius, *Martin Luther*, 249.

② Joachim Rogge, *Luther in Worms*（Witten: Luther, 1971），100—101.

③ *WA* 7: 49.22—23.; *LW* 31: 344.

播，事实上甚至可能加速了它的扩散。无论如何，战线已经拉开，欧洲已经永远改变。

路德思想中非凡的民主潜力立即显见于他的许多追随者。如果只有通过信仰才能得救，那么教会的各种仪式和圣事对于得救来说就都不是必需的。此外，如果信仰来自与《圣经》的直接相遇，那么祭司代祷不仅没有必要，而且实际上是与神相遇的障碍。于是，统治欧洲精神生活的祭祀阶层和维持他们的什一税也是没有必要的。路德提出，所有信徒都可以担任神职，以取代这种精神精英。最后，倘若神藉着《圣经》私下里向每个人说话，那么就不存在任何不容置疑的教义能够描述基督教信仰。关于宗教责任，个人可以作出自己的决定。

这种宗教实践的创新吸引了各种不同群体。许多骑士和农民把路德看成代表他们利益的救世主。① 瑞士的胡尔德里希·茨温利（Huldrych Zwingli）和德国的托马斯·闵采尔（Thomas Müntzer）属于最早阐明路德的宗教教导对于社会政治关系的意义的人。茨温利与资产阶级革命联合了起来，加尔文后来承袭了这种方式。② 与路德不同，茨温利确信，宗教更多依赖于对神的意志特征的个人洞悉，而不是对福音书的更严格的解释。然而，即使是他，也不像许多激进的再洗礼派教徒（Anabaptists）那样，有时似乎愿意完全摆脱《圣经》。这方面的一个极端例子是闵采尔和他那些挑起农民起义的追随者们。闵采尔最初被路德所吸引，但他很快便脱离了路德的本意而走向了神秘主义，进而走向了一种激进的再洗礼派运动。③ 闵采尔得出结论说，所有的王公贵族要么听从神的召唤，要么应当铲除，因为不敬畏神的人④没有权利活着。闵采尔的运动把农民、工匠等等召集在一起，组成了一支杂牌军，许多人无疑受到了他充满感召力的讲道的感染。他以一种千禧年主义的方式把他的 ^112

---

① Marius，*Martin Luther*，365.

② Ibid.，491.

③ Ibid.，398. 再洗礼派教徒更倾向于相信个人的启示、灵感和热情，比路德更少受到《圣经》的约束。

④ Ibid.，400.

斗争看成宣告末日来临，而且同一种更强大的力量作斗争，他确信神会加入他，彻底消灭敌人。事实上，最终被消灭的倒是闵采尔和他的"军队"。

虽然路德的教导启发了许多激进分子，但他本人却把这种激进主义看成撒旦的事功。路德最关心的是拯救，而不是政治改革，特别是因为末日已经迫近。此时正值魔鬼气急败坏，因为魔鬼知道，随着福音书被重新发现，他的大限即将到来。因此至关重要的是，王公贵族无论有多坏都要统治，以便控制被撒旦误导的、堕落的、处于混乱状态的人类。在路德看来，农民起义正是魔鬼亲手激起混乱的明显例子。闵采尔和再洗礼派之所以轻易便被魔鬼控制，正是因为他们抛弃了神的道和《圣经》，而只是从个人启示中获取灵感。路德相信，他们在政治改革方面的努力是徒劳的，因为只有神的来临才能完成这样一种政治改革。因此，从事革命的再洗礼派和农民必须受到最严厉的镇压，以免使人背离真正的灵性关切。

这种对激进改革的妖魔化使路德很难被他那些激进追随者喜爱。许多人显然期待路德带领他们走出天主教的道德泥沼，摆脱那些不称职的权贵们的专制统治，但这不可能实现。路德本可以把奥古斯丁和塔西佗的思想结合起来，建立一种新的德国教会与精神，或者本可以高举政治改革的旗帜，但他这些都没有做，而是试图让人直接面对信仰核心处的神学问题。因此，虽然直到1546年去世，路德一直在以惊人的速度讲道和写作，但他并未产生更大的社会影响。然而，虽然宗教改革运动超出了他的预想，但宗教改革的所有思想仍然深深地根植于他的思想。

## 路德的形而上学

为了更好地理解路德的思想和它所代表的激进改革，这里有必要系统地讨论一下路德的形而上学。从表面上看，认为路德有一种形而上学，这似乎很奇怪。毕竟，他不仅确切无疑地反对经院学说，而且也反对经院方法，主张一种基于《圣经》解释的论证形式。① 虽然他的思想并不明显是形而上学的，但正如我们将会看到的，通过用"一般形而上学"与"特殊形而上学"的区分来分析它，将会说明这一点。这种分析能够使我们系统地研究他的思想结构，解释它与前人的思想是多么不同。

路德对存在论的看法源于他早年的唯名论教育。和唯名论者一样，他不相信经院哲学实在论所认为的共相的实际存在。他也不认为我们可以像理解其他存在者一样去理解神的存在。② 在他看来，神的存在与受造物的存在之间有截然区别。由于造物主与受造物之间没有连续过渡，所以不可能有安瑟尔谟（Anselm）和后来的经院哲学家所设想的那些不同层次的存在论上的完美性。由于人是受造物，所以不可能像新柏拉图主义者所设想的那样，有神的生气囚禁在肉体之中，力图回到它自身的适宜环境。神和人不同，人无法通过涤净肉体性而上达于神。在这方面，路德反对哲罗姆、奥利金，甚至是他深爱的奥古斯丁的新柏拉图主义。然而，存在并不只是差异和断裂。对路德而言，存在的统一性来源于基督，他以一种存在论上无法解释的完全神秘的方式弥合了造物主与受造物之间的巨大鸿沟。于是，在路德看来，核心的存在论真理是道成肉身，但它在哲学上仍然是无法理解的。③ 因此，只有通过信仰，才能通达关于存在的基本真理。

路德也追随唯名论者反对经院哲学的三段论逻辑，但他超出了唯名论者枯燥乏味的词项论（terminism），而依赖于福音书的日常语言。在这方面，他深受人文主义者对修辞的关注的影响。事实上，对路德来说，语言几乎成了纯粹的修辞。它并不揭示真理，因为真理源于对神的内在体验，而这种体验是无法用语词恰当把握的。对真理的语词表达向

①　的确，他通常把经院学者称为智者派。

②　他显然认为，亚里士多德是通过把一切事物都降至物质的层次而获得存在的单一性的。Marius, *Martin Luther*, 154. 在这方面，他可能仿效了他最喜欢的明谷的贝尔纳，后者反对阿贝拉尔把亚里士多德引入基督教神学。Ibid., 120.

③　并非所有宗教改革家都遵照路德，给予道成肉身决定性的强调。特别是，加尔文更看重精神的作用。

来只是隐喻的或类比的，只有当能量与雄辩结合起来时，它才能传递激情与信仰。[1] 语言更重要是作为一种媒介，神在语言之中并且经由语言寓居于我们之中。因此，路德思想的核心处是神的神秘话语，而不是人的苍白模仿。

路德的一般形而上学深受唯名论的影响，也在一定程度上受人文主义的影响，而他对特殊形而上学的处理则更具革命性。他对神学新的理解尤其如此。路德完全反对经院哲学的理性神学，也反对奥卡姆和比尔等唯名论者的技术性的神学。然而在这方面，他并不比伊拉斯谟等基督教人文主义者走得更远。理性，特别是三段论推理，是无法理解神的，因为当心灵试图经由思考通向神时，它便走入了一条死胡同。[2] 同样，自然神学之所以失败，是因为它假设造物主与受造物之间存在着一种本来并不存在的类比关系。不仅如此，两者都在试图以大不敬的方式理解神，而此时神还没有把关于自身的知识赐予它们。它们实际上只是罪人不同形式的傲慢。[3] 路德也反对另外两种通向神的传统路径，即迷狂的神秘主义和信仰主义。在他看来，迷狂的神秘主义带有危险的主观性，它渎神地设想人有能力攀向神或投入神的深渊。而信仰主义则依赖于一种从根本上说是无神论的怀疑论，依赖于一些往往矛盾而错误的宗教传统。

路德对神的理解基于对神的绝对统治权的认识，也就是说，基于唯名论的神的全能观念。由此可以得出什么结论呢？在路德看来，一切事物之所以这样发生，仅仅是因为神意愿它这样。这样一个完全不可抗拒的神的目的必然是无法参透的："由于就自身的本性而言，神是广大的、深不可测的、无限的，所以对于人来讲，神是无法忍受的。"[4] 因此他

---

① Ibid. , 99.

② Ibid. , 101.

③ 关于这个问题，参见 Alister McGrath, *Scientific Theology*, vol. 3, *Theory* ( Grand Rapids：Eerdmans, 2001), 115—117 中的讨论。另见 Packer and Johnston, "Introduction," in Luther, *Bondage of the Will*, 46。

④ *WA* 40. I：77. 20—22；*LW* 26：29. 换句话说，有限的人无法忍受对一个无限的神的认识。

主张，我们必须连对神的威严的探查都要放弃，因为正如《圣经》所明确指出的："因为人见我的面不能存活。"神的力量深邃异常而又无法说明，它将毁灭那些试图理解它的人。因此，神掩盖了他的威严——他是一个隐匿的神。

使年轻的路德深感恐惧的正是这个神，即那个全能的超越理性的唯名论的神。在路德后期的思想中，这个神被取代了，尽管他从来没有被真正消灭。事实上，这个隐匿的神仍然是万事万物背后那种起支配作用的深不可测的力量，神以其不可预知的全能导致了极度的、无可救药的不安，这种不安因路德坚持不加以考虑而加剧。[①] 只有这个神是真正自由的，他行动的理由完全超出了人的理解。因此，对我们来说，他绝不是一个人格神，而是类似于希腊那个掌控万物的命运概念。[②]

这种神的全能观念的困难在于，它不仅要神为世界上所有的善负责，还要让他为恶负责。奥古斯丁解决这个问题的方案是，赋予人的意志以自由，从而使行恶或引发恶不再归咎于神。路德否认人有自由意志，所以这对他来说不再是一种可能的解释。对路德来说，恶的来源既不是人也不是神，而是魔鬼。事实上，存在就是神与魔鬼为控制人类而进行的一场持续不断的斗争。撒旦被描绘成这个世界的统治者，而神被描绘成天国的统治者。虽然从表面上看，这种说法似乎是准摩尼教的，但就问题的核心而言却并非如此，因为在路德看来，撒旦最终必定也是为神服务的。在撒旦背后隐藏的是神的绝对统治权的奥秘。[③] 因此对路德而言，魔鬼的力量问题仅仅是神的问题的对立面。倘若神是全能的，他怎能不是恶的来源，又怎能不是魔鬼呢？

路德解决这个问题的方法是，不是关注一种荣耀神学，而是关注一种十字架神学，不是关注那个隐藏的、无法说明的、意愿一切的神，而

---

① Marius, *Martin Luther*, 461.

② Marius, *Martin Luther*, 186. 路德的确秉持着一种希望：虽然我们现在不理解这个神，但将来我们面对面见到他时，就可以理解他了。*WA* 18：784—785；*LW* 33：289—292；*Bondage*, 56.

③ *WA* 18：750.5—14；*LW* 33：237.

是关注那个在《圣经》中向我们显示的神。也就是说，我们必须看到那个道成肉身的神。在基督中，那个隐匿的神掩盖了自己的威严，将它变成了自己的对立面，即十字架上的虚弱。① 在路德看来，我们更熟悉这个显示出来的神，我们可以因为他为我们所受的难而去爱他。按照路德的说法，就神的大能和荣耀而言，人既没有能力完全认识这个隐匿的神，也没有能力取悦他。因此，必须让神是神，人是人。② 人不要去沉思神的隐秘目的，而把注意力集中于神在道中所启示和断言的东西，集中于"被宣讲的神"（God preached），而不要去管"不被宣讲的神"（God not preached），即那个隐匿的神。③ 神就自身所显示的一切都超出了人的理解力，因此人必须谦卑地接受神的解释，而不是自己的解释。④

就这样，那个显示出来的神成了路德神学的中心，他的道成肉身沟通了天地。路德认为，基督充当了神与人的调解人，取代了圣徒，而神自己则退入黑暗之中。⑤ 基督是神，基督是人，但正是这种与人的关联才是决定性的。基督并非唯名论者有时设想的那种遥远而冷酷的存在。事实上，根据路德的说法，基督完全知道身为人意味着什么。⑥ 基督的受难也因此成为宗教改革的理论基础。路德认为，我们在痛苦和遭受折磨时，在陷入怀疑时，可以因为基督自己的受苦和怀疑而得到安慰。因此，"沉思耶稣就是在极度的怀疑和恐惧中提醒我们，神与我们同在"。⑦ 神不仅与我们同在，而且还向我们允诺，我们只要信他便可得

① Oberman, *Luther*, 258.
② Packer and Johnston, "Introduction," in *Bondage*, 47.
③ *WA* 18：684.26—686.13；*LW* 33：138—140. 关于路德的隐匿的神，参见 David C. Steinmetz, "Luther and the Hidden God," *Luther in Context*, 2d ed. (Grand Rapids：Baker, 2002), 23—31。
④ Packer and Johnston, "Introduction," in *Bondage*, 54.
⑤ Marius, *Martin Luther*, 187. 另见 Gerhard Ebeling, *Evangelische Evangelienauslegung*, 3d ed. (Tübingen：Mohr, 1991), 258。"除基督的光以外，路德的神在黑暗中降临于我们。" Marius, *Martin Luther*, 224.
⑥ Oberman, *Luther*, 156.
⑦ Marius, *Martin Luther*, 216.

救。在这方面，路德的神学源于施陶皮茨的说法，即神会拯救那些信他的人，路德的神学也与明谷的伯尔纳对耶稣的神秘沉思有所类似。然而，路德的问题要比施陶皮茨面对的问题深刻得多。施陶皮茨相信，神<sup>116</sup>的全能大大限制了魔鬼的力量，因此他并没有直接面对在一个由绝对全能的神统治的世界中恶如何起源的问题。这样一个神必须为世间的一切恶负责；换句话说，他必定也是魔鬼。路德反驳这种指控的方法是，不是关注神的全能，而是关注他在基督中道成肉身，在福音书中显示自己。

在 1545 年出版的那份生平记述中，路德解释说，《罗马书》中所描述的神的公义，即神作为末日审判者的形象，早年间对他的信仰一直构成了障碍。然而，在 1515～1516 年重读《罗马书》的过程中，他逐渐认识到，神的公义并非审判人时的公义，而是他使人称义所藉着的恩典，亦即他认识到，人的称义不是藉着他所做的任何事情，不是藉着他的事功，而是只凭恩典。①

这种领悟并不是全新的。保罗、奥古斯丁、戈特沙尔克（Gott-schalk）、布雷德沃丁和威克里夫都认识到，只有藉着恩典才能得救。②与前人不同的是，路德进一步领悟到，只有藉着信，信基督的道，才能获得恩典。1518 年后发展为，只需藉着信基督的道，而不必作内省的自我审视。③按照路德的说法，信仰的神迹就是：我们信时，神便不关注我们的罪。④因此，正如路德在《加拉太书》评注中所说："基督徒

---

①　这种说法在路德的整个著作中多次出现。较早的一个例子见他的第二次圣诞节布道；Titus 3：4—8，出自他 1522 年的《教会注解》（*Church Postil*）。"God's Grace Received Must be Bestowed," *WA* 10. Ia：95—128.

②　Packer and Johnston, "Introduction," in *Bondage*, 58.

③　Oberman, *Luther*, 164.

④　*D. Martin Luthers Werke：Die Deutsche Bibel*, 12 vols.（Weimar：Hermann Böhlaus Nach-folger, 1906～1961），7：9. 23—29（此后引作 WADB）；"Preface to the Epistle of St. Paul to the Romans," in *Martin Luther：Selections from his Writings*, ed. John Dillenberger（New York：Dou-bleday），23.（此后引作 Dillenberger）

并非无罪或感觉无罪之人；而是因着他对基督的信仰，神不把罪归咎于他。"① 在路德看来，信仰是"生动地领悟被知晓和接受的恩典"。② 他在《罗马书》序言中声称："信仰是一种活着的不可动摇的信心，一种对神的恩典的信，它是如此确定，人为它死一千次也不足惜。"③ 这样一来，路德便把神的公义与藉着信仰而接受的基督联合在一起。④

那么基督徒信仰什么呢？首先，要相信基督的复活，即相信基督就是神。基督的复活是一个神迹，它表明了神的公义和让死者复活的大能。⑤ 在早先那个"天主教的"路德看来，信仰就是相信神的能力和他对那些真心悔改的罪人得救的许诺，但在塔楼体验之后，他所理解的信仰就变成了认同被钉十字架的基督，认同基督的孤独赴死和它所包含的复活应许。⑥ 过信仰的生活就是过基督的生活。"从根本上讲，这里所 117 说的信仰并不是指决定赞同某种见解，而是指，要对生活做一种根本的重新定向。信仰的生活是一种存在方式，其生命的源泉和核心来自于神宽恕我们、让我们重生的恩典。"⑦

信仰并非出于选择，它只有藉着恩典才能产生。因此人不能凭借自己的力量去信或拥有信仰。人没有能力使自己称义，也没有能力通过信神而迫使神让他称义或拯救他。而是说，他们之所以会有信仰并因此保证得救，是因为神愿意如此，并且仁慈地使之发生。虽然仅凭信仰就能得救，但人有信仰仅仅是因为神把它灌注到了人之中，或者换句话说，人得救是因为人有信仰，但人有信仰仅仅是因为神选择救他。因此，信仰是拣选和预定的标志，而不是原因。

---

① *WA* 40. I：235. 15—17；*LW* 26：133. 我们需要在这种语调下来理解他为什么会建议梅兰希顿勇敢地犯罪。他并非鼓励他犯罪，而是提醒他，我们有限的人类注定要犯罪，但我们决不能忘记，如果我们信神，神就会宽恕我们的罪过。

② "An Introduction to Martin Luther," in Dillenberger, xxvi.

③ *WADB* 7：10. 16—17；Dillenberger, 24.

④ 这一步有深远的影响，其中特别重要的是对传统基督教伦理的破坏，因为这种看法分离了功和赏，剥夺了善功的圣经依据。Oberman, *Luther*, 154.

⑤ *WA* 40. I：64. 14—65. 8；*LW* 26：21—22.

⑥ Marius, *Martin Luther*, 204.

⑦ Dillenberger, xxvii.

信仰藉着与《圣经》的相遇而产生。《圣经》是神与人交流所凭借的手段。不存在神秘的个人启示。信仰始终是相信神的道，但神的道只有通过《圣经》才能了解。《圣经》包含着关于神的真理，这是基督徒生活的前提。这些真理并非基于理性，但如果人能相信它们为真，那么就会在自身之中发现一种坚信，足以指引生活的道路，就会发现神正在他的心中响应他。① 正如路德所说："唯有信仰是拯救，是对圣言的有效运用。"② 神的公开行动被神秘地隐藏起来，所以人与神的会面不能在物理世界中实现，而只能通过人的灵魂对道或福音的内在回应而实现。③

与所受的唯名论教育相一致，路德确信，对道的接受是一种个人体验，但他坚持认为，这并不是一种个人的、与众不同的启示，而是源于在神的崇拜者所组成的解经团体中与《圣经》相遇。在路德看来，《圣经》始终有效地在场，它此刻正在对我们言说。正因为此，他才强调说出来的道是神最有力的显现——事实上，道是路德关于神最有力的隐喻之一。④ 因此，道必须被宣讲和听到，而不仅仅被阅读。在《教理问答集》（Sermons on the Catechism）中，路德这样祈祷："亲爱的父，请准许将你的道完整地传布到全世界，让人们接受和相信你的恩典与大能。前者关乎道，后者关乎道的结果。因为如果道被传布但未被接受，神的王国将不会来临。"⑤ 通过传布福音，魔鬼将被推翻，罪人将被从黑暗

---

① Marius，*Martin Luther*，232.

② *WA* 7：51. 17；*LW* 31：346.

③ Marius，*Martin Luther*，255. Ernst Bizer 通过认真考察文本，得出结论说，对路德来说，"福音"不仅成了启示，而且成了基督徒获得公义的媒介。福音唤醒了信仰。Bizer，*Fides ex auditu：Eine Untersuchung über die Entdeckung der Gerechtigkeit Gottes durch Martin Luther*，3d ed. （Neukirchen-Vluyn：Neukirchener Verlag，1966），166—167. 关于这一点，参见 Marius，*Martin Luther*，202。

④ "路德和当时的许多人都认为，相信存在着一个神，而不知道他是一个为自己的神，这等同于无神论，也就是说，仿佛神的存在不会造成任何差异……从不信过渡到信是藉着道——通常是宣布的道——发生的，它在信仰的奇迹中被给予和接受。"Dillenberger，XXVii.

⑤ "Sermons on the Catechism（1528），"*WA* 30. I：100—102；*LW* 51：174.

的王国释放到光明与自由的王国。① 听见道是信仰的源泉，神藉此给我
们信仰，使我们改变生活方式："正如神开始时通过道来给我们信仰，
后来神藉着道来运作、增加、巩固、完善我们的信仰。因此，人能向神
提供的最高崇拜，一切安息日的安息日，就是去实践真正的虔敬，去聆
听和解读道。"② "他的意思是，当你听到道时，你就信了它，所以道不
仅是我说话的声音，而且也是你所听到的、穿透你心灵的、你所相信的
东西。它的确是带着信仰的倾听，藉着它你接受了圣灵；你接受神以
后，你的肉欲也将得到克制。"③

　　路德的神学和实践的关键核心是讲道，这在他的日常生活中占据着
核心位置。比如在维滕贝格，每天都有讲道。路德在《圣经》中找不
到理由支持某个特殊的宗教节日，于是得出结论，安息日是犹太教的概
念，而不是基督教的概念。他认为，讲道者可以说服别人相信信仰的真
理，更准确地说，一个被圣灵充满的讲道者可以使听众被神的道充满，
而这又可以使他们的心灵发生转变。这种对《圣经》的影响和讲道的
重要性的认识显然在很大程度上要归功于人文主义的修辞传统。神在
《圣经》之中和藉着《圣经》直接向每一个人言说。因此，《圣经》是
最伟大的修辞行为，而神是最伟大的修辞学家。藉着道，神能够使他所
期许的人信。于是，恩典并非直接向内灌注，而是藉着道灌注。

　　尽管如此，路德知道《圣经》必须始终由读者和讲道人来解释。
如果它完全清楚和直接，则在那些为魔鬼服务的人手中，它将永远无法
成为工具。但正如路德反复坚持的那样，它的确可以被用作工具。因
此，正确理解《圣经》是至关重要的。那么路德是如何认为，我们可
以知道哪些解释是正确的呢？我们如何区分神的话语和魔鬼的欺骗呢？
路德竭力思考这些问题，并给出了多种回答。他有时宣称，《圣经》已
经足够清楚，没有必要用中介。这与他的另一种观点相适应，即认为所
有信徒都可以担任神职。但路德最终确定的观点似乎是，虽然所有人都

　　① 　*WA* 40. I：54. 12—16；*LW* 26：14.
　　② 　*WA* 40. I：14. 17；*LW* 26：64.
　　③ 　*WA* 40. I：345. 27—30；*LW* 26：215.

156

可以担任神职，但并不是所有人都可以成为道的执行者（ministers of the Word）。首先，只有信徒才能明晓《圣经》：理解"要由信仰来完成，因为不敬神的人不能理解道的含义"。① 在路德看来，《圣经》解释是一种神秘体验，是在解经过程中与神相通，虽然并非迷狂，但却热烈。② 解经人不仅必须是信徒，而是必须能够理解文本的语言。这意味 119 着要关注语言用法（这是路德从唯名论那里得来的），运用人文主义训练和学术来理解原始的希伯来和希腊文本。③ 也许有人由此会把路德的解经方法看成对唯名论、人文主义和信仰的一种结合。解经原则包括，理解《圣经》的语词和精神，将其融为一体，使人领会其言外之意。"藉着活生生的道，人在灵魂深处领会了它，将其重新引入人的整个存在，包括心和心智。"④ 按照路德的说法，文本是否可靠，其标准就是讲道者是否强调基督。因此在路德的神学中，基督的十字架是解经的标准，因为只有通过十字架，神的道才能真正被揭示："只有基督的十字架是神的道的教导，是最纯正的神学。"（*Crux Christi unica est eruditio verborum dei*, *theologia sincerissima*. ）⑤

　　路德提倡要对《圣经》做一种更具字面意义的解读，这与教会内部的经院解释传统相反。在这方面，他深受瓦拉和伊拉斯谟的影响，这也是因为他本人认识到，天主教传统的所谓共识其实是一种虚构。但我们也不能误认为他对《圣经》的解读是严格字面的。他显然认为约翰和保罗的经文要优先于马太、马可和路加的经文，所以他的解经和讲道

---

① Preface to the Psalter, 1528, *WADB* 10. I：102. 30—32；Dillenberger, 40.

② 因此，他的演讲和不停的出版应被视为一种崇拜活动，一种在道中生活的方式。关于这一点，参见 Marius, *Martin Luther*, 104。

③ *D. Martin Luthers Werke*：*Tischreden*, 6 vols. （Weimar：Hermann Böhlaus Nachfolger, 1912~1921），5：653（此后引作 WATr）；English translation from Oberman, *Luther*, 169—170. 事实上，如果不知道希腊词 *dikaiosune*（通常译为"称义"）的不同含义，路德的伟大洞见将是不可能的。

④ Dillenberger, xxxi.

⑤ *Archiv zur Weimarer Lutherausgabe*, vol. 2：*D. Martin Luther Operationes in psalmos* 1519~1521, part Ⅲ：Psalm 1—10 （Cologne, 1981），2. 389, 15f.；exegesis of Ps. 6：11（此后引作 *AWA*）；关于这一点，参见 Oberman, *Luther*, 173, 248。

要更多地归功于保罗和奥古斯丁，而不是福音书中的耶稣。[1]

## 路德对人的新看法

路德对神学的激进转变对他关于人的看法有决定性的影响。路德以唯名论的方式认为人不再是一个种，而是许多个体，"他们区别于动物的是言语，而不是外形、样子或其他活动"。[2] 在这方面，从一定程度上说，他仍然处于亚里士多德主义传统之中。然而，他很快就偏离了这个亚里士多德主义开端，因为他认为言语不等同于理性，而是等同于一种领会道的能力。传统意义上的理性实际上仅仅是一种虚假的人的傲慢的表现，它来源于对人的能力的误解。人并不像皮科等早期人文主义者所设想的那样自由和强大，而是撒旦的奴隶，没有任何实际的选择权和决定权。只有藉着道，藉着神仁慈地将信仰灌注进来，人才能逃脱魔鬼的束缚。然而，这种逃脱并没有把他带入自由，而是带到了对神的臣服中。

人虽然在很大程度上受撒旦奴役，但通常对此并不知晓。人受傲慢的驱使，并且运用理性，认为所做的事是服务于自己的利益，而实际上，他只是满足了撒旦的目的。因此，路德所理解的恶并不是色欲或任何其他形式的肉体欲望，而是不信或对死亡的恐惧，由此产生了一种欲望，要么是追求当下的感官快乐，要么是追求不朽的名声和荣耀。这两种被误导的意志驱使人远离了神而进入了他自身，也就是说，落入了撒旦之手。只有听见并信仰神的道，人才能摆脱撒旦的支配。这种信仰把人变成了新的存在。根据路德的说法，人在灵中得到重生，从此不再被自己的堕落和撒旦的意志所支配，而是被神在人之中并藉着人起作用的意志所支配。这样一来，人就成了灌注了神的存在。

这种重生并不带来完美。在路德看来，追求完美反映的是一种傲慢，它导致人相信自己可以掌控命运。这种傲慢是那些追求道德完美的

---

① "Preface to the New Testament, 1522," *WADB* 6：10. 29—35；Dillenberger，19.

② *WADB* 10. I：100. 13—15；Dillenberger，38.

古人及其人文主义模仿者，以及那些试图严格按照律法生活的犹太人和基督徒的特征。路德认为，这两条路对于不完美的人来说都是不可能的。律法是一种完美标准，但也正因为此，这种标准永远也不可能实现。其主要目的是，通过揭示人没有能力遵守律法，不配得到拯救，从而使意志变得谦卑。因此，律法是神的礼物，它帮助我们为悔改做准备。①

在路德看来，没有能力遵守律法，以及由这种失败导致的内疚和绝望，是通向一种真正基督徒生活的第一步。认识到这种罪是寻求宽恕、走向基督的开始。路德反复指出，基督的存在不是为了圣徒和义人，而是为了那些罪人，他们已经认识到了自己的不完美和无价值，并且依赖于基督和基督的宽恕。因此，古代哲学家的伟大学识和天赋实际上是得救的障碍。他们以为自己可以凭借自身的努力过一种完美的生活。他们没有找到通往基督的道路，因为通往得救的不是卓越而是绝望。绝望是一种先兆，预示着认识到神与人绝然不同，神通过牺牲基督而把我们从堕落的人性中仁慈地救赎出来。因此，被钉十字架的基督是得救的基础。

信仰是相信基督复活，但这样一种信仰只有通过恩典的灌注才能产生。然而，这种灌注无非是我们人性的转变或变体："藉着信仰，我们常在他里面，他常在我们里面（《约翰福音》6：56）。这个新郎，基督，一定是单独与他的新娘在私人房间里，所有家眷都必须回避。但后来新郎开门走出来，便让仆人们回来服侍他们，给他们吃喝。"② 结果，人与基督成为一体："基督徒的公义是……基督寓于我们之中所凭借的公义，而不是我们自身之中的公义。因此，如果有必要讨论基督徒的公义，那么必须完全拒斥人。因为如果我关注人或谈及人，那么，无论我是有意还是无意，这个人都会变成服从律法的行事功的人。但在这里，

---

① 　*WADB* 7：20. 31—21. 12；Dillenberger，31.

② 　*WA* 40. I：241. 12—16；*LW* 26：137—138. Marius 富有洞见地指出，路德的宇宙戏剧让人想起了酒神崇拜，通过让新加入者与神以一种神秘的方式结合在一起而确保得救。*Martin Luther*，271—272. 还要注意，对路德而言，原始的基督教体验是完全个人地与神相遇。

基督和我的良心必须成为一体，以使我的视野中只留下那个被钉上十字架，而后又升天的基督。这个人的确活着，但不是在他本身之中活着或为他自己活着。"① 这不仅是一种联合，而且是真正的婚姻。在路德看来："基督是我的'形式'，他使我的信仰生辉，就像色彩与光线装点了墙壁一样。我们不得不用这种粗糙的方式来解释这个事实，因为我们无法通过精神方式来把握这一观念，即基督亲密地附着和寓居于我们之中，就像光亮或"洁白"紧密地附着在墙壁上一样。他［保罗］说，'基督固着于我，安住于我之中。我现在过的生活，就是他住在我之中。事实上，基督本身就是我现在过的生活。因此这样一来，基督和我是一体的'。"② 人的那个会犯错的自我仍然在，但是"我"，这个新的"我"，也在那里，而且像神一样："我确实活着；但不是我在活着，而是基督在我里面活着。这是一个双重的生命：我自己的生命，这是自然的或有生气的；还有一种不熟悉的生命，这是基督在我里面的生命。"③

由于这种双重生命，因信称义的个人并不因此而超越了他的人性。他仍然是一个有罪的人，但同时又远远不止于此；他事实上是神的意志。在这一点上，路德不愿遵循那些更激进的改革者的道路，后者认为，称义造就了完美与圣洁。路德确信，我们获得信仰之后，自然的恶（人类本性的恶）仍然存在于我们之中。④ 信仰的统一工作不仅包括称义，而且也包括消除人类本性的恶，控制肉体，路德有时把这称为圣洁化。⑤ 行善和苦修可以促进这种对人类本性的恶的净化，因为必须让人

① WA 40. I：282. 17—22，283. 21—23；LW 26：166—167.

② WA 40. I：283. 26—32；LW 26：167.

③ WA 40. I：287. 27—29；LW 26：169—170. 最近，由 Tuomo Mannermaa 所创建的路德解释的"芬兰学派"断言，路德对因信称义的理解的核心乃是基于与基督联合的观念：in ipsa fide Christus adest ［基督在信仰本身之中］。参见 Mannermaa's *Christ Present in Faith：Luther's View of Justification*，ed. Kirsi Stherna（Minneapolis：Fortress，2005）。关于对这种立场的批判性评价，参见 Dennis Bielfeldt，"Response," in *Union with Christ：The New Finnish Interpretation of Luther*，ed. Carl E. Braaten and Robert W. Jenson，（Grand Rapids：Eerdmans，1998），161—166。

④ WA 40. I：313. 19—21；LW 26：189.

⑤ WADB 7：23. 23—25；Dillenberger，32.

背上负担，才能让他按规矩行事。[①] "这些事功驯服了肉体，涤除了它的邪恶淫欲"，以使肉体变得爱神并服务于他人。[②]

在路德看来，服务于他人并不像初看起来那样容易。《圣经》中的第一条诫命已经规定了人的生活的主要目标，即用你的整个灵魂全心全意爱你的神。正如我们所看到的，这种爱只可能发生在那些灌注了恩典的人身上。这些人成了爱所有人的神的意志的居所。只有那些以这种方式履行了第一条诫命的人才能履行第二条诫命，即爱邻如己。所以路德认为，不存在与神的行为相脱离的人的爱或道德行为。人如果不在神的统治之下，就在魔鬼的统治之下，在这种情况下，他只能爱自己，只顾自己。如果不爱神，也就不会爱邻人，对他人也就没有真正的爱或服务。如果没有这种爱，人就会被傲慢和利己之心所驱使，从而与他人发生冲突。因此路德说，"世界的自然状态是混乱和动荡"。[③]

这种认为世界受混乱困扰的观点并非路德所独有。的确，正如我们在上文中所看到的，这是彼特拉克和人文主义那里一个突出的比喻。然而，在人文主义者看来，要解决这种动荡，需要用人的意志来控制混乱的力量。这涉及把知识与力量有效地结合起来，也许马基雅维利最清楚地描绘了这其中需要用到的方法。路德认为整个思路都是误入歧途。它最多只会产生和平，而不会产生爱，更不会产生得救。事实上，追求和平可能会破坏得救，因为宣布神的道会导致冲突，特别是到了末日，撒旦会奋起反抗神的道。因此，只有通过压制福音，才可能建立世间的和平。

当然，这并不意味着政府是无用的，或者说我们可以省去它。诚然，在路德看来，倘若每个人都是真正的基督徒，政府就是不必要的。[④] "既然没有一个人生来就是基督徒，或生来就公义，而是全都有

---

①　*WA* 40. I：45. 27—46. 2；*LW* 26：7.

②　*WA* 7：60. 21—23；*LW* 31：359.

③　Oberman，*Luther*，291.

④　"*Temporal Authority：To What Extent It Should Be Obeyed，1523*，" *WA* 11：250. 18—20；*LW* 45：89.

罪和邪恶，所以神用律法约束他们，使他们不敢纵欲，明显作恶。"①
律法告诉人应当做什么，政府应当允许和禁止什么。"如果不是这样，
人们就会彼此掠夺，看到整个世界都是邪恶的，成千上万的人当中也鲜
有一个真正的基督徒。无人能保全妻室儿女，养活自己，侍奉神。世界
也将陷入混乱。"②

神安排统治者"在家庭和社会中尽力使这个世界逃过同混乱的斗
争"。③ 君主是神任命的，他们用武力进行统治，因为必须压制邪恶。④
如果有人想单凭福音来统治世界，那么"他就像是在把捆绑凶残野兽的
锁链解开，让它们乱咬，同时还说，它们是温顺驯良的动物，不会造成
伤害"。⑤ 在路德看来，现实地面对人性非常重要。他认为存在四种人：
真正虔敬的人不需要律法；伪信的懒人拿自由当借口去犯罪，必须用律
法来引导他们；真正的恶人必须受律法约束；信仰上不成熟的人可以被
律法促进，直到学会如何区分对与错。⑥ 因此，除了真正的基督徒，所
有人都需要政府，无论是宗教的还是世俗的，即使是那些爱邻人的基督
徒也认识到需要靠政府来避免混乱。⑦

堕落的人性需要被统治，这一事实表明了政治权威的正当性，而不
是暴政的正当性。在路德看来，臣民和统治者有互惠的义务。基督徒之
所以服从于他的统治者和律法，是因为他知道这是神的意志。⑧ 服务于
君主是他的义务，只要不与他的基督徒义务相背。在路德看来，这包括

---

① *WA* 11：250.26—29；*LW* 45：90.

② *WA* 11：251.12—15；*LW* 45：91.

③ 关于这一点，参见 G. Ebeling, "Die Notwendigkeit der Lehre von den zwei Reichen," in *Wort und Glaube*, 3d ed. (Tübingen, 1967), 1：407—428。

④ Marius, *Martin Luther*, 366.

⑤ *WA* 11：251.25—28；*LW* 45：91. 这种说法很容易让人想起马基雅维利的预言，即未经武装的先知总会以彻底失败而告终。

⑥ Marius, *Martin Luther*, 230—231.

⑦ 根据路德的说法，真正的基督徒在地球上生活和劳动不是为自己，而是为他的邻人，所以他的生命的整个精神都在促使他做一些本不需要做，但却有益于他的邻人的事情。*WA* 11：253.17—32；*LW* 45：93—94. 虽然为自己而伺机报复是不对的，但为别人这样做却是正确的。*WA* 11：259.7—16；*LW* 45：101.

⑧ *WA* 40.I：51.26—31；*LW* 26：12.

参加正义战争的义务，甚至是依照君王的命令劫掠和消灭敌人。① 然而，世俗权威只能统治外在的东西，所以不能合法地强迫任何人相信。② 在有关良心的事情上，臣民不必听从于君主，但即使是这时，他也无论如何不能造成民间的动乱。在这些情况下，抵抗仅限于不服从。③

虽然路德强烈地支持世俗权威，但这并不像人们往往设想的那样，意味着他是一个没有批判精神的权力主义者。他明确区分了较好的君主和较坏的君主。事实上，在《论世俗权威》（On Secular Authority）中，他把大多数统治者都描述成了愚蠢恶毒的暴君。"全能的神已经使我们的统治者们疯狂；他们实际上认为自己可以做——并让他们的臣民们去做——任何他们喜欢的事情。"④ 他们放肆地把自己置于神的位置，对他人的良心和信仰逞威风。贤明的君主非常少见，虔敬的就更少了。君主们"通常是这世上最大的愚人和最坏的恶棍"。⑤ 但尽管如此，在世俗事务上服从还是必要的，因为"这样一个世界只配有这样不尽职责的君主。"⑥ "这个世界太邪恶了，不配有许多贤明虔敬的君主。青蛙定要以鹳为王。"⑦ 但"普通人正在学习思考，而那将要使君主苦恼的灾祸，即神所讲的羞辱，正在民众中酝酿。我担心这没法避免，除非君主以君主的方式行事，重新开始适当而贤明地统治。人民不愿也不能继续忍受你们的暴政和狂妄。……神将再不容忍它。现在的世界不再和过去一

---

① 　*WA* 11：277. 16—27；*LW* 45：125.

② 　Marius，*Martin Luther*，366. "世俗政府所拥有的律法只能延及世间的生命、财产和外在事务，因为除了他自己，神不能也不会允许任何人统治灵魂。"*WA* 11：262. 7—10；*LW* 45：105.

③ 　*WA* 11：267. 1—13；*LW* 45：111—112. 路德认为，在为自己的生计祈祷时，臣民是在祈祷有好的政府，也就是祈祷和平、精确的度量衡、坚挺的货币等等。Luther，"Ten Sermons on the Catechism，1528，" *WA* 30. I：103—104. 22；*LW* 51：176—178.

④ 　*WA* 11：246. 23—25；*LW* 45：83.

⑤ 　*WA* 11：267. 31—268. 1；*LW* 45：113.

⑥ 　*WA* 11：269. 32—33；*LW* 45：115.

⑦ 　*WA* 11：268. 17—18；*LW* 45：114.

<sup>124</sup> 样，任凭你们把人民当做猎物来捕杀和驱赶了。"① 因此，君主必须使自己变得有益于臣民，保护他们，确保和平，而且不能谋取私利。②

路德并不是革命的。他确信，人类已经足够罪恶，只有神才能改革政府。他也相信自己活在末世，这种改革并非必需，因为距离末日的时间已然不多。但最终也是最重要的，他的目标针对的是来世。他旨在得救，而不是改进现世生活。因此，对路德来说，宗教目的取代了所有政治目的或道德目的。他主张，"行事"（doing）

> 在自然中是一回事，在哲学中是另一回事，在神学中又是另一回事。在自然中，先有树木，然后才有果实。在道德哲学中，"行事"意味着用善的意愿和正确的理由把事情做好；这正是哲学家停滞不前的地方……因此，我们有必要在神学中把"行事"一词提得更高，使它变成全新的东西。因为正如把它从自然领域拿到道德领域后，它就会变得非常不同，所以如果把它从哲学和法律转到神学中，它也会变得非常不同。这样它便有了一种全新的含义；它确实获得了正确的理由和善的意愿，但这是在神学意义上，而不是在道德意义上，这意味着通过福音的道，我知道并且相信神把他的儿子派到这个世界，把我们从罪和死中赎回来。这里的"行事"是一种新的东西，理性、哲学家、法律学家和所有人都不知道它；因为它是一种"隐藏在奥秘中的智慧"（《哥林多前书》2:7）。③

因此，路德认为教会比国家更重要。然而，真正的教会并不是教皇制度或罗马教廷，而是全体真正的信徒，路德称之为不可见的教会。可见的教会从来都是圣徒和伪善之人的混合体，这其中只有少数人坚持到

---

① *WA* 11：270.16—24；*LW* 45：116.
② *WA* 11：273.7—24；*LW* 45：120. Marius 认为，也许只有格外老于世故的读者才会明白路德所说的——应予这些愚蠢的恶棍以顺从，但路德从未认为自己是一位叛乱领袖。因此，他可以歌颂一种忠实信徒的民主，向普通人证明一种暴政。Marius, *Martin Luther*, 368—370.
③ *WA* 40.I：410.24—412.14；*LW* 26：262.

最后。[1] 而在真正的教会中，所有人都可以担任神职，而且信仰坚定，即使他们所有人都不能主持仪式和解经。因此，真正的教会由所有那些被神灌注了恩典的人所组成，神寓居于他们之中。

即使在真正的基督徒中，也需要有教会机构和宗教活动。人本性中的罪恶仍然很强，我们必须坚持与之对抗。因此，即使教会只为神的选民而存在，它也必须不断提供服务，不仅要包括讲道，而且要包括圣事、祈祷、音乐等等，以使已经称义的人进一步圣洁化。在路德看来，圣餐在这个过程中起了至关重要的作用。在这个问题上，路德的立场介于天主教传统与激进的新教徒之间。他认为一些传统圣事缺乏《圣经》根据，但他接受了最重要的部分。这其中最重要的就是圣餐。与更加激进的新教徒不同，路德主张，饼和酒的真正变体是在圣餐中发生的，圣餐仪式绝不仅仅是一种象征性的活动。在他看来，真正的变体是决定性的，因为正是由于它，人才可能藉着恩典变成神的意志的一个储藏所。假如圣餐仅仅是象征性的，那么我们自身的转变就不可能真正改变我们的本性，我们将仍然是人，还和以前一样迷失。因此，得救的关键取决于神转变圣饼的能力，取决于基督能够像存在于我们之中一样存在于圣饼中，这种存在不是空间意义上的，而是经由一种神秘的联合。[2] 圣餐的神迹可以这样被表达和注定，但不能被彻底理解，就像我们藉着恩典和信仰的自身转变不能被理解一样。[3]

因此，礼拜的神学内容是对基督教的基本真理最重要的重现，即基督是神，基督也是人，人可以通过基督进入自己的灵魂而变得神圣。礼拜仪式和圣餐本身是道的另一种显现。它们就像写下来和说出来的道一样，不是为了给出理性论证，而是一种言辞上的吸引，旨在打动心灵，用基督来灌注心灵。在路德看来，音乐也是如此，音乐是神学之后神所

---

① Oberman, *Luther*, 255.

② 需要注意的是，在路德看来，整个基督都存在于圣餐中，而不仅仅是某一部分，正如在恩典的灌注中，整个基督都存在于我们之中。虽然人们有时会设想路德赞成圣体同在论，但他自己的语言似乎说明他更接近于变体论。在路德看来，神不在圣饼之旁，而是在圣饼之中。关键区别在于神父在引起这种转变过程中所起的作用。

③ Oberman, *Luther*, 245.

赐予的最伟大的礼物。[1] 它是道寓居于灵魂的另一种形式,是信神的另一种方式。

## 路德对自然作为道成肉身的看法

与唯名论开端相一致,路德既不接受亚里士多德主义的自然观,也不接受新柏拉图主义的自然观。自然是神的奇妙创造,被赋予了神的恩典,在其自身的规则下运作。然而,这些规则并不符合亚里士多德逻辑的范畴。自然中不存在完美性的等级秩序,从神一直到最卑微的受造物。核心的宗教真理是道成肉身,这表明万物皆源于神,即使是那些最卑下、最可鄙的东西。因此,万物都是神圣的。

如果我们更加深入地考察路德所谓的"塔楼体验",这一点就会变126 得生动清晰起来。路德在描述这种体验时,实际上是说他在上厕所时圣灵降临于他,罗兰·班顿(Roland Bainton)在其著名传记中委婉而又有些难堪地称之为"日常任务"。[2] 由于这个厕所在他的塔楼里,所以学者们一般认为他所指的就是塔楼本身,而不相信路德真会谈及像厕所那样的世俗之地,尤其在路德的时代,厕所一般被认为是不洁净、不神圣的地方,它是魔鬼所喜爱的。自西格蒙德·弗洛伊德(Sigmund Freud)和埃里克·埃里克森(Erik Erikson)以来,路德的洞见与他的排泄之间的关联已经成了中心议题,以把路德的伟大洞见解释为神经官能症的表现。然而,无论是传统的虔敬之士试图掩饰路德直率的语言,还是反宗教人士试图强调它破坏了虔敬,这些努力都是走错了路。事实上,路德的"塔楼"体验背后所暗含的洞见是相当深刻的,那就是,神无处不在,即使在那些看起来最不神圣的地方,在那些最不被人注意、最不让人喜欢的受造物那里,神也依然存在。[3] 万物都是他创造的,所以都值得尊重。与新柏拉图主义者把物质视为理智的堕落状态不同,路德把道成肉身看作最高的神圣时刻,一个魔鬼无法仿效或战胜的

---

[1]　Oberman, *Luther*, 310.

[2]　Roland Bainton, *Here I Stand: A Life of Martin Luther* (New York: Mentor, 1950), 47.

[3]　Ibid., 155.

时刻。① 正如理查德·马里厄斯（Richard Marius）所指出的，路德宗教信仰的核心就是相信道成肉身，相信造物是善的，相信肉体与精神有能力结合在一起，相信基督是要恢复神的作品原本的纯洁。②

　　新柏拉图主义和经院亚里士多德主义都认为，神超越了自然界。因此，罪的源头被视为背弃神而进入物质世界，而物质世界至多是神的一种不完美形象，最坏则是魔鬼的陷阱。而路德却认为，神是基于道成肉身而被构想的。③ 因此，物质并非源自对神圣事物的背弃，而是神在我们之中寓居的地方。这便是基督再临。因此，人与物质世界打交道本身并非有罪，也不是对神的背弃。物质世界不仅与魔鬼没有联系，而且魔鬼也不能理解它。魔鬼并非通过激起我们的肉体欲望，而是通过侵害我们的精神、理智和自尊心来行动的。这个魔鬼是我们内部的煽动者，是那个鼓吹我们的私利，从而把我们引入迷途的邪恶而狡猾的雄辩家。

　　事实上，魔鬼憎恨一切化身，一切生命。所以路德认为，魔鬼憎恨生殖和婚姻是因为他憎恨神赋予生命的能力，这生动地表现在男女吸引中。④ 因此在路德看来，认为独身生活高于婚姻生活或比它更神圣，这种观念是错误的。事实上，它本身就是魔鬼激起神职人员傲慢的产物。所以对路德而言，肉体生活是用来享受的神的礼物。路德本人热爱自然，享受饮食男女。在与埃克的争论中，他手拿玫瑰，反复看它闻它，以提醒自己造物是善的。我们通常会把宗教改革与清教的禁欲主义联系起来，这与路德没有什么关系，而更多地与加尔文和加尔文派思想中新柏拉图主义的复兴有关。他们用一种更加没有生气的理智唯灵论取代了路德基于道成肉身的宇宙论。⑤

127

---

①　Ibid. , 243.

②　Marius，*Martin Luther*，385.

③　"使路德的神学如此生动和容易理解的东西不是外在的华丽辞藻，而是神的道与肉体的关联。" Oberman，*Luther*，274.

④　Ibid. 这里与菲奇诺爱情观的明显关联可能是虚幻的。在路德看来，神就像爱一样在世界之中，但只有当我被基督灌注时，那种爱才存在于我之中。因此不存在神对人一般意义上的吸引。只有藉着恩典，神的选民才能被重新引向神。

⑤　Oberman，*Luther*，327.

## 结论

路德的思想来源于他与唯名论相遇所引发的深刻的精神问题。他的思路与其经院哲学先驱截然不同。这种新的看法在很大程度上要归功于唯名论，但形成的关键还在于他自己深刻洞察到了道成肉身是核心。由这种崭新的存在论产生了一种对神、人和自然的新的看法。尽管如此，路德的立场还是被一些深刻而棘手的问题困扰着。例如，路德想让我们相信，神的公义问题是无法简单处理的。专注于基督和道成肉身，禁止沉思那个隐匿的神，并不会解决这样的问题。为什么应当认为这个隐匿的神是仁慈的、有爱的，而不是冷漠的或残忍的呢？我们如何知道他不是一个恶魔，就像笛卡儿后来暗示的那样？换句话说，为什么我们要相信神的应许，相信他会遵守他的常规能力，而实际上他更是一种绝对能力？

路德对这个令人困惑的问题的回答可以归结为他对《圣经》的信仰。但路德本人发现，这种说法很难坚持。正如他经常承认的，《圣经》必须被解释，这意味着把其中某些段落和章节的价值看得比其他更高。在这种情况下，我们如何知道自己所作的是正确选择？如何知道在文字背后被我们当作神的感召的东西，其实不是我们的激情或欲望的潜意识冲动？

更何况，路德的大部分思想都取决于恩典概念，但在《圣经》中，耶稣从未在这个意义上使用 *charis* 这个词。只有在保罗和后来的奥古斯丁那里，这个词才变得最为重要。① 同样，在对观福音书中也很难找到对预定论的提及。因此，路德的基督教也许更多依赖于保罗而不是耶稣。但为什么要把保罗当成决定性的呢？他或许比耶稣更清晰，但清晰比模糊更接近真理吗？抑或它只是更接近盲信？

---

① Marius, *Martin Luther*, 453. 耶稣在福音书中使用了 *charis* 五次，但从来没有在路德的拯救的意义上使用。这个词在《使徒行传》15：6—11 和 18：27—28 中的两次使用，以及在《约翰福音》1：14—17 中的一次使用，也许大体能够支持路德的解读，但它们至多是可以争论的。

　　路德的宗教使命开始于 1505 年 7 月的那个下午，当时他觉得自己身处一场风暴之中——事实上他未能从中脱身。余生他卷入了各种争斗和辩论，但在这种喧嚣中，他牢牢秉持自己的核心信条，把神看成一切，而把人视作无。这就是那个确定无疑的论点，其他一切都以之为中心。然而，这种立场与人文主义完全相左。因此，在回应唯名论的过程中产生的这两大思想运动不可避免会产生冲突。这种冲突引发了 16 世纪最大的争论，即伊拉斯谟与路德就意志的自由和束缚所展开的争论。在这场争论中，我们可以看到两者之间的巨大分歧，这种分歧仍然留在现代性的核心处。他们的争论体现在语词上，但却是另一场不同类型的争论的序幕。在后一争论中，行动取代了语词，剑取代了笔，之前用墨水写下来的东西，现在用鲜血来书写了。

# 第五章　前现代性的矛盾

　　1631 年 5 月的一个春日，蒂利伯爵（Count von Tilly）举行弥撒，感谢神帮助他攻占了新教改革的主要城市马格德堡，并且吹嘘说，自从耶路撒冷被毁后，还没有出现过这样的胜利。只是他有点夸张——举行弥撒的大教堂是没有被夷为平地的三座建筑物中的一座。他的天主教同盟军从 11 月起就包围了这座城市，他们住在泥泞的沟壕中，经历了冬日的严寒和暴雪，忍受着居住在城里的新教徒每日的嘲弄和谩骂。一旦攻克城门，他们的狂热、掠夺和贪婪就变得肆无忌惮了。大屠杀无休无止。满城火光熊熊，孩子们被丢到火里，妇女们被奸杀。53 名妇女到一所教堂寻求庇护，却在那里被砍了头。无人能够免遭此劫，有 25000 名新教徒遭到屠杀或被烧成灰烬。在 5000 位幸存者中，有极少数是贵族，被用来索取赎金，其余都是妇女，她们被押到军营中受尽凌辱，被士兵转卖。这一暴行的消息很快传遍了全欧洲，13 年前开始的冲突的宗派界限变得更加分明，此后，这种冲突又激烈进行了 17 年。①

　　正如我们今天认为的，现代世界是在这个宗教冲突和破坏的时代诞

---

　　①　虽然蒂利是一个宗教狂热分子，但他显然不想摧毁这座城市，因为他需要把它当作堡垒以对抗即将到来的古斯塔夫二世（Gustavus Adolphus）。但尽管如此，他似乎不怎么关注居民们的命运，也毫不关心被掳到军营的妇女。马格德堡的毁灭使他在约翰·福克斯（John Foxe）著名的《殉道史》（*Book of Martyrs*, 1663）中成为恶的化身。在此后的若干年里，对于恳求怜悯的天主教徒，新教徒保证会向他们显示"马格德堡怜悯"（Magdeburg mercy）和"马格德堡公义"（Magdeburg justice）［指处决他们——译者注］。对马格德堡洗劫——这是欧洲的第一个重大事件——的各种当代解释可参见 Werner Lahne, *Magdeburgs Zerstörung in der Zeitgenössichen Publizistik*（Magdeburg: Magdeburgs Geschichtsvereins, 1931）。

生的。宗教战争始于 16 世纪初，结束于 17 世纪中叶，那种狂热与残忍直到我们这个时代才再度出现。事实上，参战者的凶残程度甚至可能超过了我们，因为几乎所有杀戮都是近距离发生的，经常是白刃战和肉搏战，所以不具备现代技术所产生的情感隔离。发生在马格德堡的恐怖的大屠杀，既不是此类事件中的第一个，也不是最后一个。在 16 世纪 20 年代的农民起义中，超过 10 万名德国农民和穷苦的城镇居民遭到屠杀。其中许多人都是因为听信了他们的领袖闵采尔的话，说真正的信徒可以枪炮不入而莽撞地冲向战场的。1572 年，有 7 万名法国胡格诺派教徒（Huguenots）死于圣巴托罗缪日大屠杀（St. Bartholomew's Day Massacre）。鼓吹杀戮异端是最可靠的得救方式的方济各会修士们高兴了，但高兴程度显然不如教皇格列高利十三世。他收到装在盒子里的胡格诺派领袖科利尼（Coligny）的头颅时笑逐颜开，以至于用一枚特别奖章来纪念这一事件。最后，为了避免大家认为这种残暴的行为有失平衡，1649 年，奥利弗·克伦威尔（Oliver Cromwell）的模范军洗劫了爱尔兰城镇德罗伊达（Drogheda），几乎杀害了所有人。他们活活烧死了所有进入圣玛丽大教堂避难的人，屠杀了藏在教堂地下室的妇女们，用爱尔兰儿童作人肉盾牌，四处搜寻，杀害了每一位教士，把 30 名幸存的守卫者贩卖为奴。克伦威尔一本正经地感谢神给了他消灭这些野蛮异教徒的机会。

　　虽然这些叙述令人震惊，但其实也只是让我们对时间跨度超过五代人的这些欧洲战争的恐怖有了隐约感觉。据保守估计，战争夺去了英格兰人口的 10%，法国的 15%，德国的 30% 以及波西米亚人口的 50% 以上。而在第二次世界大战中，欧洲的死亡人数只有在德国和苏联超过了 10%。在我们的经历中，只有柬埔寨的大屠杀和杀人场才能与宗教战争的毁灭程度相比。

　　虽然我们把它称为宗教战争，但如果以为这场大规模杀戮只是因为宗教，那就错了。政治的、王朝的和民族主义的因素显然对这场冲突的引发、持续和加剧起了重要作用。① 马基雅维利主义的政治手段无疑也使杀戮更有实效，但参与者的盲信和他们表现出来的残忍在很大程度上正是宗教激情的表现。这些激情来源于对神的本性和神人关系的根本分歧。在第四章，我们考察了路德的神学以及他对天主教教义和做法的批评，探讨了这种分歧的根源。对天主教而言，教会是圣灵的化身，基督把圣灵赋予了彼得，彼得又把它传给了继任者。于是，这种拥有等级结构的神职人员处于神与人之间，是传递神的命令和人的诉求的中转人。任何这类调解机构都容易滋生腐败，这个教会也不例外。然而在路德看来，问题并非源于个体的人在道德上的失败。整个教会都是腐败的；这个教会是假的，它仅仅是撒旦用来奴役和剥削人类的一个工具。真正的教会应由神的选民组成，即所有那些藉着神的恩典而被信仰充满的人。路德认为，正是这些少数信徒，而不是神职人员，才是圣灵的化身。正是通过他们，神显示了自己，在世界中行使了他的意志。在宗教战争中爆发出来的敌对情绪正是来源于这些分歧。

路德所反对的这个教会将传统信仰和做法与唯名论革命所带来的革新混合在一起。教廷的长期统治，教会对世俗事务的不断纠缠，圣徒崇拜，炼狱教义，以及其他类似的传统要素，与一种主张事功优先于信仰，支持出售赎罪券，并且促进了其他此类革新的"现代道路"的神学相结合，共同造就了一个路德认为只可能是魔鬼工具的教会。然而，路德的抗议本身同样植根于这场产生了他激烈反对的许多观念和做法的唯名论革命。我们如何来解释这个明显的矛盾呢？这里，区分唯名论运动的两种不同倾向非常重要。路德反对的是温和的、霍尔科特与比尔的半伯拉纠主义唯名论，但在这样做的过程中，他转向了布雷德沃丁、欧特里库的尼古拉和里米尼的格列高利的更为强硬和不妥协的唯名论，强调神的绝对能力的任意性和不可预见性。因此，得救不能通过事功，而

---

① 关于对宗教战争的宗教起源的质疑，参见 William Cavanaugh，"'A Fire Strong Enough to Consume the House'：The Wars of Religion and the Rise of the State," *Modern Theology* 11，no. 4（October 1995）：397—420。我并不是想否认国家的巩固在这些战争中是一个重要因素，但我的确想断言，如果没有宗教狂热，战争就远不会那么暴力。

只能依靠信仰来获得，而信仰本身只有藉着恩典才能获得。然而，恩典并不是由仪式或圣事赋予的，而是如我们在上一章所看到的，藉着神的道而得来。因此在路德看来，得救之路并非由教会的调解机构所铺设，而是来自与《圣经》的直接相遇。对于路德来说，改革不仅意味着消除腐败或改进道德，而且意味着通过神本身来重新整理自己。正是这种信仰的转变及其蕴含的一切，使路德和他的追随者卷入了与教会的斗争中，使欧洲动荡了几乎一个半世纪。

虽然改革的必要性自彼特拉克时代以来就已经很明显，但大多数人并不认为这种激进的转变是必要的。更何况，改革教会还有其他方法。我们在第三章中考察的基督教人文主义提供了一种与路德类似的基督教观。这种基督教同样轻仪式重精神，批判腐败和伪信，但在反对时更加慎重。它不是直接攻击基本的信仰和做法，而是运用讽刺和嘲弄，最终并非依赖于一种精神上迷狂的、狂喜的重生，而是依赖于一个道德上的训练教育体系。于是，基督教人文主义提供了一种不那么有破坏性和暴力的改革途径，它成功的可能性应该比较大。

那么，为什么这个途径没有被路德接受呢？人文主义有什么问题吗？也许有人会设想，路德之所以不喜欢人文主义，是因为它过于世俗，使基督徒偏离了信仰。但事实并非如此。尽管某些人文主义者可能走了一条更加世俗的道路，但路德对此并不特别担心。事实上，在他看来，世俗人文主义者显然比许多其他世俗可能性更可取。他所不能容忍的并非世俗人文主义，而是基督教人文主义。的确，越是基督教化的人文主义，在他看来就越危险，也就越容易误导基督徒和扭曲宗教生活。因此，只有排除了偶然因素，也就是说，只有当它们彼此靠近时，我们才能看清楚路德的思想与人文主义思想之间真正和本质的分歧。

正如我们在前两章所看到的，人文主义和宗教改革的思想是作为对唯名论的回应而发展起来的。它们之间的分歧在很大程度上源于对唯名论是什么，以及克服它需要怎样做的不同理解。在基本议题上，它们是一致的。两者都接受唯名论对经院实在论的批判，也都承认存在论层次上的个体主义是唯名论的核心。两者都反对唯名论把语词仅仅当成符

173

号，而主张对语言做一种修辞的或解经学的理解。因此，在一般形而上学中，它们有相当类似的基础。它们之间的真正分歧出现在特殊形而上学领域中，特别是对人和神的存在者层次上的优先性以及神人关系的冲突看法。这些分歧在基督徒应当如何生活（无论是作为个人，在团体中，还是相对于神）这个问题上引发了巨大的争议，以致于使它们走向了冲突。

人文主义和宗教改革在这些问题上的分歧反映了基督教内部的深刻张力。使基督教与众不同的东西从一开始就不是它的一神论（犹太教和后来的伊斯兰教都是一神论），而是神的道成肉身这一沟通神人的观念。在诸神和人的距离已经变得相当大的罗马世界，这种观念是强大力量的源泉，但它也向基督徒提出了一个现实的问题，因为要想解释清楚这是什么意思，实在太困难了。如何理解神变成了一个人，而这个人又能变成一个神，或至少能够与神同在？这个问题实际上是两个不同但却相关的问题。在神之中，神的东西与人的东西（或者圣父与圣子）之间是什么关系？其他人与这个神—人（God-man）是什么关系？如何会有相互协调的多个存在和多个意志？阿里乌斯派、摩尼教徒、伯拉纠主义者、三位一体论者之间的早期基督教争论本质上都是关于如何理解这个基本的基督教观念的不同意见。教父们以新柏拉图主义为基础，对这些问题给出了三位一体论的回答，它在尼西亚会议和此后的会议上成了教会教义。奥古斯丁和他的追随者更加详细地阐述了这个教义。他们在许多方面追随普罗提诺的思想，把神理解成绝对理智、绝对的爱和绝对能力。他们主张，人是按照神的形象造的，被赋予了自由，并因为滥用这种自由而堕落。神的道成肉身和自我牺牲为人赎了罪。

在经院哲学创造的一种亚里士多德主义（或阿威罗伊主义）框架中，这个回答得到了复兴和详细阐述。经院学者认为"圣父"和"圣子"这两个词可以被有意义地用在与神的关系中，但这种使用必须通过与人的生命作类比才能理解。说耶稣基督是圣父的儿子是以特殊方式断言的真理：这不是一种诗意的隐喻或情感表达，但也不是说耶稣基督是神的生物学意义上的儿子。中世纪经院学者和前人带着精巧和洞见，探

174

究了类比推理的合理性。例如，奥古斯丁在《论三位一体》（*On the Trinity*）中，探讨了一系列越来越令人满意的类比。阿奎那主张，我们可以通过反思事物及其性质或偶性对神有所领会。既然一切都是神创造的，则事物的存在方式必定能够反映出神的一些本性。然而，整个方案都是基于一种信念，那就是，人可以在一定程度上理性地把握像“圣父”和“圣子”这样的词如何会出现在关于神和人的真陈述中，因为语词的意义植根于共相的实际存在中。在这种解释中，理性的突出性和普遍性使神和人有可能在三位一体中得到和解，神的意志和人的意志也可以在世界中协调起来。圣父、圣子、圣灵（体现于教会）的意志（*voluntas*）被认为均由神的理性（*ratio*）——神的最重要的东西——所引导。人的意志由理性主导时，便会与神的意志相协调，否则就犯了罪。因此，基督徒的主要目标就是战胜导致罪的非理性自我意志，并把神的普遍理性（体现于他的造物、他的话语和他的教会）当作指导人生的基础。

尽管有这些明显的优点，但在许多人看来，这种理性至上的经院哲学观点质疑了神的神性，因为它使神的能力从属于理性。正如我们在第一章看到的，这种亚里士多德主义的经院哲学在 1277 年受到谴责，并遭到了司各脱、奥卡姆以及后来一些唯名论者的攻击。他们都反对神（和人）是理性至上，而更偏爱意志。只有真正全能，神才能是神。然而，在他们看来，全能的本质是一种对其对象漠不关心的绝对自由。神愿其所愿，因其所愿而愿。虽然这种立场保护和肯定了神的神性，但也引出了另一个问题，因为如果理性在神或世界之中不突出，那么我们就不能理解，神的意志与人的意志在三位一体中和世界中如何能够相互协调。这样一来，唯名论改革便使基督徒不得不面对那个从一开始就困扰基督教的核心问题，并突显了阿里乌斯派、摩尼教和伯拉纠主义等一些在古代晚期受到基督教（通常借助帝国权力）打压的异端，赋予了它们力量。

基督教的人文主义者和宗教改革神学家不得不面对这些问题。在与之角力的过程中，他们基于大体上相同的存在论和逻辑给出了迥然不同

175

的回答。他们在这个问题上的不一致并非因为对存在本身或词与物的关系看法不同，而是因为对哪个存在领域更优先看法不同。正如我们在第三章中指出的，它们的分歧并不是存在论层次上的，而是存在者层次上的。为了理解为何如此，以及这些分歧如何能够扮演如此关键的角色，我们需要考察一下路德与伊拉斯谟之间关于意志自由或束缚的争论。

伊拉斯谟是继彼特拉克之后最伟大的人文主义者，也是人文主义运动的顶点。路德发动了宗教改革运动，他的神学在一个半世纪里一直保持着驱动力。他们两人也都清楚自己的杰出和卓越。不仅如此，他们在许多方面都很类似，以至于他们的不同意见导致的是真正的分歧，而不是琐碎的或不重要的方面：这些分歧深刻异常，没有可能进行调和，其间更大的冲突不可避免，而且显著表现在现代性的许多方面。

135

塞缪尔·泰勒·柯尔律治（Samuel Taylor Coleridge）曾经指出："完全相异的东西只能以反感而告终，这一点在伊拉斯谟和路德那里得到了印证。"① 虽然柯尔律治正确地看到，两人之间的争论是其相互竞争的立场的分歧或"相异"的必然结果，但他错误地认为他们是完全相异的。事实上，他们的相似远远超过了不同。两人都批判经院哲学，都认为教会的腐败难以容忍。他们也都反对实在论，支持个体主义的存在论承诺。他们对改革也都心存诚意，认为这需要回到《圣经》，回到一种新的解经学，基于与《圣经》原文和历史语境的相遇。最后，两人都认为在神和人那里，意志大大高于理性。鉴于所有这些相似性，令人惊讶的是，他们居然卷入了一场争论，更不要说这场争论竟然如此深怀敌意。柯尔律治本应该说："这些相似的东西只能以反感而告终，如果它们在一个关键方面不相似的话。"他们之间的许多相似性非但没有缓和他们的分歧，反而戏剧性地突出和强化了他们的核心分歧，以致不可能作出妥协与和解。

---

① 引自 Gordon Rupp, *The Righteousness of God：Luther Studies*（London：Hodder Hodden and Stoughton，1953），259。

## 伊拉斯谟与路德

正如我们在上一章看到的，路德的革命性神学经历了长时间的发展。但他的思想和他与教会的关系中仍然存在着关键的转折点。与伊拉斯谟的争论就是其中之一。尽管在《教会被掳于巴比伦》（*The Babylonian Captivity of the Church*，1520）出版之后，与教皇达成和解显然已经不可能，但改革更应当遵循一种人文主义路线还是一种福音派路线，这仍然是个现实的问题。路德与伊拉斯谟之间的争论解决了这个问题，并且在人文主义者和宗教改革家之间划出了一条鸿沟。

当时许多人都惊讶于路德与伊拉斯谟竟然会发生冲突，因为他们认为路德是伊拉斯谟的追随者。他们都反对教士专制和腐败，都宣扬一种更加单纯、更加个人的基督教形式。路德也确实受到了人文主义思想的影响。他曾经加入了"拥抱普劳图斯和维吉尔"（hugging his Plautus and Virgil）隐修会，全身心地站在罗伊希林（1455～1522）和他的侄子梅兰希顿一边。[1] 他也曾明确接受人文主义的信条，主张必须读《圣经》原文，并努力掌握希腊文和希伯来文。此外，他还深受瓦拉、皮科以及其他意大利人文学者的影响。有鉴于此，路德被许多年轻的人文学者视为他们中间的一员也就不足为奇了。[2] 但尽管如此，也不管他的早期观点如何，1515 年后，路德断然否认了人文主义的核心论点，即人是一个独立的存在者，而主张把神和神的恩典看作万物之源。然而，这种新的立场只是逐渐才被更广大的世界认清。因此，虽然像梅兰希顿这样与路德和伊拉斯谟都非常熟悉的人能够理解他们的分歧，但艺术家丢勒等人直到 1521 年仍然希望，伊拉斯谟能够在路德被监禁后担任维滕贝格宗教改革的领导者。[3] 于是，他们的相似性，以及更重要的，他们

136

---

① Rupp, *The Righteousness of God*, 263.

② A. G. Dickens, "Luther and the Humanists," in *Politics and Culture in Early Modern Europe*, ed. Phyllis Mack and Margaret Jacob（New York：Cambridge University Press, 1987），202. Lewis Spitz, *Luther and German Humanism*（Aldershot：Variorum, 1996），70, 76, 78.

③ Martin Brecht, *Martin Luther*, 3 vols.（Stuttgart：Calwer, 1983～1987），2：212.

的共同敌人，掩盖了路德的真神学（*vera theologia*）与伊拉斯谟的基督哲学（*philosophia Christi*）之间的关键分歧。①

伊拉斯谟第一次听说路德是在 1516 年 12 月，那时智者腓特烈的专职教士格奥尔格·斯帕拉丁（Georg Spalatin）告诉他，有一位（不知姓名的）奥古斯丁会修士不同意他对《罗马书》中律法的解释。② 他真正认识路德是在 1518 年，当时他读到了路德的《九十五条论纲》，完全赞同其中的观点。由于路德与梅兰希顿的友谊，伊拉斯谟以为路德也是同道中人。因此他把对路德最初受到的攻击看成是对他自己人文主义纲领的攻击。③ 1519 年 3 月 28 日，路德给伊拉斯谟写了一封友好的信，伊拉斯谟在两个月后的回复中鼓励了路德，但强调他要克制。

虽然他和路德从未要好过，但伊拉斯谟的确支持这位年轻的神学家。1519 年 4 月，他为路德向智者腓特烈求情，声称对路德的攻击是经院神学家和托钵修会所引起的教会破裂的结果。④ 1520 年 11 月，他又为路德辩护，告诉智者腓特烈，路德"犯了大罪——他击中了僧侣的肚子和教皇的皇冠"！⑤

尽管他不断支持路德，但伊拉斯谟觉得，他们之间的分歧也变得越来越明显。他知道自己是路德在 1522 年 5 月 28 日的一封信中的指控对象："真理胜于雄辩，精神强于天赋，信仰高于学问……基督既不惧怕地狱之门，也不惧怕空中的掌权者。"⑥ 然而，伊拉斯谟直到 1523 年仍然确信，僧侣们才是他真正的敌人："假如路德被打败，那么无论是神

---

① Harry J. McSorley, *Luther：Right or Wrong? An Ecumenical-Theological Study of Luther's Major Work，"The Bondage of the Will"*（New York：Newman Press，1968），63.

② Albert Rabil, "Desiderius Erasmus," in *Renaissance Humanism：Foundations，Forms，and Legacy*, ed. Albert Rabil, 3 vols.（Philadelphia：University of Pennsylvania Press，1988），2：250.

③ Ep. 1113, *Correspondence*, 7：313.

④ Erasmus, *The Collected Works of Erasmus*, vol. 76：*Controversies：De libero arbitrio. Hyperaspistes 1*, ed. Charles Trinkaus（Toronto：University of Toronto Press，1999），xlii.

⑤ 引自 Rupp, *Righteousness of God*, 265—266。

⑥ Erasmus, *Collected Works*, 76：lvii.

还是人都将无法与僧侣对抗。"① 他对路德的反抗更多表示赞同，即使他并不喜欢路德的激烈。

伊拉斯谟在路德与教皇之间的调解并没有成功。由于路德不愿缓和那些在他看来对人文主义的改革纲领造成威胁的要求，伊拉斯谟变得越来越灰心。这种灰心部分来自于，他认为和解是一种宗教原则，他并不理解路德所持的立场，即不能以神的愤怒为代价换得尘世的安宁。②

随着争论的加剧，伊拉斯谟觉得越来越难保持中立。他的敌人公开把他称为路德主义之父。1520 年 10 月 8 日，当路德的书籍在鲁汶被焚毁时，他受到了神职人员的谴责，说路德孵的蛋是他下的。③ 雅各布斯·拉托穆斯（Jacobus Latomus）等人甚至怀疑伊拉斯谟实际上是路德宗信徒。④ 还有一些人确信，他对教会的威胁甚于路德。伊拉斯谟试图调解冲突，这也激怒了许多路德宗信徒。例如，乌尔里希·冯·胡滕（Ulrich von Hutten）对伊拉斯谟不愿站在路德一边感到非常愤怒。

于是，伊拉斯谟感到越来越大的压力，迫使他宣布自己到底真正拥护什么。路德和梅兰希顿希望他能支持他们，至少别去反对他们。事实上，路德曾经保证，如果伊拉斯谟不首先攻击他，他也不会攻击伊拉斯谟。然而，这件事传出去之后，伊拉斯谟的形势变得更加不利，因为这就好像他与路德签订过秘密协议似的。⑤ 当教皇和亨利八世请伊拉斯谟写书反对路德之后，他的处境变得更为艰难。伊拉斯谟最终发现，除了站出来反对路德，他已经别无选择。

那些极力把他拉入争端的人期待他能捍卫教皇的至高权力。但伊拉斯谟决定转而关注意志自由问题，他认为这对改革来说更加关键，而且这个话题能够造成较少不和。不仅如此，他决定以温和的方式写作，这

---

① 引自 James D. Tracy，"Two Erasmuses，Two Luthers：Erasmus' Strategy in Defense of De Libero Arbitrio，" *Archiv für Reformationsgeschichte*，78（1987）：40。

② Brecht，*Martin Luther*，2：276.

③ Rabil，"Desiderius Erasmus，" 251.

④ Rupp，*Righteousness of God*，268.

⑤ Erasmus，*Collected Works*，76：lxxi.

样路德就无法迁怒于他。① 事实上，他的著作根本就不是攻击，而是一种讨论，旨在把路德拉入一场关于其新神学的核心议题的争论，这样他就不能简单地厉声辱骂天主教了。伊拉斯谟认为这也许能够避免分裂。

伊拉斯谟的著作名为《论自由意志》(*On the Freedom of the Will*)。它讨论了一个至少在奥古斯丁时代以来就一直困扰基督教的问题。② 精神自由的问题在基督教人文主义那里也很关键。正如我们看到的，人文主义依赖于一种假设，即人有能力引导自己的行动并为此负责，换句话说，人并不是一个所有行动都被神或命运完全决定的受造物，而是一个能够自由选择的道德存在，其行动可以改变他的尘世生活和得救。

梅兰希顿在读《论自由意志》时，读出了伊拉斯谟的缓和态度。他向伊拉斯谟保证，路德也会同样缓和。③ 然而，当路德发现伊拉斯谟写书反对他时，他变得愤怒异常，并把这种行为称为"大拒绝"。④ 路德收到《论自由意志》后，很不情愿去读它，而当他真去读时，他总想把书扔到板凳底下去。他的回应虽然姗姗来迟，但毫不含糊，坚强有力。⑤

路德的回应名为《论意志的捆绑》(*On the Bondage of the Will*)。尽管路德力求避免争论，但事实证明，他在挑起争端方面实在是行家里手，以至于伊拉斯谟以为他的回应是由梅兰希顿和尤斯图斯·约拿斯(Justus Jonas)代写的。⑥ 他的怀疑虽然受了误导，但也可以理解。路德在他的著作中显示出了一种既出人意料又引人注目的修辞技巧。然而，不管它在修辞和神学上有多高明，这部著作常常使人恼火，因为它

① 关于这一点，参见他 1524 年 7 月 21 日致 Pirckheimer 的信。Ep. 1466：67，*Opus Epistolarium*，5：496.

② 他选择这一主题也许是受到了英格兰主教 John Fisher 和 Cuthbert Tunstall 的影响，Fisher 写了一篇文章来反驳路德的《为所有信条辩护》，Tunstall 则说路德的自由观使神成了罪的来源。Rupp, *Righteousness of God* 269；Brecht, *Martin Luther*，2：219.

③ Brecht, *Martin Luther*，2：220.

④ Rupp, *Righteousness of God*，268.

⑤ Rupp 指出，伊拉斯谟的写作优雅而清晰，但也有恶意的挖苦，而路德则显得严厉冷酷，具有破坏性；在伊拉斯谟看来，这是一场黄蜂与大象的冲突。Ibid.，270.

⑥ Erasmus, *Collected Works*，76：93；Ep. 1667 in Allen, *Opus epistolarium*，6：262—263.

并没有回答伊拉斯谟所提出的许多问题，而且常常对伊拉斯谟进行人身攻击。

伊拉斯谟大为震惊。他本打算帮助路德，却没想到得到了这样的回应，他认为这是路德根深蒂固的宿命论和唯信仰论的结果。假如路德会背叛与之特别亲近的人，他又如何能与他人相处呢？这样一种教导会对大众的行为产生什么影响呢？在伊拉斯谟看来，农民起义（1524～1526）正是一种可怕的回答。由路德的回应他也确信，他对于帮助路德走出狂热的深渊已经无能为力。在这种情况下，进一步讨论是徒劳的。

伊拉斯谟用厚厚的两卷《执盾手》（Hyperaspistes）来回应《论意志的捆绑》。这是一部纯粹自我辩护的著作。路德败坏了他的名誉，他不得不作出回应。他做得很详细，逐条回应了路德的指控。因此，这部著作实际上并非打算为路德所用，也没有证据表明路德曾经读过它。①

不管这些争论功过如何，在一种实际的意义上，路德赢得了胜利。《论意志的捆绑》出版后，福音派与人文主义之间是不可能和解了。路德因此逼迫那些热衷于改革的人在他与伊拉斯谟之间作出选择，并且把伊拉斯谟有效地推入了教会的怀抱。面对这种选择，那些叫嚷着改革的人很难不站在路德这边。然而，路德虽然短期内赢得了胜利，但此后就不那么成功了。这场争论所导致的两极化一方面增强了路德本人福音派运动中激进派的力量，另一方面也增加了认为路德过于保守的再洗礼派教徒和唯信仰论者的影响力。此外，既然路德主张启示胜于道德，他就不能用道德来约束这些激进派。于是他不得不呼吁用君主的武装力量来维持秩序。然而，这一决定是致命的。他对个人启示的抵制使他对于迅速激进化的宗教改革运动变得越来越多余，更有甚者，他向君主求援使得为宗教真理而使用国家暴力有了正当理由，这在接下来的那个世纪造成了巨大的灾难。因此，虽然路德的胜利使宗教改革运动不可避免走上了一条更具福音派色彩的道路，但也使运动更有可能朝着比他的预想更

①　Marjorie O'Rourke Boyle 指出，路德也许没有读过《执盾手》，因为《论自由意志》已经引起了他对自身立场的潜在疑虑。*Rhetoric and Reform：Erasmus' Civil Dispute with Luther*（Cambridge，Mass.：Harvard University Press，1983），130.

加激进和暴力的方向发展。

　　尽管伊拉斯谟在他那个时代输掉了这场争论，而无法阻止他所惧怕的暴力斗争，但从长远来看，他的神学立场被证明是更加成功的。他与路德的争论同时激怒了路德宗信徒和天主教徒。双方都认为他是在掩饰，尽管是出于不同的理由。[①] 在部分程度上，他们的怀疑只是由于伊拉斯谟对讽刺的娴熟运用，这让人很难弄清楚他到底相信什么。路德因此说，"伊拉斯谟像鳗鱼一样狡猾"，并断定"只有基督才能抓住他！"[②]伊拉斯谟也激怒了正统的天主教徒。他并没有按照他们所期待的方式去攻击路德。他在教会中逐渐失去了支持，而在教皇保罗四世在位期间（1555～1559），他的著作被列入了禁书名单。不过，伊拉斯谟的方案也是由天主教徒和新教徒发扬光大的。因此从长远来看，最终胜出的并不是路德的以神为中心的、天启的观点，而是伊拉斯谟的更加温和道德的基督教人文主义。在英格兰，深深地受惠于伊拉斯谟的阿明尼乌主义占据了统治地位，而在主流的新教教会中，路德的天启观逐渐被伊拉斯谟更加世俗的关怀所取代。在天主教那边，最终胜出的同样不是伊拉斯谟的反对者，而是依循伊拉斯谟教育方案的耶稣会士。然而，伊拉斯谟的"胜利"好不容易才来，只有当人们普遍认识到宗教战争所带来的宗教狂热的危险时，这种胜利才成为可能。

## 西方思想中的意志自由观念

　　意志自由问题在古希腊基本不为人所知，因为希腊并没有意志概[140]念。希腊人通常更按照理性支配激情或受制于激情来思考。然而，意志概念的阙如并不意味着他们不理解自愿行动与非自愿行动之间的区别，亚里士多德在《尼各马可伦理学》中的著名讨论已经对此作了明确区分。

　　希腊化时期的思想也很关注自由问题，即使他们在很大程度上对意

----

① Erasmus, *Collected Works*, 76：xl.

② *WATr*, 1：195. Rupp, *Righteousness of God*, 267.

志一无所知。① 对伊壁鸠鲁主义者来说，人生的目的是幸福，即自主
（autarchia）和不动心（apatheia）。他们认为达到这种自由的主要障碍
是对死亡的恐惧。因为在他们看来，死亡的根源是他人和众神。只有远
离公民生活，与友人进行私人交往，而且了解众神并不关心人的生活，
才能获得自由和幸福。

斯多亚派对幸福的理解与此惊人地相似，但他们并非让自己远离世
俗或拒绝神对人类生活的干预，而是试图与支配万事万物的神的逻各斯
合一。这样做就会变成有大智慧的人或贤哲。在他们看来，贤哲通过不
容置疑的或真正的知识而与神的逻各斯合一，而这种知识是通过清晰明
确的（kataleptic）感觉印象获得的。这样一来，他能够获得知识而不仅
仅是意见，并且可以通过与命运合一而变得自由。所有其他人都被这种
深不可测的命运所统治，所以仍然是奴隶。因此，智慧的人虽然不能摆
脱推动万物的自然原因，但通过与整体的合一，他有一种内在的精神
自由。

学园派（或如后来所谓的怀疑论者）主张，斯多亚派所寻求的必
然为真的（apodictic）知识是一种幻觉，因为对于任何一个清晰明确的
印象，都可以找到另一个同样确定但与之相反的印象。因此，他们试图
把斯多亚派拖入争论，以迫使其为自己的断言作辩护。他们认为斯多亚
派这样会不可避免地陷入矛盾。怀疑论者也否认斯多亚派正确理解了必
然性，因为他们误以为任何事情都是必然发生的，而事实上，大多数事
情都是因自由选择而发生的。斯多亚派认为知识只能是确定的，而学园
派怀疑论者则寻求"可信的或有说服力的东西"（to pithanon），他们认
为这可以通过从各种不同角度严密思考事物来获得。因此，怀疑论者所
理解的自由既不是在想象中与神的逻各斯的合一，也不是从生存中退
却，而是摆脱幻觉，因为他们决定悬搁判断，不把不确定的命题断定为
真。虽然所有人都被这个世界和它的幻觉所束缚，必须经常基于或然判

----
① 在接下来关于希腊化时期的自由观念和意志的讨论中，我借鉴了 Bernard Wills,
"Ancient Scepticism and the *Contra Academicos* of St. Augustine," *Animus* 4（1999）：1—17。

断行事，但如果他们走怀疑论者的道路，就不必这么不情愿了。

奥古斯丁早年的对话集《驳学园派》（*Against the Academics*）是基督教对这场争论的出色回应。奥古斯丁反对学园派的怀疑论，但认为这是朝正确的方向迈出了一步，因为与斯多亚派和伊壁鸠鲁主义者不同，学园派并不接受物质世界的实在性。然而，他们之所以未能找到幸福，是因为他们认为幸福恰恰是那种被他们自身的做法表明不可能的知识。奥古斯丁认为，怀疑论者需要走接下来的逻辑步骤，认识到活跃的心灵本身是真理。他认为这是朝着他们所抛弃的柏拉图主义理念论回退了一步。只有朝这个方向努力，他们才能走上通往幸福的道路。在奥古斯丁看来，这条道路首先导向普罗提诺式的上升到与神的心灵合一，然后导向解放人类的基督，这些人不只在神的逻各斯之中，而且作为个体而存在。然而，通向基督之路所走的不是理性之路，而是信仰之路，而信仰只有通过神的光照才能获得。

虽然自由问题是古代思想关注的核心，但它并未与意志概念明显关联起来，尽管这个概念也起源于这场争论，它是伊壁鸠鲁解决困扰其宇宙论的"微偏"（swerve）问题的努力的一部分。卢克莱修用"意志"（*voluntas*）一词来命名每个原子都拥有的、除所有其他运动和碰撞之外推动自己的内在力量。[1] 后来，他也用这个术语来描述人的运动。[2] 因此，意志从一开始就被理解为一种自我运动的力量。不过，在卢克莱修那里，意志并未与心灵相分离。西塞罗同意这种观点，但赋予了它一种斯多亚派的腔调。他利用克吕西普（Chrysippus）的说法，在《图斯库鲁姆谈话录》（*Tusculan Disputations*）中写道："意志用理性来欲求某种事物"，而不同于理性的东西所激起的不是意志，而是原欲（libido）。[3]塞涅卡更进一步声称，当理性本身被激情奴役时，意志的表现是无理性

---

[1]　Lucretius, *De rerum natura*, 2. 251—260.

[2]　Ibid., 4. 877—891.

[3]　Cicero, *Tusculan Disputations* 4. 6. 参见 Neal W. Gilbert, "The Concept of Will in Early Latin Philosophy," *Journal of the History of Philosophy*, 1 (1963): 22。

的。① 这个观点后来受到了奥古斯丁的重视。

　　正如我们前面指出的，意志问题在基督教中有特殊的重要性，因为它需要调解神的意志和人的意志。《圣经》坚持说，神既是善的又是全能的，而且坚持认为所有人都有罪，都应受到惩罚。但它们之间如何能够协调却并不清楚。如果神是全能的，那么人如何能对一切负责呢？而如果人没有责任的话，人又怎么会有罪呢？如果人没有罪，又怎能得到正义的惩罚呢？如果对人的惩罚不是正义的，又怎能说神是善的呢？古代基督教认识到了这个问题，并力争找到解决方案。

　　在与斯多亚派与诺斯替主义者的对抗过程中，希腊教父们首先提出了个人自由意志的问题。他们声称，人的意志在堕落之前和之后都是自由的。② 然而，早期基督教内部的意志自由观念本质上是理性主义的，把意志看成是要么服从于神的理性，要么服从于人的理性。在这个意义上，理性把意志指向了一个特殊的方向，做理性所规定的事情不会减少神的自由或人的自由。意志意愿理性告诉它善的东西，从而自由地行动。

　　奥古斯丁第一次断言了意志可以取代理性。他宣称，即使理性告诉意志这是错的，意志也可以行恶。③ 在论证过程中，他利用了西塞罗和塞涅卡最先提出的观念，即理性可能被肉欲的激情所奴役。奥古斯丁早年曾用这种意志观念与摩尼教作斗争。摩尼教认为，如果神是全能的，那么他必定既是善的根源，又是恶的根源。如果他不是恶的根源，那么就一定有不止一个神，而是有两个神，一个恶的造物主和一个善的救赎者。奥古斯丁反对这种观点，他宣称，人的独立意志不是人的尊严的基础，而是为了表明恶的根源不在神，而在人。神给了人自由，人可以自由选择行恶。这样一来，奥古斯丁就使神的统一性或简单性与神的善变得相容了。

　　把这种自由赋予人也带来了问题，它可以这样来理解，正如人选择

---

① Seneca, *De ira* 2. 1—2.

② McSorley, *Luther*：*Right or Wrong*, 57—58.

③ Gilbert, "*Concept of Will*," 32.

行恶从而应得惩罚一样，人也可以选择不犯罪，从而得到拯救。这恰恰就是伯拉纠所得出的结论。然而，基督徒对这种看法深恶痛绝，因为它暗示着基督和他的牺牲是不必要的。在攻击这种立场时，奥古斯丁不得不重新思考他早年关于自由的看法。在较早的争论中，他使用了"自由意志"（*libero arbitrio*）这个术语。在后来的争论中，他有时会用"奴隶意志"（*servum arbitrium*），但更多地会用"被束缚的自由意志"（*liberum arbitrium captivatum*）这个短语，即被罪所束缚的自由意志。因此，奥古斯丁并没有抛弃对人的责任至关重要的意志自由观念，而是主张没有恩典，它就不会有效。虽然他认为恩典是得救所必需的，但他也知道，一旦罪的束缚被除去，个人的意志必须意愿善，才配得到拯救。

经院哲学复兴了这种奥古斯丁的意志观念并使之正式化，但也因此而不得不面对奥古斯丁所掩盖的问题，即在一个由全能、全知的神统治的世界里，人的意志如何可能是自由的。要解决这个问题并非易事。例如，安瑟尔谟否认神的预知和预定会剥夺人的自由意志，但同时又断言，事件的发生的确是必然的。明谷的伯尔纳否认人的意志和神的意志都是部分原因，而是宣称它们都有自己的固有领域；但这些领域的本质是什么，它们如何彼此关联，这些仍然不清楚。波纳文图拉也认为，即使在面对神的预定时，意志也仍然是自由的，因为它没有受外在力量的限制，但这未能回答意志为何必须要有内在来源这个问题，因此，他只是通过规定这个问题不存在而解决了这个问题。而阿奎那则设想神的意志和人的意志都受制于理性，从而试图使它们协调一致。然而，正如我们看到的，这种理性主义的解决方案又引出了关于神的绝对能力及其神性的问题。

这种说法是司各脱、奥卡姆和他们的追随者所不能接受的，因为他们把这看成是对神的能力和神性的否认。早在 1277 年，根特的亨利就谴责了任何关于理智决定意志的看法。司各脱也类似地重申了意志在神和人那里的首要性，而且神的意志不可能受制于理性。然而，他并没有解释，这样一来人的意志与神的意志如何能够彼此相容？而且我们已经看到，唯名论者内部在这个关键点上是有分歧的。

在唯名论运动内部，显然有些人更强调神的全能和预定，另一些人则给人的主动权留下了更大余地。尽管如此，我们往往很难确定不同思想家对这个问题持何种立场。似乎比较清楚的是，比尔远比他的前人更接近伯拉纠主义。如他主张，堕落的理性和意志足以使人开始走向神。[①] 于是，恩典并非绝对必要，因为神会拯救所有那些尽其所能去过一种基督徒生活的人。路德的奥古斯丁会老师乌辛根（Usingen）就是比尔学派的一员。这种实际上体现于"做事原则"的半伯拉纠主义影响和折磨了年轻的路德，路德后来毅然激烈反对的也正是它。

144

## 路德思想中意志观念的发展

在 1515 年之前，路德一直是在贝尔和乌辛根所确立的范围内理解意志的。[②] 正如我们在上一章所看到的，使他放弃这种观念并重新思考其神学的关键事件是他的《罗马书讲义》（1515/1516）。这项研究使他重新认识了神的全能的本质及其对人的意志的意义。他以前曾经设想，神是一个遥远而深不可测的法官，他永远也不能使神满意。但他得出结论说，他的努力既不能使他得救，也不能使他下地狱，因为全能的神会为一切负责。因此，无论是他还是其他任何人都既不会得到拯救，也不会失去拯救，因为只有藉着信仰才能得救，而信仰只有藉着恩典才能获得。于是，路德的救世神学或拯救教义乃是建立在神的意志的全能和人的意志的无力这一基础之上。他在《罗马书讲义》中总结道："在神那里完全没有偶然，但这只是在我们看来是如此。因为倘若没有圣父的意志，即使是树叶掉在地上也是不行的。"[③]

路德在其《海德堡辩论》（*Heidelberg Disputation*，1518 年 4 月 26

---

① McSorley, *Luther：Right or Wrong*, 204.

② Philip Watain, *Let God be God! An Interpretation of the Theology of Martin Luther*（Philadelphia：Fortress Press, 1947），34—35；McSorley, *Luther：Right or Wrong*, 218, 222, 224—226. 麦克索利认为路德 1515 年给比尔的《箴言四书论集》（*Collectorium*）写的旁注是与比尔学派决裂的第一个证据。同年，他公开指责"做事原则"。

③ *Lectures on Romans*, 1515—1516, *WA* 56：382. 21—383. 19；*LW* 25：373.

日）的第 13 条中重申和拓展了这种声明，他声称："自从堕落以后，自由意志便徒负虚名；当其按所能行事，它就犯了致死的罪。"除了罪，人凭借自己无法做任何事，一切他们据信是自主的行为实际上都是一种傲慢的自我意志的表达，这种意志只对自己的荣耀感兴趣，从而反对神。无论看起来有多好，这些行为都是恶的。在《莱比锡辩论》（*Leipzig Disputation*，1519）中与艾克（Eck）争论时，他在辩论最激烈的时候承认，在此问题上他总体上同意被判为异端的胡斯。

意志自由问题在路德的《为所有信条辩护》（*Assertion Against All Articles Condemned in the Bull of Leo X*，1520/1521）中也占据着核心位置，这是他对教皇谴责谕令《主，起来吧》（1520）的回应。他在第 36 条中问道："那么，自由意志在哪里？"并回答说："它完全是虚构的。"① 那么这种观念又是来自哪里呢？他答道："撒旦的教导把'自由意志'一词带给了教会，以便把人从神的道路引诱到他自己的道上去。"② 于是，他总结说：

145

> 我说自由意志在有恩典之前是徒负虚名，这是错误的；我本应说："自由意志是从真实事物中虚构出来的，是有名无实。"无论人想行善还是行恶，自由意志都不在他的控制之内，相反，正如在康士坦茨会议上受到谴责的威克里夫的条目所正确教导的那样，一切事物的发生都是出于绝对的必然。正如诗人所说："一切都被固定的法则所决定" [ Virgil *Aeneid* 2. 324]。③

这种说法令人震惊，不仅因为它使路德与威克里夫联合起来，而且

---

① Erasmus, *Collected Works*, 76：305.

② Ibid., 76：306.

③ Ibid., *Collected Works*, 76：306，德文版显得更加谨慎。路德说："我倒希望过去没有造出'自由意志'这个词。它未见于《圣经》，被称为'自我意志'倒更为恰当。" *WA* 7：448. 25/449. 24. B. A. Gerrish, "*De Libero Arbitrio* (1524)：Erasmus on Piety, Theology, and Lutheran Dogma," in *Essays on the Works of Erasmus* (New Haven：Yale University Press, 1978), 187.

也因为它把路德彻底排除出此前的基督教传统。它在《圣经》、教父或经院哲学那里都找不到基础或支持。事实上，路德只能通过引用一位宿命论的异端诗人来支持他的说法。①

因此在《为所有信条辩护》中，路德不得不面对必然论（necessitarianism）或神学决定论的指控。② 然而，对于这种指控是否有依据，学术界有很大分歧。对这个问题的回答在很大程度上取决于我们如何权衡路德关于它的不同说法。当这个问题在 16 世纪 20 年代开始出现时，路德通常会站在威克里夫一边，似乎断言每一件事的发生都是由神造成的。在他看来，这个结论是一个事实的、必然的、不可避免的推论，即根据神的简单性教义，神的预知和意志是一回事。然而，哈里·J. 麦克索利（Harry J. McSorley）合理地追问，路德的本意是否真如他所说。"虽然路德无疑说过，一切事物的发生都是出于绝对的必然性"，但我们并不清楚他是否理解"条件必然性"（*necessitas consequentiae*，历史的或时间的必然性）与"绝对必然性"（*necessita consequentis*，强制的或由原因而起的必然性)③ 之间的重要差异。④ 不仅如此，有时路德断言，意志只有在精神的事情上是不自由的，也就是说，就高于它的一切事物而言，它是被束缚的，无法做任何事情来获得或失去拯救，但就低于它的一切事物而言，它是自由的。然而，我们不清楚应当赋予这一断言多少重要性。鉴于路德论证的目的，他只需表明精神的自由是不存在的，而这比他通常的说法更有限。那种更为普遍的必然论断言，即不存在任何形式的人的自由，也把他推到了威克里夫和胡斯这两个被判为异端的人一边。而他确实在不必这样做而且这样做很不利的情况下作出了那种更宽泛的断言，这表明他的确持有与这种立场类似的想法。如果真是这

① McSorley, *Luther: Right or Wrong*, 255.
② Ibid., 254.
③ "条件必然性"与"绝对必然性"是中世纪经院学者在讨论自由选择时所作出的重要区分，对后世有重要影响，比如莱布尼茨的《神正论》。"条件必然性"说的是，"'如果 p，那么 q'，这是必然的"［□（p→q）］；"绝对必然性"说的是，"如果 p，那么必然 q"（p→□q）。——译者注
④ Ibid., 259.

样，那么他偶尔暗示自己只关注精神自由的那些说法就只能当做失常或

146 修辞手法了。有一个事实增加了这个结论的可信性，那就是必然论立场与路德的神学承诺以及他对神人关系的一般理解完全一致。很难看出路德所描述的那种全能全知的神如何可能允许任何形式的自由，即使神想这样做。倘若认知和意愿在神那里是统一的，那么神完美的预知将必然意味着他对任何事物在一切方面都有完美的预先意愿。如果是这样，那么"条件必然性"与"绝对必然性"的区分就消解了。如果神的认知与意愿是相同的，那么人就不可能自由，人的意愿必定仅仅是幻象。

路德显然担心一个全能的神可能是任性的神，但他拒绝这一结论。他宣称，虽然神可以做任何事，但神只想做他本性之中的事，即他已经注定的事："自由意志看似对我们和世间事物有影响，但对神没有影响。因为正如詹姆斯所说，并不存在变化或变化的痕迹，但这里所有事物都在变化和改变。"① 换句话说，神的意志与我们的意志不同。我们变化，而他总是如一。于是，虽然他不被身外的任何事物所支配，但他并非反复无常和多变，而是万事万物生生灭灭的秩序来源。因此，认为我们可以做任何他尚未预定的事，这是我们因傲慢而产生的幻觉。故而相信自由意志就是犯罪，就是帮助了撒旦。

## 路德与伊拉斯谟争论的背景

伊拉斯谟和路德都很了解此前关于这一问题的讨论，他们以各种方式利用这些知识。如果对他们的争论进行考察便会发现，他们都是以伊壁鸠鲁主义者、斯多亚派和怀疑论者关于人的自由问题的争论为背景来看待自己和他人的。这种争论在早期的人文主义讨论中已经起了作用，通过奥古斯丁的《驳学园派》和《上帝之城》、西塞罗的《学园派哲学》（*Academica*，出版于 1471 年）以及他的其他一些著作，路德和伊拉斯谟对此都很了解。② 他们如何在这种争论的背景下为自己和对手定

① Erasmus, *Collected Works*, 76：307.
② 西塞罗在 On Fate, Stoic Paradoxes 和 On the Nature of the Gods 等著作中讨论了这些主题。伊拉斯谟和路德都对皮罗主义的怀疑论一无所知。

位，使我们能够对他们之间的争论有深刻的认识。

路德和伊拉斯谟都表现为奥古斯丁主义者，但由于奥古斯丁在意志自由问题上含糊其辞，所以他们的说法就给分歧留下了很大余地。伊拉斯谟显然更倾向于早期的那个反摩尼教的奥古斯丁，而路德则更倾向于晚期的那个反伯拉纠主义的奥古斯丁，但两人都没有就此止步。和那些人文主义先驱一样，伊拉斯谟利用了奥利金和哲罗姆等教父的观点，试图以新柏拉图主义的方式解释早期奥古斯丁的自由意志观念。他还在一些有待解释的问题上采取了怀疑论立场，并试图用一种怀疑论策略使路德参与讨论。而路德则并未依靠其他教父或任何哲学家来支持他，而是转向了《圣经》。在他看来，《圣经》是直接而无可怀疑地向基督徒个人言说的。不过，他对《圣经》的经验以及关于《圣经》绝对确定性的断言本质上是斯多亚主义的。[①] 类似地，他拒绝进行讨论，而是坚持走一种司法程序，因为他了解伊拉斯谟为他设置的怀疑论陷阱。他也意识到，伊拉斯谟试图利用这种早期争论把他描绘成一个温和派，但他确信伊拉斯谟不够真诚，因为伊拉斯谟掩盖了自己真正的伯拉纠主义立场。他想在回应中把这点和盘托出。根据路德在《论意志的捆绑》中所采取的立场，伊拉斯谟开始相信路德不只是一个斯多亚化的奥古斯丁主义者，而且也是一个摩尼教徒、宿命论者和唯信仰论者。于是，两人都试图采取一种略有改变的奥古斯丁主义立场。然而，他们都怀疑对方会不真诚地把自己打扮成比实际上更温和，所以在反驳时都把对方描述得比实际情况更激进。

## 伊拉斯谟的长篇议论

他们的争论始于伊拉斯谟《论自由意志：长篇议论或讨论》（*On the Free Will: Diatribe or Discussion*）的出版。如标题所示，这部著作是

---

① Boyle 已经在其《修辞与改革》（*Rhetoric and Reform*）中全面论证了，应当在这种古代争论的背景下去看待路德与伊拉斯谟之间的争论，我接下来的论证受惠于她的工作。不过，我的论证比她走得更远，我用古代资源来解读的不仅是作品中的修辞结构，而且也有字里行间进行的论证。

一部长篇议论，通常属于一种商讨，而不是富于辞藻的修辞，所以不是攻击，而是讨论。① 伊拉斯谟采取这种形式部分是为了转移公众对路德的责难，但也是为了把问题转到一种更加哲学的方向。② 从实质上讲，伊拉斯谟希望路德能够共同讨论那个处于他与人文主义者的分歧的核心乃至基督教的核心的问题，即神的意志与人的意志的关系问题。③

伊拉斯谟在这部著作的开头就说，他并不想卷入争论，而是想就自由意志这个他觉得非常困惑的问题进行友好的讨论。正如路德和其他一些人认为的，这个开场白是不真诚的，是伊拉斯谟著名的苏格拉底式讽刺的一个例子。和苏格拉底的那些问题一样，伊拉斯谟的问题绝非天真无辜。事实上，这些问题是想把他人引诱到一场讨论中，以表明他们最深的信念是矛盾的。阿尔克西劳（Arcesilaus）和卡涅阿德斯（Carneades）等学园派在与斯多亚派的争论中完善了这种风格。伊拉斯谟在这里采用了它，希望能把坚定自信的路德拉入讨论，使之陷入犹疑的境地。当然，伊拉斯谟并不是想宣扬完全的怀疑论。他接受了基督教信仰的主要信条，从未有过质疑。然而，他不相信《圣经》可以用路德声称的那种武断的方式来解释，他希望能够通过讨论使路德认识到这一点，在行动上更加温和，寻求共识，而不是盛气凌人地发号施令。

伊拉斯谟表明，这种方法并非获得绝对真理的最可靠的道路，而是避免错误和内讧的最可靠的道路，这种内讧源于为实际上仅仅是可能的意见作盲目的辩护。他以这种间接的方式暗示，路德的武断立场并无正当理由，而且容易引起公众的困惑与暴力，而非虔敬。当然，其涵义

---

① Manfred Hoffmann, "Erasmus im Streit mit Luther," in *Humanismus und Reformation: Martin Luther und Erasmus von Rotterdam in den Konflikten ihres Zeit*, ed. Otto Hermann Pesch (Munich: Schnell und Steiner, 1985), 107.

② Boyle 指出，《论自由意志》试图扰乱针对路德的整个司法程序，把它带出民事法庭和宗教法庭，引入学者们的评议会。*Rhetoric and Reform*, 33—36.

③ Boyle 声称，《论自由意志》的真正目标是教导路德，自由意志问题仅仅是一种转移注意力的东西（ibid., 5）。然而，《论自由意志》没有理由不尝试既教导路德，又对自由意志作出真正的思考。Boyle 称，伊拉斯谟相信自由意志并不是一个十分重要的问题（29）。鉴于伊拉斯谟是在关于这个问题的古代争论的重要背景下同路德展开争论的，这种主张似乎令人难以置信。

是，路德的行为违背了基督教的爱的原则和基督的和平主义教导。①

为了反对这种无可怀疑的知识和道德垄断，伊拉斯谟提出了标准问题。根据伊拉斯谟的说法，如果说路德关于自己永无谬误的断言中缺少了什么的话，那就是真理的标准。② 标准问题对伊拉斯谟来说并不新鲜。这曾是古代怀疑论者用来反击斯多亚派的武器（在接下来的150年里，天主教的护教士正是用这一武器来反击他们的新教对手）。它质疑了路德及其追随者所依赖的经验的主观基础。伊拉斯谟问道，你路德如何能够确定威克里夫是圣贤，而阿里乌斯派是异端?③ 他们两人都声称知道真理，但意见并不一致。此外，你主观上确定的真理如何能被他人评价？为什么我们要更相信你的主观印象或我们自己的印象，而不是其他某个人的印象？也许有人会说，这种确定性之所以有保证是因为它来自于神，但其他人也可以提出与你不一致的类似说法。《圣经》也暗示，神或许并不想让所有人立即明白他的教导。况且，你怎么知道这种确定感是神而不是撒旦使你充满的呢?④ 如果你拥有了真理，为什么有这么多伟大人物都与你对立，而只有瓦拉、胡斯和威克里夫这三个人苟同于你——第一个人陷入了麻烦，后两个人已经被谴责为异端?⑤ 这里 149 伊拉斯谟再一次借助怀疑论的质疑方式，试图把路德拉入讨论。按照伊拉斯谟的说法，路德所需要的是严密的论证，而现在他所拥有的全都是断言，这些断言本身仅仅依赖于一个基本声明："我有基督的灵，使我能够判断所有人，而没有人能够判断我；我拒绝被判断，我需要的是顺从。"⑥

然而，这场争论中的关键问题并不是认识论和方法论上的，而是实

① 虽然伊拉斯谟认为路德经常表现过激，但他明确指出，他并不认为路德的学说是异端。*Adversus calumniosisssimam epistolam Martini Lutheri* (1534), in *Desiderii Erasmi Roterodami Opera Omnia*, ed. Jean LeClerc, 10 vols. (Leiden, 1703~1706), 10: 1537D.

② Erasmus, *Collected Works*, 76: 199.

③ Ibid., 76: 210.

④ Ibid., 76: 218.

⑤ Ibid., 76: 252.

⑥ Ibid., 76: 245, 261.

质性的。那就是神与人的关系问题。路德曾在《为所有信条辩护》中主张，无论是堕落前还是堕落后，神都要为一切负责，自由意志从未有过，也永远不会有。伊拉斯谟反驳说："人类被创造出来就是为了有自由意志；暴虐的撒旦把它掳走，恩典又恢复和增长了它。"① 人在堕落之前是自由的，而在堕落之后，人本性的自由受到损害，但未被扼杀，理性与美德的光辉仍然存在，尽管如果没有进一步的恩典它就不能起作用。② 因此，堕落远没有路德声称的那样严重。与路德断言人的彻底无能力相反，伊拉斯谟指出："你把失去的健康变成了死亡。"③

于是，伊拉斯谟认为路德就像斯多亚派那样，在一个没有确实可靠的标准或准则的世界中，依赖于一种绝对的真理标准。他知道，路德相信《圣经》就是这样一种准则，但《圣经》其实无法实现这种功能。《圣经》中充满了各种矛盾和含糊。这部分是因为神希望某些事情一直不为人知，但也是因为，不同的人依照自己的目标对《圣经》会有不同的解读。④ 因此，《圣经》中的许多明显矛盾并非源于文本，而是源于对文本的诠释。理解《圣经》需要的并非强硬地断言自己相信《圣经》的本意是什么，而是共同做一种广泛的讨论，把同时代人与前人们的各种观点拿来比较和反思。正是在这些问题上，伊拉斯谟认为我们必须像怀疑论者那样悬搁判断，而不是按基督教的基本教义行事。

在伊拉斯谟看来，核心问题是路德毫不含糊地断言，神为一切负责，人独立做的任何事情都是罪。对伊拉斯谟来说，这不必要地贬低了人类，去除了所有传统宗教对道德行为的激励。伊拉斯谟承认路德对伯拉纠主义的忧虑，但他认为路德的批判极大地夸大了原罪和堕落的效

---

① Ibid. , 76：190.

② Ibid. , 76：286, 77：349.

③ Ibid. , 76：289.

④ Cornelis Augustijn, *Erasmus: His Life, Works, Influence*, trans. J. C. Grayson（Toronto：University of Toronto Press, 1991）, 139.

果，以至于接近了摩尼教。[①]

　　对于伊拉斯谟来说，最关键的并非神的全能，而是神的善。[②] 于 <sup>150</sup>
是，他试图平衡路德的观点，以维护神的善并提升人的负责。倘若人没
有一定程度的自由，就很难看出神如何能在惩罚罪人时显示出公义，或
者有什么能够激励人道德地行动。伊拉斯谟很清楚自己的立场可能会被
看成伯拉纠主义，所以他试图表明为什么实际上并非如此。在他看来，
关于这个问题有五种不同立场。伯拉纠主义者认为，非凡的善功或美德
可以不藉着恩典而赢得拯救；司各脱主义者认为，人可以不藉着恩典做
使人值得获救的道德上的善功；[③] 奥古斯丁认为得救只需要恩典，但并
没有废除与恩典相协同的人的意志；卡尔施塔特（Andreas Bodenstein
von Karlstadt）认为恩典至关重要，自由意志只能行恶；最后，路德认
为恩典是一切的来源，自由意志既不能行善也不能行恶。伊拉斯谟认为
伯拉纠、卡尔施塔特和路德的立场是异端，司各脱的立场可以接受但不
正确，奥古斯丁的立场则是最好的，也是最接近他本人的。

　　伊拉斯谟认为，当神给人恩典时，基督的牺牲使人有机会接受或拒
绝恩典。然而，基督的牺牲并没有使人恢复到堕落前的状态。与堕落前
的亚当不同，人的意志现在偏向了恶。[④] 因此，人需要神的进一步帮助
来完成这个计划，他的自由选择始于对恩典的接受。于是伊拉斯谟断
言，虽然人类的救赎的开始和结束都要归功于神，但中间过程主要依赖
于他们自己。因此伊拉斯谟认为，他的立场既是奥古斯丁的也是正统
的。但事实真是这样吗？

　　我们有理由怀疑，伊拉斯谟是否真的持有他这里所描述的观点。他

---

　　① 　Charles Trinkaus, "Erasmus, Augustine, and the Nominalists," *Archiv für Reformationsge-schichte* 67（1976）: 9. 伊拉斯谟特别担心路德的一种激进说法：即使人藉着恩典而称义，他
也仍然是一个罪人（8）。

　　② 　Rabil, "Desiderius Erasmus," 254.

　　③ 　伊拉斯谟指派给司各脱的自由观更适合指派给比尔。Gordon Rupp, trans. and ed.,
*Luther and Erasmus: Free Will and Salvation*（Philadelphia: Westminster Press, 1969）, 11. 与路
德不同，伊拉斯谟认为比尔的立场中没有什么东西不可接受。McSorley, *Luther: Right or
Wrong*, 290—291.

　　④ 　Gerrish, "*De Libero Arbitrio*（1524），" 196.

曾在别处断言,自由意志是"一种意志的力量,借此人可以专注于或背离那些引向永恒拯救的事物"。[1] 与前面概括的立场相比,这种说法似乎把更多的东西归功于意志。在讨论这个问题时,他有时甚至毫不提及恩典,或以菲奇诺的那种新柏拉图主义方式暗示,自然本身就是恩典。[2] 对于大多数基督徒来说,这种观点当然是成问题的。除了伊拉斯谟,几乎没有谁会在毫不提及恩典的情况下,通过一种超自然目标来规定人本性的自由。[3] 伊拉斯谟没有区分本性的自由与后天获得的自由,这也是佐证,因为它似乎意味着,恩典对于帮助人重新获得自由是不必要的。因此他似乎认为,堕落的意志并没有被罪奴役。基于所有这些理由,我们很难看出伊拉斯谟的立场与柏拉图及其人文主义崇拜者的古典道德学说有何不同。因此,伊拉斯谟似乎介于两个世界之间,他从一种宗教观点可以清楚地认识到,恩典是至关重要的,伯拉纠主义是异端,但他也推崇和宣扬一种与皮科类似的新柏拉图主义道德学说。从总体上看,虽然伊拉斯谟并不否认恩典的效力,但他的确大大降低了它的重要性。

相比来世,伊拉斯谟更关注现世的生活。他当然没有忘记来世,但对来世的关注并不影响人必须在此时此地作出道德决定。在这方面,他与路德截然对立,正如我们在上一章看到的,路德活在对末日审判的期待中。伊拉斯谟虽然并不否认世界末日即将来临,但也不相信它马上就会到来。路德认为,必须不计代价立即进行改革,而伊拉斯谟则认为,需要一定的时间来进行他的"基督哲学"中的教育计划,从而使道德和虔敬逐步得到改进。[4]

---

[1] Tracy, "*Two Erasmuses, Two Luthers*," 72.

[2] Ibid., 208.

[3] McSorley, *Luther: Right or Wrong*, 285.

[4] Oberman, *Luther*, 216. 路德确信剩下的时间不多了。Köselleck 注意到,当梅兰希顿提出,世界末日可能再过四百年也不会来临时,他极为生气。引自 Reinhardt Köselleck, "*Historia Magistra Vitae. Über die Auflösung des Topos im horizont neuzeitlich bewegter Geschichte*," in *Natur und Geschichte: Karl Löwith zu 70. Geburtstag*, ed. G. Braun and M. Riedel (Stuttgart: Kohlhammer, 1967), 212。

## 路德的《论意志的捆绑》

路德对伊拉斯谟的回应名为《论意志的捆绑》。这个标题源于奥古斯丁在与伯拉纠争论时所使用的一个短语。通过选用这个短语，路德把自己与奥古斯丁联系起来，把伊拉斯谟与伯拉纠联系起来，从而宣布这部著作旨在表明伊拉斯谟是伯拉纠主义者，无论他接受与否。[1] 正如我们前面讨论的，伊拉斯谟曾试图把与路德的对抗变成一种讨论，而不是司法程序。对此路德不仅拒绝接受，而且把自己的回应表达成了一种针对伊拉斯谟的司法判例。伊拉斯谟曾经表现出怀疑态度，希望可以通过讨论来加以解决。而路德则表现出一副神的拥护者的样子，试图把伊拉斯谟判为罪人。[2] 伊拉斯谟自视为一个受学园派的怀疑论激励的奥古斯丁主义者，路德则自视为一个受斯多亚主义激励的奥古斯丁主义者。在路德看来，伊拉斯谟是一个隐藏在一系列面具背后的变化多端的伪君子，佯称自己是奥古斯丁主义者，而实际上却是伯拉纠主义者、怀疑论者、伊壁鸠鲁主义者和无神论者，所有这些进一步掩盖了隐藏在伊拉斯谟那里的魔鬼，必须将其公之于众。[3] 因此，从最深的层次来讲，路德把这看成一场与撒旦的斗争，而不是与伊拉斯谟的斗争。为推进基督的事业，他试图表明，伊拉斯谟的基督哲学只是为了推进撒旦的事业而做的伪装。

实际上，路德从一开始就宣称伊拉斯谟不是基督徒。[4] 在他看来，伊拉斯谟试图挑起一场讨论，这本身就是明显的证据。他认为，任何真正的基督徒都知道，基督徒不会讨论，而会通过坚定的断言来宣称自己的信仰。真正的基督徒会坚持自己的信仰，并愿意为它而战。而伊拉斯谟却把和平看得高于一切，所以不可能真的虔敬。基督徒的道路"不是

---

① 奇怪的是，路德从未抓住伊拉斯谟真正的伯拉纠主义观念，即自然本身是神的恩典。Tracy, "Two Erasmuses, Two Luthers," 43.

② Boyle, *Rhetoric and Reform*, 60.

③ Oberman, *Luther*, 301; Tracy, "Two Erasmuses, Two Luthers," 44.

④ *WA* 18: 600—601. 29; *LW* 33: 15—17.

把世界汇成一团和气，而是使它与自身相对立：不是汇集（*collatio*），而是冲突（*collisio*）"。①

因此，路德宣称基督徒是由信仰而不是推理的理性所规定的。但他这样说是什么意思呢？在一段发人深省的话中，他断言基督徒必须避免怀疑论者和伊壁鸠鲁主义者的陷阱，因为这会把他们引向无神论，他期待像斯多亚派那样不受影响的人。② 这段话表明，路德接受了伊拉斯谟所运用的修辞框架。如果伊拉斯谟想采用怀疑论者的立场，那么路德就乐于接受斯多亚派的立场。斯多亚派的立场与路德本人的立场之间有许多类似性。在斯多亚派看来，真理只有一个，只有那些与神的逻各斯合一的斯多亚派贤哲才能认识它。路德做了一个极为相似的论证，尽管他所理解的逻各斯是《圣经》而不是理性。此外，斯多亚派认为，只有贤哲是自由的，其他所有人都是奴隶。这也是路德在《基督徒的自由》（*Christian Liberty*）中详细说明的看法，尽管这里斯多亚派的贤哲变成了基督徒，他是"自由的"仅仅是因为他被神占据了。同样，斯多亚派认为，所有那些不知道真理的人都会在错误中迷失并行恶事，即使他们认为自己正在行善。再者，路德教导说，一切未被恩典灌注的人都是迷失的。就像对于斯多亚派一样，对于路德来说，所有恶都是相同的；致命的罪与微不足道的罪之间没有区分。最后，斯多亚派贤哲最与众不同的是其知识的确定性。在他看来，真理是如此势不可当，任何事物都不能动摇它。这的确是可能的，因为清晰明确的印象给了他清晰确切的知识，消除了任何怀疑的可能性。③ 这也正是路德的立场，虽然他认为这种印象产生于对《圣经》的体验，而不是感官知觉。

---

① Boyle, *Rhetoric and Reform*, 46.

② *WA* 18：603.22—23；*LW* 33：20.

③ Boyle, *Rhetoric and Reform*, 47—48. Bernard Wills 这样定义这一概念："清晰明确的印象是指这样一种印象……如果它并非来自使该印象实际得以形成的这个物体，则它就不会有现有的这些特征（Cicero, *Academica* 2.18）……如果某个印象有清晰明确的印象的特征，则人们就不得不承认该印象所传达的客观实在性……一切形式的概念知识都被认为建立在这一基础之上。能够牢牢把握物理宇宙的斯多亚派也能牢牢把握与之等同的神的逻各斯，因此能够通过对命运的爱而超越他的特定存在的局限性。""Ancient Scepticism and the *Contra Academicos*," 4.

在路德看来，真正的基督徒是奥古斯丁主义者，不过需要植根于像斯多亚主义那样的东西。他认为，最让人困扰的是不确定性，而只有通过信仰才能化解这种不确定性。奥古斯丁认为，信仰是一种内在光照的结果，当寻着怀疑的道路走到尽头时，它就产生了。他强调内在的自我确定的那一刻，这种自我确定源于一个人在试图怀疑自身的存在时所产生的自相矛盾。而路德则关注神的道对这种确定性的影响。在这方面，他的思想更接近斯多亚主义而不是奥古斯丁主义。对于斯多亚派来说，人会突然有一种无可否认、无法抗拒的印象，它会对灵魂发生不可逆转的实际影响。斯多亚派称该体验为一种回转，一种质变（*metabolê*）或转变（*conversio*）。[1] 在路德看来，在这种体验中，《圣经》占据了人，直接向他并通过他言说。在这一时刻，基督徒会像斯多亚派那样发生回转和重新定向。然而，他的回转并非由于一种无可否认的感觉印象，而是由于对神的道的强烈体验。因此，转变不是依赖于理性，而是依赖于抓住并占据基督徒的神的意志。于是，《圣经》拯救我们，但只有当神用它来抓住我们时才是如此，也就是说，只有当恩典占据我们，以至于任何事物都不能改变我们的信念时，当我们"不能不这样做"，甚至只想这样做时，《圣经》才会拯救我们。

因此对路德而言，《圣经》并非有待解释的文本或人的话语，而是神的话语。而且神的哲学话语并不仅仅是充满人的心灵的一连串意义，而是神占据我们、转化我们的不可抗拒的手。因此，《圣经》的语言并非像伊拉斯谟所设想的那样，是一种需要被人解释的话语，而是神在我们之中并通过我们运作自己的意志。在路德看来，如果认为只有放弃判断，就其含义与他人作无休止的讨论，才能揭示《圣经》的真理，那么这就错失了基督教的关键要点。只有那些不曾被神占据的人才会相信这些。于是，路德用他那句名言来驳斥伊拉斯谟："圣灵不是怀疑论者。"[2] 换句话说，神不与基督徒评理，而是占据他们，用他们来实现

---

[1]　Boyle, *Rhetoric and Reform*, 53—56.

[2]　*WA* 18：605. 32；*LW* 33：24.

自己的目的。

伊拉斯谟暗示，基督徒应当采取一种怀疑的态度，因为他对如何解释《圣经》存有疑虑。路德不信这种看法，因为在他看来，真正的基督徒是决不能怀疑的。更何况，怀疑并不是某种需要或应当通过讨论和共识来达成的东西，而是必须在人的灵魂深处被体验，因为它们是信仰的前奏。路德通过个人体验认识到了这一点："我自己就不止一次地被触怒，并且落入那种绝望的深渊，因此，我希望我未受造为人，直到我体认到那种绝望对人多有益处，多么让人接近恩典。"① 对路德来说，信仰之路穿过了绝望的深渊。因此，如果像伊拉斯谟所暗示的那样，人在这类事情上必须悬搁判断，那么就必定要放弃基督。

154 在回应伊拉斯谟时，路德强调了神的完全自由和人的彻底无能。对他来说，自由意志是一个神圣的名字，他不愿意用这个名字去称呼那些不够自由的东西。他认为他与伊拉斯谟之间的关键问题是神的能力与我们自身能力之间的区分。他采取了一种不妥协的立场："神从不偶然地预知任何事……他藉着他不变的、永恒的和绝无谬误的意志来预知、计划和执行所有的事……他的本性永恒不变，所以他的意志也永恒不变……［因此］神的意志是有效的，而且不可能被阻止，因为神的能力属于神的本性；再者，神的智慧保证了他不可能被蒙蔽。"② 路德在这里声称神是绝对的，原则上可以意愿任何事，但事实上只会按照其自身的本性来意愿。因此，神的绝对能力实际上与神的常规能力是一回事，因为他所规定的正是他所是的。这并不意味着神是理性的，或者世界按照我们能够理解的方式而展开。路德仿效司各脱作出断言："不是因为他需要或被迫这样意愿，他所意愿的才是正确的，恰恰相反，正因为他自己就是这样意愿的，所以发生的事必定是正确的。"③ 然而，神不会改变想法，意愿一些他并未规定的事情。

因此，除神以外的任何事物都是偶然的。因着偶然，这些事物也全

---

① *WA* 18：719.9—12；*LW* 33：190.
② *WA* 18：614.12—35；*LW* 33：37.
③ *WA* 18：712.35—37；*LW* 33：181.

都服从于神的意志。这种依从不是偶然的或可以避免的，而是存在论上的和不可避免的。路德认识到，我们之所以认为自己是自由的，是因为我们在不同事物之间有选择。然而，人的选择最终只是一种幻觉，因为人无法选择他想要选择的东西。① 神或许对自己的选择漠不关心，但人永远不是这样，他只选择和意愿那些他受促动去选择或意愿的东西。②

　　这是一种非常激进的立场，由这部著作中的一段名言可以清楚地看到这一点："因此，人的意志被置于两者之间，就像驮负货物的动物一样。如果神驾驭它，它就会情愿并且去神所意愿要去之处……如果撒旦驾驭它，它就会情愿并且去撒旦所意愿要去之处；它既不能选择跑向两个驭者中之一方，也不能去寻求他们，而是驭者自己来争夺对它的所有权和控制权。"③ 这段话最清楚地表明了路德与人文主义的分歧。在《为所有信条辩护》中，路德曾以奥古斯丁主义的方式主张，自由意志要对罪负责，即使它无力获得拯救。在至少赋予意志以犯罪的能力时，他采取了一种与某些人文主义形式相容的立场。而在《论意志的捆绑》中，他则主张人甚至不能为罪负责。所有人都被撒旦所驾驭。凡不在神的王国中的人，都是魔鬼的奴隶。人之所以有罪并受到惩罚，并不是因为认识能力弱或意志的败坏，而是因为撒旦的邪恶。撒旦控制着所有非基督徒，包括那些最有德行的异教徒。即使是最优秀的哲学家，也因为受撒旦误导而认为自己是自由的，而事实上，他们是受了撒旦在亚当身上唤起的那种傲慢的自恋的驱使。④ 因此，如果没有神，人就会行恶，没有逃脱的希望。他们不可能知道善，不可能意愿善，甚至无法遵守神亲自为他们颁布的律法。

　　因此在路德看来，只有神把撒旦赶下鞍，亲自来驾驭，得救才是可能的。人只有通过成为神的奴隶才能变得自由。这也是对斯多亚主义立

155

---

　　① *WA* 18：634. 21—635. 7；*LW* 33：64—65.

　　② Robert W. Jenson，"An Ontology of Freedom in the *De Servo Arbitrio* of Luther，" *Modern Theology* 10，no. 3（July 1994）：248；Rupp，*Luther and Erasmus*，18.

　　③ *WA* 18：635. 17—22；*LW* 33：65—66.

　　④ *WA* 18：743. 35—744. 2；*LW* 33：227.

场的一种改写——只有贤哲是自由的，只有变得与神的逻各斯合一，从
而与命运协调一致，人才是自由的。在路德这里，不同之处在于，人无
法做任何事情来实现这一点，因为它完全是恩典的结果。正如麦克索利
所说，在路德的神学中，没有神对皈依的呼唤，没有对坚信正义或避免
罪的告诫，没有人与撒旦的斗争，没有预设了对《圣经》内容作出自
由回应的个人对话，而只有神与撒旦的斗争。① 这种新的奴役的好处是
消除了不确定性，因为当神驾驭人时，

> 诸灵要由两种判断方法来检验或证明。一种是内在的，就是通过圣
> 灵或来自神的特别恩赐，任何为了自身和自己得救的益处而受启发
> 的人，都有十足的确信来判断和辨别所有人的信条和意见……但这
> 种判断法对其他任何人都没有帮助，也不是我们在此所关心的，因
> 我认为没有人会怀疑其真实性。因此还有另一种外在的判断方法，
> 藉此我们有十足的把握来判断所有人的灵和信条，不只是为了我们
> 自己，也是为了其他人和他们的得救。②

因此在路德看来，神的胜利消除了我们所有的怀疑，因为当他驾驭我们
的灵魂时，我们不会犯错。我们还毫无疑问地知道，谁属于神，谁属于
撒旦。

路德这里的说法是与此前基督教传统的明确决裂。③ 然而，路德大
概没有认识到这个事实。人是被神或魔鬼驾驭的动物，这一形象可以追
溯到奥利金等学者或摩尼教徒，但路德似乎是从《备忘录》（*Hypognos-
ticon* 或 *Hypomnesticon*）知道它的，他和许多同时代人都误认为这部著作
是奥古斯丁写的。④ 所以路德误认为，这种神的形象是正统的。然而，

---

① McSorley, *Luther: Right or Wrong*, 339.

② *WA* 18: 653. 14—24; *LW* 33: 90—91.

③ 关于这一点，参见 McSorley, *Luther: Right or Wrong*, 336—338。

④ *Hypognosticon* 2. 11. 20, in Migne, *Patrologia Latina* 45: 1632. 关于对这一隐喻的起源
的全面讨论，参见 Marjorie O'Rourke Boyle, "Luther's Rider-gods: From the Steppe to the Tower,"
*The Journal of Religious History* 13（1985）: 260—282。

路德在这一点上是否有错，不如这种教义对基督教的意义问题那样重要。这真的是一种基督教立场吗？

　　虽然路德的许多批评者认为，这不是基督教的而是摩尼教的立场，但路德与摩尼教徒的立场之间有重大分歧。在摩尼教徒看来，善与恶之间有一种实际的斗争，其结果不能肯定。而在路德那里，神即刻得胜。[①] 因此，并不存在两位准相等的神，而只有一位唱独脚戏的神。这里我们看到唯名论的全能观念所产生的持续影响。布鲁门贝格曾经指出，神的全能之所以对中世纪晚期和近代早期思想构成了问题，是因为奥古斯丁对诺斯替主义问题的解决不够充分。[②] 然而，这个结论是不正确的。问题并不在于神的二元论的重现以及善与恶之间的宇宙论斗争。事实上，根本就没有什么宇宙论的斗争。神的绝对能力使之变得不可能。只有从个体的人的角度来看，才似乎存在一种冲突。因此，路德的观念并非摩尼教的，而是更接近于斯多亚派那种决定一切的神的逻各斯或命运的观念。要改变它没有什么办法，对个体的人来说，唯一的希望就是神把他从撒旦那里夺走，并与这种逻各斯和这种命运统一在一起，使之成为他的逻各斯和他的命运，从而把他从奴役中解放出来。[③]

　　然而，神的绝对至上导致了一个更深的、更令人困扰的问题——它把对路德来说至关重要的善与恶、神与撒旦的斗争变成了一个骗局，因为撒旦本身显然是神的一个造物，服从于神的意志。神既是善的又是恶的，因此基督徒只有变成黑暗之子，才能变成光明之子。那些像斯多亚派的贤哲一样与神的逻各斯合而为一的基督徒因而不只变成善的，也变成恶的。当然，路德并没有这样断言，但这是其观点的隐含推论。

　　正如我们在上一章所讨论的，这样一来，神的全能便把路德引向了隐匿的神这一观念。路德很清楚地认识到，他对神的能力的理解使得除神以外，不可能有任何别的原因。因此，十字架上的基督所赢得的善恶

---

① Rupp, *Righteousness of God*, 277.

② Hans Blumenberg, *The Legitimacy of the Modern Age* (Cambridge, Mass.: MIT Press, 1989), 127—143.

③ 这最终是路德所意指的基督徒的自由。

斗争虽然看起来相当真实，但它只是一个扭转局面的事件，因为路德认识到，在帷幕的背后有一个操纵木偶的神，他设置了舞台和所有角色，让这些角色按照他的意志行动。路德相信，所有善恶的来源是而且只能是神本身。然而，路德认为这个操纵木偶的神保持在幕后十分关键，基督徒不要关注他，而要关注舞台上的木偶代表他所说的话。于是，他主张：

157 　　因此，就神隐藏自己并希望不为我们所知而言，他与我们无关……因此，神必须在他自己的威严中自由自在，因为在这方面，我们与他无关，他也不希望我们与他有任何关系。但就他以他的道为衣，并在他的道中显示出来而言，我们却与他有关系，藉着他的道，他呈现在我们面前……被宣讲的神所关切的就是这个，即罪和死都要除掉，我们也要得救……但隐藏在自己威严中的神，既不会因死亡而感到遗憾，也不会除掉死亡，而是影响生、死和一切。因他不会用他的道来束缚自己，乃保持自己的自由，超乎万物之上……然而，我们需要注意他的道，而不要理会那深不可测的意志，因为我们是靠他的道，不是靠那深不可测的意志被引导的。①

对路德来说，至关重要的是，不要把《圣经》当作人所写的言语或记述，而应当作神的活生生的道，正是通过它，神占据我们，拥有我们，奴役我们，把我们收拢于他的存在之中，使我们与他合一。正是这道拯救了所有基督徒，他们也必须借着这道来引导。这并非严格意义上的世界的逻各斯，因为那种叙事将不得不包括神在世界中的所有行动。在路德看来，那种更宏大的叙事以及它的作者必须一直隐藏起来。我们需要留心的是我们的叙事，是为我们写的内容，以使我们在这个宇宙-神学的戏剧中扮演我们的角色。

但这如何能使人类满意呢？斯多亚派对神的逻各斯的认识是，它带

---

①　*WA* 18：685.5—31；*LW* 33：139—140.

来了真正的知识，摆脱了任何意见和错误，使我们进入真理之中。对于路德来说，只有把眼睛从真理那移开，接受并实践了《圣经》中的说法，我们才可能认同神的道，即使我们知道有一种更深、更全面的叙事对我们赖以生活的叙事提出了质疑。因此我们很有理由去怀疑这种方式是否能使人类满意，因为它无法消除由那个深不可测的神所引起的不确定性与焦虑。这个神站在幕后，对舞台上发生的一切负责。因此，那个无所不能、深不可测的唯名论的神就潜伏在路德那个仁慈的救赎者的表面之下。在反思这个隐匿的神时，威廉·丹提内（Wilhelm Dantine）正确地指出了贯穿于《论意志的捆绑》中的"颤抖的恐怖低吟"。①

　　隐匿的神的教义使路德不得不面对一个极度令人不安的问题，因为如果这个隐匿的神是真正的神，而显示的神只是他在《圣经》中展示给人的面具，那么路德如何能够知道他将信守承诺，特别是关于拯救的许诺呢？这个神如何能够提供路德所需要的确定性呢？或者换句话说，路德的神学要求神的全能和人的无能为力，才能缓解人的不确定性，但这种深不可测的全能本身又破坏了他所追求的那种确定性。路德承认：

　　　　他是神，既然没有任何东西等同于神的意志或超越其上，神的意志本身就是万物的法则，那么就没有任何原因或理由，能为他的意志定下规则或判断的标准。因为如果有任何规则或标准，或作为原因，或作为理由，那它就不再是神的意志了。因为神所意愿的是对的，不是因为他现在或过去不得不如此意愿，而是恰恰相反，因为他是如此意愿的，所以发生的事必定是对的。你可以为受造物的意志分派原因和理由，但却不能为创造者的意志指定原因和理由，除非你在他之上另设一位创造者。②

---

①　引自 Albrecht Peters, "Verborgener Gott-Dreieiniger Gott: Beobachtungen und Überlegungen zum Gottesverständnis Martin Luthers," in Peter Manns, *Martin Luther: Reformator und Vater im Glauben* (Stuttgart: Steiner, 1985), 74。另见 Marius, *Martin Luther*, 461。

②　*WA* 18: 712.32—38; *LW* 33: 181.

这段话表明了极端的唯意志论立场的持续不断的力量，它在唯名论运动的形成过程中发挥了重要作用。路德试图断言，信仰要求我们更相信这个神的判断，而不是我们自己的判断，从而使这个神变得合人心意，因为"许多在神看来非常好的事情，在我们看来却是非常坏的"。①这种保证提供了一种抽象的安慰，但这很难让所有人信服，包括路德在内。最终，神的不可思议就不再令人安慰，而是令人恐惧了。

和斯多亚派一样，路德也相信我们可以在与神的逻各斯合一中找到幸福和一种自由。然而，对路德来说，这种合一在若干个方面不同于斯多亚派。首先，路德认为它并不包含人的个体性的消解。人并未迷失在一种新柏拉图主义或阿威罗伊主义当中，毋宁说，神的意志变成了个体的意志。正如路德在《罗马书讲义》中所说："神是通过我而全能的。"正如我们在上一章所看到的，这种合一的结果与斯多亚派大不相同。它并没有引向无情（apathia），引向对命运的平静接受，而是把一种神圣的使命感赋予了个人意志。我所做的事情变成了神的工作，这是一种不服从世间审判或限制的召唤。在路德那里，我们已经看到了他这种立场的后果，在追随他的激进分子那里就表现得更加明显。

其次，基督徒在被道占据时就变得确定了，因为他不能怀疑神的许诺的真实性。于是他把神的常规能力当作不可逾越的。然而，只有通过避免反思那个隐匿的神，才能维持这种确定性，因为神的绝对能力破坏了这种确定性。但就人的信仰建立在神的全能的基础上而言，他又不可能让这个神一直处于隐藏状态，不可能不借着神的绝对能力去思考什么是可能的。就这样，信徒在这两种对神的看法之间徘徊，只有通过不断恢复对神的道的清晰明确的体验，他才能保持自己的信仰——从前他正是凭借这种体验而成为基督徒的。在神的全能所引发的怀疑的折磨之下，他必须不断回到《圣经》，回到布道和教义，以抵抗这种对隐匿的神的看法的侵蚀。因此，路德在回应伊拉斯谟时发展起来的对奥古斯丁主义基督教的斯多亚式解读，只能极其困难地与他从唯名论那获得的全

---

① WA 18：708.37—38；LW 33：175.

能观念结合在一起。

从一种基督教的观点来看，也许更重要的是，路德使恶的起源问题悬而未决，这也是奥古斯丁与摩尼教徒争论的核心问题。他把恶归于撒旦，但并没有解释撒旦与神的关系，也没有解释撒旦是如何变成恶的。用路德自己的类比来说，作为一个受造物，撒旦必定曾被神驾驭过。那么他又如何变成了一个驭者呢?[1] 倘若撒旦能够变成驭者，那么神的其他造物为何就不能？为什么不是我们？此外，是什么使撒旦变成恶的?路德的回答似乎只是，因为神意愿他是恶的，意愿他所做的是恶的。[2]

路德不仅没有解释撒旦的恶，而且也无法解释堕落。如果人没有自由和责任，堕落在道德上是没有意义的。如果神真像路德所说的那样全能，就没有人可以为他的罪负责，也就没有人可以被正义地谴责。神因为自己引起的恶而惩罚人，只可能导出神是非正义的这一结论。在说明这一点时，路德有时会回到经院哲学的论证："神虽通过恶人行恶，但他不可能带着恶意行事，因为那本来良善的不可能作恶；而他运用的、受他摆布的恶人，也逃不出他全能的统治和运行。"但这个论证没有什么说服力，他也清楚地知道这一点。[3] 而更典型的是，他径直承认神"在撒旦和不虔敬的人那里起作用"。[4] 在就这点回应伊拉斯谟时，路德最后求助于神的不可理解性。他断言，虽然我们无法理解，神先在他人身上造成恶，然后因此而惩罚他们，如何还能是公义的，但我们必须接受这点，因为他的公义超出了我们的理解力。事实上，"当他拯救的人那么少，而毁灭的人那么多的时候，人们要相信他是仁慈的，而且当他按着自己的意志使我们必须下地狱，而使得（根据伊拉斯谟所言）他似乎喜悦悲惨之人遭受折磨，并且似乎值得人去恨他，而不是爱他。这 <sup>160</sup>

---

① Rupp, *Luther and Erasmus*, 19；McSorley, *Luther：Right or Wrong*, 340.

② 弥尔顿在《失乐园》中提出了最高的问题：如果神的力量是善与恶的唯一来源，那么神惩罚撒旦难道不是不公正的吗？难道不可能有这样的情况，撒旦是受害者而不是加害者，是一个被残暴的宙斯不公正地绑在岩石上遭受折磨的新的普罗米修斯？

③ *WA* 18：709. 29—33；*LW* 33：176.

④ Rupp, *Righteousness of God*, 280.

时，还要相信他是公义的，这就是信仰的最高表现。"①

虽然路德想让他的神既是全能的又是善的，但最终，他更关注保存神的能力而不是神的公义。这里可以感觉到他与伊拉斯谟的区别，它使路德断言，伊拉斯谟的神是亚里士多德的神，是一个理性的神，或如他的妙语：神睡着了，把一切都托付给了人。② 而路德的神却时刻都在活动，他的所有造物仅仅是这个神执行其隐秘目的的工具。它们是"神的'面具'（larvae），神在其背后秘密地运作。"③ 因此，在路德看来："如果考虑到神的意志，那么我们所做的一切事情，发生的一切事情，实际上都是必然不变地发生的，即使它们看起来好像是无常和偶然的。"④路德抱怨说，历史上那些有杰出能力的人错误地要求神应当按照人的所谓正确观念去行动，做那些在他们看来正确的事，否则他就不应当再是神。在路德看来，这种态度乃是建立在错误的判断之上，因为它暗示，神应当在他的一小群造物面前让路。⑤ 路德的神和约伯的神一样，不需要向人证明自己的合理性。　　.

在伊拉斯谟看来，神创造了世界，赋予了人自由，当人堕落时，又再次进行干预使人振作，并继续帮助人努力达到完善。因此，神参与到他的造物之中，不过是以一种比较外围的方式。而在路德看来，情况则几乎正好相反。神一直在行动，以产生一切。人类依靠自己什么也做不成，所以仅仅是自己的旁观者，即使他们一般来说并没有认识到这个事实。路德痛斥伊拉斯谟："你以为神和魔鬼离得很远，仿佛他们只是变化无常的自由意志的旁观者；因为你不相信他们是奴隶意志的推动者和煽动者，彼此参与了最激烈的斗争。"⑥

因此路德总结说，神对一切负责，而人没有责任。这也许听起来有些令人不快，但路德没想过要以其他方式表达：

---

① *WA* 18：633. 15—19；*LW* 33：62—63.
② *WA* 18：706. 22—32；*LW* 33：171—172.
③ *Evangelion am Ersten Sontage ynn der fasten.* Matthew 4. WA 17，ii，192.
④ *WA* 18：615. 31—33；*LW* 33：37—38.
⑤ *WA* 18：729. 21—23；*LW* 33：206.
⑥ *WA* 18：750. 5—10；*LW* 33：237.

　　至于我自己，我坦白承认，即使上述我想看到的情况有可能发生，我也不希望把"自由意志"赋予我，活着在我手中留有任何东西，使我可以藉此努力寻求得救；因为一方面，既然一个魔鬼比所有人加起来还要强大，而且没有人能够得救，那么面对这么多逆境、危机以及诸多魔鬼的攻击，我岂能巍然屹立，坚守我的"自由意志"；另一方面也是因为，即使没有危险、逆境或魔鬼，我也必然会在永远不确定的情况下劳苦，并且像与空气斗拳一样。即使我永远活在世上，我的良心也永远不能确信与肯定要做多少才能使神满意。因为无论我完成了什么工作，总还存有一种焦虑的怀疑，就是不知道这样是否能讨神的喜悦，或他是否还要求更多……但是，既然神把我的得救从我的意志控制范围内拿出，置于他的控制范围内，并已经应许要拯救我，不是靠我自己的行为或努力，而是靠着他的恩典和怜悯，所以我确信也肯定他是信实的，不会对我撒谎，对于魔鬼或任何逆境而言，他实在是太伟大、太有能力了，谁也无法阻挡他，或从他那儿把我夺过来……所以结果就是：即使不是全部，也有一些人，事实上是许多人得救；然而靠着"自由意志"的能力，没有一个人会得救，所有人都会灭亡。[①]

　　正如伊拉斯谟指出而路德承认的那样，他的基督教观的实际结果不是和平而是战争。这种战争以若干个方面展开。首先，尘世的教会与由选民组成的真正的教会之间存在着斗争。前者是撒旦的工具，后者则是神的工具。在路德看来，尽一切力量和才智去保卫后者，是每一个真正的基督徒的主要义务。这种斗争也不是偶然的："这场骚乱已经产生，并且受到上面的指挥，直到使所有反对道的人都变成街上的泥巴一样，它才会平息。"[②] 对于路德来说，像伊拉斯谟那样坚持和平，就是肯定了撒旦的胜利。宁可在这个世界中战死沙场，被人穷追猛打，也比否认

---

① 　*WA* 18：783.17—36；*LW* 33：288—289.
② 　*WA* 18：626.38—40；*LW* 33：53.

神来得好："但是毫无疑问，宁可失去这个世界，也不能失去神这个世界的创造者，因为他可以再次创造出数不清的世界，而且他要好于无穷多个世界！在暂时之事与永恒之事之间，有什么好较量的呢?"① 路德并不打算隐藏这一教义的实际推论。在思考农民起义时，他说："我看到了未来会有其他更大的麻烦，与此相比，现在这些麻烦只不过是微风的飒飒作响或溪流的喃喃低语。"② 在回应伊拉斯谟认为他好战的教条主义会让魔鬼取得胜利时，他回答说："至于你说的藉着这些教义，打开了一扇通往非虔敬的窗，就随它如此吧。"③ 不幸的是，他的愿望被准予了。

### 伊拉斯谟的《执盾手》

伊拉斯谟对路德的回应题为"执盾手：关于自由意志的讨论，驳马丁·路德的被奴役的意志"［A Warrior Shielding (Hyperaspistes)：A Discussion of Free Will Against the Enslaved Will by Martin Luther］。路德对其初始观点的回应使伊拉斯谟确信，分裂是不可避免的。伊拉斯谟在《论自由意志》中已经认识到了路德教导的可能后果："你笔下的这种煽动性的放纵……毁灭了一切良善的事物。"④ 他确信，路德的鼓动不仅不会消除腐败，提升道德，或促进真正的虔敬，反而会加剧"王公贵族、主教、神学家和僧侣们的暴虐"；自由研究将遭到忽视，人文主义者也将引起深深的疑虑。⑤ 因此，路德将用"纷争和破坏动摇整个世界"。他也不愿接受路德的断言，即这种冲突是神的道所固有的，他声称，这其实是源于路德对道的解释和宣讲。⑥ 两年以后，所有这些考虑似乎已经被彻底认识清楚，几乎无须详细指出来。

---

① WA 18：627. 10—12；LW 33：53.
② WA 18：627. 22—23；LW 33：54.
③ WA 18：632. 11—12；LW 33：53.
④ Erasmus, Collected Works, 76：293.
⑤ Ibid., 76：294.
⑥ Ibid., 76：11.

伊拉斯谟先是为他的怀疑论辩护。他断言路德误把自己当成了一个质疑基督教基本教义的怀疑论者，而事实上他只是建议，对于一些较为次要的问题的解释，模糊不清之处要悬搁判断。在伊拉斯谟看来，怀疑论者并非不关心真假，而是不会武断地下结论或为自己的意见战斗至死。相比之下，路德却表现得好像自己就是神，把一些至多是有可能的东西说得言之凿凿。伊拉斯谟这里再次利用了古代的争论，特别是卡涅阿德斯著名的或然性概念，用它来合理地替代路德对于确定性的遥不可及的、"斯多亚式"的要求。

在这种关于理解《圣经》的方法和程度的讨论背后，是关于身为人和基督徒是何意义的截然不同的竞争观点。在伊拉斯谟看来，人易犯错误，基督徒必须始终与其他基督徒一道战斗，尽可能地利用一切手段来领悟启示。神不会突然使我们超自然地领悟《圣经》的含义，皈依并非急速地彻底转换，而是逐渐转化。这里伊拉斯谟再次否认了路德立场的斯多亚主义核心。路德和斯多亚派宣称自己拥有的知识仅仅是一种幻觉。即使在斯多亚主义宇宙的有限范围内，这种知识也几乎不可设想。例如，斯多亚派自己就曾多次追问是否存在过斯多亚贤哲。对于基督徒来说，这种知识的可能性就更加渺茫，因为知识的目标不是有限的宇宙，而是无限的神。

因此，伊拉斯谟嘲笑路德关于确定性知识的说法是一种傲慢，主张这样断言对神的认识会对文明造成威胁。他认为，路德关于神的感召的断言尤其危险，因为它也是对绝对正确的断言。此外，既然这种感召是善的唯一来源，那么它也近乎于斯多亚派的断言，即任何未受神的感召的人都是恶的，而且是同样的恶。① 伊拉斯谟指出，"这些斯多亚主义观念"的荒谬推论是，"只要没有恩典，无论做什么都是邪恶的，所以在神看来，苏格拉底的宽容和尼禄的残忍都是同样严重的过犯"。② 在他看来，这种见解只能导致灾难。

------

① Erasmus, *Collected Works*, vol. 77: *Controversies*: *Hyperaspistes* 2, 729.
② Ibid., 77: 737.

　　根据伊拉斯谟的说法，路德认为人完全从属于神有好几个错误。首先，人既不被神所驾驭，也不被撒旦所驾驭，而是选择追随神或撒旦。人显然被自己的倾向和习惯沿相反的方向拉扯，受欲望、过去的选择和先人的选择的影响，但他并未被这些东西完全决定。因此，路德错误地把堕落的人类与撒旦等同起来。诚然，两者都背离了神，总是受制于自己的激情，但撒旦无法意愿任何善的东西，而人类则仍然存有向善的种子，以及朝正确方向发展的某种倾向和努力。亚当的罪使人的意志变得"微弱但并未消失，受伤但并未杀死，伤残但并未截肢，半死但并未死亡"。① 因此，如果神给人改变道路的机会，人是能够这样做的，虽然这样做的能力因人而异。②

　　在《执盾手》中，伊拉斯谟将原罪最小化了。的确，它变得几乎毫不重要。恶的根源不在于人的本性，而在于他的教育。人是弱小的而不是恶的。③ 即使在堕落的、尚未得救的人性中也存在着善。虽然"如果没有恩典，理性会被激情所压倒，但这并不意味着没有向善的倾向"。④ 于是，伊拉斯谟近乎于阐明一种对本性上的、几乎不可遏制的人类的善的信仰。因此他宣称，即使是在最邪恶的人那里，也需要看到存在着一种朝着美德的自然倾向。⑤

　　在对人性作正面评价时，伊拉斯谟更像是基督教"人文主义者"，而不是"基督教"人文主义者。在他与路德在争论时所采用的框架内部，这是从怀疑论退回了某种类似于瓦拉的伊壁鸠鲁主义那样的东西，但这种伊壁鸠鲁主义却与菲奇诺关于爱的新柏拉图主义观念联系在一起，这种爱贯穿于所有造物，把我们不断引向神。

　　这种对原罪的淡化并不意味着恩典对于伊拉斯谟毫不重要，但它的确意味着，在路德那里具有决定性意义的称义恩典的特定作用，在伊拉

----

① Ibid., 77：339.

② Ibid., 77：471.

③ Ibid., 77：554—555.

④ Ibid., 77：650.

⑤ Ibid., 77：711.

斯谟那里换成了在三个不同层次上运作的更大的恩典体系。处于基础的是自然恩典，它把我们创造成现在的样子，并把我们引向善；第二个层次是预备恩典，它向我们提供了过一种基督徒生活的机会；最后是称义恩典，它在我们称义之后帮助我们抵制罪的诱惑。[1] 在伊拉斯谟看来，自由意志只是接受或拒绝预备恩典的能力，因此，一个正在践行的基督徒并非单纯地把自己浸在道中，而是藉着恩典不断改进自己的道德品质。

　　这里，伊拉斯谟观点的核心同样是，自然是一种恩典。伊拉斯谟主张，一个人的自然禀赋是藉着神的恩典得来的。[2] 伊拉斯谟知道，保罗曾经思考并拒斥过这种观念，但他相信，如果把这种看法建立在被错误地归于奥古斯丁的文献上，至少可以认为它是正统的。[3] 曾有人声称，这种把自然理解成一种恩典的看法指向了伊拉斯谟思想中的某种泛神论倾向，但伊拉斯谟并没有认为神存在于万物之中并在其中起作用。如他指出："按照某些人的看法，神一旦把生殖和活动的能力赋予次级原因——即自然，就无所事事了，除非因为特殊原因而中止自然的惯常运作。"[4] 在这里，神并非发动宇宙万物的第一推动者，而是一个神匠，他创造了可以自行运动的世界，而且此后基本不加干涉。如果真是这样，那么人在此世和来世的命运在很大程度上就掌握在自己手中。在《执盾手》中，伊拉斯谟比在《论自由意志》中更接近这种观点。这种转变也使他更接近于意大利人的英雄式的人文主义，更远离他声称要捍卫的奥古斯丁主义立场。这显见于他误引奥古斯丁的一段关键性的话："神对人做了人没有做的许多善事，但人做了神没有做的许多事。"[5] 然而，奥古斯丁实际上说的是："神对人做了人没有做的许多善事，但人

---

① Ibid.，77：340.

② Ibid.，77：476.

③ Ibid.，76：lxxxii. Tracy，"Two Erasmuses，Two Luthers，" 57.

④ Erasmus，*Collected Works*，77：622. 当然，神对自然秩序的这些不同寻常的干预是神迹。

⑤ Ibid.，77：723.

没有做神使他没有能力去做的任何事。"① 虽然这个错误可能只是出于不小心，但它使伊拉斯谟能够保持正统的外表，而实际上却是为一种非正统的立场辩护。然而，即使他的立场是非正统的，也没有迹象表明它是非基督教的。伊拉斯谟也许只是想把基督教扩展到能够包含一种自然的道德生活和在这个世界中舒适的存在感，而不是他在路德那里看到的疏离和对灾变的渴望。

165 　　这种对人的自由意志的看法不仅为人的尊严提供了一种神学基础，而且也使神能够免于创造恶的责难。按照伊拉斯谟的看法，神并不希望自己看起来既残忍和不公正，又被认为是公义和仁慈的。② 因此，"说神让任何不应下地狱的人下地狱，这绝对是邪恶的"。③ 这种说法不仅错误，而且丝毫无助于宣扬对神的爱。伊拉斯谟问道："谁能忍受这样一个神，他极善地使国王的心变得冷酷，以通过国王的毁灭更加彰显自己的荣耀?"但这恰恰是路德所采取的立场，因为他的断言使他不得不相信，神把一个没犯任何罪的人扔进火里，只是因为他没有任何能力控制自己。④ 路德的立场甚至会使没有伤害过谁的、尚未受洗的婴儿受到谴责。⑤ 伊拉斯谟知道，据说利用显示的神与隐匿的神的二重性可以解决这个问题，但他认为这并不令人满意。在他看来，路德"承认神做了恶事，但否认他邪恶地行事……这种推理……使极善的神和极恶的魔鬼共同让同一个人行同样的事"。⑥ 伊拉斯谟无法相信这样一个神的行动会是正当的。⑦ 此外，依赖于神的不可理解性是不够的。伊拉斯谟说："即使是为了荣耀，我也不认为神把某个不应被抛弃的人扔到永恒的火

---

① Augustine, *Contra duas epistolas Pelagianorum*, 2：21.
② Erasmus, *Collected Works*, 77：420.
③ Ibid., 77：573.
④ Ibid., 77：455.
⑤ Ibid., 77：557.
⑥ Ibid., 77：690.
⑦ Ibid., 77：473.

里就是清白的。"① 于是，伊拉斯谟关于人和神的总体上正面的观点使
他憎恶路德关于神会惩罚无辜者的观点。对路德来说，通过人的这些措
辞来思考神是一种亵渎。而对伊拉斯谟来说，通过这些魔鬼似的措辞来
思考神是一种亵渎："有谁能够全身心地爱那个神，他创造了到处都是
永恒折磨的地狱，在那里，他可以惩罚他自己对悲惨的人所做的恶行，
就好像乐于见到他们受苦一样?"② 伊拉斯谟认为，神允许而不是意愿
恶行。③ "神是最高的公义和善。如果他是公义的，那么他就不会永恒
地惩罚。但出于他的善，他不会放弃任何一个不放弃自己的人。"④ 因
此伊拉斯谟相信，我们既不是撒旦的奴隶，也不是神的奴隶，而是介于
这两个王国之间。⑤

　　就人处于中间地带而言，他的道德选择对决定其精神命运是有作用
的。在伊拉斯谟看来，自然和理性都会赋予我们某种道德倾向。⑥ 它们
有时甚至会使一个品质恶劣的人对自己的罪感到恐惧。⑦ 因此，理性并
非路德所说的巴比伦的妓女。路德声称，苏格拉底、爱比克泰德
（Epictetus）、阿里斯提得斯（Aristides）、尤蒂卡的加图（Cato of Utica）
等哲学家仅仅是充满了极度的自负，而伊拉斯谟则指出，保罗承认某些
哲学家那里有实际的善。⑧ 事实上，异教徒的美德理所当然会使许多基
督徒感到羞愧，哲学书中包含着与先知书类似的训诫。⑨ 因此，路德认
为像苏格拉底这样极有道德的人是邪恶的，这简直是疯了："即使我们
承认，在没有信仰的情况下，道德美德不足以获得福音派的称义，但人

166

---

① 这种立场几乎等同于陀思妥耶夫斯基《卡拉马佐夫兄弟》中的伊凡·卡拉马佐夫的立场，参见 Fyodor Dostoevsky's *The Brothers Karamazov*, trans. Constance Garnett（New York：Random House，1950），245—255。
② Erasmus, *Collected Works*, 77：709.
③ Ibid., 76：13；Augustijn, *Erasmus*, 144；Gerrish, "*De Libero Arbitrio*（1524），" 199.
④ Erasmus, *Collected Works*, 77：710.
⑤ Ibid., 77：591.
⑥ Ibid., 77：593.
⑦ Ibid., 77：703.
⑧ Ibid., 77：539，587.
⑨ Ibid., 77：734—735.

们在尊敬父母，爱孩子和妻子，救助穷人、病人和受苦的人时并没有行恶。"①

伊拉斯谟这里捍卫的立场显然走入了一种伯拉纠主义方向，尽管与他在同一时期的其他一些说法相比，这还比较克制。1522 年，他借《虔诚的款待》（*The Religious Treat*)② 中一个角色之口大声疾呼，"神圣的苏格拉底，为我们祈祷吧"，而在 1523 年，他又以自己的名义说出了同样的话。③ 实际上，他还在弗洛本（Johann Froben）版的西塞罗的《图斯库鲁姆谈话录》导言中宣告了西塞罗的得救。④ 虽然这肯定减少了基督及其牺牲的重要性，但这些针对苏格拉底和西塞罗的说法并不必然表明伊拉斯谟是非正统的。事实上，就崇拜西塞罗而言，路德本人与伊拉斯谟很接近。如路德断言，西塞罗在来世会坐上比萨克森的乔治公爵（Duke George of Saxony）更高的位置，如果他［路德］坐在西塞罗所坐的地方，他就会得救。⑤ 他也说，与那些明知故犯的人相比，遵守律法的异教徒会受到神更轻的惩罚。⑥ 但与伊拉斯谟相比，这并不意味着恩典的角色不够重要。正如麦克索利简洁地说，与其说路德否认本性的善，不如说他对此毫不关心，因为在他看来，伦理上的善与得救毫不相干。⑦

与路德相反，伊拉斯谟无法相信善功与得救无关："尽管我们承认，事功不能带来称义，但可以肯定的是，事功不会使人邪恶，除非它们出

---

① Ibid. , 77：648.
② 原书中误为 "The Holy Treat"。——译者注
③ Erasmus, *The Colloquies of Erasmus*, trans. N. Bailey, ed. E. Johnson, 2 vols. (London：Reeves and Turner, 1878), 1：186.
④ 引自 M. M. Phillips, "Erasmus and the Classics," in *Erasmus*, ed. T. A. Dorey (Albuquerque：University of New Mexico Press, 1970), 14；另见 Rabil, "Desiderius Erasmus," 255—256; Anthony Levi, *Renaissance and Reformation*：*The Intellectual Genesis* (New Haven：Yale University Press, 2002), 213。
⑤ 引自 Spitz, *Luther and German Humanism*, 81。
⑥ *WA* 1：146, *Cor.* 3.
⑦ McSorley, *Luther*：*Right or Wrong*, 241.

于反常的动机。"① 事实上，他同意保罗所说的，"如果我们没有贡献，我们就不会得救"。② 即使是异教徒，事功也会造成差别。他要路德"为我设想某个异教徒，他从来没有听到过信仰的奥秘（这并非因为他自己的过错），但却一心学习最好的东西，在天性的指引下过着无可指责的生活；我并不认为他所做的一切都是有罪的，无论是以一种有益健康的方式爱他的妻子，抚养他的孩子，还是尽其所能为共同利益做贡献"。③ 虽然事功不能带来称义，但它们的确招致了神的仁慈。④

　　在路德看来，人实际上无法通过做任何事情来获得拯救，因为一切都只依赖于神。于是对路德而言，不存在通往拯救的道路。伊拉斯谟认为，像这样仅仅关注神的意志完全破坏了道德。仿佛是在反思路德对梅兰希顿的著名建议"勇敢地犯罪吧！"伊拉斯谟评论道："如果我下地狱是预先决定好的，那么我的任何努力都是无用的。如果我注定会被拯救，那么就没有理由不随性而为。"⑤ 人可以通过适当的抚养教育来完善自己，也可以通过在基督哲学中把人性和虔敬结合在一起来改进自己。伊拉斯谟确信，"善的很大一部分是向善的意志。那种意志离不完善越远，人离恩典就越近"。⑥ 如果抛弃道德和道德教育，认为品格的形成与人的幸福无关，则只可能导致这样一个世界，在这个世界里，统治只靠强力，杀人犯、强奸犯和暴君掌权，或者更糟糕地，有信仰的人以神的名义对他人进行强奸、谋杀和施行暴政，把自己视为全能而冷漠的神的意志的代理人。

## 始与终

　　1516 年，伊拉斯谟写出了《基督教君主的教育》，以教育注定要成

① Erasmus, *Collected Works*, 77：662.
② Ibid., 77：676.
③ Ibid., 77：672.
④ Ibid.
⑤ Ibid., 77：659.
⑥ Ibid., 77：743.

为自查理曼大帝以来欧洲最伟大皇帝的君主。在某种意义上，这一时刻是他从上层转变欧洲的方案的顶点。他相信，如果统治阶层的基督教人文主义者能够逐渐传播基督哲学的教育果实，将会建立一种欧洲新秩序。然而，随着路德的出现、教会的分裂和农民起义的爆发，他认为对基督教和基督教世界进行和平改革的希望破灭了。由于与路德的争论，伊拉斯谟陷入了一种悲观情绪，再也没有完全恢复过来。[①] 他的悲观是有道理的。人文主义将继续对知识分子和一些上层人士产生重要影响，但是作为社会变革的一个动因，人文主义已经被宗教改革运动和以后几年的反宗教改革运动所释放出的宗教激情超越了。这些激情比人文主义影响的人更多，并促使他们采取了一种更为直接和暴力的方式。被伊拉斯谟寄予厚望的人文主义方案将被复活，但只是在一个被宗教战争、对新世界的探索与殖民、哥白尼革命以及一种新的数理自然科学的发展所彻底改变的世界中。在此期间，暴力和宗教狂热可以说前所未有。人文主义将以各种形式存在于不同地方，但总体而言，它被逐渐从公共领域赶到了私人的塔楼和伊壁鸠鲁的花园，从公爵的庭院赶到了秘密社团和不受干扰的个人家庭。

168

自从路德与教会开始爆发冲突，伊拉斯谟就担心社会会整体崩溃，并竭尽全力阻止它的发生。路德也认识到了这种可能性，但与伊拉斯谟不同，他渴望它发生，因为他认为这预示了世界末日的降临。伊拉斯谟相信，教会和国家可以用一种人文主义的教育体系来改革。路德否认这种改进的任何可能性，因为人无力改变神业已确立的事情。对他来说，关键的不是道德的变革和完善，而是恩典、信仰和《圣经》的说教。因此，在拒斥人文主义时，路德也拒斥了社会政治秩序的道德基础的观念。

也许在伊拉斯谟和路德生活的那个年代，最伟大的不朽之作就是米开朗琪罗在西斯廷礼拜堂的作品。从 1503 年到 1513 年，米开朗琪罗为教皇尤利乌斯二世绘制了巨大的天顶，此时正值人文主义方案达到鼎

---

① Marius, *Martin Luther*, 467.

盛，人文主义者对未来充满了希望和期待。[①] 天顶极尽辉煌地描绘了人文主义者的这个梦。它讲述了创世和世界毁灭的故事，从光与暗的分离到诺亚醉酒。这是一个圣经的、有时近乎礼拜式的故事，但这个故事是在一个古典框架中展开的，神和《创世记》中的人物都变成了异教的诸神和英雄。爱与美以新柏拉图主义的方式掌管着这个世界，基督教的先知和异教的女先知混在一起，讲授同样的训诫，英雄的裸体男性是万物的尺度。于是，这个天顶成了伊拉斯谟誓死捍卫的人文主义方案的缩影。米开朗琪罗特意轻描淡写地说，尤利乌斯二世对结果"很高兴"。然而，故事并未就此结束，因为从 1534 年到 1541 年，米开朗琪罗又为教皇保罗三世在这座礼拜堂作祭坛壁画。[②] 祭坛壁上反映的不是世界的开端，不是失乐园和复乐园，而是末日审判，其主题和风格反映了笼罩在欧洲世界上空的不断暗淡的前景。这里也可以看到英雄式的人物，但在其荫蔽的背景中浓云密布，在威严的基督周围，惊恐万状的人类乱作一团，基督高举手臂执行审判，一个审判刚刚完成，结果还没有完全作出，但已经近在眼前。当然，这幅画描绘的是末日，那即将来临的世界末日，它似乎预示着一个以人为中心的世界即将瓦解，一个毁灭与破坏的时代很快就要到来。对这幅画的反应也暗示出时代气氛正在发生变化。这幅画刚一完成，就有虔诚的信徒批评它自负傲慢，有违基督教教义。少数人奉命用涂料遮盖住生殖器，遮盖住从彼特拉克到菲奇诺的新柏图主义爱情观中必不可少的生殖器官。在接下来的一个半世纪里，面对着宗教裁判所，面对着同胞们和告发者狐疑的目光，人文主义者被迫用类似的方式掩盖自己，把他们真正的意图和事业隐藏起来。

　　西斯廷天顶画所反映的人文主义的世界开始于光与暗的分离。祭坛壁上反映的宗教改革的世界再次把这两者混合在一起。在这个临近末日

①　关于对这一方案的深思熟虑的讨论，参见 Ross King, *Michelangelo and The Pope's Ceiling*（New York：Walker Publishing，2003）。

②　该项目始于罗马遭到帝国军队洗劫之后 6 年，当时许多路德宗骑士都冲锋在前。关于这幅画，参见 Charles Burroughs，"The 'Last Judgment' of Michelangelo：Pictorial Space，Sacred Topography，and the Social World，" *Artibus et Historiae* 16，no. 32（1995）：55—89。

的昏暗朦胧的世界中，光明与黑暗的力量很难区别开来。现实世界也是如此，冲突双方都确信神驾驭着他们，或者他们是神的特使。只有再次找到一种方式将光与暗分开，才有可能创造出现代世界，无论在科学的意义上还是道德的意义上。米开朗琪罗天顶画的中心是由亚当创造出夏娃。祭坛壁的中心则是黑暗的神—人。对于那些开创了现代世界的人来说，"天顶"的中心既不是人，也不是神。在对神和人都提出质疑的宗教战争期间，现代世界的创造者似乎把目光转向了米开朗琪罗天顶中的一块早期画板，转向了宇宙的创造，从而转向了正在做多种运动的物质世界。然而，这个宏伟壮丽、充满力量的现代"天顶"并不是用日常经验世界中鲜活的颜色绘出的，而是用虽然纯净辉煌但却无色的数学之光绘出的。

# 第六章　笛卡儿的真理之路

在最早的哲学反思开头，笛卡儿提出过一个令人惊讶的警句："敬畏主是智慧的开端。"① 这部著作从来没有完成，我们只是从阿德里安·巴耶（Adrien Baillet）的传记和莱布尼茨的笔记中知道了它。几个月前，即 1619 年年初，笛卡儿曾向伊萨克·贝克曼（Isaac Beeckman）描述过一种科学，这部著作便是发展这种科学的最早尝试：

> 我想完成的不是像拉蒙·卢尔（Ramon Lull）的《短艺》（*Ars Brevis*）那样的作品，而是一种全新的科学，它将为涉及各种类型的量的所有可能方程提供一般性的解决方案，无论这些量是连续的还是离散的，每一个都依据其本性……我认为，任何可设想的问题都可以通过这种方案来解决……几何学中将不会有什么东西不被发现。这当然是一项艰巨的任务，几乎不可能由一个人来完成；的确，这是一个极为雄心勃勃的计划。但透过这种科学的层层幽暗，我已经瞥见了一丝光亮，我认为藉着它，我将能够驱散哪怕是最浓重的昏暗。②

这种努力持续了很多年，其最终成果是一种建立在理性的自然之光

---

① 该警句出现在《小笔记本》中一篇文章草稿的开头，这是人们在笛卡儿去世后在他的文稿中找到的。引自 John R. Cole, *The Olympian Dream and Youthful Rebellion of René Descartes* (Urbana and Chicago: University of Illinois Press, 1992), 23。

② Descartes to Beeckman, March 26, 1619, AT 10: 157—158; CSM 3: 2—3。

基础上的新科学，它使欧洲思想发生了革命，促进了现代的产生。但我们如何来理解其开端处的声明呢？我们很容易把现代性理解成一个世俗的时代，并认为笛卡儿等人是最应该为拒斥宗教负责的人。那么，我们如何才能理解他的声明，即敬畏主是这种新智慧的开端呢？

这条警句可能就来源于宗教本身。在《旧约》中，它指向"一个愤怒的神"，要求人类严格遵守他的律法。因此，这条警句中所指的智慧并非质疑和思考，即并非哲学或科学，而是虔敬和服从。然而，笛卡儿把这条警句置于他的文本开头是什么意思？他所指的产生这种敬畏的是哪个主呢？很难相信，笛卡儿想到的神是经院哲学的理性的神或人文主义的新柏拉图主义的神。我想指出，年轻的笛卡儿想到的神其实是那个任性的无法预测的神，这个神首先出现在奥卡姆的思想中，突出表现于路德的那个隐匿的神。正是这个神在宗教战争中以一种如此令人震惊的方式向笛卡儿显现，他也使一种新的智慧成为可能。不过，对这个黑暗的神的体验如何能够产生笛卡儿在致贝克曼的信中兴奋地描述的那种自然之光呢？这种自然之光将穿透这个隐匿的神所产生的黑暗和欺骗，提供光亮来建造理性的堡垒，变成现代世界。这种光是如何产生于这种黑暗的呢？

我将在本章论证，笛卡儿试图建立一个理性堡垒，以抵御唯名论的那个可怕的神。这个堡垒不仅可以提供个体的确定性和安全感，缓解或消除自然的不便，而且可以终止正在把欧洲撕成碎片的宗教政治纷争。笛卡儿旨在达到这个目标，他试图通过发展一种能够提供现象背后真实世界图景的数学科学，而使人掌控和拥有自然。此外，虽然笛卡儿利用了当时盛行的许多人文主义资源，特别是赫尔墨斯主义来建造这个堡垒，但他最终确立的基础与人文主义相当不同。和大多数人文主义者一样，笛卡儿也肯定人的意志的独立性，肯定人能够通过理解和操纵自然的隐秘力量而掌控和拥有自然。但与人文主义者不同，他并没有把人的自由建立在个人意志的能力基础之上，而是将它基于这样一个事实，即我们的意志和神的意志一样是无限的。事实上，这种对无限的理解作为他的科学基础是必不可少的。就此而言，笛卡儿的科学以一种几乎悖谬

171

222

的方式建立在那个他既崇拜又恐惧的神的基础之上。于是，他相信对于现代世界的创造至关重要的自然之光便是穿透这个神的黑暗闪耀出来的光芒。

## 笛卡儿思想的历史背景和传记背景

宗教改革运动在欧洲如火如荼地进行着。在路德的激励下，宗教改革家开始在整个欧洲出现，反抗当地的教会弊端。早在 1520 年，茨温利已经把宗教改革带到了瑞士，他的许多激进的追随者很快就发起了席卷欧洲的再洗礼派运动，尤其是在下层民众中。英格兰教会的转变始于 1529 年亨利八世与罗马教皇决裂，终于 1536 年的《修院解体法案》（Act of Dissolution）。同年，加尔文出版了他的《基督教要义》（*Institutes of the Christian Religion*）第一版，影响了荷兰、苏格兰、法国、匈牙利以及德国部分地区宗教改革运动的进一步发展。印刷机越来越多的应用为宗教改革运动的迅速传播提供了有利条件。此外，它还得益于多位君主的支持，他们认为反抗罗马符合自己的利益。天主教反宗教改革的开端通常被认为始于特伦托会议（1545～1563），它统一了教会的教义（从而消除了文艺复兴时期基督教的多元主义），巩固了教皇的权力，为宗教裁判所授予了权力，但同样重要的是耶稣会的形成以及它誓言绝对服从教皇。第一次宗教战争 1546 年在德国爆发，直到 1555 年才以《奥格斯堡合约》结束，该合约使君主们有权在各自的领地决定宗教信仰。然而此后不久，法国爆发的宗教战争使 16 世纪下半叶的法国遭受重创，经过了 9 年宗教战争，又从 1562 年一直持续到 1598 年，其中包括骇人听闻的圣巴托罗缪日大屠杀。这段时期以所谓的三亨利之战（War of the three Henries，1584～1589）和联盟战争（The Wars of the League，1589～1598）而达到高潮，直到新教徒纳瓦拉的亨利（Henry of Navarre）皈依天主教，登上法国王位成为亨利四世才结束。亨利四世于 1598 年颁布《南特敕令》（Edict of Nantes），允许胡格诺派教徒有思想自由和一定程度的信仰自由，可以保有城堡及军队，并对其牧师给予皇室支持。虽然南特敕令一直保持到 1685 年，但 1610 年亨利四世被暗杀之后烽烟再起，南特敕令逐渐被废止。当誓言击溃胡格诺派的黎塞留（Richelieu）于1624年掌权之后，这一过程大大加快。他言而有信，1627年便逮捕了拉罗谢尔（La Rochelle），1629年又以《阿莱合约》（Peace of Alais）撤销了整个胡格诺派的独立性。

173 　　法国并不是唯一遭到宗教战争蹂躏的国家，几乎整个欧洲都卷入了冲突。30年战争（1618～1648）虽然以德国为中心，但却震撼了中欧和北欧的大部分地区。战争开始时，斐迪南二世成了神圣罗马帝国的皇帝，他企图在其整个领地压制新教。当时的新教领地波希米亚举行了起义，将其王位授予了信奉新教的普法尔茨选帝侯腓特烈。1619年10月，腓特烈成为国王，但因为在白山战役的惨败而只统治到1620年11月8日。这次失利打破了权力平衡，几乎把所有欧洲国家都卷入了冲突。[①] 1635年5月的《布拉格和约》（Peace of Prague）宣告德国本土的内战结束，但由于法国、英格兰、瑞典等外来势力的干预，战斗仍然在继续。直到1648年签订了《威斯特伐利亚和约》（Peace of Westphalia），战争才最后结束。在这场战争的最后几年，即1642年至1651年，英格兰也爆发了同样残酷的内战，虽然造成的破坏少一些。

　　如果认为宗教正统的问题是宗教战争的唯一因素，那将是一个错误。例如，查尔斯·蒂利（Charles Tilly）主张，这些战争其实更多是为了努力巩固新兴的民族国家，而不是宗教战争。[②] 然而，虽然这种主张有自己的道理，而且巩固国家力量确是此过程的一部分，但毫无疑问的是，这些战争的大多数主要参与者以及其中许多最暴力的人都认为，他们正在效力于神，而不是他们的君主。因此，虽然我们不能把战争简单地归于宗教差异，但毫无疑问，宗教以许多不同形式和途径促进了这些战争所特有的狂热和杀戮。

---

　　① Timothy J. Reuss, "Descartes, the Palatinate, and the Thirty Years War: Political Theory and Political Practice," *Yale French Studies* 80, *Baroque Topographies* (1991): 110.

　　② Charles Tilly, "War Making and State Making as Organized Crime," in *Bringing the State Back In*, ed. Peter B. Evans, Dietrich Rueschemeyer, and Theda Skocpol (Cambridge: Cambridge University Press, 1985), 169—191.

笛卡儿（1596～1650）对当时的斗争很了解。他的家庭是天主教的，但与法国的新教徒有关联。[1] 他们虽然住在胡格诺派的据点普瓦图（Poitou），但与南特敕令下的安全城市沙泰勒罗（Châtellerault）也有密切联系。笛卡儿一岁时，母亲去世，父亲再婚，他主要由外祖母和可能在沙泰勒罗任法官的伯祖父米歇尔·费朗（Michel Ferrand）照顾。笛卡儿的父亲和其他许多亲戚都是律师或法官，他们显然期待笛卡儿日后能在政府部门找一个类似的职位。[2]

1606年，笛卡儿和他的哥哥被送到了两年前由亨利四世建立的拉弗莱什的耶稣会学校。[3] 这所学校旨在为国家事务培养有教养的人，它开设了一些古典课程，同时吸取了经院哲学和人文主义传统。在这所学校中有一种平等主义的氛围，一般来说不太在意等级地位。学生们的生活受到认真监管，但不包括体罚，而且鼓励与老师进行友好交流。这在笛卡儿的经历中有所反映。他的远亲耶稣会士艾蒂安·沙莱（Etienne Charlet，S. J.）神父对笛卡儿密切关注，以至于笛卡儿后来称他为自己真正的父亲。[4] 然而，即使在这种封闭的环境下，笛卡儿也没有完全躲开时代事件。学校对亨利四世被暗杀特别有感受，笛卡儿亲眼见证了亨利四世的心脏被安葬在拉弗莱什的小礼拜堂。[5]

笛卡儿所受的教育使他非常了解当时的宗教纷争和神学争论。他在形而上学课上研究亚里士多德和阿奎那，在道德哲学课上研究苏亚雷斯

---

[1]　关于笛卡儿的生平有两本优秀的英文著作：Richard Watson，*Cogito*，*Ergo Sum*：*The Life of René Descartes*（Boston：David. R. Godine，2002）和 Stephen Gaukroger，*Descartes*：*An Intellectual Biography*（Oxford：Clarendon Press，1995）。要想理解此前笛卡儿学者的偏见，特别是把笛卡儿变成天主教正统的捍卫者的早期努力，沃森的传记是不可或缺的。

[2]　关于笛卡儿的家庭，参见 John R. Cole，*The Olympian Dream and Youthful Rebellion of René Descartes*，89—113。

[3]　Gaukroger，*Descartes*，42. 关于在拉弗莱什的生活，参见 Camille de Rochmonteix，*Un Collège de Jesuites aux XVIIe et XVIIIe siecles*，4 vols.（Le Mans：Leguicheux，1839）。

[4]　Cole，*Olympian Dream*，93. 虽然很清楚，笛卡儿从未与他的父亲亲近过，但对于他的断言，即沙莱是他真正的父亲，我们必须报以怀疑，因为这话是在笛卡儿试图说服耶稣会士把他的著作当成教科书时说的，而沙莱当时是修会领袖的秘书。

[5]　笛卡儿几乎肯定没有出席实际的仪式。Watson，*Cogito*，70.

和莱昂纳德斯·莱修斯（Leonardus Lessius）。① 经由苏亚雷斯，他了解奥古斯丁，经院学者埃留根纳、安瑟尔谟、波纳文图拉，唯名论者奥卡姆、霍尔科特、英根的马西利乌斯、比尔、热尔松、德·阿伊和纽卡斯尔的安德烈亚斯（Andreas of Newcastle）。② 他还知道了唯名论者奥雷姆的数学工作、库萨的尼古拉的科学著作，以及至少是弗朗西斯科·桑切斯（Francisco Sanchez）的医学著作。③ 在拉弗莱什时，笛卡儿可能同弗朗索瓦·韦隆（François Veron）学习，韦隆后来以巨大的热情和能力与新教徒辩论，捍卫天主教。④ 笛卡儿有一位老师也许是唯名论者，另一位可能教导过神的冷漠，不过通过研究经院哲学的争论，笛卡儿对这些学说已经很熟悉。⑤ 然而，笛卡儿的教育并不限于传统课程。他肯定读过米歇尔·德·蒙田（Michel de Montaigne）、皮埃尔·沙朗（Pierre Charron）和阿马迪斯·德·高拉（Amadis de Gaula）的著作，也或者读过或者听说过伽利略。⑥ 他显然能够看到学校图书馆的所有馆藏，并利用这一机会阅读有关炼金术、赫尔墨斯主义和魔法的神秘文本。这些著作对他有重要影响。笛卡儿几乎没有吐露他自己的宗教信仰，除了说他的宗教是他的国王和国家的宗教。这似乎明确无误地暗示笛卡儿是法

---

① 参见 Etienne Gilson, *La Liberté chez Descartes et la Théologie*（Paris：Alcan, 1912）, 6; Camille de Rochmonteix, *Un Collège de Jesuites*, 4：2—3, 30; 以及 Norman Wells, "Descartes and the Scholastics Briefly Revisited," *New Scholasticism* 35, no. 2（1961）：172—190。

② 关于这一点，参见 Georg Freiherr von Hertling, "Descartes' Beziehung zur Scholastik," Königliche Bayrisch Akademie der Wissenschaft en in München, *Sitzungber. d. philos. -histor. Klasse*（1897）; Alexander Koyré, *Descartes und die Scholastik*（Bonn：Cohn, 1923）; Gilson, *Études sur le rôle de la pensée médiévale dans la formation du système cartésien*（Paris：Vrin, 1930）, 221; 以及 *Index scholastico-Cartesien*（Paris：Alcan, 1913）。笛卡儿也有可能读过 Rudolph Gloclenius, *Lexicon Philosophicum...*（1613）, 其中包含了对实在论与唯名论之间争论的简洁但却细致的描述（757—758）。

③ Koyré, *Descartes und die Scholastik*, 81—82, 86, 94, 95.

④ Richard Popkin 对此持怀疑态度。参见他的 *The History of Scepticism from Erasmus to Spinoza*（Berkeley and Los Angeles：University of California Press, 1979）, 70—75, 173。

⑤ Hertling, "Scholastik," 18; Geneviève Rodis-Lewis, "Descartes auraitil eu un professeur nominaliste?" *Archives de Philosophie* 34（1971）：37—46; and Gaukroger, *Descartes*, 54.

⑥ Watson, *Cogito*, 73—74.

国天主教徒，但这其实并不明确，因为当时的国王是亨利四世，一个采取机会主义路线皈依的加尔文派教徒，而且笛卡儿后来选择的国家还有新教的荷兰、波希米亚和瑞典。[①]

从 1614 年至 1616 年，笛卡儿先是在普瓦图研究法律，然后反抗路易十三的统治。不过，也许因为他是次子，他于 1618 年加入了奥兰治亲王莫里斯（Maurice，Prince of Orange）和平时期的军队。[②] 但笛卡儿并没有看到打仗，他的大部分时间都是在荷兰度过的，主要研究军事建筑和数学。[③] 在此期间，他见到了年轻的医生和思想家贝克曼，后者成了他的精神导师。从贝克曼那里，笛卡儿受到了决定性的思想冲击，生活也得以重新规划。

贝克曼很有哲学天赋，他认识到了笛卡儿的天才，强烈鼓励他抛弃所有其他愿望去追寻真理。[④] 他们一起研究数学，共同阅读了若干赫尔墨斯主义文本。贝克曼的影响是深远的。[⑤] 然而，笛卡儿并没有立即按照贝克曼的要求前进，而是经由哥本哈根前往了德国，据说是要加入当时正在进行的宗教战争。一般认为，他是天主教的巴伐利亚亲王马克西米连一世的部队成员，后者后来与新上台的皇帝斐迪南二世结盟，在白山战役中打败了普法尔茨选帝侯和波希米亚国王腓特烈五世的新教势力。然而，理查德·沃森（Richard Watson）指出这一事实没有什么证据，笛卡儿更有可能站在新教徒一方，因为他们与法国结成了同盟。无论如何，没有任何文献证据表明笛卡儿看到了任何战斗，巴耶的传记对

175

---

① Ibid.，59. 沃森指出，笛卡儿也许怀有对新教的支持，尽管他距离阿明尼乌派可能比距离加尔文派更近。

② 虽然据官方说法，莫里斯亲王是一个新教徒（当然绝不会很虔诚），但笛卡儿为他服务却不应被视为含有背叛其宗教或国家的意图，因为莫里斯联合了法国国王共同抗击西班牙。Gaukroger，*Descartes*，65. 沃森指出，笛卡儿本可以服务于法国，但他加入了莫里斯的军队（有一个新教牧师），以避免法国境内的宗教战争。*Cogito*，80.

③ Watson，*Cogito*，30.

④ Cole，*Olympian Dream*，115；Watson，*Cogito*，86. 贝克曼第一次认识到了近代的惯性定律，他后来成了荷兰一所著名学校的校长。

⑤ 笛卡儿 1619 年 4 月 23 日写信给贝克曼："说实话，是你把我从闲散中唤醒，使我想起了那种差点淡忘的科学。是你让我又重新回到了严肃认真的工作中，我已经离开它们太久。"引自 Cole，*Olympian Dream*，121.

他参与强夺波希米亚的记述固然对天主教来说是很好的宣传，但却很不可信。①

在德国逗留期间，笛卡儿的思想发生了激烈变动，这当然部分是因为他在那里遇到的思想骚动。1613 年，普法尔茨选帝侯腓特烈五世娶了英格兰和苏格兰的国王詹姆斯一世/六世的女儿伊丽莎白·斯图亚特（Elizabeth Stuart），因此他的地盘上出现了许多英格兰的文艺复兴思想家，特别是那些新教思想家，他们利用人文主义思想的赫尔墨斯主义倾向结成了一个秘密的科学社团，它仿效耶稣会，但也意在反对耶稣会。这些人被称为玫瑰十字会会员（Rosicrucians）。② 他们不仅借鉴了布鲁诺和菲奇诺等意大利人文主义者的著作，而且利用了亨利·科尼利乌斯·阿格里帕（Henricus Cornelius Agrippa）和罗伯特·弗拉德（Robert Fludd）等赫尔墨斯主义者的工作。在德国时，笛卡儿遇到了一些对这个社团有兴趣的人，他们的目标以及退隐的生活方式都很吸引笛卡儿。③ 他们对世界末日的想象所产生的幻想似乎也感染了笛卡儿，这些幻想同样源于导致三十年战争的那种政治神学张力。④

可能早在拉弗莱什和认识贝克曼的时候，笛卡儿就已经熟悉了他们所利用的一些炼金术和赫尔墨斯主义著作。⑤ 查理·亚当（Charles Adam）认为他可能也读过当时最重要的赫尔墨斯主义著作，即阿格里

---

① Watson, *Cogito*, 116—117.

② 关于对玫瑰十字会会员的全面讨论，参见 Frances A. Yates, *The Rosicrucian Enlightenment* (London：Routledge and Kegan Paul，1972)。她把玫瑰十字会描述成伊丽莎白时代文艺复兴的一种延伸。另见 Susanna Åkerman, *Red Cross Over the Baltic：The Spread of Rosicrucianism in Northern Europe* (Leiden：Brill，1998) 和 Roger Lefèvre, *L'Humanisme de Descartes* (Paris：P. U. F.，1957)，188—193。另见 Christopher McIntosh, *The Rosicrucians：The History，Mythology，and Rituals of an Esoteric Order* (York Beach，Minn.；Samuel Weiser，1998)。

③ 我们从莱布尼茨从《小笔记本》摘录的笔记中得知，至少笛卡儿显然支持玫瑰十字会会员的科学工作，他打算把第一部哲学著作献给世界上的博学之士，特别是德国的玫瑰十字会会员。引自 Cole, *Olympian Dream*，25。

④ Michael H. Keefer，"The Dreamer's Path：Descartes and the Sixteenth Century," *Renaissance Quarterly* 49，no. 1 (Spring，1996)：45.

⑤ 在 1619 年 4 月 29 日的一封信中，他曾要贝克曼核对他们一起读过的最重要的赫尔墨斯主义者阿格里帕的著作中的一处参考资料。AT 10：165；CSM 3：5.

帕的《论神秘哲学》(*De occulta philosophia*)。① 他在德国期间与玫瑰十
字会数学家约翰内斯·福尔哈伯(Johannes Faulhaber)的接触使这种与
赫尔墨斯主义的共鸣得到加强。玫瑰十字会显然对笛卡儿产生了影响,
帮助他形成了早期的哲学规划。② 为了说明个中原因,我们需要简要地
考察一下玫瑰十字会。

　　玫瑰十字会的规划表现为两个宣言——1614 年出版的用德语写成
的《兄弟会传说》(*Fama Fraternitatis*)和 1615 年出版的用拉丁语写成
的《兄弟会自白》(*Confessio Fraternitatis*)。玫瑰十字会的第三部著作是
1616 年出版的《基督徒罗森克鲁茨的化学婚礼》(*The Chemical Wedding
of Christian Rosencreutz*),它是对普法尔茨选帝侯腓特烈五世和伊丽莎
白·斯图亚特的婚姻的几乎不加掩饰的叙述。③ 玫瑰十字会成员本质上
是赫尔墨斯主义思想家,他们试图理解隐藏的自然秩序,以获得控制自
然的能力。例如,阿格里帕在 1655 年写道:"魔法师是指……这样一个
人,藉着神的恩典,众神灵把关于自然奥秘的知识给了他。"④ 赫尔墨
斯主义思想家把世界分成了思想着的实体和广延,他们试图通过消除世
界对头脑的欺骗,揭示隐藏在无形实体中的真理。⑤ 他们相信自己在追
求这些真理的过程中受到了奥林匹斯众神灵的帮助,它们清除了笼罩在
万物周围的世界阴影。⑥ 然而他们认为,如果不进行斗争,自然就不会

————————

　① Keefer, "Dreamer's Path," 51.

　② 关于福尔哈伯,参见 Kurt Hawlitschek, *Johan Faulhaber, 1580~1635: Eine Blutezeit der
mathematischen Wissenschaft en in Ulm*(Ulm: Stadtbibliothek Ulm, 1995)和 Ivo Schneider,
*Johannes Faulhaber 1580~1635: Rechenmeister in einer Zeit des Umbruchs*(Basel: Birkhauser,
1993)。

　③ Watson, *Cogito*, 98—102.

　④ Henricus Cornelius Agrippa, *Henry Cornelius Agrippa his Fourth Book of Occult Philoso-
phy...Arbetel of Magick*, trans. Robert Turner(London: Printed by J. C. for John Harrison at the
Lamb at the East-end of Pauls, 1655), 213.

　⑤ Hermes Trismeistus[pseud.]*Mercurii Trismegisti Pymander, de potestate et sapientia Dei*,
trans. Marsilio Ficino, ed. Jacques Lefèvre d'Étaples and Michael Isengrin(Basel: Mich.
Isingrinium, 1532), sig. B4. 关于这个问题,参见 Keefer, "Dreamer's Path," 57—59。

　⑥ Keefer, "Dreamer's Path," 61.

交出它的秘密，只有拷问它，甚至将其撕得粉碎，才能发现真理。[①] 于是，他们认识到了科学仪器的必要性。不仅如此，在他们看来，要想理解自然，不能用普通语言，而只能通过运用数学。[②] 对他们而言，这种知识的目标不是个人利益，而是通过延长人的寿命，消除贫困和疾病，使人类得到根本改善。[③] 他们有六条明确的规则：①提供医疗护理而不收取任何费用；②不穿奇装异服；③彼此每年见面一次；④寻找一位值得考虑的继任者；⑤以 C. R. 或 R. C. 作为印章和标记；⑥保守兄弟会的秘密 100 年。[④]

贝克曼曾经鼓励笛卡儿走这样一条道路，而在德国，笛卡儿发现别人恰恰在过这样的生活。这种经历似乎使他更加渴望能够继续研究此前向贝克曼描述的那种新科学。初冬的一天，在德国乌尔姆附近的一个小乡村，没有朋友和熟人，笛卡儿确信建立这种科学的基础的时机已经成熟。这是他在生着火炉的暖房里为自己规定的任务。笛卡儿在两个地方描述了这一开端，一处是其《小笔记本》的《奥林匹卡》（Olympica）一节，另一处更详细的是《方法谈》（Discourse on Method）的第二部分。正如我们将会看到的，这两份文献表明，在 1619 年 11 月 10 日，笛卡儿花了一整天进行了一系列反思。这些反思不是从抽象的形而上学思想开始，而是从优秀的技师、立法者和科学家的辨别标准开始的，这种标准是在没能找到抑制宗教激情、建立政治和平的秩序原则的世界背景下设立的。笛卡儿在思辨中所遵循的道路是远离政治，进入自我，但这条道路并非退却和规避，不仅仅是为了挽救自己，或是以彼特拉克或蒙田为榜样，坚持自己的独立性。退回到自我是他的一种努力，试图基

177

---

① 正如我们在第一章中所看到的，培根在《新工具》中描绘了这条道路。培根显然应当算作走赫尔墨斯主义道路的人。在这一时期，对这些魔法师的迷恋显见于马洛的《浮士德博士》和莎士比亚的《暴风雨》。

② Watson, *Cogito*, 99.

③ 有证据表明，玫瑰十字会在共济会的形成过程中扮演了重要角色。

④ 正如沃森指出的，笛卡儿显然实践了这些规则中的前两条，可能还有第五条，在他的大多数信件中都签上了首字母 R. C. 。他在荷兰时，也经常与一位公开声称的玫瑰十字会会员朋友 Cornelius van Hogeland 会面。*Cogito*, 108.

于某种确定真理的方法来发现彻底改变欧洲社会的根据。在这方面，他的"退却"走了一条玫瑰十字会的道路。事实上，他试图以一种赫尔墨斯主义的方式把他的心灵与肉体分开，以摆脱世界的幻觉，从而向一种具有远见的启示开放。① 然而，他的目标不是个人的，而是公共的，在某种意义上是政治的。

对于笛卡儿来说，这个重要的日子充满了伟大的甚至是神秘的意义。1619 年 11 月 10 日是圣马丁节前日。正是在这一天，依纳爵·罗耀拉（Ignatius Loyola）创立了耶稣会。② 在笛卡儿的出生地都兰（Touraine），这一天也通常被看作温暖天气的结束，民间把它看成冬季的开始，租金也在这时到期。在法国，它也是最高法院开庭的日子。1614 年 11 月 9 日，笛卡儿获得了文学士学位，1616 年 11 月 10 日获得了教会法和民法的硕士学位。他 1618 年 11 月 10 日第一次见到了贝克曼，他的梦发生在 1619 年 11 月 10 日。他显然一直把这个日子看成重要日期。1620 年 11 月 11 日，他声称自己刚刚开始（可能是 1620 年 11 月 10 日）理解他的奇妙发现之基础。1640 年 11 月 10 日，他写信给马兰·梅森（Marin Mersenne）说，他已于前一天把《第一哲学沉思集》寄给了惠更斯，并宣布打算出版《哲学原理》。③

笛卡儿自己说，他整个 1619 年 11 月 10 日都在思考，试图为他所谓的那种神奇的科学奠定基础。经过一天狂热的思考，笛卡儿充满热情地准备睡觉，期待能有一个梦确证他的伟大发现。他没有失望。事实上，他做了好几个梦（根据不同的说法，有两个或三个），这使他确信自己选择了正确的生活道路，并且发现了一种能够正确导出真理的方法。④

笛卡儿的梦的意义和重要性一直是一个有争议的问题，曾几何时，

① Keefer，"Dreamer's Path，"55.
② Watson，*Cogito*，134.
③ Cole 指出了这个日期的重要性。"Olympian Dream，"63—86.
④ 巴耶提到了三个梦，虽然按照他自己的叙述只有两个。他强调有三个梦很可能是想增加笛卡儿与罗耀拉的相似性，罗耀拉也做过三个梦，决定了他一生的轨迹。Watson，*Cogito*，134.

所有著名的笛卡儿学者，甚至是他们之中最伟大的"梦学家"弗洛伊
178 德，都对它很感兴趣。关于笛卡儿的梦，有两种截然不同的解释。有一
派认为，他忠实地（而且几乎是立即）描述了当晚发生的事情。即使
在这一派当中，也有像弗洛伊德那样的学者认为，从这种叙述中得不到
什么东西，因为除了做梦者自己，没有人能够解释梦。因此，我们能够
知道的只能来自笛卡儿自己对梦的解释。另一些人则更为大胆，他们相
信自己能够破解梦的含义，即使笛卡儿没有给出解释。在他们看来，这
些梦揭示了笛卡儿科学背后深刻的意向性，甚至笛卡儿本人也并不总是
清楚这一点。

另一派则认为，对这些梦的叙述要么纯属虚构，要么是对梦的体验
的彻底重新加工，以至于需要将它当成一种文学创作。沃森已经令人信
服地表明，这些梦的特定细节是巴耶虚构的，此后的一代代笛卡儿学者
都认为它们是真的，因为他们都渴望了解笛卡儿的真实动机。[1] 另一些
人虽然承认这些细节是笛卡儿本人的，但认为这些梦的故事只是笛卡儿
所采用的一种方法，旨在提出在政治或神学上不可靠的观点。持这种看
法的学者指出了一个事实，即在拉丁文学和赫尔墨斯主义传统中，以这
种方式叙述梦有规可循。[2] 西塞罗著名的"西庇阿之梦"只是这些例子
中最著名的一个。笛卡儿受过耶稣会教育，无疑对此很熟悉。

为了领会《奥林匹卡》中所讲述的梦的故事的意义，我们需要对
包含它的《小笔记本》的结构有更充分的了解。笛卡儿离开荷兰后开
始写《小笔记本》（这是在模仿贝克曼，他也有一个类似的笔记本）。
其第一页上的日期是 1619 年 1 月 1 日，写作持续了好几个月，包含了
许多不完整的片段，但它对笛卡儿显然很重要，因为笛卡儿将它保存了
三十多年。笛卡儿 1650 年去世时，人们在他的文稿中发现了它。正如

---

① Ibid. , 109—110.

② Alan Gabbey and Robert Holly, "The Melon and the Dictionary: Reflections on Descartes's
Dreams," *Journal of the History of Ideas* 59, no. 4（1998）: 655. Paul Arnold 声称，《奥林匹卡》
是以玫瑰十字会的方式撰写的隐喻性的虚构。"*Le songe de Descartes*," *Cahiers du Sud* 35
（1952）: 274—291.

沙尼（Chanut）所说，这份手稿非常复杂，每一面都有不同的文字，一些文字还是颠倒的。经过约翰·科尔（John R. Cole）（利用昂利·古耶 [Henri Gouhier] 的工作）富于想象的重构，我们现在知道，笛卡儿几乎肯定是先把纸的一面写满，再把书转过来写另一面。于是，该手稿包含七节。其中一面有四节：*Parnassus*（18 页数学思考），无标题的关于科学的思考（2 页），无标题的代数（1/2 页）和 *Democritica*（几行字）；另一面有三节：*Praeambula*（4 页），*Experimenta*（5 页）和 *Olympica*（6 页，日期为 1620 年 11 月 11 日）。① 前一系列似乎没有什么顺序，符合笛卡儿在那年上半年离开贝克曼之后对数学和科学的兴趣。后一系列看起来更像是一份正在准备出版的文本的早期草稿。莱布尼茨从中抄下来的一则笔记进一步支持了这种看法，即笛卡儿承诺在 2 月 23 日之前完成他的论著。②

笛卡儿在 *Praeambula* 中解释了他的忧虑："正如演员戴面具是为了避免在剧场演出时显示出脸红，因此，当迄今为止一直只是旁观者的我即将登上这个世界的大舞台时，我预先给自己戴上了面具。"③ 笛卡儿在《指导心灵的规则》（*Rules*）中以不尽相同的语言重复了这种说法。④ 他为什么认为必须隐藏起来？他的关切可能部分与他同玫瑰十字会的联系有关。早在拉弗莱什的时候，他就已经知道正统天主教对赫尔墨斯主义是多么抱有疑虑。多年来，反宗教改革一直试图限制在文艺复兴时期繁荣起来的宗教多元主义，特别是把赫尔墨斯主义当作目标，这其中最有名的便是 1600 年在罗马烧死了布鲁诺。但笛卡儿似乎希望这

179

---

① 沃森曾经指出，这些副标题很可能是玫瑰十字会的。Traiano Boccolini 的 *Advertisements from Parnassus* 于 1614 年同《兄弟会传说》一起出版，多产的玫瑰十字会作家 Michael Maier 在其 *Golden Themis* 中谈到了弟兄们可以在其中工作和居住的奥林匹克宫。*Cogito*, 108. 它与培根《新大西岛》中描述的科学宫的联系很明显，虽然这部著作直到 1627 年才出版。因此，《新大西岛》不可能是《小笔记本》中思想的来源。其相似之处可能是因为它们都得益于赫尔墨斯主义。

② Cited in Cole, *Olympian Dream*, 28.

③ Ibid., 25.

④ Richard Kennington 在其 "Descartes' 'Olympica,'" *Social Research* 28, no. 2 (Summer, 1961)：184 中指出，他这种观念可能来自培根或皮科。

种做法能够给他所想要的那种知识。虽然他走上了这条道路，但他知道自己必须非常谨慎。

尽管有这些希望，但笛卡儿对玫瑰十字会并非不加批判。他认为，他们的努力值得称赞，但他们往往会陷入混乱，这主要是因为他们缺少一种方法来分析自然和理解他们所追求的秘密真理。笛卡儿相信自己恰恰能够提供这样一种方法。这种新方法通过《奥林匹卡》对梦的叙述隐约透露出来，在之后的几个星期和几个月内以一种更加完整的形式显示出来，先是在《指导心灵的规则》中，然后是在《方法谈》中。

虽然我们无法彻底研究这些梦，以表明它们如何反映了笛卡儿远离宗教，转向了他的新科学，但简短的概述将有助于使我们了解他的思想中发生了何种决定性的转变，从而使他偏离了之前的生活，转向了一种哲学的生活，致力于建立一种基于自然分析的新的普遍科学。

梦的叙述出现在《小笔记本》中的《奥林匹卡》一节。标题指的是希腊众神的家奥林匹斯山上的事情。它可能是指把我们指向真理的异教的赫尔墨斯主义神灵。我们在这些梦的活动中看到了这一点。所有这些梦都围绕着远离宗教，转向自然哲学。前两个梦的主要体验是恐惧，而第三个梦则极为宁静和充满希望。笛卡儿说，第一个梦关乎过去，第二个梦关乎现在，第三个梦关乎未来。在第一个梦中，最突出的是笛卡儿恐惧神会惩罚他所谓的秘密之罪。这让人想起了全能的神给路德带来的信仰问题，鉴于笛卡儿在 *Praeambula* 中的说法，他很可能也有类似的恐惧。在第一个梦中，他的罪体现为一种削弱他的力量、给他造成痛苦的邪灵或恶风。他想去教堂祈祷，令他惊讶的是，当他试图转变方向跟一位朋友说话时，那股风把他吹向了教堂。[①] 他认识到，虽然最初指引他的也许是神，但现在是一个邪灵在起作用。不过，友谊和交谈挽救了笛卡儿，它们共同减弱了这个邪灵的力量。在第二个梦中，笛卡儿听

___

① 这个邪灵显然与笛卡儿的罪有关，因此，第一个梦的起因是罪而不是一个灵。Ibid., 177. 笛卡儿这里可能是在反思路德和加尔文在试图解释恶时所面临的问题。由于神是全能的，所以神必定也是恶的来源。这便是那个隐藏的神，路德主张我们决不能去探究，并徒劳地试图通过进入隐修院来使之息怒。

到了雷声，醒来后惊恐地发现，空气中充满了火花。为了弄清楚这到底是一种超自然视觉还是一种自然现象，他定睛瞧看，但它们已经不见了踪影。就这样，他的恐惧被一个实验化解了。[①] 他后来解释说，他觉得这是真理之灵（spirit of truth）占据了他。一些评论家把这里所说的真理之灵等同于神，但理查德·肯宁顿（Richard Kennington）正确地指出，这种解读是站不住脚的。[②] 在第三个梦中，他面临着应该走何种生活道路的问题，并发现了两种可能方案。他睡觉时，追求诗（以奥索尼乌斯［Ausonius］的人文主义的《诗集》［Corpus Poetarum］为榜样）似乎比较可取，但醒来后，似乎最好去追求一种普遍数学（以毕达哥拉斯为榜样）。

于是，这些梦以一种含蓄的方式显示了智慧如何产生于对神的恐惧，这个神威胁要惩罚我们的罪，试图迫使我们走进教堂寻求拯救。笛卡儿逃离这个神及其造成的恐惧所采取的关键步骤是一个朋友团体、实验和一种数学科学。[③] 重要的是，在这种逃避中，笛卡儿并没有走人文主义的道路。虽然这对他有吸引力，但只有当他睡着了才是如此。只有走一条不同的道路，不是关注人或神，而是关注自然界，才能控制现实世界。

许多把这种说明或多或少看成一种文学虚构的人都指出了玫瑰十字会的类似故事。对梦的描述也许是以这些故事为蓝本的，但它也拒斥了那种赫尔墨斯主义观念，即可以凭借想象揭示出自然界中隐藏的共感（sympathies）和反感（antipathies），而主张一种能够勾画和揭示出万物[181]之间真正关系的分析数学。虽然笛卡儿对科学的原初构想也许因此而在某些方面得益于玫瑰十字会（并且延伸到意大利人文主义的赫尔墨斯主义），但在其方法论或概念化方面，它并不是玫瑰十字会的或赫尔墨斯主义的。它其实建立在培根和伽利略的工作基础之上，但使用了笛卡儿

---

① 正如 Kennington 所说，不是简单意义上的理性。Ibid. , 180.

② Ibid. , 200.

③ Georg Sebba, *The Dream of Descartes* （Carbondale：Southern Illinois University Press, 1987）, 53.

本人的方法。

不论梦对于笛卡儿有何意义，他清楚地感到自己已经理解了其科学的基础，至少是理解了获得真理的方法。事实上，他在《方法谈》中详细讲述这个故事时，暗示他已经想出了此方法的所有四个步骤，虽然这显得有些可疑，因为在《指导心灵的规则》中它仍然不够成熟。他声称，同样可以肯定的是，这种科学的发展需要对世界有更充分的认识。因此，虽然他继续研究个别问题和进行实验，但他当时并未试图从整体上发展这种科学。

1622 年，笛卡儿回到了巴黎。那里的政治和思想氛围与荷兰和德国完全不同。天主教徒占了上风，但受到了三个不同群体的威胁：第一个群体是像玫瑰十字会会员这样的基督教赫尔墨斯主义者，他们寻求关于自然原因的秘密知识；另一个群体是自然神论者和自由派（libertines），他们对加尔文主义极端信仰的拒斥已经变成了对基督教的拒斥；最后一个群体是皮罗主义的怀疑论者，他们认为，对天主教教义的唯一辩护就是信仰主义。[①] 例如，作为思考最广泛的天主教徒，或许也是对传播笛卡儿思想功劳最大的人，梅森既抨击菲奇诺、皮科、布鲁诺、阿格里帕和弗拉德，也尖锐批评像沙朗这样的怀疑论者。[②]

笛卡儿一回来就发现自己被控为一名玫瑰十字会会员。这种指控既可能起因于他的实际观点，也可能由于他的隐遁。无论事实如何，他显然既关心自己的声誉，又关心自己的自由和安全。于是，他开始更频繁地公开露面以减少怀疑，不久便离开巴黎去意大利待了两年。

1625 年，笛卡儿回巴黎待了三年。当时，巴黎的思想生活受到了长年累月的战争和宗教争端的影响。巴黎大学是经院哲学的堡垒，它已经作为反宗教改革的一部分得到恢复，但在其围墙之外，有一种不

---

① Keefer, "The Dreamer's Path," 47. 皮罗主义的怀疑论比学园派的怀疑论更加激进。它由公元前 1 世纪的希腊哲学家埃奈西德穆（Aenesidemus）创立，得名于更早的怀疑论者皮罗。随着恩披里柯的《皮罗主义纲要》（*Outlines of Pyrrhonism*）于 1562 年出版，它对于近代早期思想变得越来越重要。

② Ibid. , 45.

太合传统的更加热情的天主教也在涌现。在其他地方，在蒙田和沙朗的影响下，许多接受过人文主义教育的有识之士日益受到怀疑主义和自然神论的吸引，另一些人则倾向于自由派思想。① 自由派鄙视经院哲学，有科学的好奇心，主张在社会生活中贬低宗教的价值。其中有不少人对赫尔墨斯主义和玫瑰十字会感兴趣，比如加布里埃尔·诺德（Gabriel Naudé）、伽桑狄、卢奇利奥·瓦尼尼（Lucilio Vanini）、弗朗索瓦·德·拉莫特·勒瓦耶（François de La Mothe Le Vayer）、埃利·迪奥达蒂（Elie Diodati）、让-路易·格斯·巴尔扎克（Jean-Louis Guez de Balzac）、泰奥菲勒·德·维奥（Théophile de Viau）以及被称为无神论神父的克劳德·皮科（Claude Picot）神父（他还处理过笛卡儿的财务）。他们都是自由思想家。有些人行为不检点，实践自然神论和马基雅维利主义，另一些人则更为博学，研究政治、神学、科学和哲学。② 虽然国家一般会容忍他们的私下活动，但任何把想法公之于众的企图都会受到严厉惩处。③

　　虽然笛卡儿在某种程度上可能曾经是玫瑰十字会会员，并与一些自由派关系友好，但他本人可能并非自由派，而且肯定反对处于自由派立场核心的人文主义怀疑论。在笛卡儿看来，怀疑论解决不了当时的问题，因为它只会导致或然性而不是确定性。使笛卡儿引起公众注意的著名事件清楚地说明了这一点。据说化学家/炼金术士尚多（Chandoux）在教皇使节巴尼（Bagni）家讲演时攻击了亚里士多德，并提出了自己的机械论哲学。除笛卡儿外，在场的每个人都称赞了他。当被问及为什么表示反对时，笛卡儿称赞了尚多的反亚里士多德主义，但批评他只是依赖于或然性论证。在场者希望笛卡儿能够提供更好的方案，他们惊讶地发现，笛卡儿真的这样做了，他显然提出了那种关于清晰分明的观念

① 关于怀疑论对笛卡儿的挑战，参见 Popkin, *Skepticism*, 178—179。关于对笛卡儿与怀疑论之间关系的另一种说明，参见 Gaukroger, *Descartes*, 311—315。关于自由派，参见 ibid., 135—139 和 René Pintard, *Le Libertinage érudit dans la première moitié du XVIIe siècle*（Paris: Boivin, 1943）。
② Gaukroger, *Descartes*, 136.
③ Ibid., 136—137.

的看法。①

正是在这次聚会中，笛卡儿第一次遇到了皮埃尔·德·贝律尔（Pierre de Bérulle）。贝律尔是奥古斯丁会修士，曾于 1611 年创立了法国奥拉托利会（Oratorians）以对抗耶稣会。他当时正在组建圣体会（Compagnie du Saint-Sacrement），这是一个由天主教平信徒组成的秘密社团，旨在对抗在此后若干年里令人恐怖的新教。贝律尔显然对笛卡儿很有兴趣。那些相信笛卡儿是热忱的天主教徒的人认为贝律尔成了他的精神导师，让他写文章为正统神学和形而上学辩护。但同样有可能的是，笛卡儿吓坏了，急于摆脱贝律尔的计划。② 这次会见之后，笛卡儿逃离了巴黎，来到新教的荷兰，隐瞒了行踪，有 16 年没有回法国。他与一些奥拉托利会员当然一直有接触，特别是纪尧姆·吉比厄弗（Guillaume Gibieuf），并可能受到了吉比厄弗的神的全能观念的影响。但几乎没有证据表明，笛卡儿自认为是在实现或参与贝律尔的计划。虽然笛卡儿批判人文主义科学，因为它只追求或然性真理，但他并不是宗教狂热分子。

为什么笛卡儿要离开巴黎，远离公众视线呢？对于这个问题，他用一句名言给出了初步回答："不被人看见才能过得好。"③ 然而，这种人文主义断言并未反映出事情的真相，因为笛卡儿并没有真的退出社会。事实上，他四处游走，在阿姆斯特丹和一些小城镇度过了很长时间，他

① Descartes to Villebressieu, summer 1631, AT 1：213. 这个故事第一次出现在巴耶的传记中，一些现代历史学家曾经质疑过其真实性。沃森指出，巴耶的叙述几乎肯定是基于一封可能由 Clerselier 伪造的信。*Cogito*，142. 虽然这可能是事实，但很难否认这一叙述的某些要点，特别是笛卡儿对或然性推理的拒斥。

② 沃森指出，与贝律尔的关联是把笛卡儿变成一个正统法国天主教徒的一部分努力。贝律尔是一位极权主义者，"一个种族灭绝的疯子"，其主要生活目标就是通过铲除新教徒来消灭新教。而笛卡儿则终生保持与许多新教徒的友好关系。这种对笛卡儿的他样解读也有助于解释为什么这位法国的杰出哲学家会放弃越来越不宽容的法国，而愿意在新教的、共和政体的荷兰度过大部分余生。Watson, *Cogito*, 146—153.

③ Descartes to Mersenne, end of November 1633, February 1634, and April 1634. AT 1：270, 281, 285. 另见 Gaukroger, *Descartes*, 292. 这句格言是玫瑰十字会会员的座右铭。Watson, *Cogito*, 32.

把在阿姆斯特丹的时光称为他的"都市孤独"。因此，笛卡儿所寻求的并不是一种田园般的、彼特拉克式的孤独。更有可能的是，他想找到一个地方能够更自由地工作和发表文章，而不必担心报复。1632 年 5 月 5 日，他在荷兰写了一首颂歌给他的诗人朋友巴尔扎克："还有哪个国家能够享受如此完整的自由，你可以在那里安睡，总有军队随时待命保卫你，道德败坏、背叛和诽谤鲜为人知，当年的纯真依然留存?"① 不要忘了，他当时已经被指控为玫瑰十字会会员。就此而言，他的担忧不无道理，一些自由派所受到的压制正说明了这一点。他在《小笔记本》中就已经认识到必须隐藏自己的真实面目，在荷兰期间，他又大大发展和完善了这个面具。事实上，笛卡儿一直竭力作出一副正统的样子，虽然至少从神学上来讲，他显然很早就持有了异端立场。②

　　初到荷兰时，笛卡儿试图发表他的方法以及在过去 10 年一直在思考的关于清晰分明的观念的学说。这种努力是他于前一年（1628 年）开始但尚未完成的著作——《指导心灵的规则》的继续。表面看来，这部著作似乎实现了他早在 1619 年就向贝克曼以及后来向梅森等人描述的科学计划。但笛卡儿并没有完成这部著作，这显然是因为他开始对其科学的形而上学和神学假设进行反思，发现了唯名论以及路德和加尔文的神学中的神的全能观念对它提出的问题。笛卡儿最初构想的必然为真的科学乃是基于永恒的数学真理。然而，如果神是全能的，这些真理将无法约束他。的确，神必定已经创造了它们，所以原则上也可以使它们不存在。神并不必然要创造永恒的真理，它们也可以不被创造成现在 184 的样子。③ 这种认识导致了一种怀疑论危机，促使笛卡儿提出了关于创造永恒真理的令人惊讶的理论，破坏了他最初关于一种普遍科学的观念。

---

① AM 1：204.

② 例如，他在《小笔记本》的《奥林匹卡》部分指出："《创世记》说，神把光与暗分开了，意味着他把好天使与坏天使分开了。由于不可能把一种肯定的性质与一种缺乏分开，所以这不能从字面上来理解。神是纯粹的理智。"Cole, "Olympian Dream," 29.

③ Descartes to Mersenne, May 27, 1630, AT 1：151.

还有一个事件也使笛卡儿确信，他的计划需要重新拟订。从 1628 年至 1633 年，笛卡儿试图发展一种哥白尼主义的科学，最终是一部名为《世界》的手稿。他在 1629 年 11 月 13 日致梅森的信中描述了这个计划，所用的语言与十多年前写信给贝克曼时大体相同："我决定不只是解释一种现象，而是要解释所有自然现象，也就是说整个物理学。"[1] 他明确希望这项工作能够取代亚里士多德。[2] 就在手稿即将出版时，笛卡儿得知了对伽利略的谴责，这使他撤回了手稿。他在《方法谈》中表示，他在伽利略的著作中没有看到任何令人不快的东西，所以对他自己的判断变得不那么确定了，但这一解释显然只是为了掩盖一个事实，即他认为对伽利略的谴责是不公正的。[3] 于是他开始相信，尽管在荷兰当时相对宽松的气氛下，他可以撰写甚至发表自己的作品，但它们决不会被正统的天主教徒所接受，他本人则可能被宣布为异端。因此他的结论是，如果不解决基本的形而上学问题和神学问题，他既不能为他的科学提供恰当的基础，也无法让人接受它。[4]

笛卡儿先是在 1637 年出版了《谈谈正确运用自己的理性在各门科学里寻求真理的方法》（简称《方法谈》）（*Discourse on the Method of Rightly Conducting One's Reason and Seeking the Truth in the Sciences*），从而把他的科学公之于众。这部著作的目标读者是一般公众，所以是用法语而非拉丁语出版的。这本书包括一篇关于他的科学的谈话或导论，其中谈到了他的方法，还包括几篇关于光学、气象学和几何学的科学论文，其中提出并展示了这一方法。笛卡儿在这部著作的开头断言，所有人的心灵都有某种平等性，因为人人都认为自己具有非常充分的良知（good sense）。这一具有讽刺性的断言几乎肯定是来自蒙田的散文《论傲慢》，但它也呼应了培根的类似说法。与蒙田的关联很有启发性：人性有一个近乎普遍的特征，那就是人们自以为自己知道，而实际上思维

---

① AT 1：70；CSM 3：7.

② Watson，*Cogito*，166.

③ AT 6：60；CSM 1：142.

④ Gaukroger，*Descartes*，304. 另见 Lefèvre，*L'Humanisme de Descartes*，187。

充满了混乱和误导。他们的傲慢使其沦为花言巧语（包括诗歌）和热情的俘虏，从而导致苦难和破坏。根据笛卡儿的说法，所需要的并不是人文主义所建议的更多的理智和学术，而是一种能够指导理智获得真理的方法。他认为自己恰恰能够提供这样一种方法。

《方法谈》本身是以自传体写成的，它把笛卡儿的计划置于那个时代之中。① 它的风格是叙事的而非戏剧的，所以它有一种历史腔调使读者远离了思想者的实感性，但也从历史视角考察了思想本身。在第一部分，笛卡儿谈论了自己的早年生活和教育。第二部分从 1619 年的美妙一天开始讨论，那天笛卡儿第一次构想了他的科学的基础。他在这里的叙述弥补了《小笔记本》中缺少的部分，但也省略了那里的许多关键内容。《方法谈》没有讲述玫瑰十字会和他那寓言般的梦，而是把他的发现置于宗教战争的背景之下，他的反思并非始于数学或科学，而是始于实际的政治关切。

于是，正如《小笔记本》最初预言的那样，笛卡儿戴着面具登上了世界舞台。不过，与《小笔记本》中的记述不同，这里既没有提到他的巨大热情，也没有提到他感觉被真理之灵所占据，这些赫尔墨斯主义要素将不利于这部著作被正统的天主教接受。相反，他表现为一个能被读者接受的笛卡儿，一个热衷于发现真理的笛卡儿，但也是一个不会引起任何神学或政治怀疑的笛卡儿。这个笛卡儿不是玫瑰十字会会员，而是正统的天主教徒和忠诚的子民。《方法谈》是一段绝妙的自我创造历史的第一部分，正是在这种自我创造中，并且经由这种自我创造，笛卡儿显示为一个范例，以取代人文主义作为美德榜样而提出的古代范例。② 于是，他运用了一种至少可以追溯到彼特拉克的人文主义方法，以促进一项不是以人为核心，而是以自然为核心的计划，并试图绕过他

① 沃森暗示，这部著作之所以具有自传特征，是因为巴尔扎克曾经请他讲述一下自己的思想发展。*Cogito*，182.

② David Lachterman，"Descartes and the Philosophy of History," *Independent Journal of Philosophy* 4（1983）：37，39. 笛卡儿这里拒斥的是一种人文主义观念，即我们是通过我们的朋友和在朋友之中而认识自己的，他肯定是从蒙田那里知道这种立场的，如果不是从柏拉图和亚里士多德那里知道的话。Ibid.，41.

那个时代的神学议题。

三十年战争构成了叙事的背景。这部著作问世时，距离《布拉格和约》结束德国内战仅有两年，但欧洲战争刚刚在德国爆发。它指向了20 年前这场战争的开始，那是笛卡儿反思的起点。为了消除任何疑虑，笛卡儿提到自己曾经参加过斐迪南二世的加冕，从而给人一种印象，好像他服务于天主教会，但事实上他并没有这样说。笛卡儿告诉我们，他因为冬季而被迫寄宿于德国的一个小村庄，在那里开始沉思。

重要的是理解笛卡儿所展现的场景。他是一个因冬季而闲置的年轻士兵，此时正值他那个时代最惨烈的事件开始前夕。他孤身一人，坐在生着火炉的暖房里向窗外看去。户外是一个中世纪的德国乡村，一幢幢新旧房屋杂乱无章地挤在一起，毫无条理可言。他所处的政治世界也是如此。——它也是无数人固执己见的结果，他们并不是通过理性或有条理地运用理智来做出这些决定。统治这个世界的是一个皇帝，但在笛卡儿进行沉思时，他已经被许多臣民（贸然）抛弃，因为他（贸然）企图压制他们的宗教。和政治一样，宗教也受制于各种相互冲突的、让人莫名其妙的规则，正如笛卡儿在《方法谈》开头告诉我们的，制定这些规则的人确信他们具有非常充分的良知。难怪笛卡儿首先想到的是，"拼凑而成、出于众手的作品，往往没有一手制成的作品那样完美"。①几乎不消说，他指的是一个有良知的人。其周围的混乱世界见证了一些没有良知的人长期的贸然行事，至少，他们缺少一种统一的方法运用他们的良知来获得真理。

笛卡儿用一系列例子来说明他的观点。他认为，七手八脚修补而成的房屋，不如由一位建筑师一手建成的房屋；原来只是村落、经过长期发展逐渐变成都会的古城，不如一位工程师按照自己的设想在一片平地上设计出来的整齐城镇；从野蛮状态逐步发展起来、只是根据前人偶然

① 笛卡儿这里似乎走向了培根的独裁科学家观念。Kevin Dunn, "'A Great City is a Great Solitude': Descartes's Urban Pastoral," *Yale French Studies 80, Baroque Topographies* (1991): 97. 有必要记得，《方法谈》最初名为 "一种能把我们的本性提升到最完美状态的普遍科学的计划"。Lachterman, "Descartes and the Philosophy of History," 35.

制定的法律生活的民族，不如像斯巴达人那样从一开始就有一个贤明的立法者的民族；规条由人来定的宗教，不如由神来定的宗教；由各种人的意见拼凑堆砌而成的学问，不如一个有良知的人运用简单推理而设计的科学。他主张，所有这一切都表明，让一个由良知来主导的人进行统治要更好。

选择这些例子很难说是出于偶然。事实上，它们是笛卡儿对亚里士多德主义拒斥的一部分。他所运用的这些例子仿效了亚里士多德在《尼各马可伦理学》第六卷中关于知识的论述。亚里士多德在那里主张，关注变化事物的实践知识与思考不变事物的理论知识之间存在着不可逾越的鸿沟。实践知识有两类，即关于制作的知识（*technē*，技艺）和关于做事的知识（*phronēsis*，实践智慧）。理论知识则包含关于第一本原的知识（*nous*）和由这些第一本原的演绎（*epistēmē*），它们共同构成了理论智慧（*sophia*）。

笛卡儿分别考虑了每一种知识。他的前两个例子是两种最高形式的技艺，即建筑师和城市规划者的技艺；其次两个例子是最高形式的实践智慧，即制定法律的人和制定法律的神；最后是最高形式的理论知识，即获得理论智慧的科学家。虽然笛卡儿遵从了亚里士多德勾绘的总体知识结构，但他这样做是为了与亚里士多德区别开来。首先，他主张，实践知识与理论知识之间并无严格划分。正如他在《方法谈》中所说，良知超越了两者之间的鸿沟，从而使我们能够用理论服务于实践。因此，科学家将能够掌握所有知识，而不是某一个知识领域。他的知识将是一种 *mathêsis universalis*，一种普遍科学或普遍数学。因此，他不仅是最有智慧的人，而且也是最优秀的技师以及为政治和神学事务制定法律的最佳人选。①

由这种对人的知识以及知识与实践之间关系的新的理解可以得出结论，一切事物都应当根本改变，包括国家和宗教。笛卡儿认识到，人们难免会得出这样的结论，把他和他的科学看成革命性的。于是，他立即

---

① 技师当然不同于亚里士多德的工匠，因为他的技术将依赖于科学。

否认他试图作这种革命性的改变。事实上，他声称自己坚决反对那些企图颠覆国家的好干涉的人。他告诉我们，他唯一的目标就是重建自己的房子，即改变自己的思想，把它们建立在完全属于自己的基础上。

当然问题是，笛卡儿在这里是否真诚。从人文主义传统的背景来看，笛卡儿的计划似乎是从城邦退回到了火炉旁，从渴望改进公共生活退到了私下里追求自我完善。[①] 彼特拉克和蒙田都有过这种著名的隐退。假如笛卡儿这里此言不虚，它的确是笛卡儿面对那个混乱时代所作的最初反应，那么它很快便消退了，因为在 1629 年 11 月，他写信给梅森说，其科学的核心方法预设了"自然秩序要发生巨大变化。整个世界将变成一个地上的天堂——在仙境之外这样说是太过分了"。[②] 当他在 1619 年和 1620 年（或远或近地）看到对波希米亚的劫掠时，或者在 17 世纪 30 年代回顾 20 年来的战争时，他会没有这种洞见吗？他告诉我们，正是在这个时候，他提出了自己的方法，但在对世界有更多了解之前，他决定不进一步发展他的科学。然而，这种世俗的了解（不同于实验知识）会改变科学自身的基本特征或它的任何细节吗？很难看出这如何可能。于是，我们不得不得出结论说，只有对世界有更多的了解，才能更好地判断在当时浓重的神学气氛下是否可能接受这种科学。问题不在于科学自身的本性（虽然在这方面他仍然有许多问题要解决），而是如何将它展示出来，使之容易被接受。伽利略受审已经清楚地表明，他的担心是有道理的。

《方法谈》所作的努力更加谨慎。在这部著作中，笛卡儿并未直接或明确地攻击亚里士多德主义（它后来被视为反宗教改革的天主教的基础），而是设计了一种科学，质疑了亚里士多德科学基本的存在论和认识论预设。这部著作的目标也被掩藏起来。例如，笛卡儿声称他对重新规范政治或教育没有兴趣，但我们知道，他曾多次试图说服耶稣会士等人把他的著作当作学校教科书以取代亚里士多德。如果他这样关心教

① Lachterman, "Descartes and the Philosophy of History," 38.

② AT 10：82；CSM 3：13. 这并不是说它是虚构的，而是说，只有通过一种虚构才能提出它，因为否则的话它会遭到当局的谴责和禁止。

育，他怎么可能不关心政治？他后来写给伊丽莎白公主的论述马基雅维利的信表明并非如此，他在信中显示了对政治生活的热情关注和了解。① 他对自己没有兴趣改变政治领域所作的解释也是不真诚的。他在《方法谈》中声称，当前的政治制度已经因习俗而变得更加悦人心意，但《方法谈》中的整个论证都旨在说明，要想实现这一目标，习俗是多么不够。事实上，他的论证暗示，习俗永远也无法扮演这里赋予它的角色，因为它仍然只是那些没有良知、贸然行事的人的意见的堆砌。的确，说了这番话之后，在第三部分的开头，笛卡儿立即把他那个时代的事件视为在一个变动不居的世界中"行为标准衰退"的例子。②

笛卡儿并不指望事物秩序能够立即发生革命性转变，但他肯定认为，欧洲终将通过采纳和逐步运用他的科学而发生改变。他在《方法谈》中声称，他只试图改变自己。然而，如果真是这样，他就没有必要发表他的著作。事实上，他期待别人以他为榜样，进行彻底的自我反省。当然，关键问题是，他认为这种自我反省会带来什么结果。蒙田曾在其散文中作过类似的呼吁，他似乎相信，结果将是人的多样性的繁荣，因为他不相信任何两个人会以类似的方式进行推理。这是人文主义的必然结论，它始于彼特拉克那里的人的个体性观念，这种观念在皮科等人的普罗米修斯式的个体主义那里得以完成。而笛卡儿却相信，任何摆脱了对世界的偏见并运用其良知的人都会得出与他完全相同的结论。无论是方法还是怀疑之路都会通向同一目标。因此，笛卡儿不是希望自上而下地突然改变整个欧洲社会，而是希望由内而外、一个人一个人地改变。此外，我们将会看到，至关重要的是，每个人都应亲自走笛卡儿的道路，因为只有通过个人体验才能认识到笛卡儿科学的真理性。

笛卡儿科学的基本原理和基础是"我思故我在"。他认为，只要遵循他所设计的道路，每个人或几乎每个人都能体会到这一思想。这是所有笛卡儿智慧的基础，是他认为人可以依赖的移动世界的阿基米德点。

① AT 4：486—492；CSM，3：292—295.
② AT 6：23—24；CSM 1：122—123.

245

但是，只有理解了笛卡儿的形而上学转变，我们才能理解这条原理。

## 笛卡儿对形而上学的重新表述

在过去几百年里，关于笛卡儿的原创性已经有许多争论，几乎所有这些争论都涉及关于现代性的起源和本质的争论。黑格尔也许最好地概括了源自启蒙运动的对笛卡儿的传统看法。他在《哲学史讲演录》中声称，当我们来到笛卡儿这里时，我们便回到了自己的家，回到了主体性。[①] 于是，现代性被理解成宗教改革运动和人的内心发展的结果。从19世纪末开始，一些往往有新托马斯主义倾向、反感现代性和笛卡儿的学者试图表明，笛卡儿以多种方式利用了经院哲学，所以他的思想并不像他所宣称的那样有原创性。他们认为，笛卡儿隐藏了他的新体系的中世纪基础，把一个"机械师的车间"建在了"大教堂的地基"之上。而海德格尔和后来的一些后现代主义思想家则主张，虽然笛卡儿的思想中肯定带有某些中世纪的印记，但它本质上是现代的，因为它以主体性学说为基础。不过不同于以黑格尔为顶点的早期传统，他们坚持认为，这种朝着主体性的笛卡儿转向并不是人类返家的时刻，而是人类发生深刻异化的时刻，是"世界午夜的开始"。自20世纪80年代起，一种对笛卡儿的新看法开始出现。

笛卡儿往往被描述成最早攻击亚里士多德主义的人之一。但这种观点是错误的。正如我们所看到的，对亚里士多德主义的攻击在13世纪已经开始。其实，笛卡儿时代的亚里士多德主义是在反宗教改革运动中，特别是由苏亚雷斯发展起来的一种新亚里士多德主义（实际上是一种新托马斯主义）。从存在论上讲，它更接近于唯名论而不是托马斯主义。诚然，笛卡儿拒绝接受经院哲学的或亚里士多德主义的实体形式观念，但许多前人也曾这样做。他显然也接受了基本的唯名论前提，即神创造世界是因为他想这样做，而不是因为他由于某种在先的理由或必然

---

① G. W. F. Hegel, *Sämmtliche Werke*, ed. Eva Moldenhauer and Karl Markus Michel, 20 vols. (Frankfurt a. M. : Suhrkamp, 1970), 12: 524.

性而决定这样做。因此，与经院哲学不同，笛卡儿并不认为神在创世过程中受永恒的理性真理的指导。① 虽然笛卡儿接受了这种基本的唯名论观念，但他并没有在唯名论基础上建立他的新科学，而是提出了一种与唯名论完全相左的基本原理。

笛卡儿科学计划的目标是使人掌控和拥有自然，由此（也许是无限地）延长人的寿命，消除贫困，保障安全。因此，他有一个明确的现世目标。② 他的科学旨在用理论服务于实践，把所有思想和行动都建立在确定性的基础之上。因此，这种想法的目标不是沉思，而是行动和生产，使世界为人类所用。③

在笛卡儿看来，这种科学的关键是确定性。然而，笛卡儿所说的确定性并非知觉的确定性，而是判断的确定性。他在《指导心灵的规则》（*Rules*）中解释了这一点：

> 任何知识都是一种确定的、明显的认知。对许多事物怀疑的人，并不比从来没有想到过它们的人更有知识；事实上，要是前者对其中的某些事物形成错误的见解，大概比后者更没有知识。因此，与其考察困难的对象——惟其困难，我们无从分辨真伪，只好把可疑当做确定——倒不如根本不去研究，因为对于这些问题，增长知识的希望不大，知识减退的危险倒不小。所以，根据本规则［#2］，我们拒斥所有那些纯粹或然性的认知，主张仅仅相信已经充分知晓的、无可置疑的事物。④

由此笛卡儿得出结论说："研究的目的，应该是指导我们的心灵，使之对于（世上）呈现的一切事物形成正确的、健全的判断。"⑤ 这种

① Descartes to Mersenne, May 6, 1630, May 27, 1638. AT 1：148，2：138.
② 尽管讨论了神学，但笛卡儿几乎对得救、下地狱和来世未置一词。
③ Discourse, AT 6：61—63；CSM 1：142—143.
④ AT 10：362；CSM 1：10—11.
⑤ AT 10：359；CSM 1：9.

判断是傲慢的解毒剂和科学的基础。

对笛卡儿而言，判断就是肯定或否定某种东西是事实，即两个事物属于或不属于彼此。当我们被感官、想象所欺骗，或者单纯纠缠于语词时，我们就会犯错。正确的判断从而正确知识的基础是直观的确定性，它是"清澈而专注的心灵中产生于唯一的光芒——理性之光的不容置疑的构想"。① 这并不意味着笛卡儿回避演绎。② 事实上，由于直观依赖于心灵的直接呈现，所以能够产生的公理较少。要想把握更为复杂和广泛的事物，需要把诸判断联系在一起。因此，演绎是对直观的必要补充。③ 然而，即使有了演绎，也很难在推理长链中获得确定性。在这种情况下，必须通过列举来减少错误。但是，任何推理链条都是为了通过一一直观每一个环节而把握整个链条。

于是笛卡儿坚持说，我们只能真正认识本性简单的事物及其混合。④ 他并非是指我们所能想象的可见可触的东西。想象很容易犯错。好在我们可以知道像怀疑和无知那样的无法想象的东西，但只有当心灵不再依赖于形象，并且考察自身时才是如此。⑤ 由此，它发现了天赋观念，特别是数学观念。笛卡儿科学的问题是，如何将这些纯理智的东西，尤其是数学对象，与感官和想象所能认识的物体联系在一起。鉴于笛卡儿的二元论，很难看出这两者如何能够联结，科学如何成为可能。在笛卡儿的早期思想中，它们之间的桥梁是想象。⑥ 想象是理智与感官

---

① AT 10：368；CSM 1：14.

② 即使对于亚里士多德来说，演绎也要依赖于对第一原理的认识，这些第一原理是经由直观（nous）认识到的。

③ AT 10：368—370；CSM 1：15.

④ AT 10：421—427；CSM 1：46—49.

⑤ AT 10：419—420；CSM 1：44—45.

⑥ 关于想象在笛卡儿那里所起的作用，参见 Jacob Klein, *Greek Mathematical Thought and the Origins of Algebra*, trans. Eva Brann（Cambridge：M. I. T. Press, 1968），197—211, 293—309；以及 Dennis Sepper, *Descartes' Imagination：Proportion, Image, and the Activity of Thinking*（Berkeley and Los Angeles：University of California Press, 2004）.

之间的纽带，从而使科学成为可能。[1] 我们所感知的东西在想象中被形象地再现，在那里与经由直观获得的、并且被想象赋予确定形式的观念相比较。在此基础上，理智能够肯定表象是可能的或必然的，或者断言它是不可能的。[2] 而倘若判断混合了想象中的要素而不管直观，判断就会误入歧途。 192

因此，笛卡儿在早期思想中发展的科学关键取决于直观的确定性。然而，笛卡儿开始怀疑直观是否能为他的科学提供基础，因为他认识到，新教思想和激进天主教思想中出现的神的全能观念对直观的不可错性提出了质疑。如果直观不是确定的，那么笛卡儿试图建立的数学科学将不会比他希望取代的或然性科学更好。[3] 如果没有确定的基础，没有真理的绝对稳固的基础（*fundamentum absolutum inconcussum veritatis*），我们就不能真正认识任何事物，从而再次陷入怀疑论。人文主义对想象和诗歌（在他的梦中显示为一种可能性）的依赖使之无法提供必然为真的基础，而笛卡儿认为这是人的认识所必需的。于是，它以一种或然性的怀疑论而告终。因此，为了给他的科学奠基，笛卡儿不得不面对怀疑论，不仅面对源于塞克斯都·恩披里柯（Sextus Empiricus）的皮罗主义形式的古代怀疑论，而且也要面对源于唯名论的怀疑论，它怀疑我们是否有能力认识哪怕是最确定的事物。

笛卡儿试图为其科学找到一种可靠的基础，这使他不得不与怀疑论进行斗争。他在《方法谈》中告诉我们，1629 年他隐居在阿姆斯特丹时便接受了这项任务。他再次独自生活，不过现在是在不同的意义上和不同的地方，不是在小村庄，而是在他那个时代设计最好的城市，不是

---

[1] Burman, AT 5：176—177. 关于这一点，参见 Stanley Rosen，"A Central Ambiguity in Descartes," in *Cartesian Essays：A Collection of Critical Studies*, ed. Bernd Magnus and James B. Wilbur（The Hague：Nijhoff, 1969），24。

[2] AT 10：420；CSM 1：45。

[3] 笛卡儿这里拒斥了一种只能确定可能性事物的科学。这种科学并不关注现代意义上的概率。我们数理统计学中所理解的概率概念能够帮助我们确定可疑程度或可能程度，这种观念在笛卡儿时代还不为人所知。关于现代概率概念的发展，参见 Ian Hacking, *The Emergence of Probability*（Cambridge：Cambridge University Press, 1975）以及 Lorraine Daston, *Classical Probability in the Enlightenment*（Princeton, N. J.：Princeton University Press, 1995）。

在政治和宗教斗争中,而是在他那个时代最自由宽容的社会中。① 在这种情况下,他觉得自己有能力面对那些威胁他的科学及其自我感受的基本问题。我们将会看到,这些问题的核心正是他于 1619 年曾经面对过的那个神学问题。

笛卡儿在《方法谈》的第四部分就这一话题描述了他最初的沉思。他告诉我们,在为他的科学寻求确定的基础时,他决定只接受那些不容置疑的东西,而把其他一切都当成错的。在反思这一主题时他认识到,他将不得不拒绝任何来自感官的东西,因为其中一些东西是幻觉;不得不拒绝所有推理的结果,因为他知道他有时会推理错误;不得不拒绝每一个念头,因为那些东西可能是梦。不过,《方法谈》并没有讲述整个故事。笛卡儿并不乐于讲述他最深刻的反思,正如他所承认的,他担心这些内容对于普通读者来说"过于形而上学"。他在《第一哲学沉思集》(*Meditations*)中更详细地讨论了这些内容。

《第一哲学沉思集》最初是用拉丁文写的,但很快就被译成了法文(也许是笛卡儿本人译的,至少是在他的协助下),这使更多的读者能够读懂它。不仅如此,出版时书后还附有当时一些著名思想家的一系列反驳,以及笛卡儿的答复。它几乎肯定是为了回答《方法谈》所引出的问题,应被视为在《方法谈》中提出的主张的延续或深化。② 这种关联在书中也很明显,因为《第一哲学沉思集》的开头总结了《方法谈》前三个部分的内容。《第一哲学沉思集》也是用自传体写成的,但与《方法谈》不同,它是戏剧性的而不是叙事的。因此,这部著作对读者来说更加直接。《方法谈》向读者展示了一种他们可能会效仿的良知的生活;而《第一哲学沉思集》则引领他们逐步走完整个过程,(至少是间接地)迫使他们走笛卡儿认为是其必然结论的怀疑之路。

---

① Dunn, "A Great City," 100—101.

② 尽管《第一哲学沉思集》表现为一个孤独的人的内心对话,但它实际上是与当时一些最著名的思想家的一种对话互动。关于反驳与答复对于笛卡儿思想的核心意义,参见 Jean-Luc Marion, "The Place of the Objections in the Development of Cartesian Metaphysics," in *Descartes and his Contemporaries: Meditations, Objections, and Replies*, ed. Roger Ariew and Marjorie Grene (Chicago: University of Chicago Press, 1995), 7—20。

　　第一沉思回顾了《方法谈》第四部分所描绘的怀疑之路。笛卡儿列举了从古代怀疑论中拿来的一些怀疑的理由，如感官的幻觉、疯狂和梦，并得出结论说，虽然这些东西可能会使人质疑物理学的真理性，但它们不会让人质疑数学的真理性。然而，《第一哲学沉思集》中的怀疑最终并不只是源于人可能犯错误（通过方法的一致运用，可以减少甚至完全消除这种错误），而且也源于我们有可能无可挽救地被一个全能的神欺骗。这样一个神创造出我们也许是为了让我们必然错误地理解世界，或者是为了不断误导我们，他甚至可能会干扰我们的心灵，或对自然秩序进行干预，以专门欺骗我们。[①]　单单是这样一个神的可能存在，就足以使人怀疑貌似最确定的真理，即数学直观。[②]　这样一来，整个笛卡儿科学可能都建立在错误的基础之上。

　　这种可能性导致笛卡儿不得不在方法论上假设有一个邪恶的魔鬼不断欺骗我们。他认为，通过把任何可疑的东西都看成虚假的，这种假设将能够防止他犯错误。在此假设的基础上，他可以确定，外部世界和所有抽象的数学实体（以及数学的真理性）都是可疑的。于是，科学是不可能的，笛卡儿不得不怀疑他自己是否还是什么。正如他在第二沉思开头所说："我确信，世界上绝不存在任何东西，没有天，没有地，没有心，没有物。那么是否连我也不存在？"

　　这种怀疑虽然看似严格和彻底，但许多人都怀疑它是否真诚。这个问题与一个更大的问题联系在一起，即《第一哲学沉思集》乃至笛卡儿的整个形而上学是否真诚。路易斯·莱尔德（Louis Laird）、查尔斯·亚当、吉尔松、吕西安·拉贝托尼埃（Lucien Laberthonnière）、让·拉波特（Jean Laport）、海勒姆·卡顿（Hiram Caton）、理查德·肯

———————————

　　[①]　一些学者认为，笛卡儿说世间万物可能都是一种幻觉，这是无意义的，因为如果真是这样，那么幻觉与实在之间就只有一种名义上的区别。例如参见 O. K. Bousma，"Descartes' Evil Genius," in *Meta-Meditations*：*Studies in Descartes*，ed. Alexander Sesonske and Noel Fleming（Belmont，Calif.：Wadsworth，1965）。然而，如果笛卡儿的神是一位一致的欺骗者，那么这有可能是真的，没有证据表明是这样。

　　[②]　关于这一点，参见 Karlo Oedingen，"Der 'genius malignus et summe potens et allidus' bei Descartes," *Kant-Studien* 50（1958~1959）：178—187；Popkin，Skepticism，78—79.

宁顿和斯坦利·罗森（Stanley Rosen）等一些学者认为，笛卡儿首先是一位科学家，他转向形而上学只是为了使他的科学能被信徒们接受。在他们看来，笛卡儿夸张的怀疑完全不真诚，[①] 他从来没有真正怀疑过数学的真理性。阿尔弗雷德·埃斯皮纳斯（Alfred Espinas）、亚历山大·柯瓦雷（Alexander Koyré）、昂利·古耶和让-吕克·马里翁（Jean-Luc Marion）等另一些学者则认为，笛卡儿的确受到了怀疑论的困扰，但他拒绝接受怀疑论而希望过一种真正的宗教生活。在他们看来，《第一哲学沉思集》的形而上学并不只是为了给信徒安慰，而是笛卡儿思想的顶峰。这两种看法都有可靠的证据。例如，笛卡儿显然试图支持他的科学的形而上学基础，他认为伽利略就没能做到这一点，这对伽利略很不利。[②]

虽然这的确是笛卡儿夸张的怀疑论背后的一个动机，但很难相信这是唯一的动机，或者说他只是为了抵御信徒中潜在的敌人。首先，我们知道，撰写《第一哲学沉思集》的一个原因是为了回答一些思想家向他提出的问题，至少其中有些人（如霍布斯）很难被指责为过度虔敬。笛卡儿对形而上学和神学问题的关注也明显早于《第一哲学沉思集》。例如，《小笔记本》中已经出现了形而上学问题。此外，正如我们前面指出的，要想挑战笛卡儿如此耿耿于怀的、其科学的确定性，并不需要有一个全能的神实际存在，而只需可能存在就够了。因此，笛卡儿不必相信这个神甚至是任何神就可以心存这种怀疑。他只是无法证明这个神不存在。那么从某种意义上讲，即使构造他的形而上学只是为了回答一些疯狂的、夸张的怀疑，这些怀疑也是非常实际的，因此解决它们对于笛卡儿的事业相当重要。除非可以消除它们，否则笛卡儿的科学永远无法必然为真。于是，笛卡儿 1630 年 4 月 15 日给梅森写的信并非不真诚：“我相信所有那些因为神而运用理性的人都不得不使用它，主要是

[195]

---

① 虽然笛卡儿在《第一哲学沉思集》的概要中说，只有疯子才会相信这些东西，但这也许是为了掩盖他的怀疑论，以使教会可能的批评改变方向。

② Descartes to Mersenne, August 14, 1634, June 22, 1637, and October 11, 1638, AT 1: 305, 392; 2: 380.

为了认识神和认识他们自己。这就是我的研究开始时的情况，倘若我没有沿着这些路线去寻找，我就无法为我的物理学找到基础。"① 于是，对这个全能的神的恐惧以及因他的可能性而产生的怀疑，作为智慧的开端重新出现在《第一哲学沉思集》中。

有学者主张，笛卡儿不可能严肃地认为神的全能会导致彻底怀疑，因为他相信，神受制于矛盾律。然而证据表明，这种解释是不正确的。例如，笛卡儿在 1630 年 5 月 27 日致梅森的一封信中指出，虽然神的意志是永恒的，但他并不必然要创造永恒的真理，因此，它们可以有所不同。② 因此，矛盾律并未排除神以别的方式行事的可能性。在 1644 年 5 月 2 日的信中，他又向梅兰（Mésland）解释了这一点："神的能力不可能有限制……神完全可能使矛盾真的一并存在，因此他本可以做相反的事。"③ 因此，他在 1648 年 7 月 29 日致安托万·阿尔诺（Antoine Arnauld）的著名信件中说，神完全有可能创造出一个没有山谷的山，或者使 1 加 2 不等于 3。④ 尽管如此，笛卡儿并不相信神会改变他的法则。他 1630 年 4 月 15 日写信给梅森说：

> 不要害怕去各处宣扬是神在自然中确立了这些法则，这就像一个最高统治者在他的国家确立法律一样……有人会告诉你，如果是神确立了这些真理，那么他也可以像国王改变他的法律一样来变更它们。对此我们应当回答说，这是有可能的，只要他的意志可以改变，但我认为这些真理是永恒不变的，就像我认为神永恒不变一样。他的能力是我们无法理解的，一般而言，我们认为神可以做我们所能理解的一切事情，但他并非不能做我们无法理解的事情。如

---

① 　AT 1：135.

② 　AT 1：151.

③ 　AT 4：110.

④ 　AT 5：223—224. 另见 Descartes to Henri More，February 5，1649（AT 5：275）以及 Descartes to Clersellier，April 23，1649（AT 5：377，545）。Stephen Nadler 指出，笛卡儿有一种比唯名论者更加激进的神的全能观念。"Scientific Certainty and the Creation of Eternal Truths：A Problem in Descartes," *Southern Journal of Philosophy* 25，no. 2（1987）：175—191.

果以为我们的想象力与他的能力一样大，那就太自负了。①

因此笛卡儿声称，神可以违反他业已确立的法则（包括矛盾律），但他不愿这样做。然而，笛卡儿并没有解释为什么他相信神的意志是不变的，也没有用他所断言的神的不可理解性来质疑这种说法。② 假如神真是全能的，那么理性之光就可能是虚假的，必然为真的科学也就不再可能。

对于笛卡儿在怀疑之路的尽头所考虑和拒斥的怀疑论，有两种传统回答。奥古斯丁在《驳学园派》中最早阐明了第一种看法，它认为信仰可以回答怀疑论。这便是虔敬之路。正如我们所看到的，路德在与伊拉斯谟的争论中宣称"圣灵不是怀疑论者"时，所采用的也是这种解决方案。③ 虽然笛卡儿并不否认，信仰在某种意义上也许是对怀疑论的一种回答，但他认为，这种信仰无法回答他所提出的怀疑。他指出，让他有时受欺骗，这并不违反神的善，所以即使他总是被欺骗，也不违反神的善。④ 这样一来，路德的回答并不比奥古斯丁更有说服力。单纯信仰神并不能减少这些怀疑，因为这些怀疑的来源正是神自己，我们把神想象得越强大，就越容易想象他有可能欺骗我们。

对于这种形式的怀疑，第二种可能的回答是无神论。假如没有神，所有事件的发生都是出于一种无终止的、在先的必然性，那么这种激进的怀疑似乎是不可能的。笛卡儿指出，这样一种唯物论观念无法解决这

① AT 1：135—136.
② Margaret Osler 指出："在神那里，意志和认识是同一个东西，因为正是通过意愿某种东西，他才认识它，而仅仅是由于这个原因，这种东西才是真的。"因此，神的理解的任何变化都会带来神的不完美。"Eternal Truths and the Laws of Nature：The Theological Foundations of Descartes' Philosophy of Nature," *Journal of the History of Ideas* 46，no. 3（July-Sept. 1985）：352. 然而，这种解释很难说是足够的，因为神比如说原则上能够永远意愿 1+1 在星期四不等于 3。因此，虽然他的意志也许是不变的，但从人的观点来看，它仍然会显得矛盾。
③ WA 18：605. 32；LW 33：24.
④ 在笛卡儿看来，哥白尼和开普勒所代表的这种立场不仅威胁了宗教，而且威胁了物理学。参见 Gérard Simon, "Les vérités éternelles de Descartes, evidences ontologiques," *Studia Cartesiana* 2（1981）：133。

个问题，因为相比于是神欺骗了我们，说我们是这样偶然形成的，更有可能让我们在世界的本性方面持续被欺骗。[①]　在笛卡儿看来，无论是走依赖于神的信仰之路，还是走依赖于人的经验之路，我们都不能为科学提供基础。

笛卡儿用他的基本原理解决了在《方法谈》第四部分和第一沉思的结尾令他苦恼的怀疑论。他在《方法谈》中得出结论说，在试图把一切都视为虚假时，他认识到，正在思考这一点的人必定有其所是，从而阐述了他那条著名的原理——"我思故我在"。[②]　这个结论的形式在《第一哲学沉思集》中略有不同，他在那里写道："我是，我存在，此命题必然为真，只要我将它提出来，或者在心灵中设想出来。"[③]

我们该如何理解这个原理呢？从表面上看，它似乎是一个三段论的结论，但笛卡儿在"答复"中拒斥了这种看法。[④]　如果它是一个三段论的结论，那么它就不可能是基本的，因为它将依赖于更基本的前提和矛盾律。笛卡儿在《方法谈》和后来的《哲学原理》中断言，它是一个判断。[⑤]　在《第一哲学沉思集》中，他称其为一个必然结论，即它是一个判断的结论，是对一个必然联系的肯定。[⑥]　然而，它是一种特殊类型的判断，因为它的真不在于它的逻辑形式，而在于其执行。[⑦]　这一陈述

---

[①]　Hiram Caton，*The Origin of Subjectivity*（New Haven：Yale University Press，1973）；Walter Soffer，*From Science to Subjectivity*：*An Interpretation of Descartes' Meditations*（New York：Greenwood，1987），19—40. 这种观念似乎使我们不得不面对一个问题。如果一种激进的唯物论更可能把我们引入谬误，那么假定一个全能的神或一个邪灵为什么还是必要的？这个问题的答案在于怀疑的起源与对怀疑的解决之间的区分。在笛卡儿看来，单纯的唯物主义更可能导致欺骗，但通过严格地运用这种方法，它原则上是可以补救的。相比之下，一种故意的全能可能大不可能产生谬误，但也无法补救。

[②]　AT 6：32；CSM 1：127.

[③]　AT 7：25；CSM 2：17.

[④]　AT 7：140—141；CSM 2：100. 关于最佳的他样论证，参见 Heinrich Scholtz，"Über das Cogito，Ergo Sum，"*Kant-Studien* 36，no. 1/2（1931）：126—147。

[⑤]　AT 6：33；8A：8—9；CSM 1：127，196.

[⑥]　AT 7：25；CSM 2：16—17.

[⑦]　关于这一点，参见 Jaakko Hintikka，"Cogito，ergo sum：Inference or Performance？" in *Meta-Meditations*，50—76。

[197] 并非只在抽象意义上为真，只有执行或经验它，才能承认它为真。或者用康德的话说，它是一个先天综合的真理。不过，它不是任何一个先天综合真理，而是我的自我奠基行为，我的自我创造。笛卡儿在"答复"中解释了这种自我奠基的判断的本质："只有思考它们，才能怀疑它们，但我们思考它们，必定会同时认为它们为真……因此，我们怀疑它们，必定要同时认为它们为真，也就是说，我们永远也不能怀疑它们。"[1] 但是，为了理解这一结论的本质，我们需要更全面地考察笛卡儿所说的思考和判断是什么意思。

　　笛卡儿用各种不同方式定义了思考。在《指导心灵的规则》中，他列出了四种认知能力：理解、想象、感觉和回忆。[2] 后来他又扩大了他的概念。在第二沉思中，他声称，一个思想着的东西是一个怀疑、理解、肯定、否定、有意志、拒绝、想象和感觉的东西。[3] 在第三沉思中，他把自己说成是一个思想着的东西（res cogitans），他怀疑、肯定、否定、知道一些东西，对许多东西无知、爱、恨、意愿、欲望，也想象和感觉。[4] 他在"答复"中声称，思想包括任何我们直接意识到并落入意愿（包括怀疑、肯定、否定、拒绝、爱和恨）、理解、想象和感觉这四种一般范畴的东西。[5] 在《哲学原理》中，他主张思考可以分为两种类型：①知觉或理智的操作，包括感觉、想象和对纯理智事物的构想；②意志活动，包括欲望、厌恶、肯定、否定和怀疑。[6] 最后，在《灵魂的激情》中，他也类似地主张，灵魂有两种基本功能，即它的行动和激情。[7] 在他看来，只有那些源于身体的激情才是严格意义上的激情；在灵魂中出现的那些激情既是行动又是激情，它们得名于前者更高贵的

----

① AT 7：145—146；CSM 2：104；cf. *Principles*，AT 9B：9—10，CSM 1：183—184.

② AT 10：411；CSM 1：39.

③ AT 7：28；CSM 2：19.

④ AT 7：34；CSM 2：24.

⑤ AT 7：160；CSM 2：133. 另见 Descartes to Mersenne，May 1637；and to Reneri，April-May 1638；AT 1：366；2：36。笛卡儿在 *The Description of the Human Body*，AT 11：224 中给出了类似的论述再加上回忆。

⑥ AT B：17；CSM 1：204.

⑦ AT 11：342—349；CSM 1：335—339. 另见 Descartes to Regius，May 1646；AT 3：372。

能力。

之前我们看到，早期笛卡儿认为，判断因想象力而成为可能，想象力把源于感觉的图式化的意象与形式化的观念结合在一起。而在晚期笛卡儿的思想中，想象更多地成为一个投射意象的屏幕，即大脑后方或松果腺。[1] 在这个意义上，想象已不再是判断中的主动力量。在思想成熟的笛卡儿看来，判断是意志和理解力这两种不同心灵能力的结合。后者变得更加被动，意志起着更大的作用。例如，通过意志，理解力作为知觉（perception，源自 percipere，字面意思为"抓住"）而变得主动。意志刺激大脑形成意象，作为理解力的辅助，篡夺了以前想象的作用。意 198 志还取代了直观成为唤起天赋观念的能力。[2] 这样一来，判断便成了意志的一种决定。[3] 于是，对于思想成熟的笛卡儿来说，思考是意志的一种形式。[4] 当我们考察思考的特征——把它自己确立为基本原理时，这一点变得特别明显。

笛卡儿的基本原理经常被理解成自我意识或主体性。然而，笛卡儿所说的自我思考与通常的自我意识相当不同。对笛卡儿而言，思考显然是反身性的。他 1641 年 7 月写信给梅森："我已经表明，灵魂只不过是一个思想着的东西；因此，我们无论思考任何东西，都必定会同时拥有关于我们灵魂的观念，因为灵魂能够思想我们所想到的一切。"[5] 当然，笛卡儿并不是人类第一次认识到我们可以思考自己。柏拉图在其《卡尔米德斯》（Charmides）中，还有后来的新柏拉图主义思想和奥古斯丁的思想中，都提出了这个问题。然而，这些早期的自我意识概念均设想，意识所意识到的自我是某个对象，就像世界上的其他对象一样，也就是

---

① *Meditations*，AT 7：27；CSM 2：18—19.

② *Replies*，AT 7：188—189；CSM 2：132.

③ Comments on a Certain Broadsheet，AT 8B：363；CSM 1：307.

④ 关于这一点，参见 Peter Schouls，*Descartes and the Enlightenment*（Edinburgh：Edinburgh University Press，1989），esp. 35—50 以及 Antony Kenny，"Descartes on the Will，" in *Cartesian Studies*，ed. R. J. Butler（New York：Barnes and Noble，1972），4。笛卡儿把思考等同于意愿使我们想起了唯名论的观念，即对于神而言，认知和创造是一回事。

⑤ AT 3：394；cf. *Principles*，AT 8A：7；CSM 1：195.

说，我意识到我自己与意识到椅子的方式相同，或者说，每当我有一个椅子的观念，我同时也会有一个意识到椅子的自我的观念。不过，笛卡儿所说的对思想的思想与这样一种观念没有什么关系。

笛卡儿并不认为我们有自我意识是因为我们把自己作为对象。在他看来，要想认识任何事物，都必须感知到它，将它传递给大脑，并通过意志在想象的屏幕上再现出来。这样一来，感知对象就被转变成坐标系上的数学的线或形状，笛卡儿称之为广延。因此，只有将世界再现出来，而不是感知或想象它，世界才真正存在，也就是说，只有当世界在字面意义上被实际制作或构造（源自拉丁词 *facere* "制作"）出来，它才是真实的。这种对世界的构造就是它的再现或对象化。然而，这种再现始终是对于一个主体而言的，始终仅存在于思想中。因此，思想作为再现始终是对于一个主体的再现。主体是指被确立或抛到对象之下（*sub-iectum*）的东西，所谓对象，是指被抛掉或抛到我们面前（*ob-iec-tum*）的东西。因此，在任何思想活动中，都必然要设定或意愿主体。于是，一切思想活动都是一种自我思想，或者用后来的话说，一切意识是自我意识。就这样，笛卡儿对由全能的神所引发的问题的解决方案带来了一种对人是什么的全新看法。[①]

在笛卡儿看来，人是一个思想着的东西。然而，思想着的东西是一个正在进行再现、构造的东西，尤其是，它始终在自我再现或自我设定。因此，笛卡儿意义上的人就其核心而言是一个自我设定、自我奠基的存在。这样一来，人就不再被看成理性的动物，而是被设想成有意志的存在。正如我们看到的，人文主义和宗教改革都把人的人性定位于意志而不是理性。笛卡儿得益于它们，但也超出了它们。与人文主义不同，笛卡儿所说的主体是从历史世界中抽象出来的，它没有人格，没有美德或邪恶，不关心不朽的名声。但这样一来，这个意愿着的主体便不再受制于这个世界的有限性，从而可以设想它成为这个世界的绝对的主

---

① 关于这一点，参见 Gerhard Kruger, "Die Herrschaft des philosophischen Selbstbewusst-seins," *Logos*, *Internationale Zeitschrift für Philosophie der Kultur* 22（1933）：246。

人。同样，这个主体的意志并不从属于神的意志或与之相冲突。于是，处于路德的思想核心以及伊拉斯谟与路德争论之中的问题至少在表面上得到了解决。

这个主体把思想重新思想为意志，这是笛卡儿尝试为人构造一个理性的堡垒，以对抗有潜在恶意的全能的神的基础。这特别明显地表现于他对其基本原理的表述。这一基本原理出现在怀疑之路的尽头。在笛卡儿后来的思想论述中，怀疑被列为意志的一种形式，但它占据了一个非同寻常的位置，因为所有其他意志形式都是成对的对立面（肯定与否定，欲求和厌恶）。在一种意义上，怀疑似乎介于肯定与否定之间，但在另一种意义上，怀疑似应与信仰或信念配对，但笛卡儿在论述时也许将后者抑制住了，因为它在宗教改革的争论中有争议。事实上，在笛卡儿看来，怀疑的隐藏的对立面不是信仰或信念，而是确定性。由此，在笛卡儿那里，确定性和自然科学取代了信仰和神学。

确定性的获得并不是理智或理解力的活动，而是意志的活动。在笛卡儿看来，当我们不再能够怀疑时，即在怀疑之路的尽头，确定性就出现了。因此，怀疑作为意志的一种形式，是获得确定性的手段，是笛卡儿普遍科学的基础。笛卡儿基本原理的核心是认识到，作为否定形式的怀疑不可能否定自身，这一否定实际上是一种否定之否定，从而是一种自我肯定。[①] 就这样，意志把自身构造成了一个自我，从而构造成一切事物的基础或主体（*subiectum*）。[②] 笛卡儿告诉我们，要想掌控自然，必 200
须首先掌控自我，摆脱想象的幻觉。通过以怀疑形式运用我们的意志，从而避免这些幻觉的欺骗，我们便肯定了我们的自由。由此，意志肯定了它的优越性，肯定了它可以摆脱神及其造物。[③] 不过，正如我们所看到的，这种自由是空洞的自由。作为怀疑或否定的意志粉碎了世界，迫

---

① 关于这一点，参见 Simon，“Les vérités éternelles de Descartes，” 126—129。

② 参见 Heidegger，*Nietzsche*，2 vols.（Pfullingen：Neske，1961），2：148—158。

③ 因此，我的解释与萨特的说法截然不同，萨特说，笛卡儿把绝对自由赋予了神而没有赋予人。*Descartes*（Paris：Trois collines，1946），9—52.

使笛卡儿假定他和世界什么都不是。① 然而，怀疑发现它无法怀疑自身。② 在摆脱幻觉的过程中，意志发现它无法将自己意愿掉，从而在这一发现中为其征服自然界奠定了基础。

于是，在笛卡儿看来，怀疑并非终止于怀疑论或苏格拉底和蒙田的疑难智慧（aporetic wisdom），而是终止于一种实用的科学，使人能够掌控自然，改善人的境况。这种新科学的原理乃是个体的自主性，它源于人的意志的自我肯定和自我设定。③ 因此，自我并不只是另一个对象，而是对世界进行再现式重构的基础；《方法谈》开头所描述的理性的堡垒，便是建立在这一基础之上。

对人文主义来说，思想同样是意志的一种形式，是一种描绘世界形象的诗意（poetic［字面意思为"制造"——译者注］）构造和自我构造。笛卡儿接受这种人文主义观念，但他认为，这样一种重构不能依靠想象。想象的"真相"，即植根于想象的艺术品和技术，至多只是给一直处于自我之外、远离自我的命运提供了可能的解决方案。笛卡儿对自我与世界的再现式重构并非依赖于想象，而是依赖于一种解析代数，它被一个自我证实的自我支撑着。于是，笛卡儿对世界的"诗意"改造产生了这样一个世界，它不再是一个独立于人的宇宙或受造物，而是一个通过我而存在、从而可以完全属于我的人工制品。这是因为，它只是相对于我而存在；它是我所固有的；因此，它可以变成我的财产。然而，要想理解这种变化是如何产生的，我们需要更仔细地考察，笛卡儿是如何把这个世界的所有权从它的前主人即神那里剥夺过来的。

---

① *Meditations*，AT 7：21—22；CSM 2：14—15.

② 这一结论在笛卡儿未完成的对话《真理的探寻》（*The Search for Truth*）中表现得更为明显，在其中，爱比斯德蒙（Epistemon）害怕怀疑之路会导向苏格拉底和皮罗主义者的怀疑论（AT 10：512；CSM 2：408），欧多克斯（Eudoxus）通过表明因为我怀疑即我思，故我在，从而消除了他的恐惧。AT 10：523；CSM 2：417. 这也不由得让人想起奥古斯丁在《忏悔录》中提出的论证。

③ "要想自主，即一个人自己的控制源，既要自身是一个本原，即成为一切可由科学发明出来的东西的生成源或生产源，又要是人自身的本原，也就是说，能够控制一个人的生活和工作。后来在《灵魂的激情》中，笛卡儿将把这种自主称为'高尚'（génerosité），它是所有其他美德的关键和顶点。"Lachterman，"Descartes and the Philosophy of History，"43.

从表面上看，笛卡儿的基本原理"我思故我在"似乎只是保证了一个思想着的自我的存在。但笛卡儿声称，这是建立其普遍科学之确定性的关键，是能够移动世界的阿基米德点。那么，这条基本原理，这个自我创造的我，是如何保证科学的确定性，从而使掌控和拥有自然成为可能的呢？

根据笛卡儿的说法，这条基本原理不仅是真的，而且也是所有其他真理的标准。也就是说，任何其他判断要想是真的，就必须和这条基本原理一样清晰和自明。从表面上看，很难看出其他判断如何能够获得这样的清晰性和自明性。但如果更深入一些，就会看得很清楚，其他判断只有源于这条原理，或以这条原理为基础时，才可能是真的。笛卡儿科学的真理性依赖于数学的真理性，而数学的真理性仅仅因为可能有一个全能的欺骗者而受到质疑。因此，如果能够基于笛卡儿的基本原理表明，不可能有这样一个欺骗者，那么数学的真理性将是无可辩驳的，笛卡儿科学的必然为真的特征就可以得到保证。诚然，物理学依赖于对象的实际（而不是可能的）存在，但这种存在性可以在方法上得到证实。于是，必须与基本原理同样清晰分明的唯一其他真理就是，神不是一个欺骗者。但如何能够基于基本原理证明神不是一个欺骗者呢？或者换句话说，如何能够驯服唯名论和宗教改革运动的那个非理性的神，表明他既不是也不可能是一个欺骗者呢？[1]

对这一点的证明，即笛卡儿所谓的存在论论证，也许是笛卡儿哲学中最富争议的内容。在解释这一论证时，通常会把它相对于经院哲学背景进行解读。存在论论证的经典形式是安瑟尔谟在《独语录》（*Monologium*）中第一次提出的，后来阿奎那在《神学大全》开头讨论关于神的存在的各种证明时又重复了这个论证。笛卡儿也许正是从这里知道它的。[2] 这个论证依赖于经院哲学关于存在层次或实在层次之间的区分。根据这种解释，实体或存在者比偶性具有更多的实在性，无限的

---

① *Replies*，AT 7：144；CSM 2：103.
② *Replies*，AT 7：165；CSM 2：116—117.

存在者比有限的存在者具有更多的实在性。因此，神比事物更实在，事物比像颜色这样的偶性更实在。笛卡儿使用了这个论证，但作了一种特殊的转向。当我审视我自己时，我发现有一种完美性观念，但由于我已经认识到自己是一个可以被欺骗的有限存在者，所以我承认我并不完美，完美性观念不可能来自于我。但这个观念必须来自某个地方，那个地方就是神。神必定是这一观念的原因。因此神存在，而且是完美的。根据笛卡儿的说法，神的观念是我们先天具有的，它得自于基本原理。① 然而，如果神是完美的，那么他永远不会欺骗我们，因为所有欺骗都是由某种缺乏造成的。因此，神不是一个欺骗者，既然如此，数学真理就是确定的。不仅如此，神还使我相信外部对象的存在，由于他不是一个欺骗者，那么对象与实在的东西之间必定有一种对应，或者至少通过正确地运用我的官能，我可以理解它们之间的关系。于是，数学和物理学都必定是可能的。就这样，神保证了清晰分明的观念的真理性，对神的信仰是科学所必需的，但神自己是通过基本原理的确定性来保证的。②

虽然这种对笛卡儿存在论的传统解释有一定的说服力，但马里翁却使我们有理由怀疑，事实是否真的像这种解释所表明的那样简单。特别是，他指出笛卡儿对神的定义具有明显的不一致：在第三沉思中，神被称为无限的；在第五沉思中，神是一个完美的存在者；在第一个和第四个答复中，神被称为一个自因（causi sui）。③ 如果神是无限的，那么他必定超越了理性，因此是一个潜在的欺骗者；然而，如果他是完美的，他就不可能是潜在的欺骗者；如果他是一个自因，那么他就要服从理性

---

① *Replies*，AT 7：106—107；CSM 2：77，88. 我们也许注意到，这是一个关于完美性存在的证明，而不是关于神本身存在的证明。

② Oedingen，"Der Genius Malignus，" 182；Harry G. Frankfurt，*Demons*，*Dreamers*，*and Madmen*：*The Defense of Reason in Descartes' Meditations*（Indianapolis：Bobbs-Merrill，1970），172. 于是，根据笛卡儿的说法，无神论者无法获得确定性，因此不可能是科学家。AT 7：139；CSM 2：99；cf. also *Replies*，AT 7：384；CSM 2：263.

③ 关于这一点，我遵循了马里翁在 "The Essential Incoherence of Descartes' Conception of Divinity，" in *Essays on Descartes' Meditations*，ed. Amélie Rorty（Berkeley and Los Angeles：University of California Press，1986），297—338 中的观点。

的法则。这表明，对存在论论证的传统解读无法把握笛卡儿论述的丰富性。至少在这种情况下，对该论证的传统看法似乎是一种对笛卡儿面具的描述，笛卡儿戴这个面具是为了使他的科学更符合正统。然而，笛卡儿掩饰自己的真实意见并不意味着他是无神论者，就像一些学者所声称的那样，而是暗示，他对神的理解要比传统看法更为复杂和非正统。

事实上，笛卡儿对神的理解和他用来证明神存在的存在论论证依赖于一种对无限的新理解，这种理解与之前的任何东西都截然不同，对于作为现代科学和现代世界之基础的数学的形成至关重要。不仅如此，这种新的无限概念使我们得以调和马里翁所描述的三种对神的不同定义。要想理解这一点，我们必须再次回到安瑟尔谟关于存在论论证的经典表述。当安瑟尔谟说神是无限的时，他是在断言神本质上是神秘的，因为他遵循亚里士多德的说法，认为无限是不可理解的。[①] 然而，当笛卡儿说神是无限的时，他是在断言神可以被理解。这是一种非同寻常的说法。即使是非常明白有限与无限之间差异的波纳文图拉，也不认为可以通过这种方式来理解神。[②] 笛卡儿之所以能够以这种方式来理解神，是因为他已经把神定义成了一个仅仅在量上区别于其他存在者的实体。[③]

对于古代人和经院哲学来说，无限被看作对有限的否定，因此是某种本身并不存在或不可理解的东西。当把这个词归于神时，基督教只是断言，神无可计量地大于而且彻底不同于所有其他存在者。利用几何学上的工作，笛卡儿认为有可能提出一种肯定的无限观念，这不是一种否定的，而是一种肯定的理解神的道路。事实上，笛卡儿暗示，传统恰恰把它理解错了。无限并非是对有限的否定；恰恰相反，有限是对无限的

---

① 尽管如此，安瑟尔谟并不因此认为神完全不可理解。事实上他主张，尽管神无法接近，但他使其他一切变得可以理解。这里与柏拉图主义传统的关联是显然的。

② 笛卡儿认为神属于无限类型（*sub specie infinitatis*），波纳文图拉则认为神属于神性类型（*sub specie divinitatis*）。*Itinerarium mentis in Deum* 3.4。参见 Koyré，*Descartes und die Scholastik*，115—117。

③ Jean Marie Beyssade，"Création des vérités éternelles et doute métaphysique," *Studia Cartesiana* 2（1981）：93；and Marion，"Essential Incoherence," 303—307.

否定。① 他这里用作模型的不是一个无限序列，而是一个无界的图形。②
如果我们把神的无限看成一个沿各个方向延伸的无界平面，那么所有有
限的存在都只是对这一无限的否定，都是内嵌于这个平面的有界图形。
于是，在他看来，我们可以像理解一个无限图形那样来理解神。因此，
我们并非仅仅通过否定或相加来认识神，而是将神作为一个整体来
认识。③

那么也许有人会反驳说，笛卡儿这里实际上只是把神等同于无限。
面对这种指控，他试图为自己辩护，声称无限观念是神的一个不完美的
模型，因为神在各方面都是无限的，是无限地无限。于是，笛卡儿想把
"无限"（infinite）一词留给神，而把所有其他无限的事物都称为无定
限的（indefinite）。④ 然而，这并不是一个真实的区分，因为笛卡儿总结
说，虽然我们不能通过一个无限图形的模型而完全理解神，但我们可以
像理解一个无限图形那样清晰分明地理解神。⑤

虽然神是无限的，他无法被想象，但他可以被构想，也就是说，我
们的确有一种神的观念。事实上，笛卡儿声称，对我们自身存在的认识
就包含神的观念。⑥ 他说这话的意思似乎是，基本原理中对自我的承认
是对其自身局限性的承认，即承认我是一个有限的存在。然而，这种承
认同时也是对无限的承认，即对意志自身的承认，这种无限的意志就是
神。我们只是对无限的一种限制，是内嵌于一个无限平面之上的有限图
形，是对神这个无限整体的否定。

204　　　　但在何种意义上，这种神的观念包含于基本原理之中？对这个问题

---

① Descartes to Clersellier, 1646, AT 4：445—446；Descartes to Hyperaspistas, August
1641, AT 3：427.

② *Replies*, AT 7：367—368；CSM 2：253.

③ *Replies*, AT 7：371；CSM 2：256.

④ *Principles*, AT 8A：15；CSM 1：202, Descartes to Chanut, June 6, 1647, AT 5：
51. Margaret Wilson 指出，区分无限与无定限可能只是一种策略，因为笛卡儿把人的意志称为
无限的。Margaret Wilson, "Can I Be the Cause of My Idea of the World?（Descartes on the Infinite
and the Indefinite），" in *Essays on Descartes' Meditations*, 349—350.

⑤ *Replies*, AT 7：112；CSM 2：81.

⑥ *Replies*, AT 7：111—112, 365；CSM 2：80, 252.

的回答来自我们较早前对思想的考察。在那里我们看到，思想的核心处是意志，自我在思考基本原理的活动中意愿它自己。于是，当我意愿我自己是我时，我也意愿神是神。然而，我所意愿的这个神不是唯名论的那个造成这种恐惧和不确定性的全能的、有潜在恶意的神，也不是路德的那个隐藏的（或显示的）神。事实上，这个神不可能是一个欺骗者，因为他并没有意识到他自己，因此并没有意识到他与我的区别。这是笛卡儿论证的一个重要含意，但如果不另作一些解释，这一点并不能一目了然。

对于笛卡儿来说，我在怀疑之路的尽头认识到自己是有限的、完全不同的。在变得有自我意识、把我自己设定成一个有限存在的过程中，我认识到自己与其他存在者有所区别，认识到自己的贫乏和不完美。然而，神却没有这样的认识。他不是有限的，因此无法对他自己有自我意识，因为他的意志永远不会受到阻碍和限制。因此，神无法与所有存在者区分开来。因此，他不可能是欺骗者。如果神不是一个欺骗者，那么笛卡儿的普遍科学就是安全的。

就这样，通过把那个唯名论的神归结为纯粹的理智实体，笛卡儿驯服了他。这一点在《小笔记本》中就已经很清楚，笛卡儿在那里声称，神是纯粹的理智。然而，在笛卡儿的成熟思想中，神的理智就等于神的意志。作为纯粹的理智，神是纯粹的意志。由于是无限的，所以神的意志并不指向任何特定的东西；它就是因果性本身。神是自因，因为他是纯粹的因果性，是机械论自然的核心机制，是如何（how）而不是什么（what）。[1] 向后看，我们可以说他是命运，向前看，我们可以说他是所有物质运动的源泉。[2]

笛卡儿科学的目标是掌控自然，或者更确切地说，是掌控这种运动和处于自然核心的这种因果性。换句话说，他的科学的目标是要理解和

---

[1]　因此，笛卡儿对神与自然之间关系的理解是把宇宙等同于神这一神秘主义思想的顶点，如我们在第一章中所看到的，这种思想始于埃克哈特大师。

[2]　或如 Soffer 所说："通过把一种神的深不可测性作为笛卡儿力学的体现，笛卡儿的自然已经变得去神学化了。" *From Science to Subjectivity*，155.

掌控神。通过把混乱的世界在再现中进行重构，通过把经验之流转变成物体在一个可作数学分析的空间中的运动，笛卡儿的科学达到了这个目的。于是，唯名论和宗教改革运动的那个全能的神便无法进入笛卡儿的理性化的宇宙，除非他放弃其绝对意志，按照笛卡儿所规定的力量过活。他被剥夺了他的绝对能力和他的世界，这个世界越来越受制于那个科学的自我（ego）。在这种解读中，笛卡儿对神的存在性的证明是对神的无能的证明，或至少是对他与人类事务无关的证明。① 正如笛卡儿所说，无论神是否存在，自然都会以相同的方式运作，无论是哪一种情况，我们都必须用同样的数学手段来理解自然。②

但人如何可能为了掌控现象、拥有世界而与神竞争呢？③ 答案很清楚：人只有自身在某种意义上是全能的，也就是说，只有人在某种意义上已经是神，人才能与神竞争。④ 要想理解处于笛卡儿思想核心的这一宏大断言，关键是要明白，对于笛卡儿来说，神和人本质上都是有意志的存在。笛卡儿告诉我们，人的意志和神的意志没有什么不同。⑤ 在他看来，意志是无限的、不偏不倚的、完全自由的、不从属于理性或任何其他法则或规则。⑥ 因此，它是人的完美性的唯一基础。⑦

---

① 这种对笛卡儿存在论证明的解读把笛卡儿推到了把神视为无思想实体的斯宾诺莎的方向、把神视为绝对主体的费希特的方向，甚至是以新柏拉图主义的方式把人的自我意识看成绝对者的自我意识的黑格尔的方向。

② *Discourse*, AT 6：43—44；CSM 1：132—133.

③ Amos Funkenstein, *Theology and the Scientific Imagination from the Middle Ages to the Seventeenth Century* (Princeton, N. J.：Princeton University Press, 1986), 191—297.

④ 参见 Bernard C. Flynn, "Descartes and the Ontology of Subjectivity," *Man and World* 16 (1983)：13。

⑤ *Meditations*, AT 7：57；CSM 2：40；另见 Descartes to Mersenne, December 25, 1639, AT 2：628。需要注意的是，信开头的日期已经暗示出笛卡儿的说法具有远为宏大的特征。Gilson, *Liberté chez Descartes et la Théologie*, 25.

⑥ Koyré, *Descartes und die Scholastik*, 44；Gilson, *Liberté*, 26；Wilson, "Can I Be the Cause," 350. 对这里提出的解释的最好的反论证是 Antony Kenny 提出的，他声称，在笛卡儿看来，我们并不像神那样无动于衷。*Descartes and the Enlightenment*, 90. 对 Kenny 的反驳参见 Georges Moyal, "The Unity of Descartes' Conception of Freedom," *International Studies in Philosophy* 19, no. 1 (1987)：46。

⑦ AT 11：445；CSM 1：384.

　　笛卡儿暗示，神与人之间的差异不在于他们的意志，因为这是等同的，而在于他们的认识。人的意志是无限的，他想要一切，其欲望是无法满足的，但人的认识是有限的。因此，他的能力为他的认识所限。①康德后来也将面临类似的割裂，但与康德不同，笛卡儿并没有建议把意志限制在认识的范围内，并让意志去适应它，这在很大程度上是因为他认为认识的范围不是给定的，而是过去误用意志所导致的后果。②

　　在笛卡儿看来，关键是要理性地用意志来掌控自然。笛卡儿相信，他的方法和普遍数学将使这成为可能。因此，虽然人与神相像，但还不是神。要想成为神，彻底掌控自然，完全剥夺神的权力，就必须用笛卡儿的科学。这最终回答了笛卡儿进行哲学思考的开端的那个问题：倘若对主的敬畏是智慧的开端，那么以智慧为手段，就可以将主俘虏，解除其武装，剥夺其权力，将其归入理性的堡垒。

　　笛卡儿相信，假如这样来理解神，宗教冲突就会消失。如果我们反思笛卡儿在《奥林匹卡》中对梦的叙述，就可以清楚地看出他的理由。神和宗教凌驾于人类之上，这种力量源自于人类的一种天然恐惧，他们担心自己会因为罪而受到惩罚，这种罪不仅仅是他们公开的罪，而且也是他们隐秘的罪，隐藏在他们灵魂深处的罪，这种罪甚至可能来自于他们自己。对因为这种罪而受罚的恐惧宛如一股狂风或一个邪灵席卷着我们，把我们推向教堂，远离我们世俗的朋友。路德便是这种恐惧力量的明显例子，宗教战争是屈服于它所导致的最严重后果。笛卡儿科学中所显示的真理精神清除了我们心灵中的那些可怕幻觉，使我们不再沉溺于强化这种恐惧的想象。假如摆脱了这些幻觉，我们便能明白在生活中应当走何种道路，这条道路在发展时是人文主义的，但最终却植根于对自然的一种数学再现和占有。当这一过程结束时，支配我们的将不再是对

206

────────────

①　当自由超越了理解的界限时，它就落入了谬误。*Meditations*，AT 7：56—57；CSM 2：39；*Replies*，AT 7：314—315；CSM 2：218—219；另见 Descartes to Hyperaspistas，August 1641，AT 3：432。

②　Burman，AT 5：159. 柯瓦雷主张，在笛卡儿看来，我们有能力克服我们的错误，获得神的绝对完美性。*Descartes und die Scholastik*，47，52.

神的恐惧，而是良知，特别是，正如笛卡儿在 1646 年致伊丽莎白公主的信中所说，如果这种良知能被这样一个君主所用，他受一种近乎神圣的意志所指导，能够保证思想者的权利。① 事实上，笛卡儿似乎暗示，随着他的方法的传播，良知将开始占据人心，人们都会同意形成这样一种政治制度。②

笛卡儿的科学会产生一种总体上自由的后果，这使得传播它会有风险。的确，直到他后来有了更强大的朋友和保护者，他才刚开始透露这些后果。但不幸的是，即使是他的名声和朋友们也无法给他安全，使之远离伤害。笛卡儿之所以不情愿地搬到瑞典，受女王克里斯蒂娜的保护，主要是因为投石党运动在法国爆发以及海斯贝特·富蒂乌斯（Gisbertus Voetius）等人在荷兰对他的攻击。③ 女王要求笛卡儿在每个冬日的天亮之前给她上课，由于天气寒冷，马车里又无暖气，他的健康状况迅速恶化，不久便离开了人世。

最终，笛卡儿得以用他那完备的智慧消除了对主的恐惧。然而，他为此付出的代价是高昂的。在部分程度上，就像克里斯托弗·马洛（Christopher Marlowe）笔下的浮士德博士一样，他只能通过放弃传统的宗教信仰，走一条至少从赫尔墨斯主义开始的道路，才能实现这个目标。但这还不是最大的危险。笛卡儿最初设想和恐惧的神是一个强大的神，他超越了理性与自然，超越了善恶。笛卡儿只是通过把这个神的能

---

① Reuss, "Descartes, the Palatinate, and the Thirty Years War," 129.

② OP, 3：628. 关于这一点，参见 James V. Schell, "Cartesianism and Political Theory," *The Review of Politics* 24（1962）：263—264. 另见 Reuss, "Descartes, the Palatinate, and the Thirty Years War," 119。

③ 富蒂乌斯之所以攻击笛卡儿，是因为他在笛卡儿的哲学中看出了阿明尼乌的伯拉纠主义的复兴。这里给出的论证表明富特实际上并没有认识到，笛卡儿的哲学是多么彻底的伯拉纠主义。关于富蒂乌斯和笛卡儿，参见 Theo Verbeek, *Descartes and the Dutch：Early Reactions to Cartesian Philosophy, 1637—1650*（Carbondale：Southern Illinois Press, 1992）；以及我的文章 "Descartes and the Question of Toleration," in *Early Modern Skepticism and the Origins of Toleration*, ed. Alan Levine（Lanham, Md.：Lexington Books, 1999）, 103—126。

力加在了自己身上，才赢得了与这个可怕的神的斗争。[①] 由此，他开启了对人的全能的希望和抱负，自那以后，这种希望已经多次以可怕的形式显现出来。

---

① 莱布尼茨和马勒伯朗士拒绝接受笛卡儿的神的彻底全能，因此并不需要如此夸大人的能力。在这方面，他们为启蒙运动确立了基础，即赞美人但并不神化人。只是随着休谟的怀疑论和康德的二律背反学说使启蒙运动的计划落空，笛卡儿思想的激进内涵才得以复活，并体现在德国唯心论者的思想中。

# 第七章　霍布斯的恐惧智慧

　　1588 年，一位少妇在英格兰西南部的一个教区牧师住宅分娩。孩子的出生比预想的早。不过这样一来，她也不用担心那些天主教徒乘船而来了。她吓坏了。外敌入侵英格兰！而且是天主教徒（Papists）的入侵！她知道这正是她早产的原因。但现在是什么时刻啊，竟然把一个孩子带入人间！空气中弥漫着恐惧，每一个人都预想着最糟糕的事。英明女王（Queen Bess）的海军能够阻止那些西班牙魔鬼和他们的罗马天主教吗？倘若不能，她和家人就要倒霉了。他们都是加尔文派教徒，她的丈夫是教区牧师。"他们会像对待那些可怜的胡格诺派一样屠杀我们吗？"她想，"他们凭什么会区别对待我们呢？我们也是加尔文派教徒。即使他们饶恕了我们，假如失去了我的托马斯，我们将如何生活呢？要是他们带回自己的枢机主教和神父呢？"

　　回想起来，这位少妇的恐惧也许有所夸张，但这种恐惧实在太自然了。这是一个令人恐惧的时代。托马斯，那天降生的她的儿子，将会理解这种恐惧，并且赋予它一种前所未有的表达。事实上，80 多年后，他在《诗生活》（*Verse Life*）中讲述自己的出生时说："亲爱的妈妈/您产下了双胞胎，我，还有恐惧。"① 当然，这里所说的主人公是霍布斯，他在谈自己的出生与西班牙无敌舰队的可怕威胁之间的巧合。霍布斯用诙谐的语言暗示，他的出生与恐惧联系在一起，他宣称这种激情是人类行为的源泉。尽管有这种外表，但他的妙语绝非轻松愉快。事实上，它

----

① 　Thomas Hobbes, *Elements of Law Natural and Political* ( New York: Penguin, 1994 ), 254.

指向了处于霍布斯思想核心的一片黑暗的实在，它根植于那个时代的暴力冲突，但反映了他所认为的人的境况的一个普遍事实，以及人类心灵所承受的永恒负担：神创造的这个世界似乎并没有因为我们的幸福安宁而被组织起来，而是对我们充满敌意，而且如果可能的话，会愿意杀死我们。

在这种威胁下，霍布斯认识到，人的最自然的激情就是恐惧。它内 <sup>208</sup>
在于我们在世界之中的存在方式，要想改善我们的命运，就必须承认这个事实。霍布斯认为，他的同时代人之所以不愿意这样做，是因为他们受了三种错误学说的误导：首先是经院学者设想有一个和谐世界显示了神的理性和公义；其次是人文主义者认为我们可以通过荣耀的行为而获得不朽；最后是宗教改革和反宗教改革把为神而死说成是一种殉道，能确保我们得救。在霍布斯看来，所有这三种学说都是追求自身利益的人宣扬的欺骗。不过，我们可以揭露和克服这些欺骗，从而使我们对横死（violent death）的恐惧变得可以接受，并力图用理性来减少或消除这种恐惧。于是，霍布斯思想的目标是消除暴力，保障我们的安全，增进我们的幸福。

要承认自己怕死，至少表面上要承认自己是一个懦夫。而这正是霍布斯对自己的描述。事实上，也许再没有别的思想家如此详尽地强调过自己的怯懦，他一再提醒同时代人，他是内战开始时最早逃离这个国家的人之一。霍布斯为什么要讲这样一个故事？对于一个加尔文派教徒来说，在保王党阵营强调自己反对清教徒，这无疑是有利的，但很难相信这可以抵消保王党成员的耻辱，在他们之中，霍布斯动摇过那些受人文主义传统的训练、认为勇气在美德之中占据首要地位的人的信念。然而，霍布斯的说法并不是为了讨好当权者，而是有更深层的哲学目的——旨在从根本上重新评价恐惧和勇气，这是霍布斯的思想和一般的现代性所固有的。在霍布斯看来，怯懦并不是一种罪恶，而是那些最伟大的美德的来源，因为它植根于一种激情，这种激情促进了保护和维持和平繁荣所必需的智慧和科学。

正如我们所看到的，霍布斯和他的同时代人有这种恐惧是很自然

271

的。1588 年，由于拥有英勇的海军，再加上运气不错，英格兰幸免遭到入侵。霍布斯母亲的恐惧既不是空穴来风，亦非杞人忧天。倘若西班牙人成功登陆英格兰，结果肯定很可怕。然而，在霍布斯看来，对横死的恐惧并不只是在危险的时代和处境中才出现，而是一直包围着我们，即使我们通常并未察觉或认识到这个事实。

霍布斯认为，我们的目标不应是克服对横死的恐惧，而是要消除作[209]为其来源的暴力。在他看来，死亡是我们生命过程的中断所导致的结果，这种中断起因于与他人和他物的冲突。因此，对横死的恐惧实际上是对这种冲突的恐惧。于是，为了保护我们自己，我们必须理解和消除这种冲突的原因。然而，寻求这种冲突的最终原因，使我们回到了所有运动的开端，对霍布斯来说，这就是神。因此，在恐惧启发我们推理这个意义上，对霍布斯（和笛卡儿）而言，对主的恐惧是智慧的开端。因此，霍布斯的整个科学，特别是他的政治学，均涉及对神的研究。

对神的恐惧在古典世界众所周知，但这种恐惧一般被视为一种分心，而不是智慧的来源。对亚里士多德而言，思想始于好奇，它是一种对比我们更高、更美的事物的爱。在霍布斯看来，思想并非始于对大量令人不知所措的、无法说明的事物的感觉，而是始于这样一种认识，即苦难和死亡近在咫尺，我们需要保护自己。恐惧引导我们探寻万事万物背后不可见的原因。

对于这种对不可见力量的恐惧，我们最初的反应是求它息怒。根据霍布斯的说法，这便是自然虔敬的来源，它是所有宗教的基础。[①] 对于自然人来说，世界是一个黑暗的地方，受制于神秘莫名的力量，最终导致我们的死亡。[②] 虽然我们对这种黑暗力量的恐惧通常以迷信而告终，但霍布斯指出，在适当的条件下，它也能引导我们思考如何改善我们在

---

① *The English Works of Thomas Hobbes of Malmsbury*, ed. William Molesworth, 11 vols. (London：Bohn, 1839—1845), 3：95—96（此后引作 EW）；A. P. Martinich, *The Two Gods of Leviathan：Thomas Hobbes on Religion and Politics* (Cambridge：Cambridge University Press, 1992), 62. 霍布斯宣称，好奇是宗教的起因。EW 3：94；另见 Martinich, *Two Gods*, 51。

② 霍布斯相信这种观点在赫西俄德（Hesiod）那里有所表达。*Leviathan*, ed. Edwin Curley Indianapolis：Hackett, 1994, 473.

世间的命运。要想朝着这个目标迈进，首先是要认识到，诸神或神并不直接干预尘世事务。一旦弄明白这一点，恐惧就会把人引到一个新的方向，我们不再担心那种把我们挑选出来、带有恶意的神的意志，而是走向与现实的自然界的相遇。而这又会带来那种发现事物原因的喜悦，霍布斯称之为好奇。最后一步是认识到，通过理解原因，我们可以发展出一种科学，使我们掌控和拥有自然，消除横死的威胁。

　　这种对霍布斯观点的简要概述足以使我们看到神学、政治和科学在其思想中的深层关联。接下来我将论证，他对世界的阴暗看法是他接受了唯名论基本信条的结果，特别是那种被宗教改革运动所接受和改造的唯名论。我还将进一步论证，霍布斯在一些关键的方面转变了这种思想。路德和加尔文试图表明，我们在尘世间做的任何事情都无法影响我们得救的机会，因为得救完全取决于神的拣选。霍布斯接受这种无条件拣选的教义，但把它颠倒了过来。如果我们尘世间做的任何事情都无法 <sup>210</sup> 影响我们的得救，那么就没有任何救赎论的理由去做任何尘世的活动。于是严格说来，唯名论的神的全能学说以及随之产生的加尔文主义的拣选观念破坏了宗教在世俗事务中的权威性。因此，现代自然科学和政治学并非源于对宗教的拒斥，而是源于从神学上表明了宗教与此世的生活毫不相干。在更详细地讨论这一点之前，我们需要对霍布斯的思想背景作一番考察。

## 霍布斯思想的历史背景

　　从奥卡姆到霍布斯的 300 年间，英格兰发生了显著变化。前两个世纪曾饱受战乱的折磨，最后以亨利七世建立都铎王朝（1486～1603）而告终。虽然都铎时期相对平静，但这是一个巨变的时代。在政治上，都铎王朝将英格兰从一个封建社会转变为一个中央集权国家。在思想上，人文主义和宗教改革运动几乎同时到来，将传统的形式和做法扫除殆尽。人文主义在亨利七世时代来到英格兰，到了 16 世纪中叶，随着莫尔、科利特、埃德蒙·斯宾塞（Edmund Spenser）、菲利普·西德尼（Philip Sidney）和后来的莎士比亚而达到顶峰。英格兰人文主义者总体上不如意大利人热衷于普罗米修斯主义，他们更多地植根于基督教人文主义传统。① 不过，他们对赫尔墨斯主义以及关于隐秘原因的魔法知识深感兴趣。马洛笔下的浮士德博士、莎士比亚笔下的普罗斯佩罗（Prospero）、培根《新大西岛》中的科学家，都是约翰·迪伊（John Dee）和弗拉德等著名魔法师的文学反映，其影响不仅局限于英格兰，而且也传播到波希米亚和欧洲其他地区。

英格兰文艺复兴因宗教改革的到来而提前结束。英格兰宗教改革本来始于亨利八世对教会土地和财产的国有化，但随着欧洲大陆那样的要求变革的压力在下层不断积聚，它很快就变得更加激进。这并不奇怪。英格兰人在神学上早就比欧洲其他国家更为激进。司各脱和奥卡姆是两个明显的早期例子，但威克里夫（1324~1384）更重要，他发起了对教会的挑战，这种挑战在路德和胡斯那里达到了顶峰。

尽管拒绝接受教皇的权威，但亨利八世并不试图从根本上改变宗教教义或做法，例如，他支持教会反对路德。亨利八世死后，他年幼的儿子爱德华六世继承王位（1547），新教徒占据上风。由于爱德华的早逝（1553），他同父异母的妹妹"血腥"玛丽登上王位，她试图通过武力重建天主教。她与（天主教的）西班牙国王结婚，但没有留下子嗣。她于1558年去世，其继任人伊丽莎白一世于1559年与各宗教团体达成协议（体现为1563年的《三十九条信纲》），保证了带有集中的主教制结构的英国国教会的独立性。然而，随着在玛丽统治时期逃往日内瓦和德国的难民陆续返回家园，激进的新教势力持续发展壮大。他们带来的宗教观导致苏格兰出现了长老制，英格兰出现了独立制。这些来自伊丽莎白时代殖民地的加尔文派不奉国教者被其对手称为清教徒。

对立双方继续鼓动变革，法国和荷兰境内的宗教战争使不安加剧。在许多加尔文派教徒看来，圣巴托罗缪日大屠杀和1588年西班牙无敌舰队的威胁都是不祥的迹象。他们的新教女王不可能永远活着，她的继

① 人文主义是通过波利齐亚诺而不是通过菲奇诺、皮科或马基雅维利传到英格兰的。William Gilbert, *Renaissance and Reformation* (Lawrence: University Press of Kansas, 1998), 169—170.

任者也许不会对他们的事业那么友好。不过，他们的力量在不断增长，1590 年，坎特伯雷和约克的大主教都正式认可了加尔文主义的绝对预定论。

与此同时，一个新的宗教运动即阿明尼乌主义涌现出来。阿明尼乌主义源于其荷兰创始人雅各布·阿明尼乌（Jacobus Arminius，1560～1609），他曾经是加尔文的继任者泰奥多尔·贝扎（Theodore Beza）的学生，但拒绝接受加尔文主义，因为他认为加尔文主义使神成了罪的创造者。他利用伊拉斯谟的看法，主张自由意志对于决定得救和受罚至关重要。这种神学吸引了许多英格兰人，阿明尼乌主义迅速发展。然而，加尔文派教徒对这种新的神学仍然怀有疑虑，并视之为秘密天主教，一种变相的"天主教会"。

加尔文派与阿明尼乌派之间的斗争反映了路德与伊拉斯谟早先的争论。伊丽莎白去世后，苏格兰国王詹姆斯六世加冕成詹姆士一世，此后这种斗争更加明显。詹姆士一世是苏格兰女王玛丽·斯图尔特的儿子，曾试图在苏格兰恢复天主教。虽然他接受的是新教教育，但他不得不在苏格兰的天主教徒与新教徒之间游走。他倾向于主教制，部分是因为主教制走一种中间路线，而且也因为它为他的神权信仰提供了强大的神学支持。在他看来，国王是神指派的，所以不受制于任何人，包括教皇。

加尔文派教徒要求镇压天主教，但詹姆斯继续了伊丽莎白的宽容政策，尽管这在 1605 年之后更加困难，因为当时"火药阴谋"（Gunpowder Plot）重新唤起了新教徒的恐惧。[1] 但是，在寻求改革方面，加尔文派教徒并非孤军奋战。阿明尼乌派也在获得进展，特别是在大学中。国王的亲密顾问，阿明尼乌派教徒威廉·劳德（William Laud），1615 年攻击了加尔文主义。[2] 这两派之间的斗争又持续了 10 年，荷兰也有类似的斗争。[3] 在劳德的影响下，阿明尼乌派占了上风，加尔文主义 1626 年在

① Nicholas Tyacke, *Anti-Calvinists: The Rise of English Arminianism, c. 1590~1640* (Oxford: Clarendon, 1987), 6.

② Ibid., 7. 他是在仿效理查德·胡克。

③ Ibid., 74.

275

牛津、1632 年在剑桥被宣布为非法。在此期间，这场争端变得极有破坏性，以致国王在 1628 年禁止了两个群体之间的所有争论。①

荷兰的结果与英格兰相反，在荷兰，阿明尼乌主义于 1619 年在多特会议（Synod of Dort）上受到谴责。结果，许多加尔文派教徒离开英格兰前往荷兰（或新世界），或加入了某个新的不从国教派。② 许多不从国教者确信，阿明尼乌主义的制度化只是在为"天主教会"做准备。即使是温和的加尔文派教徒，也把阿明尼乌主义看作一种哲学怀疑论，从而是上个世纪英格兰天主教所特有的莫尔和伊拉斯谟的人文主义的延伸。由于詹姆斯一世把女儿伊丽莎白嫁给了信奉新教的普法尔茨选帝侯（1613），加尔文派教徒的情绪稍有平复，但他们对詹姆斯一世想让儿子查理迎娶信奉天主教的西班牙公主而感到义愤填膺——直到他让查理娶了法国国王的信奉天主教的妹妹，加尔文派教徒的怒火才稍有平息。

查理 1625 年成为国王后，试图用老奸巨猾的策略对付加尔文派教徒。他是一个高教会派，反对一切形式的加尔文主义，但由于国家极糟的财政状况，他迫切需要得到议会的支持。他试图通过许诺不宽容天主教而赢得加尔文派的支持，但却向法国国王秘密许诺宽容天主教。他试图求助于共和主义者为其外交政策争取资金支持，避免宗教斗争，但被迫于 1628 年接受《权利请愿书》作为换取他们支持的条件。事实上，查理一世从未真正愿意与议会合作，而总是视之为权力障碍。为了巩固自己的权力，他需要牢牢控制国教会，因此，他于 1633 年任命劳德为坎特伯雷大主教。

阿明尼乌派占统治地位激化了与加尔文派的矛盾，加尔文派认为，劳德打算重新引入天主教，也激化了与共和主义者的矛盾，共和主义者认为，他想废除《权利请愿书》。内战之前，围绕着这些宗教与政治分歧，形成了各个派别。阿明尼乌派、主教派（Episcopalians）和神权的支持者是一方，长老派（Presbyterians）、独立派（Independents）和共

① Ibid., 77.

② Ibid., 185—186.

和主义者是另一方。

当查理一世企图把主教派教会统治强加给苏格兰长老派时，战争爆发了。① 苏格兰内战几乎立即波及英格兰和爱尔兰，各方之间的联盟不断变动。1643 年之前，清教徒一方包括温和的长老派、苏格兰长老派、埃拉斯都主义者（Erastians）和独立派，但是当他们在长期议会中取得权力时，他们便分裂成了相互竞争的群体。1643 年的威斯敏斯特会议试图把联盟团结在一起，但未能找到共同的普遍基础。更大的冲突持续了许多年，双方都有巨大的伤亡和平民死伤。经过多次激烈的战争和派别倒戈，独立派最终占了上风。他们于 1649 年处决了国王，并于 1651年流放了他的儿子查理二世。但是，他们的胜利并没有带来和平，因为胜利者发现，他们自己的神学分歧使他们不可能合作甚至是和平共处。激增的新教派别不仅在信念和做法上表现特异，而且经常不能相互宽容。直到克伦威尔率领军队才恢复了秩序。1653 年，克伦威尔成为护国公。克伦威尔死后，他的儿子没能赢得军队的信任，1660 年，议会认识到有必要同斯图亚特王朝达成和解，并同意重新恢复君主制。

虽然查理二世是一个高教会派，但对他来说，宗教并不像对他的前任那样重要，英格兰开始进入一个和平时期。然而，国王没有合法的子嗣，从而有可能被他的兄弟詹姆斯所取代，这一直威胁着和平。1673年之前，詹姆斯一直是秘密的天主教徒，此后则是公开的天主教徒。基于一项阻止詹姆斯登基的计划，这引发了"王位排除争论"（Exclusion Controversy，1679~1681）。他成为国王三年后，光荣革命（1688）便废黜了他。

## 霍布斯的一生

霍布斯出生于 1588 年，在马姆斯伯里（Malmesbury）小镇长大。他出身于中产阶级家庭，不过他的父亲是一个教育程度不高、经常醉酒

---

① 长老派认为主教派没有圣经根据。Eldon Eisenach，"Hobbes on Church，State，and Religion，" in *Thomas Hobbes：Critical Assessments*，ed. Preston King，4 vols.（New York：Routledge，1993），4：302.

的加尔文派教士。① 小时候，他同罗伯特·拉蒂默（Robert Latimer，"一位优秀的希腊学家"）一起在西港教会（Westport church）学习，14 岁时便将《美狄亚》（*Medea*）从希腊文译成了拉丁文。也许是这部剧本对社会解体的可怕设想吸引了他，因为他最早的传记作家约翰·奥布里（John Aubrey）称他有一种多愁善感的气质。② 他的研究大体上遵循一种人文主义的道路，注重语言和古代作家，但主要集中在希腊语而不是拉丁语。

1603 年，霍布斯进了曾经是清教徒运动中心的马格德伦学院（Magdalen Hall）深造，其院长约翰·威尔金森（John Wilkinson）是一个强调人性恶的坚定的加尔文派教徒。③ 霍布斯研究了逻辑以及亚里士多德的物理学，不过他对两者都不感兴趣，实际上大部分时间都在阅读关于天文学和新世界的著作。他所上的课程可能是经院哲学的，但目前尚不清楚它是实在论的还是唯名论的。④ 有人认为，16 世纪中叶的人文主义改革为学校课程带来了一种修辞要素，即使在亚里士多德主义复兴的情况下，这种要素也依然很有影响力，霍布斯的教育要比大多数学者所认为的更具人文主义色彩。⑤

霍布斯 1608 年获得了学位后，在威尔金森建议下，他成了威廉·卡文迪什（William Cavendish）的老师。卡文迪什家族是斯图亚特王朝英格兰的一大王室家族，通过他们，霍布斯进入了社会的最高层，

---

① Noel Malcolm, "A Summary Biography of Hobbes," in *The Cambridge Companion to Hobbes*, ed. Tom Sorell（Cambridge：Cambridge University Press, 1996）, 13.

② John Aubrey, "A Brief Life of Thomas Hobbes, 1588～1679," in *Aubrey's Brief Lives*, ed. Oliver Lawson Dick（London：Secker and Warburg, 1950）, 149.

③ Martinich, *Two Gods*, 4；EW 2：xv—xvi. 根据奥布里的说法，霍布斯对人性的看法也很低："他说要不是因为绞刑架，某些人的残忍程度会远甚于我杀死一只鸟，他们甚至会以杀人取乐。我曾经听到他痛斥摩西的残忍，竟然会因为崇拜金牛犊而杀死成千上万的人。" Aubrey, "A Brief Life," 157. 另见 Malcolm, "Hobbes," 16。

④ Ibid., 17. Martinich 指出，虽然霍布斯读了苏亚雷斯的形而上学和政治作品，但他的影响主要是负面的。Martinich, *Two Gods*, 379.

⑤ Miriam M. Reik, *The Golden Lands of Thomas Hobbes*（Detroit：Wayne State University Press, 1977）, 27.

参与了对当时重大的政治、神学、思想议题的讨论。① 除了少数几次中断，他后来终生都与他们待在一起。

霍布斯得益于这个家族的大量藏书，他广泛阅读人文主义和基督教传统的著作，关注的更多是希腊历史和诗歌而不是哲学，比早先的人文主义者更少关注罗马的政治道德思想。② 他对柏拉图主义和新柏拉图主义似乎没有兴趣，不大同情公民共和主义，但却对赫尔墨斯传统表现出了浓厚兴趣。③

虽然许多学者都把年轻的霍布斯看成人文主义者，但他所关注的东西与早先的人文主义者相距甚远，后者试图以柏拉图主义调和基督教教义和罗马道德思想。霍布斯坚持认为，罗马的道德哲学和政治哲学是有害的，柏拉图主义是魔鬼的、反基督教的。在这方面，他更接近于路德而不是彼特拉克和菲奇诺，或者伊拉斯谟和莫尔。

卡文迪什的年龄略小于霍布斯，因此，霍布斯更像是他的同伴而非老师。从 1614 年到 1615 年，他们周游了欧洲大陆。在这次旅行中，霍布斯目睹了天主教，他开始相信，异教信仰已经使它堕落。他曾在一篇早期文章中指出，罗马主教们的野心颠覆了这个帝国，他们的奢华和傲慢继续腐蚀着天主教的教义和做法。④ 在意大利的这段时间里，他可能听说或见到过唯名论者和唯物论者保罗·萨尔皮（Paolo Sarpi），戴　²¹⁵

---

①　卡文迪什 1605 年成了男爵，1618 年成了德文郡的伯爵。

②　Karl Schuhmann 指出，霍布斯对经院学者的厌恶使他转向了诗歌和历史，而不是文艺复兴时期的科学。"Hobbes and Renaissance Philosophy," in *Hobbes Oggi*, ed. Andrea Napoli（Milan：Angeli，1990），332.

③　查茨沃斯（Chatsworth）图书馆藏有 400 多部赫尔墨斯主义著作，其中包括布鲁诺和弗拉德的文本。Ibid.，336，339. 霍布斯也知道迪伊的工作。Ibid.，337—338。在《出埃及记》中谈到埃及祭司有能力控制嬗变的地方，他找到了赫尔墨斯主义的《圣经》根据。*Leviathan*，297.

④　这篇文章包括在《闲暇时光》（*Horae Subsecivae*）中，是 Reynolds 和 Saxonhouse 已经表明是霍布斯亲手撰写的三部著述之一。*Three Discourses：A Critical Edition of Newly Identified Work of the Young Hobbes*, ed. Noel Reynolds and Arlene Saxonhouse（Chicago：University of Chicago Press，1995），71—102.

维·伍顿（David Wootton）曾经称萨尔皮为那个时代唯一公认的无神论者。[1]

在这次旅行中，霍布斯变得对罗马历史著作更加感兴趣。根据奥布里的说法，他买了恺撒的《高卢战记》，读了塔西陀对卡提林阴谋的记述，这成为另一篇早期文章的主题。他比较钦佩马库斯·布鲁图斯（Marcus Junius Brutus）和卡修斯·隆吉努斯（Cassius Longinus），但对民主和共和主义鲜有同情，他继续强调君主垄断武力的重要性以及无政府状态和内战的危险。

在此期间，也许早在 1615 年，但最迟不晚于 1620 年，他还熟悉了培根的工作，并开始与这位大法官进行接触。他曾短期担任过培根的秘书，并将培根的一些散文译成了拉丁文。[2] 培根在多大程度上对霍布斯产生了影响，这引起了很大争论。人们大都认为这种影响微不足道，因为霍布斯本人并不喜欢培根，而且拒绝接受他的经验论和归纳法。[3] 然而，我们有理由怀疑这个结论。首先，奥布里告诉我们，在所有秘书中，培根最欣赏霍布斯，因为他明白培根在说什么。霍布斯必定已经进入了培根的深层思想，才能给这位精明的大法官留下如此深刻的印象。此外，他和培根一样都是唯名论者，他接受培根的看法，即科学必须是实践性的，而不是理论性的。他还同意培根的核心观念，即知识就是力量。这一切都表明，培根对霍布斯的影响要比一般认为的更重要。此外，最近的一项发现进一步支持了这种看法。在研究培根作品的作者身份时，诺埃尔·雷诺兹（Noel Reynolds）和约翰·希尔顿（John Hilton）发现，《新大西岛》很可能有一大部分内容是霍布斯式的。[4] 他

---

[1]　David Wootton, *Paolo Sarpi: Between Renaissance and Enlightenment* (Cambridge: Cambridge University Press, 1983), 3, 134. 霍布斯曾与 Sarpi 的助手有过数年通信。Martinich, *Hobbes*, 39.

[2]　威廉·卡文迪什与霍布斯也仿效培根写过散文。关于这一点，参见 Arlene Saxonhouse, "The Origins of Hobbes' Pre-Scientific Thought: An Interpretation of the *Horae Subsecivae*," Ph. D. diss., Yale University, 1973。

[3]　Martinich, *Hobbes*, 66.

[4]　Noel Reynolds and John Hilton, "Who Wrote Bacon," unpublished essay, 17.

们并没有暗示霍布斯是这部在培根文稿中发现的著作的作者，但他们的确相信，霍布斯在其撰写过程中起了某种至关重要的作用。培根经常让他的秘书写下他的想法。他们发挥了多大作用可能在很大程度上取决于他们的能力。至少可以公平地说，这种文体分析表明，霍布斯非常熟悉这部著作，所以很熟悉培根关于用科学改造社会的思想。我们可以怀疑他受了这种观念的影响吗？

　　培根的影响常常被低估，这是因为霍布斯似乎没能在他的影响下偏离对历史和诗歌的人文主义关切。事实上，以他本人之名发表的第一部作品，即修昔底德著作的一个版本，正是人文主义学术的典范之作。然而，在人文主义者看来，霍布斯对修昔底德的兴趣是非同寻常的。人文主义者把修昔底德看成一个共和主义的批判者。因此有学者认为，说霍布斯的版本与马基雅维利的《论李维》相似是错误的。马基雅维利以 216 一种可以追溯到彼特拉克的方式，用李维来宣扬罗马共和主义。而霍布斯却用修昔底德来证明共和主义不可避免的不稳定性。[①] 至少，他对修昔底德的兴趣反映了一种更加科学的历史进路，它不是把历史当作道德修辞（如西塞罗所设想的那样），而是把历史当成一个无法逃避的原因链。这种历史观使霍布斯无法被归入人文主义阵营，而只能与路德、加尔文和培根为伍。

　　霍布斯的同伴威廉在 1628 年突然去世。霍布斯接受了一个职位，担任杰维斯·克利夫顿（Gervase Clifton）的老师，并于 1629 年至 1630 年陪同他到大陆旅行。在这次旅行中，霍布斯浏览了日内瓦的一所绅士图书馆中欧几里得《几何原本》的一个副本，正如奥布里所说，在读到第一卷的命题 47 时，他惊呆了："他说，神啊，……这不可能！于是，他读了对它的证明，这个证明又涉及另一条类似的命题，他又读了

---

[①]　这个冗长的版本于 1629 年发表，它是对共和主义，特别是议会于前一年强行通过的《权利请愿书》的批判。Reik, *Golden Lands*, 37. 霍布斯批判了那些因为读过西塞罗和塞涅卡就认为自己适合管理国家的人。Hobbes, *Behemoth or The Long Parliament*, ed. Ferdinand Tönnies, 2d ed.（New York：Barnes and Noble, 1969），155—156.

证明。依次读下去，最后信服了这条真理，并从此爱上了几何学。"①

这一事件往往被视为霍布斯从人文主义转向科学的决定性时刻。然而，霍布斯科学的发展并不依赖于单个事件，而是依赖于一系列因素。起基础作用的是霍布斯相信加尔文主义的预定观念，这是其机械论因果观念的基础。同样重要的是培根思想的影响，即科学是实践的而不是理论的。对欧几里得的"发现"为霍布斯提供了他实现其科学所需的方法，但即使有了这种方法，如果没有我们将在下面讨论的另外两种洞见，他的科学仍将胎死腹中。在部分程度上，认为霍布斯放弃了人文主义是一种幻觉，它源自对霍布斯的人文主义本性的误解。与早先的人文主义者不同，他更关注希腊人而不是罗马人，更关注历史而不是哲学。他还更倾向于从加尔文主义角度把人看成服从神的全能意志的自然造物，而不是从人文主义角度把人看成能够自由选择自身本性的准神圣的存在，或者是能够塑造自身特性的艺术家。因此，与作为笛卡儿起点的人文主义相比，霍布斯的人文主义更接近于加尔文主义和现代自然科学。

217　霍布斯对欧几里得的发现的确改变了他的进路，但这并不会致使他拒斥人文主义而赞成科学。他似乎是在同时追求这两者。回到英格兰后，他成了卡文迪什 13 岁儿子的老师。他们翻译和概述了亚里士多德的《修辞学》，这肯定是符合人文主义标准的典型活动。② 霍布斯还拓展了他的科学研究，并加强了与沃尔贝克·卡文迪什家族（包括纽卡斯尔伯爵、他的弟弟查尔斯·卡文迪什爵士和他们的私人牧师罗伯特·佩恩［Robert Payne］）的接触，他们都对伽利略和新科学深感兴趣。③ 他 1630 年撰写《第一原理短论》（*Short Tract on First Principles*）时，正是他们圈子的成员。这部著作用几何方法概述了一个哲学体系的思想，它常常被归于霍布斯，但我们现在知道，它是佩恩写的。④ 不过，我们知

---

① Aubrey, "A Brief Life," 150.
② Malcolm, "Hobbes," 21.
③ Ibid., 22.
④ Ibid.

道霍布斯与佩恩过从甚密，这份手稿恰恰反映了两人不断发展的科学观。

通过与纽卡斯尔伯爵的联系，他还结识了福克兰子爵（Viscount Falkland）的"大图圈"（Great Tew Circle），包括奇林沃思（Chillingsworth）、谢尔登（Sheldon）、海德（Hyde）等人。虽然这些人对科学都有一些兴趣，但他们真正关心的是宗教和政治。大多数人是阿明尼乌派，其道德和政治观念源自于伊拉斯谟、理查德·胡克（Richard Hooker）和格劳秀斯。[①] 他们对《圣经》持赞同态度，但正如奇林沃思所说，他们确信《圣经》中不会有什么东西违背正确的理性和感觉，霍布斯也认同这一立场。[②]

1634 年，霍布斯返回大陆，开始接触克劳德·米道奇（Claude Mydorge）、梅森和伽桑狄。理查德·塔克（Richard Tuck）指出，霍布斯与梅森群体（以及经由他们，与笛卡儿）的相互影响对于他的科学发展至关重要。我们在第三章中看到，16 世纪末的人文主义，特别是由蒙田和沙朗所代表的人文主义，质疑了感觉的真实性。伽利略第一次说明了个中原因，他指出，热并非自然中的某种东西，而仅仅是由我们没有直接经验到的某种东西造成的一种知觉。[③] 伽桑狄、笛卡儿和霍布斯都独立地得出结论说，我们只对我们的感官知觉有真实的认识，我们之所以能够"认识"外部世界，仅仅是因为对象对我们的感官产生了影响，感官再将这些信号传递到大脑，我们将其解释为外部对象。这种观念对霍布斯科学的发展起了至关重要的作用。

霍布斯的科学所需的最后一个要素是洞察到一切事物都是一种位置运动（local motion）。这种想法的来源是有争议的，但我们知道，他第一次向纽卡斯尔伯爵阐述它是在拜访伽利略的那个月。唐纳德·汉森（Donald Hanson）等人声称，伽利略和帕多瓦科学对霍布斯的影响被过

---

① Martinich, *Hobbes*, 108.

② Ibid. , 107.

③ Richard Tuck, "Hobbes and Descartes," in *Perspectives on Thomas Hobbes*, ed. G. A. J. Rogers and Alan Ryan (Oxford: Clarendon Press, 1988), 30.

高估计了，但这两人的看法显然很类似。① 我们的确知道，这次访问对
218 霍布斯有一种催化作用，他回到英格兰投身于哲学工作，力图阐明一种
科学体系。②

在此期间，霍布斯还认真考察了笛卡儿的工作。1637 年，他收到
笛卡儿《方法谈》和《折光学》（*Dioptrics*）的副本后，立即意识到了
它们与他自己思想的相似和差异。他的《论光学》（*Tractatus opticus*，
当时写就，但直到 1644 年才出版）几乎是对笛卡儿持续不断的批判。③
1640 年，他寄给梅森一份关于《方法谈》和《折光学》的 56 页的评
论，以为梅森会把这份评论转给笛卡儿。在这份丢失了的批判中，据说
他攻击了笛卡儿的二元论，挑战了非物质的心灵可能受物体运动影响的
观念。

由于英格兰的政治宗教危机，霍布斯对这些问题的研究被迫中断，
他和他的保皇派赞助人深陷其中。在德文郡的强烈要求下，霍布斯在
1640 年的议会竞选中失败。在此期间，霍布斯写下了《人的本性》
（*Human Nature*）和《论政治体》（*De corpore politico*），它们在保皇派中
间流传，直到十年以后才以《法的原理》（*Elements of Law*）的前两个
部分发表。这部著作是献给纽卡斯尔伯爵的，旨在为国王要求主权提供
论证。泰德·米勒（Ted Miller）和特蕾西·斯特朗（Tracy Strong）指
出，纽卡斯尔希望说服国王能在与议会的争论中把霍布斯用作武器，这
些著作证明了他的能力。④ 然而，事态的发展很快就使这些话成为多
余。议会顽固异常，国王不得不将其解散，当他因财政危机而被迫组建
一个新的议会时，共和主义者和长老派成员攻击了他的大臣们。梅恩沃
林（Mainwaring）因为支持霍布斯手稿中提出的学说而被下狱。由于担

---

① Donald Hanson, "The Meaning of 'Demonstration' in Hobbes' Science," *The History of Political Thought* 9 (1990): 587—626. 另一种看法参见 Douglas Jesseph, "Galileo, Hobbes, and the Book of Nature," *Perspectives on Science* 12, no. 2 (2004): 191—211.

② Malcolm, "Hobbes," 24.

③ Ibid., 25.

④ Ted Miller and Tracy Strong, "Meanings and Contexts: Mr. Skinner's Hobbes and the English Mode of Political Theory," *Inquiry* 40 (Fall, 1997): 339.

心自己会成为下一个目标，霍布斯逃到了法国。

他在法国待了十多年，最初致力于思考他的体系中那些涉及形而上学的内容。他还开始学习化学和解剖学。他花了大量时间与梅森和他的圈子在一起。梅森很快就看出了霍布斯的才华，于是要他就笛卡儿的《第一哲学沉思集》写一篇批判文章。《第一哲学沉思集》于 1641 年发表时包括了霍布斯的反驳（和笛卡儿的答复）。我们将在下一章看到，两人之间的争论涉及人与神的本性和关系，从而涉及自由和必然性在新科学中的含义。

1642 年，霍布斯发表了《论公民》（*De cive*），这是《法的原理》的第三部分。这部著作虽由英国政治所激发，但获得了普遍成功，确立了霍布斯在欧洲的声誉。他视之为他的体系的必要组成部分。只有完成了前几个部分，这个部分才可以得到充分理解，但即使是目前的样子，<sup>219</sup>在他看来也是第一部真正科学的政治著作。

随着《论公民》的发表，霍布斯开始高度热情地工作。1642 年，他开始研究光学，撰写《论物体》（*De corpore*），还对托马斯·怀特（Thomas White）的《论世界》作了广泛批判。[1] 怀特试图调和亚里士多德与原子论。在批判中，霍布斯试图调和现代科学与基督教。1644年，他完成了《论光学》，梅森发表了《弹道学》（*Ballistica*），其中包含了对霍布斯思想的概述，这篇概述可能是霍布斯自己写的。梅森之所以被霍布斯的思想所吸引，是因为霍布斯似乎为怀疑论提供了一种回答。这对霍布斯并不那么重要，他从未受到怀疑论的困扰。

1645 年，查尔斯·卡文迪什和他的弟弟来到巴黎，这使霍布斯能够更密切地接触宫廷。[2] 结果，1646 年他被要求担任未来的查理二世的数学老师。[3] 好在这项工作的要求并不高，使他得以在这一时期完成修订版的《论公民》和《论光学》。

---

[1]　Malcolm, "Hobbes," 29.

[2]　Ibid. , 30.

[3]　Tom Sorell, " Hobbes' Objections and Hobbes' System," in *Descartes and His Contemporaries*：*Meditations*，*Objections*，*and Replies* ( Chicago：University of Chicago Press, 1995), 83.

1648 年，梅森的故去和伽桑狄的离开使霍布斯失去了最亲密的思想伙伴。此外，查理一世 1649 年被处决时，围绕在皇太后周围的天主教徒的影响力与日俱增，宫廷环境变得更加险恶。在此期间，霍布斯开始写作《利维坦》（*Leviathan*，1651 年在伦敦出版）。

《利维坦》试图基于新科学为一种公正持久的政治秩序奠定基础。霍布斯相信，通过表明理性和启示都要求把最高统治者管理教会和国家作为持久和平的基础，《利维坦》能够充当解决内战核心处的政治神学问题的基础。这个目标虽然遥远，但并非不可能。不过在短期内，这部著作并没有带来和平，而是掀起了一场轩然大波。在敌对阵营中，几乎每一个人都能在其中找到令人反感的东西。此外，虽然它是在 1649 年至 1650 年写成的，但直到查理二世被克伦威尔打败并被逐出英格兰，这部著作才面世。于是，霍布斯的一些保皇派敌人说它旨在赢得克伦威尔的好感，因为它为当时任何掌权者的统治做了辩护。

这种反应也许是不可避免的。在神学上，霍布斯试图走一条狭窄的道路，道路的一边是基于神的律法捍卫教士权力的保守的阿明尼乌派，道路的另一边则是认为自己只受制于一个全能的不可预测的神的意志的激进的新教徒。霍布斯所持的神学立场让人惊讶地想起了他年轻时的加尔文主义，虽然他的立场已经在一些重要的方面被他的唯物论所改变。[1] 皇太后对《论公民》的出版很恼火，并且在《利维坦》面世后，禁止他进入宫廷。他似乎以为，英国国教徒会把这部著作视为对主教制的强有力论证，但即使是像佩恩这样的赞赏《论公民》的保皇派英国国教徒，也认为《利维坦》的思想很危险，因为它是信仰主义的。[2] 亨利·哈蒙德（Henry Hammond）称之为"基督教无神论的杂烩"。[3] 这本书的前两个部分没有那么令人不安，尽管它们对理性的要求超出了许

220

---

① Patricia Springborg, "Leviathan and the Problem of Ecclesiastical Authority," in *Thomas Hobbes: Critical Assessments*, 4: 145.

② Richard Tuck, "The 'Christian Atheism' of Thomas Hobbes," in *Atheism from the Reformation to the Enlightenment*, ed. Michael Hunter and David Wootton (Oxford: Clarendon Press, 1992), 112—113.

③ Martinich, *Hobbes*, 256.

多基督徒的意愿。但最后两个部分特别具有威胁性，不是因为它们是反基督教的，而是因为它们的圣经神学既不合正统，又有说服力。①

霍布斯也许已经计划返回英格兰。1651 年，当法国天主教徒准备逮捕他时，他逃走了。他在伦敦住下后，再次与查尔斯·卡文迪什联系，很快又受雇于德文郡。② 他再度与约翰·塞尔登（John Seldon）、本·琼森（Ben Jonson）、塞缪尔·考珀（Samuel Cowper）、约翰·沃恩（John Vaughan）和威廉·哈维（William Harvey）恢复友谊，并且加入了包括托马斯·怀特等人的自由思想圈子。

然而，《利维坦》所引发的骚动却不会消失。1654 年，霍布斯卷入了一场与约翰·布拉姆霍尔（John Bramhall）主教的争论，其主题是意志的自由与必然性。布拉姆霍尔是阿明尼乌主义者，是斯塔福德（Stafford）和劳德的盟友。③ 这场争论开始时是一场私人讨论，但霍布斯的一位支持者未经允许便发表了起初的讨论，这使之演变成了一场激烈的公开辩论。这场辩论在许多方面重述了路德与伊拉斯谟的争论，以及早先霍布斯与笛卡儿在《第一哲学沉思集》中的反驳和答复中的争论。布拉姆霍尔认为，人有自由意志，人必须用它来对神的恩典作出回应。霍布斯则主张，一切事物都是因为神预定的意志而发生的，路德和加尔文都为这种立场作辩护，但除了这一神学断言，他还补充说，这种神的意志在世界中按照纯粹的机械因果性运作。布拉姆霍尔深感不安，但更多是因为霍布斯的加尔文主义而不是唯物论。④ 他还拒绝接受霍布斯的预定论背后的神的全能的观点，声称自己宁愿做一个异教徒，也不愿承认神有绝对的创造力。⑤ 霍布斯也担心，预定论可能会导致无神论

① 根据 Leopold Damrosch 的说法，霍布斯的神学之所以令人不安，并不是因为他拙劣地模仿了基督教的神，而是因为他像弥尔顿一样，把别人没弄清楚的矛盾说出来了。Damrosch, "Hobbes as Reformation Theologian: Implications of the Free-Will Controversy," *Journal of the History of Ideas* 30, no. 3（July-Sept. 1979）: 340.

② Malcolm, "Hobbes," 33.

③ Martinich, *Hobbes*, 195.

④ 和伊拉斯谟一样，布拉姆霍尔也为人的尊严和道德责任辩护。关于这一点，参见 Damrosch, "Hobbes as Reformation Theologian," 343。

⑤ Martinich, *Hobbes*, 269.

或绝望。① 然而，他试图表明，没有自由意志并不意味着人对自己的行为没有责任。在他看来，人要担责任不是因为选择做了不该欲望的事情，而是因为不该欲望它。② 因此，人的过失不在于他的选择，而在于他的品性。

1655 年，霍布斯发表了他的哲学体系的第一部分——《论物体》。在这部著作中，他试图明确表明，唯一存在的东西就是物体。对这一立场的证明是至关重要的，它是其早期著作的论证基础，也是他在与笛卡儿和布拉姆霍尔的争论中所坚持的立场的基础。同年，霍布斯卷入了与数学家约翰·沃利斯（John Wallis）就数学本性进行的漫长争论。沃利斯不仅是一位数学家，而且也是一个牧师和重要的长老会教徒，事实上，霍布斯认为他对煽动内战负有责任。③ 霍布斯认为，其政治著作的成功正处于危急关头，因为这种成功依赖于《论物体》的数学物理论证，而他的对手也认同这种看法。④ 这场争论的漫长和激烈与其说是因为数学问题的重要性，不如说是因为它们所具有的政治和神学意义。

霍布斯被皇家学会排斥在外，他的恶名也起了作用。几名会员（尤其是沃利斯）厌恶霍布斯，还有一些人则很难原谅他对其宗教观的攻击。⑤ 霍布斯也不赞同皇家学会培根式地强调实验。不过，他是一位重要的科学家，有许多会员朋友。他之所以未被皇家学会接受，真正的障碍很可能是，他对宗教和政治问题所声明的看法与许多会员暗中持有的观点类似，他们不愿背负他那样的恶名。⑥ 无论如何，他们不愿接受霍布斯，这与他的科学没有多大关系，他们很少对其科学提出质疑。⑦

---

① Ibid. , 196.

② Ibid. , 197.

③ Ibid. , 279. Malcolm, "Hobbes," 35. 沃利斯曾做过克伦威尔的密码员。Samuel I. Mintz, *The Hunting of Leviathan：Seventeenth-Century Reactions to the Materialism and Moral Philosophy of Thomas Hobbes*（Cambridge：Cambridge University Pres, 1962），13.

④ Reik, *Golden Lands*, 178, 180. Martinich, *Two Gods*, 354.

⑤ 皇家学会主要是阿明尼乌派，一些激进的新教徒认为他们是秘密的天主教徒或教皇党人。Reik, *Golden Lands*, 184.

⑥ Malcolm, "Hobbes," 35.

⑦ Reik, *Golden Lands*, 165.

对霍布斯工作的批判在英格兰引起了对他的愤怒，但这几乎无损于他在大陆的声誉。此外，王政复辟之后，霍布斯又回到了宫廷，并被视为最出色的智囊之一。结果，"霍布斯主义"在宫廷和年轻人中间流行起来。[1] 然而，皇家的青睐和流行的成功只会加剧对他的攻击。这部分是因为查理二世的放荡行为，他的宫廷常常被错误地归咎于他的影响。[2] 他的敌人愤怒异常，以至于在 1666 年的伦敦大火之后，一些激进的议员提出，这场灾难是神对罪的惩罚，并暗示其原因是霍布斯。他们任命了一个委员会来调查他，准备指控他为无神论。[3] 霍布斯很害怕，按照奥布里的说法，他烧毁了一些书稿，但国王来为他辩护，虽然他要求霍布斯停止发表论战性的著作。霍布斯陆续写成了《比希莫特》（*Behemoth*）和对内战的记述（1672 年写成，1682 年作为遗著出版）。1672 年，他还写了散文自传和诗体自传。由于无法发表论战性的著作，霍布斯又回到翻译，1675 年，他以 87 岁高龄将《伊利亚特》和《奥德赛》译成了英文。1679 年，霍布斯在哈德威克（Hardwick）安详去世，也许是死于长期折磨他的帕金森病。

## 霍布斯的计划

鉴于那个时代的特征，也许并不奇怪，从 14 岁翻译《美狄亚》到 87 岁翻译《伊利亚特》和《奥德赛》，霍布斯表现出了对暴力影响政治制度和实践的关注。在他看来，这种暴力的显著例子就是内战，这是他早年翻译修昔底德和他后来创作的《比希莫特》的主题。在此期间，他发展出了一种科学，相信可以用它来消除暴力，建立和平，促进繁荣。这种科学包括一门描述物体性质及其运动定律的物理学，一门描述人体及其运动的人论，以及一门建立一种机制以最大限度地减少人与人

---

① Ibid. , 129.

② Mintz, *Hunting of Leviathan*, 12.

③ 议会的许多成员都是阿明尼乌派，他们反对霍布斯的加尔文主义。Martinich, *Two Gods*, 37.

222

289

的暴力冲突的政治学。①

这种科学与笛卡儿的普遍数学类似，但更加广泛和雄心勃勃。我们在上一章看到，笛卡儿试图发展出一门必然为真的科学，使我们能够理解和控制所有物体的运动。由于人只在部分上是身体的，所以这种科学只能理解物质的人的过程，而对源于自由意志的行动未置一词。因此，笛卡儿的科学体系只包含一种简略的人论（《灵魂的激情》），而不包括社会科学或政治学。结果，他的科学并没有直接应对他那个时代的危机。正如我们在上一章所看到的，他希望有一种强大的间接效果，但他知道这只有经过很长时间才可能发生。

霍布斯也试图使人掌控和拥有自然，但与笛卡儿不同，他否认人类有任何特殊地位。他们与所有其他存在者并没有什么不同。因此，要想建立一种科学，通过揭示运动的原因而使人掌控和拥有自然，就必须考虑掌控和拥有他人。于是，霍布斯不得不考虑人类行为的动机以及调控这种行为的手段。因此，人论和政治学是霍布斯体系的必要组成部分。

223 尽管笛卡儿希望他的新科学能够无限延长人的寿命，但他很少谈这些长寿的人如何可以和平共处。他在《灵魂的激情》中提出的高尚概念指向了某种类似于人文主义的友谊概念那样的东西，但它并不涉及对财产的渴望、对卓越的愿望、对自我的偏爱等一些人类冲突的永恒来源。因此，很难理解笛卡儿的那种用被授予了科学权力的自由而行动的人如何能够和平共处，共同掌控和拥有自然，而不是用强力去杀死、支配和剥削对方。而霍布斯则直面了这些问题，毫不怀疑他的科学对他那个时代的政治神学斗争所具有的重要性。

霍布斯尝试建立一种全面的科学，这引出了其各个部分是否融贯的问题。② 他对各个科学门类有一种总体思路，对知识层次有一种设想，

---

① 和梅森一样，在霍布斯看来，一切形式的科学都是各种形式的弹道学。关于这一点，参见 Richard Tuck, "Optics and Sceptics: the Philosophical Foundations of Hobbes' Political Thought," in *Conscience and Casuistry in Early Modern Europe*, ed. Edmund Leites (Cambridge: Cambridge University Press, 1988), 254—256。

② Thomas Spragens, *The Politics of Motion: The World of Thomas Hobbes* (Lexington: University of Kentucky Press, 1973), 59.

但他从未像笛卡儿那样肯定，科学的所有不同分支如何能够融入他那棵更大的知识之树。在这个问题上，霍布斯实际上更接近培根，培根自认为在创立一种新的科学，调动人类对各种不同领域进行科学研究，但对这些领域彼此之间的确切关系并无最终想法。对于这些领域如何组合在一起，霍布斯同样不清楚，但这更多地表明了他的诚实，而不是企图掩盖根本的不兼容。的确，从最初给贝克曼写信直到生命的最后，笛卡儿一直确信自己能够在没有外界帮助的情况下完成他的科学，为人类提供一种对万事万物的解释，而霍布斯则认识到了其努力规模的庞大，认识到了想要彻底认识整体都会面临难以克服的困难。

霍布斯科学的融贯性问题是霍布斯学界的一个核心议题。虽然大家都承认，霍布斯试图发展出一种能够解释自然物体和人体所有运动的机械论科学，但对于他的做法是否成功，存在着相当大的分歧。此争论的核心是他的自然科学与他的人论和政治学的关系问题，霍布斯曾在多个场合提出了这个问题，并且给出了不同的回答。许多学者接受了霍布斯的说法，即他的政治学源于他的自然科学。而利奥·施特劳斯和昆汀·斯金纳（Quentin Skinner）等人则认为两者之间是脱节的。

在施特劳斯看来，早期的霍布斯是一个人文主义者，与其说属于彼特拉克或菲奇诺一派，不如说属于马基雅维利一派。施特劳斯认为，霍布斯发现欧几里得之后，在一种全新的基础上发展了一种机械论科学，但他无法用机械论解释人和政治生活，于是又回到了一种更具人文主义色彩的活力论解释。① 于是斯特劳斯认为，霍布斯的政治学背后潜伏着马基雅维利，但他从欧几里得和伽利略那里得到的科学外表掩盖了这一点。因此，他主张，虽然霍布斯的确发展了一种新的机械论科学，但这

224

---

① 利奥·施特劳斯在 *The Political Philosophy of Hobbes*：*Its Basis and Its Genesis*（Chicago：University of Chicago Press，1963）中更详细地讨论了霍布斯。关于施特劳斯的解释，参见 R. Gray，"Hobbes' System and His Early Philosophical Views," in *Thomas Hobbes*：*Critical Assessments*，1：273—274。施特劳斯对霍布斯的解释利用了科耶夫对黑格尔的生死斗争观念的说明。在解释黑格尔时，科耶夫本人深受海德格尔强调死亡是进入存在问题的门径的影响。于是，施特劳斯是以一种显著的存在主义方式，通过科耶夫、黑格尔和海德格尔来解读霍布斯的。

种科学实际上并不能解释人的行为，特别是在政治共同体的语境下。因此，霍布斯所谓的政治学到头来只是一种政治的审慎。此外，在施特劳斯看来，在把人的行动归结为追求自我利益时，霍布斯降低了高贵和虔敬等更高动机的重要性，他像马基雅维利一样使现代的景象变得更加黯淡。

斯金纳也认为，霍布斯无法单纯在一种机械论的基础上构建自己的政治学。他指出，霍布斯 1615 年回到英格兰后，开始致力于人文学研究。[1] 与施特劳斯不同，斯金纳认为这不是对哲学的研究，而是对修辞的研究。修昔底德的版本和他对亚里士多德《修辞学》的概要正是这种努力的产物。不过，斯金纳指出，霍布斯在发现欧几里得和发表《论公民》之后，实际上是在反抗人文主义。[2] 然而，这也不能令人满意，因为霍布斯在内战期间认识到，他只有运用修辞，才可能有更广泛的影响。因此，他在《利维坦》中将修辞与科学结合起来以构建他的政治学。

这些观点虽然影响很大，但并没有被普遍接受。例如，诺埃尔·马尔科姆（Noel Malcolm）就持另一种观点，认为霍布斯的自然科学和政治学彼此独立但平行，它们之间的区别不是原则上的，而是类型上的，自然科学基于霍布斯的分解法（分析），政治学则基于他的合成法（构造）。[3] 然而，两者都是科学的。另一些学者更加轻视两者脱节的想法，认为这乃是基于一种对文艺复兴时期科学的误解。正如米里亚姆·M. 赖克（Miriam M. Reik）所说，霍布斯本人根本没有认识到他的人文主义

---

① Quentin Skinner, *Reason and Rhetoric in the Philosophy of Hobbes* (Cambridge: Cambridge University Press, 1996), and his "Hobbes and the Renaissance studia humanitatis," in *Writing and Political Engagement in Seventeenth-Century England*, ed. Derek Hurst and Richard Strier (Cambridge: Cambridge University Press, 1999), 71. 关于对霍布斯与修辞之间关系的更有说服力的讨论，参见 David Johnston, *The Rhetoric of the Leviathan: Thomas Hobbes and the Politics of Cultural Transformation* (Princeton: Princeton University Press, 1986).

② Skinner, "Hobbes and the *Renaissance studia humanitatis*," 69.

③ Noel Malcolm, "Hobbes' Science of Politics," 153. Tom Sorell 集中于钟表的类比，主张自然科学把整个自然完全放回原处，而政治学则将其重新构造出来。"Hobbes' Science of Politics and his Theory of Science," in *Hobbes Oggi*, 20—21.

工作与科学工作之间的差异。①

　　许多在霍布斯的思想中看出脱节的人在解释霍布斯科学的起源和本质时，都很强调他对欧几里得的发现（或伽利略的影响）。这种解释并不令人信服。如果更仔细地考察，奥布里对所谓发现欧几里得的记述是难以接受的。命题 47 虽然是一个令人惊讶的证明，但几乎可以肯定，霍布斯在来到日内瓦之前很久就已经熟悉它。事实上，它是数学中最有名的证明，即毕达哥拉斯定理，霍布斯在学生时代必定已经知道它。

　　在霍布斯科学的形成过程中，欧几里得必定起了重要作用，但霍布斯本人在其散文自传中暗示，这是由于他从中学到的方法。然而，只有在其他一些因素已经到位之后，方法才能造成差异。正如冯肯施坦等人所表明的，霍布斯的"几何"科学严重依赖于对其他一些预设的接受，这些预设源自更早的神学论述。仅拿最重要的例子来讲，他的机械因果性概念的核心是事件的普遍必然的联结，而这明显与加尔文主义的预定观念相关，而且在许多方面源于它。把霍布斯的科学看成本质上是欧几里得的（或帕多瓦的），这种倾向其实与贬低其科学中的这些神学要素的重要性有关，特别是将神的意志或神意等同于一种普遍的、牢不可破

----

① Reik，*Golden Lands*，15.

的物质因果性。① 这种观念将霍布斯的宇宙与受制于反复无常的命运女神的人文主义宇宙明确区分开来。

贬低霍布斯思想的神学起源的重要性的努力也表现在试图把他与马基雅维利或公民共和主义者拉近。这种努力步入了歧途。从青年时代起，霍布斯所关注的就不是罗马人，而是希腊人，他最感兴趣的作品都强调命运和必然性，而不是自由和偶然性。阅读古人的著作也使他确信，普通人无法控制自己，公民共和主义不可避免会导致无政府状态和战争。因此，霍布斯所谓的人文主义与我们在本书前几章所考察的人文主义相距甚远。

试图在霍布斯的自然科学与人的科学之间看出一种断裂，这种趋势也反映出一个困难，即很难理解一种解释无心灵的物质的科学如何也能解释由心灵控制的身体的运动。然而，霍布斯并不知道有这样一种区分。不仅除物质之外没有心灵，而且物质本身也总是"有心灵的"（minded），或者至少是"有意志的"（willed）。自然物被设想成那样运

---

① Martinich, *Two Gods*, 5. 近年来，学者们已经开始认识到，宗教改革运动的神学对近代科学的发展特别有利。关于这一点，参见 Kenneth J. Howell, *God's Two Books: Copernican and Biblical Interpretation in Early Modern Science* (Notre Dame, Ind.: University of Notre Dame Press, 2002) 以及 R. Hooykaas, *Religion and the Rise of Modern Science* (Grand Rapid, Mich.: Eerdmans, 1972)。加尔文特别强调了神的意志的条理性，这给了自然研究一种新的宗教认可。同样重要的是他断言，《创世记》中的创世记述并不必然是字面意义上的。L. S. Koetsier, *Natural Law and Calvinist Political Theory* (Victoria, B. C.: Trafford, 2003), 138—139. 加尔文对灵的调解作用的强调也发挥了重要作用。正如我们所看到的，路德非常强调道成肉身是撒旦所不能复制的神圣之举。加尔文接受了这种看法，但强调灵的调解作用不仅体现在神与基督之间，甚或基督与人类之间，而且体现在人类与神的所有其他造物之间。路德不相信人在堕落后可以凭借理性通达这种自然秩序。而加尔文则确信，虽然亚当的罪扭曲了自然，但受造物仍然是好的，反映了神的特征。人类因此可以通过考察神的造物来理解神的本质。由于自然的运动是由神意所支配，所以人类可以通过研究自然界来认识神的意志。不仅如此，这种研究可能有助于人将世界重新神圣化，为时间的终结做准备，他相信这包括恢复因亚当的罪而失去了乐园。关于这一点，参见 Susan Schreiner, *In the Theater of His Glory: Nature and Natural Order in the Thought of John Calvin* (Durham, N. C.: Labyrinth Press, 1991) 和 Jason Foster, "The Ecology of John Calvin," *Reformed Perspectives Magazine* 7, no. 51 (Dec. 18—24, 2005)。因此，自然界不再被描绘成我们最终也许会超越的现世，而是被描绘成一个神的礼物，选民们可以通过一个神圣化过程而重新获得它。宗教改革思想，特别是加尔文主义，促进了近代科学，并为它作了神学辩护。

动，不单因为它们受其他无心灵物体的影响，而且因为神意愿它们这样。因此，霍布斯的物理学并不是对"无心灵的"物质的研究，他对物质运动的说明也不是一种纯机械论的说明。在他的物理学中，他试图分析和理解神的意志是什么。在这个意义上，宇宙比国家政体（commonwealth）还要"有心灵"。然而，要理解这是什么意思，我们需要更加仔细和系统地考察霍布斯的科学。226

## 霍布斯的物理学

约书亚·米切尔（Joshua Mitchell）指出，关于基督教与早期自由主义之间的关系，有四种不同的学术观点。施特劳斯、麦克弗森（C. B. MacPherson）和米沙埃尔·奥克肖特（Michael Oakeshott）等学者主张，基督教与自由主义之间是截然断裂的，自由主义当然是非基督教的，并且在许多方面是反基督教的。第二种观点见于韦伯、洛维特和布鲁门贝格，他们认为自由主义的产生乃是源于新教对政治世界的祛魅，即源于消除了世界中神性存在的意义，无论是国王身体的神圣性，神在圣饼中的实际存在，宗教形象的含义，还是圣徒的教义，等等。理查德·亨利·托尼（Ricard Henry Tawney）和谢尔登·沃林（Sheldon Wolin）持第三种观点，认为基督教本身与现代世界的发展牵涉颇深。通过宗教与政治的分离，它使得政治领域有可能返魅，而这自古代以来是不可能的。根据米切尔的说法，这些观点中的第一种低估了基督教的意义；第二种承认它的重要性，但使现时代变得祛魅；第三种承认了基督教的重要性，但不承认它持续相关；第四种观点的支持者有艾尔登·爱森纳赫（Eldon Eisenach）、亨宁·格拉夫·雷文特洛（Henning Graf Reventlow）、阿拉斯代尔·麦金泰尔（Alasdair MacIntyre）和米切尔本人，他们都把现代自由主义看成基督教特别是新教的一种形式。[①]
我在前面的章节中试图表明，在霍布斯那里尤其明显，解读基督教与现
代性之间关系的所有这四种方式都有道理，但在很大程度上取决于如何
理解基督教。如果把基督教等同于经院哲学，那么毫无疑问，自由主义
的现代性是某种全新的东西。但是，正如我们所看到的，笛卡儿和霍布
斯对经院哲学的批判就其起源和大多数化身而言却是基督教的。同样毫
无疑问的是，新教使世界祛魅。但正如我们所看到的，这种祛魅不是一
种世俗化形式，而是基督教内部的一种神学转变，即把神设想成一个隐
匿的神。同样无疑的是，宗教与政治在近代早期的分离有助于人文主义
者恢复古代的共和主义思想，但正如我们看到的，人文主义本身并不是
非宗教的或反宗教的，而是力图恢复一种更加本真的（虽然有时也是一
227 种更加伯拉纠主义的）基督教。如果没有随之而来的基督教内部清除教
会腐败所作的斗争（这是教会卷入世俗事务必然伴随的），它也不可能
获得成功。那么，这一切是否意味着，现代自由世界确如米切尔所说，
是基督新教的一种形式？现代世界虽然看起来似乎很世俗，但它肯定产
生于宗教改革运动，具有强烈的新教特征。鉴于新教总是用隐匿的神来
规定自己，可以把世俗主义理解为仅仅是它的一种极端形式。事实上，
即使我们的时代由神死了所规定，就像尼采所宣称的那样，它也仍然被
它与神的关系从而被神学所规定，即使这种神学只是一种彻底否定的神
学。然而，我们也不能否认，由于与古代世界的相遇和一种世俗的公民
人文主义的发展，神学本身在现代发生了转变。于是，人文主义重新恢
复古代的思想和做法也（通过基督教）对现代性的形成产生了直接或

---

① Joshua Mitchell, "Luther and Hobbes on the Question: Who Was Moses, Who Was Christ?" *Journal of Politics* 53, no. 3 (Aug. 1991): 677—680. 在这种一般视角下，也可以包括卡尔·施密特。然而，施密特的区别之处在于他相信，我们所理解的自由主义并不是一种新教形式，而是一种犹太教形式，事实上是一种犹太阴谋。关于这一点，参见他的 *Political Theology: Four Chapters on the Concept of Sovereignty*, trans. George Schwab (Cambridge, Mass.: MIT Press, 1985); Miguel Vatter, "Strauss and Schmitt as Readers of Hobbes and Spinoza: On the Relation between Political Theology and Liberalism, *New Centennial Review* 4, no. 3 (2004): 161—214; and Heinrich Meier, *Die Lehre Carl Schmitts: Vier Kapitel zur Unterscheidung Politischer Theologie und Politisher Philosophie*, 2d ed. (Stuttgart: Metzler, 2004)。

间接的影响。这里的问题主要是应该给每个要素指定多大权重。毫不奇怪，在这个问题上，不同学者得出了不同的结论。

然而，对现代性的革命特征的最有力论证在于它赋予自然科学的角色。正是科学规定了被广泛认为与宗教不相容的现代世界和科学（或哲学）。不过，在过去 20 多年里，学术界已经表明了 17 世纪科学在多大程度上得益于基督教特别是唯名论革命。确定基督教在宗教改革时期对于现代性和现代科学的重要性因两个因素而变得更加困难：首先，作为人的宗教性的衡量标准，信仰或信念变得越来越重要，实践则变得越来越不重要；其次，基督教教派变得越来越多。基督教早就试图规定和加强正统，但是从 14 世纪开始，教会发现越来越难维持教义的统一性。早在路德之前，基督教内部的思想和做法就已经日益多元化，宗教改革运动见证了各种宗教派别的激增。很难判断这些教派是否属于狭义的基督教，但毫无疑问，其成员大多是虔诚的教徒。在试图确定宗教对现代性的影响时，关键是要认识到这种多样性，而不是简单地认为，那些对某一特定教义持不同意见的人是非宗教的或无神论的。

霍布斯经常被人称为无神论者，特别是当时的一些人，他们认为，任何不同意他们教义的人都必定是敌视宗教的。虽然我们无法知道霍布斯实际上相信什么，但我们可以知道他说了些什么以及他依靠了哪些来源。可以肯定的是，霍布斯的思想深深地得益于唯名论。他接受了唯名论的基本信条，即神是全能的，只有个体是存在的，语词的含义是纯粹约定的。然而，他试图表明，这些原则能够兼容于并非由唯名论发展出来的物理学、人论和神学。

霍布斯首先被灌输了一种唯名论的观念，即神在拣选人得救时是极为强大和任性的。他的加尔文派教师进一步解释了这一点，他的大学教育也对此作了巩固。这一信条他从来没有动摇过，在与笛卡儿的辩论和《利维坦》中，在批判怀特以及后来与布拉姆霍尔进行争论时，他都明确持有这一观念。[①]

霍布斯也接受并经常重复唯名论对经院实在论和三段论推理的批判，以及与之相关的存在论的个体主义学说。不仅如此，他之所以坚信所有事物的个体性，并非源于对这些东西的任何直接认识，而是源于对神的全能的信念。

这种唯名论的存在论充当了霍布斯物理学的基础。根据霍布斯的说法，宇宙万物是在不断变化的。[②] 从表面上看，这种说法似乎并不特别新鲜或具有革命性。亚里士多德也提出过类似的说法，其他许多人也重复过，包括霍布斯批评的那些经院学者。他们声称，事物以多种方式、出于多种原因而发生变化。然而，在霍布斯看来，虽然一切事物都在改变，但实际上只存在一种变化，它源于位置运动，因物体彼此之间的碰撞而产生。[③] 物体本身并无生灭，而是四处运动，重新排列。[④] 因此，可以认为所有活动都是以机械的方式生成和毁灭的，也就是说，都源于另一个物体的碰撞，而没有神的任何介入。此外，没有任何一种运动是某个物体所特有的。每一个物体都能作一切可能的运动。因此，所有物体作为物体都是同质的，受来自其他物体碰撞的同样影响。不仅如此，没有物体能在自身之内产生任何活动，因此，一切事件都是物体彼此之间碰撞的结果。[⑤] 只有运动才是运动的原因。

这种说法尚未回答的问题是运动本身的本性和起源。这并不是一个新问题。古代原子论者就曾假设有一种初始的、没有原因的"微偏"使原子相互接触，并开始相互作用，从而形成了宇宙。基督教思想家将此开端归因于一种神秘的神的意志。人们常常以为，霍布斯对此问题的看法得益于原子论，但其实它更多得益于唯名论，正如他在批判怀特时

[229]

---

① 例如参见 Thomas Hobbes, *Thomas White's De Mundo Examined*, trans. Harold Whitmore Hones（London：Bradford University Press, 1976），393，405，416。

② 在霍布斯看来，空间仅仅是一种对想象中形成的物体的抽象。Ibid. , 40—41.

③ Hobbes to William Cavendish July 29/August 8, 1636 in *Correspondence*, ed. Noel Malcolm, 2 vols.（Oxford：Clarendon Press, 1994），1：33.

④ *De corpore*, EW 1：76.

⑤ Hobbes, *White's De Mundo*, 321.

提出的论证所清晰表明的。在霍布斯看来，所有运动都始于神。但霍布斯几乎没有什么观点源自这个事实。事实上，通过对运动进行反思，他认为我们只能知道神是运动的来源。我们相信自己在其他方面知道的一切只能来自于启示。①

霍布斯甚至没有依照传统说，神是不动的第一推动者。② 神并不是那个巨匠造物主（demiurgos），把自然机器发动起来之后便袖手旁观，而是在某种意义上存在于宇宙持续不断的运动中。③ 根据霍布斯的说法，我们可以推断有一个第一推动者，但我们不能推断他永远不动。事实上，从逻辑上可以推出，他是永远在运动的。就这样，霍布斯拒斥了对于中世纪基督教至关重要的柏拉图主义观念，即神和真正的存在是不变的。在霍布斯看来，不能把静止归于神，神的永恒性、停滞的现在（nunc stans）等观念都是荒谬的。④ 运动是神的行动，除了全能的、漠不关心的神的意志，这种行动以唯名论的方式不受任何其他理性或目的的支配。这种立场的宇宙论推论是，物体的运动并没有理性的或自然的目的。因此对于霍布斯而言，神等同于因果过程，或者用《利维坦》的话说，自然是神的技艺（artifice），是神的持续活动。⑤

在霍布斯看来，虽然运动并没有自然目的，但它并不是随机的或不可理解的。为了弄清楚这是如何可能的，我们需要理解霍布斯所说的因果性。和培根一样，霍布斯利用亚里士多德的实体与偶性语言，发展出

---

① 霍布斯在《利维坦》、对怀特的批判和《论物体》中发展了一种否定神学。Pacchi Arrigo, "Hobbes and the Problem of God," in *Perspectives on Thomas Hobbes*, ed. Rogers and Ryan, 175—177.

② 在霍布斯看来，创世没有时间中的开端，因为时间只是心灵的一种幻象。*Elements of Law Natural and Political*, 22, 48.

③ *De cive*, 298. 霍布斯认为天主教徒把神变成了命运的旁观者。Hobbes, *Behemoth*, 42.

④ 在霍布斯看来，"永恒"只可能意味着"无限"。

⑤ Arrigo, "Hobbes and the Problem of God," 184. 霍布斯并不认为自然先于神或迥异于技艺。Martinich, *Two Gods*, 46. 虽然这似乎使神变得不相干了，但这样一个结论是错误的。虽然在霍布斯看来，神的意志是漠不关心的，但这一事实并不意味着它就是混乱的或无意的。自然也许有一个人为的目的，恰恰就是《圣经》中清楚说明的那个目的。因此，在霍布斯的宇宙中，自然的创造者的意志并不是多余的。

了一种因果性概念。亚里士多德认为，任何东西都是谓述实体的。像绿这样的偶性，便是谓述像树这样的实体的。虽然亚里士多德或至少是他的经院追随者承认，偶性不能在同样的意义上充当实体，但他们确信，偶性可以脱离实体而实际存在。于是，颜色可以存在于有颜色的物体之外，即使在某种意义上它们的存在性不如实体本身。霍布斯否认这一点。他认为，偶性不能与物体相分离。偶性是物体的特征，是刻画它们的特殊类型的内部和外部运动。因此，结果的原因不在物体本身之中，而在物体的运动中，或者用亚里士多德的术语说，在物体的偶性中。

230　　亚里士多德定义了著名的四因，即每种结果的质料因、形式因、动力因和目的因。例如，一个金杯的质料因是制造它的金。虽然杯子可以由许多元素制造出来，但它不能由气或水等等制作出来。金之所以是一个原因，在于它对杯子有贡献；形式因是杯子的形状。同样，虽然有一些可能的形状，但并不是所有形状都是可能的，因为杯子必须盛放液体；动力因是杯子所由以产生的方式，这里是指选择了杯子的质料和形式以满足制作它的目的或目的因的工匠。因此，在制作杯子时，工匠并非"无中生有"地创造了它或它的观念。创造行为是一种模仿（mimēsis）。亚里士多德断言，这种原因观念不仅适用于人造物，而且也适用于自然物，其中很多东西（如所有有生命的东西）在其内部都有动力因（例如，橡子有长成橡树的能力）。

　　霍布斯重新加工了这种亚里士多德的因果性概念。他只承认质料因和动力因。他认为，动力因是使某种东西继续推动其他某种东西的所有运动的总和，质料因是被推动者中所有运动的总和。它们共同构成了一种必要的原因，它若在场，结果必然发生。[①] 与对共相的拒斥相一致，他认为形式因和目的因对于自然物并不存在，而实际上只有动力因或质料因。目的因仅对有理性和意志的东西才存在。[②] 因此，对霍布斯而言，因果性成了所有运动的集合相互作用，或者用更加神学的术语来

---

[①]　*De corpore*, EW 1：77, 121.

[②]　*De corpore*, EW 1：132. E 正如我们将会看到的，即使在这里，它们也是被掩盖的动力因。

说，它是神的纯粹漠不关心的意志，这种意志没有理性形式，没有理性的或自然的目的，但存在于所有发生物质相互作用的事物的运动之中。[①] 因此，当霍布斯用亚里士多德的术语来描述因果性时，他拒绝接受那种解读亚里士多德的古代方法，而主张一种由奥卡姆和他的追随者所偏爱的现代解读方法。

由这种说明所得出的实际结论是，运动的物质世界由一个全能的神所支配，他对我们的生存和福祉漠不关心。霍布斯并不是第一个得出这一清醒结论的思想家。正如我们在第二至第四章看到的，无论是人文主义者还是宗教改革家都认识到了这个事实。霍布斯持类似观点，即神似乎对人类的苦难或幸福无动于衷。然而，与人文主义者和宗教改革家不同，霍布斯并不认为这一看法是最终的。我们将会看到，他试图表明，通过自然法，神提供了一种自我保存的动力，它为一种将使我们掌控和 [231] 拥有自然的人的科学奠定了基础。[②]

因此，霍布斯的科学不仅旨在理解世界，而且旨在改变世界，给人类力量保护自己，改善人类在尘世的命运。他在《论物体》中宣称：

> 哲学的目的或意图是，可以利用先前看到的结果为我们服务；或者通过把物体应用到另一处，我们在物质、实力、勤勉所能允许的范围内，产生与我们心灵中的构想类似的结果，为人类的生活日用服务。要想控制某种难以驾驭的可疑的物质，或者发现某种秘密

---

① 这种立场让人想起了布雷德沃丁的断言："神的意志是万事万物的动力因。"*De causa Dei contra Pelagium* 1. 9. 190D. 参见 Anneliese Maier, *Metaphysische Hintergründe der spätscholastischen Naturphilosophie* (Rome: Edizioni di storia, 1955), 273—299. Martinich 指出，霍布斯的因果性学说使物体成为多余。重要的不是物体，而是由一种让人无法捉摸的神的意志赋予它们的偶然运动。Martinich, Hobbes, 191. Damrosch 类似地指出，霍布斯的神是一个怀着报复心的隐藏的神。在他看来，宗教改革运动强调了神的权力永远存在，霍布斯则强调了神的遥远。"Hobbes as Reformation Theologian," 346.

② 关于这一点，参见 Tuck, "Hobbes and Descartes," in *Perspectives on Thomas Hobbes*, 13—40; as well as Amos Funkenstein, *Theology and the Scientific Imagination from the Middle Ages to the Seventeenth Century* (Princeton, N. J.: Princeton University Press, 1986), 80—86. 正如我们将会看到的，霍布斯也相信神赋予我们的洞见把我们指向了这种科学。

> 真理，从而具有内心的荣耀和心灵的胜利，不值得付出那么多痛
> 苦，就像研究哲学所要求的那样；人也不需要太在意去教导别人他
> 对自己有什么认识，如果他认为这是他的劳动的唯一好处的话。知
> 识的目的是力量……最后，一切思辨的目的都是执行某种行动，或
> 者完成需要做的事情。①

因此，哲学或科学的目标不是理论性的，追求它也不是因为它能带
来名声。② 而是说，它非常实用，追求它能够给人带来力量、安全和幸
福，这不是出于无所事事的好奇心或虔敬，而是为了回应那种破坏人的
生活的普遍恐惧。因此，霍布斯所理解的科学使人类有可能幸存下来，
在唯名论的神的那个混乱而危险的世界中兴旺起来。

这种科学所寻求的知识不是关于什么东西存在的知识，而是关于事
物如何运作的知识，即它们如何存在、如何产生或不产生的知识。这种
知识是技艺，也就是关于经院哲学所谓的次级原因的技艺知识或机械知
识（神的意志正是通过次级原因来移动物质的）。然而，获得这种知识
远比想象的困难，因为我们并没有关于现实世界的直接知识。我们只知
道这个世界对我们产生的影响。③ 因此，我们的知觉并不是对实际世界
的真实再现，而是隐秘自然事件的模糊征象，亟待破译。④

从表面上看，单纯是关于现实世界的推理知识似乎会使科学变得困
难或不可能。正如我们在上一章所看到的，笛卡儿对知觉持类似看法，
但认为他可以通过证明神保证了观念与对象的对应，从而构造出一门必
然为真的科学。霍布斯对该证明表示怀疑，他认为，我们永远无法知道
232 哪些实际原因要对哪些特定结果负责，因为我们无法企及事物本身。他
像培根一样认识到，同样的结果可由多种原因产生出来。他满足于相
信，虽然神做的很多事情也许会高于理性或超越理性，但他永远不会与

① EW, 1: 17.
② 在霍布斯看来，无法实践的理论就没有价值。Martinich, *Hobbes*, 91.
③ Tuck, "Hobbes and Descartes," 30.
④ Ibid., 31.

理性发生矛盾。

　　这种或然论的立场无法充当一种必然为真的科学的基础，因为它不能保证科学所描绘的世界图景与实在相符合。[1] 霍布斯的立场的妙处在于，这没有关系。我们是否知道支配物质运动的实际因果链，这并不重要。要想让科学实现其目标，我们只需要假说性的真理。我们构建的假说性图景无须与事件发生的实际因果路径相符合，而只需解释如何产生或避免结果。因此，科学所给出的世界说明只是一种构建，即一种假说。然而，在某种意义上，假说性知识要高于必然为真的知识——必然为真的知识只是描述了神根据其"常规能力"事实上做了什么，而假说性知识则描述了神根据其"绝对能力"本可以做什么。[2] 于是，假说性推理是一种对技巧本身的练习，而不单是分析和描述。因此，科学所具有的假说性构造就类似于神创造自然界所凭借的实际构造，它可以作为构造更有利于人的生存的自然界的基础。[3]

　　霍布斯发展出来的这种新科学建基于一种把世界理解为符号的本质上唯名论的认识论。在他看来，我们所知道的一切都是通过感觉知道的。外界对象把一种运动传递给我们的感官，从而在我们之中产生一种运动，一种幻象。[4] 霍布斯把继续存在于我们之中的运动称为想象。他认为，所有知识要么是感觉，要么是想象。然而，我们用这些意象进行思考的能力是有限的，因为我们无法把它们都维系在心灵中。这是因为

---

　　① 根据 Ted Miller 的说法，霍布斯认为我们通过真实的虚构来推理，但推理的目的是使虚构变成真的。"Thomas Hobbes and the Constraints that Enable the Imitation of God," *Inquiry* 42, no. 2 (June, 1999): 160.

　　② Elizabeth Brient 指出，神学的唯意志论抑制了人在认识论上的自负和狂妄，所以在面对无声的真实自然时，作为正确态度出现的是"假说"而不是"理论"。"From Vita Contemplativa to Vita Activa: Modern Instrumentalization of Theory and the Problem of Measurement," *International Journal of Philosophical Studies* 9, no. 1 (2001): 23.

　　③ 和自然界一样，这个新的世界也是用语词创造出来的。Hobbes, *Leviathan*, 280. 霍布斯敦促读者们仿效神，但他也指出，我们可以通过创造某种新东西而变得更有尊严。Miller, "Thomas Hobbes and the Constraints," 163.

　　④ Mersenne, "Ballistica," in *Thomas Hobbes Malmesburiensis opera philosophica quae latine scripsit omnia*, ed. Guliemi Molesworth, 5 vols. (London: Bohn, 1839~1845), 5: 309. 梅森的文章中对霍布斯工作的概述几乎肯定是出自霍布斯本人之手。

任何幻象都是独一无二的。对这一问题的解决和科学的基础是使用符号。

霍布斯认为，符号是把某个特定事物带到心灵面前的标记。这些符号未必一定是语词，就像标志路之尽头的石头那样，但我们使用的大多数符号都是语词。语词命名和连接事物。语词要么是指向特定事物的专名，要么是把事物联系在一起的名称。就语词把不同事物带到一个词项之下而言，它们对理解力既有帮助，又会产生误导。[1] 危险在于，我们会忘记相似事物的独特性，想象出某个普遍事物，这些相似事物都是其样本。语词对于推理必不可少，但往往会导致具体化。正如我们在第一章看到的，奥卡姆的剃刀旨在把这种具体化减小到最低程度。霍布斯同样意识到了这一危险。他断言，哲学中的每一个错误，都是源于过分自由地使用修辞。在哲学中尤其如此，因为哲学会滥用抽象名称，混淆名称的普遍性与事物之间的差异。

和笛卡儿一样，霍布斯也认为哲学必须从认识论的解构开始。在笛卡儿那里，这即是他著名的怀疑之路，他由此在思想中把物质世界取消掉，只留下纯粹的"我思故我在"。霍布斯一开始也想象世界被取消掉。[2] 在这方面，这两位思想家都依赖消除具体化的共相的唯名论方法，追问如果世界的其余部分被毁掉，那么什么东西仍然存在。[3] 这种方法揭示了真正个体的事物。不是按照如其显现的样子接受世界，而是在此基础上在想象中重新构造世界。因此，我们认识事物不是通过自然或感觉，而是通过推理。

对霍布斯而言，认识就是把名称连接成本质上是计算形式（加或减）的命题，由此认识到事物之间的相似和差异。这些命题被连接成三段论，三段论又被连接在一起形成证明。这种推理能力是所有人都天生具有的，但如果必须进行一长串推理，那么大多数人都会犯错。根据霍

---

① Ibid. , 5: 315.

② EW, 1: 91—92.

③ *De Corpore*, EW 1: 91—92.

布斯的说法，其原因在于缺少方法。[①] 使用正确的方法是由已知原因发现结果，或由已知结果发现原因的最有效的手段。因此，方法是至关重要的。[②] 以前的哲学由于缺少一种方法，从而不断陷入矛盾。霍布斯认为他在欧几里得几何学中找到了这样一种方法。

人们经常把霍布斯的几何方法与笛卡儿的方法相比较，但它们之间有很大不同。对于笛卡儿来说，思想并不限于我们所能想象的东西。事实上，观念是完全非再现的。他以一个千边形为例，它可以被认识，但不能被想象。霍布斯拒绝接受这种思路。除了通过想象，没有知识可言。[③] 我们可能无法想象一个千边形，但我们可以构造一个千边形，因为我们可以想象将它一块一块地拼接起来，所以它是可知的。因此，在他看来（与笛卡儿不同），无限是完全不可知的。此外，谈论无限数是误入了歧途。无论一个数有多大，它仍然是有限的。无限的东西（包括神）是无法达到和不可理解的。

因此，霍布斯对世界的重构不同于笛卡儿的普遍数学，后者始终是一种把握事物实在性的字面意义上的数学。对于霍布斯而言，几何方法是隐喻性的。把握世界的不是实际的数或图形，而是精确的定义和基于这些定义的构造过程。几何学是这种构造的一种形式，但不是唯一的，甚至不是主要的形式。于是，霍布斯对世界的再现依赖于符号，它们可以对实在进行实用的重构，以指定事物之间的必然关联，从而使我们能够基于假说性前提的假设的真，而不是基于描述事物实际本质的数，进行演绎。

这并不意味着科学只是一个故事。它与经验和历史都不同。它不是

234

---

①　Ibid., 1: 1.

②　Ibid., 1: 66.

③　Martinich 指出，霍布斯不愿把几何学从属于算术，因为他认为知识必须能够还原到感觉。因此数没有独立的实在性，而仅仅是点的名称。Martinich, *Hobbes*, 284.

描述，而是基于自明真理的不容置疑的推理。① 因此，霍布斯的科学距离文艺复兴时期人文主义的历史的和审慎的思想，甚至是培根的经验或实验思想相当遥远。事实上，它的目标不是理解神所规定和创造的这个世界所服从的因果关系，而是理解神自身的因果力量，并用这种力量来重建世界，以促进人类的繁荣。这样一来，霍布斯的唯名论便使他接近了宗教改革家，但他更关心的是维持和改善这个世界上的生活，而不是得救和永生。他对人和国家的解释最清楚地体现了这一点。

## 霍布斯的人论

在几乎所有形而上学体系中，从物理学到人论的转变都有实际的困难。几乎所有人都同意，人是自然存在者，但很少有人愿意断言，人只是自然存在者。笛卡儿不仅把人看成有广延的东西，而且也看成思想着的东西。他说这话并不是为了暗示，人体不受自然原因的支配，而是说，它也被人的自由意志所推动。而霍布斯则认为，支配万物的机械因果性也同样支配着人。他并不认为人有一种超自然的成分，教士们可以把它用作控制他人的手段。

这并不意味着霍布斯认为人没有什么非同寻常或与众不同的东西。事实上，在他看来，我们是一些复杂的自动机，是像钟表那样的机械，我们就好像安装了发条，当这些"发条"中的能量释放时，我们就会运动。我们自认为在自由运动，但这其实只是一种幻觉。我们所谓的行235 动永远只是由我们的激情决定的反应，而激情则由外界物体对我们身体的影响所引起。这些影响触发了一种机制，释放"发条"发动我们。我们的运动方向和速度取决于初始影响的性质以及"发条"中储存的

---

① 因此，霍布斯的真理有一种假说的形式，但它们所指定的关联却是必然的。例如，霍布斯相信："如果 x 发生了，那么 y 必然随之发生。"这与历史学家的说法有所不同，历史学家会说"当 x 发生时，y 随之发生了"。显然，如果情况相似，则未来可能会发生同样的事件，但它在很大程度上依赖于情况有多相似。在修昔底德译本的前言中，霍布斯写道，真正的历史工作是用过去的知识来教育人，使当前的人能够谨慎行事，未来合于天道。EW 8：3. 关于对霍布斯历史观的富有思想的讨论，参见 Robert Kraynak, *History and Modernity in the Thought of Thomas Hobbes* (Ithaca, N. Y.：Cornell University Press, 1990)。

能量。于是，如果我饿的时候提供给我食物，我可能会去吃，但我饱的时候就不大可能这样做。如果此时我正沉浸于悲痛或贝多芬的一首交响乐之中，我也不大可能去吃，无论我有多饿。我可能会认为是我选择了这一件事情，而不是另一件事情，但这种选择是由我在那一刻的激情的性质和强度决定的。根据霍布斯的说法，我看起来也许主观上选择了做我想做的，但即使如此，我也永远无法选择去要我想要的。这是独立于我的一系列原因所引起的结果。

我们对这些外界原因的依赖在很大程度上是隐藏的。我们自认为在自由行动，但如果我们按照霍布斯在《利维坦》开头所建议的那样看待自己，那么就会认识到，我们所有人都在受激情的驱使。在某种意义上，这种认识很屈辱，因为它减少了我们的自主性，但霍布斯培根式地把这种屈辱变成了我们的解救措施。当以这种方式看待自己时，我们就可以发现快乐的必要条件是什么。如果放弃自由信念，则我们会认识到，幸福并不在于争取道德的完善、不朽的名声或完满的虔敬，而在于满足我们的身体欲望。在这种审视的过程中，我们也认识到，虽然我们在不同的时候想要不同的东西，但有一样东西是我们无时无刻不想要的，那就是活着。于是我们认识到，我们之中最强大的"发条"在驱使我们寻求自我保护，它优先于所有其他激情。每当我们的生命面临威胁时，饥饿、情欲、干渴和好奇都会消失。这就是霍布斯的意思：人类行为的根源是对横死的恐惧。①

虽然可以理解，横死是我们都希望避免的，但我们无法更充分或明确地规定幸福还需要什么东西。霍布斯以一种人文主义的方式断言，我们都是彻底个体的存在，具有与众不同的激情。因此，虽然我们都渴望生存，但每个人生存是为了什么，通过生存想得到什么，却只能由这个个体所指定。于是，每个人的幸福取决于他能够获得自己想要的东西，而这与他的权力有关。然而，权力源于我们能否掌控我们周围变动着的

---

① 霍布斯知道有一些例外。*Man and Citizen*（De Homine and De Cive），ed. Bernard Gert（Garden City, N. J.：Anchor Books, 1972），52.

世界，能否减少或避免与可能损害或破坏我们的对象的冲突，增加同我
们所欲求的对象的相遇。这种权力是霍布斯所谓的自由的基础。

正如我们前面所讨论的，霍布斯否认我们有自由意志。不过，他并
不因此而赞成路德的学说，即人只不过神或魔鬼驾驭的一头驴子。神灌
注他的意志并没有赋予我们自由。霍布斯认为，这种虔敬的希望仅仅使
我们受制于教士的激情和宗教狂热。人是由激情驱动的物体，在霍布斯
看来，自由就是不受外部限制地追求我们激情的对象。这是实用的自
由，而不是形而上学的自由。人乃是被赋予他的那些运动。和所有其他
存在者一样，人显示了预知和预先意愿一切事件的神的意志。虽然我们
注定要成为我们所是的那种存在者，拥有我们所拥有的那些激情，但这
并不影响我们的自由，因为恰恰是这些激情决定了我们的身份。① 因
此，要使我们成为我们所是的那些个体，只需能够在没有其他受造物阻
碍的情况下意愿。

我们的自由程度取决于我们的权力。我们的权力越大，就越能自由
和安全地在其他物体中运动。我们的权力取决于我们身体的力量、支持
者的数量、外部资源的范围、尤其是我们的推理能力。在霍布斯看来，
理性的含义与前人那里有所不同。它并不是一种可以辨别出生活的恰当
目的、把我们引到正确方向的单独的能力。因此，它不是目的论的，而
是工具意义上的，是激情的间谍和侦探。② 因此，它可以帮助我们最大
限度地满足欲望，但不会调整、引导或控制欲望。因此，对霍布斯而
言，通过正确的理性来生活不是目的，而是手段。事实上，审慎并不像
彼特拉克认为的是为了缓和激情，而是为了增加我们的权力，以获得我
们想要的东西。

根据霍布斯的说法，按照我们被赋予的、引导生活的冲动来生活和
行动便是幸福。由此我们立即可以看到，霍布斯距离人文主义和宗教改

---

① 也许很难理解，某种一直在动的东西如何可能有同一性，但霍布斯指出："人将永远
是同一个，他的行为和思想出自同一个运动开端，即产生他的东西。" EW 1: 137. 当然，这
种解释有很多自身的问题。

② *Leviathan*, 41.

革运动是多么遥远。[①] 这里并不存在一个新柏拉图主义的爱之阶梯导向完美，也没有暗示我们的行动受魔鬼引导。我们既不是超人，也并非堕落。我们只是一些个体的存在者，由因人而异的激情所决定。因此，对我们每个人而言，善恶并非通过我们是否走向一种理性的、自然的或超自然的目标来衡量，而是由我们的欲望指向来衡量。没有哪个方向天然比任何其他方向更好。善是使我们愉悦的东西，恶是使我们不悦的东西，善是增强了我们运动的东西，恶是阻碍了我们运动的东西。换句话说，善是我们权力的增加，恶则是我们权力的减少。于是，最大的善是朝着受阻碍最小的满足前进，最大的恶则是所有运动都陷入死寂。因此，在霍布斯看来，每个人都是利己的个体，试图将自己的权力和满足最大化。问题是，我们也在与他人竞争。我们在努力掌控和拥有自然时，肯定会试图掌控自然物和人类。因此，在自然状态下，人与人将不断发生战争。

事实上，根据霍布斯的说法，对我们生存和权力的主要威胁恰恰来自他人。考虑到霍布斯的物理学，这一点的原因并不显然。疾病、干旱、野兽、地震、风暴等等显然在威胁我们。那么，为什么人比体积更大、跑得更快、数量更多的其他生物更危险呢？简单的回答是，在霍布斯看来，人之所以更强大，是因为人会使用语言。语言使人拓展了对世界的统治，从而变得对其他人极具威胁。霍布斯认为，符号的运用使人的记忆得到拓展，从而可以开启过去和未来，使自我意识成为可能。[②]与所有其他存在者都不同，我们能够认识到我们的激情所指向的目标，达到这些目标的手段，摆在我们面前的障碍，以及对我们生存的威胁。因此，世界对人要比对动物更有前途，也更具威胁性。我们认识到了这种危险，感到了恐惧并寻求补救，所以我们为了统治而与他人进行你死

---

① 在这方面，霍布斯经常被认为更接近于伊壁鸠鲁派。虽然霍布斯肯定利用过伊壁鸠鲁派的资料，但他的学说在一些重要的方面区别于伊壁鸠鲁派。伊壁鸠鲁派确信，只有通过避免痛苦，限制欲望，培养不动心，消除激情，才能获得幸福。这最终涉及顺应自然，而不是像霍布斯所希望的掌控自然。

② 根据霍布斯的说法，如果没有记忆，不可能超越一两个三段论。EW 1：38，48，79，95.

我活的斗争。与蚂蚁或蜜蜂不同，我们没有天然的等级结构，多多少少都是平等的个体，被生存和幸福的欲望所驱使。[1] 我们认识到，这只有通过获得必要的手段以满足我们的需求来实现。由于这些需求延续到了未来，所以我们的需求是无限的。因此，只有控制了所有人和自然运动才能提供安全，结束恐惧。所有人因此而拥有的欲望导致他们陷入了所有人对所有人的战争。

所幸的是，使人变得如此危险的语言使用也使这种危险有可能被消除。自然状态下的所有人对所有人的战争是可以通过理性克服的，只要我们构造一个人工的世界、一个联合体来补充神创造的这个世界。于是，人造物可以修补神创造的东西，使人与人能够和平共处。与只试图控制自然物体运动的笛卡儿不同，霍布斯认识到需要控制人体之间的相互作用，规范它们的运动，以尽可能地减少暴力冲突。因此，他认为物理学和人论必须有政治学作为补充。

## 霍布斯的政治学

霍布斯政治学的三部伟大著作——《法的原理》《论公民》和《利维坦》，是在英格兰内战的背景下写成的。《法的原理》是在加速战争爆发的国王与议会的仇恨斗争期间撰写和流传的。《论公民》和《利维坦》则是霍布斯逃往法国之后写的。国内的大屠杀使他的注意力转向了政治学，他打算以此作为其体系的最后一个部分。

霍布斯知道，如果没有他的物理学和人论，这种科学就不可能完全令人信服。[2] 然而他相信，它在部分程度上也可以自成一体，因为其出发点可以通过内省而达到。[3] 在他看来，政治学和几何学一样，是一门从定义开始的构造性科学。在这些定义的基础上，可以得出真的结

---

① 与蚂蚁或蜜蜂不同，"人的目标是统治、优越性和私人财富，它们因人而异，导致争端"。*Elements of Law*，105.

② 于是，他在《论公民》中为缺少了前面的部分而表示歉意。*De cive*，103.

③ Spragens，*The Politics of Motion*，48，55.

论。① 我们可以通过审视自己而知道这些定义，虽然如果不对整个自然进行说明，我们就无法知道它们是否是普遍有效的。② 霍布斯试图通过《利维坦》中对人性的说明来证明其初始定义的有效性，但这种说明至多是概要性的。③ 虽然他的政治学本身可能是有用的，但只有植根于一种全面的人论和物理学，它才能完全令人信服。人论和物理学都是分析性的科学，即把世界拆解开来，然后在将其重新组装到一起之前考察它的各个部分。因此，它们是政治学的基础，政治学是纯粹构造性的，更像是一种工程或霍布斯所谓的技艺，而不是科学。事实上，政治学类似于神创造世界所使用的最高技巧。然而，由于这个联合体不是从无中构造的，它必须在现有的自然界中才有意义。如果没有物理学和人论，它仍然只是一种想象中的构造，就像柏拉图的理想城邦（Kallipolis）或莫尔的乌托邦一样。④

　　霍布斯认为，他的物理学和人论的确证明了他的政治学前提的有效性，即人类受激情的驱使，其最重要的激情是对横死的恐惧，他们试图积蓄力量以保护自己，并且最大限度地满足自己的欲望。在这些前提的基础上，霍布斯认为，他可以表明，人类在一起生活不可避免会导致战争状态，只有在一个由绝对主权者所统治的联合体中，这种战争才能 <sup>239</sup>

---

①　*On Man and Citizen*，42.

②　如果没有一种物理学来证明所有运动都是由外部原因决定的，那么我可能会错误地以为我自由地选择了自己的道路。Spragens，*The Politics of Motion*，56.

③　*Leviathan*，498. 学者们早已注意到，《论公民》和《利维坦》似乎并没有解释自然与人的关系，并且暗示这表明了霍布斯思想中的一种矛盾或不连贯。霍布斯本人承认，这些说明是不充分的，但他把这种不充分性归因于他尚未完成他的基础性著作。《论物体》直到1654年才完成，《论人》直到1658年才完成。他在《论人》的献辞中指出，他现在终于履行了《法的原理》所作的承诺，即把他的政治学奠基于一种人论。

④　在霍布斯看来，古代政治思想中缺少的"是一些正确而确定的行动规则，由此我们可以知道我们的所作所为是否正义"。*De corpore*，EW 1：9. 古人对城市的设想也许动人或优美，但在霍布斯看来，它们是无效的，所以没有什么用处。埃舍尔的画令人愉快，对于某个世界来说或许是真的，但并非对于我们所居住的这个世界。同样，霍布斯的构造也许对于我们这个世界是有效的，但如果不能证明其出发点是正当的，那么我们无法知道它是否是事实。一个疯子的自我审视可能是一致的，但并不是有效的或能够推而广之的。

结束。[1]

所有人对所有人的战争是人类彻底个体性的后果。每个人都求取权力，但永远都不够，因为他需要的量依赖于在他附近的人的权力。一个人拥有的权力越多，他人需要的权力就越多。战争爆发可能是因为某些人的贪婪或自负，但即使每个人都温和善良，由于我们无法知道他人的意图，也会导致我们为生活而恐惧，为自我防卫做准备，从而对他人构成威胁。因此，正如霍布斯所看到的，对横死的恐惧和生存的欲望导致我们不知餍足地"追求权力，誓死方休"。[2] 在这种情况下，生活变得孤独、贫乏、龌龊、野蛮且短暂。

在这个绝望的深渊中，没有人是安全的，每一个人心中充满了对横死的恐惧，正是在这里，尘世的得救之路开始了。[3] 在这一刻，逃走是不可能的，因为处处都潜伏着死亡，人必须在和平与战争之间作出选择。霍布斯指出，在这种情况下，理性决定了人会首先寻求和平，只有当和平的希望破灭之后，才会寻求战争。事实上，在他看来，这是第一条也是最基本的自然法。但理性是如何作出这一决定的，它在何种意义上是一个法则呢？在霍布斯看来，理性自身当然无法提供这条准则。事实上，在这种情况下，理性似乎只是身体及其不可抗拒的生存欲望的代言人。

要想弄清楚这如何能是一个法则而不仅仅是一条审慎的格言，我们需要回到霍布斯的人论。根据霍布斯的说法，人体既有生命运动，又有自愿运动。生命运动是指像呼吸和消化这样的自动过程。这些事情不受我们的意识控制，因为从我们出生那一刻起，它们就对我们的生存必不可少。而自愿运动则涉及那些令人愉悦或对我们有好处，但对于生存并非必不可少的事情的选择。在霍布斯看来，关键问题是，哪些运动能够最好地描述我们对横死恐惧的反应。霍布斯认为，这种恐惧所产生的运

---

① EW 1: 8.

② *Leviathan*, 58. 虽然霍布斯可能会同意马基雅维利的看法，即大多数人都想一个人待着，但他并不认同只是几个压迫者破坏了这种想法。

③ 这里很容易看到与路德观点的相似性，即我们需要通过绝望来寻求恩典。

动就像呼吸一样。我们可以屏住呼吸，但不能永远屏住呼吸。同样，**我们**可以挺身而战，至少有些人可以在某些时候这样做。必要时，为了保护自己，每个人都会这样做。如果认为对我们有利时，有些人会短时间这么做，就像我们潜入水中屏住呼吸一样，但霍布斯似乎确信，即使是那些以这种方式面对死亡的人，也总是会感到（虽然会抵制）害怕和逃跑的冲动。① 因此，他得出结论说，对横死的恐惧是普遍存在的。它是我们从自然中直接获得的一个命令，即使没有语言的介入也会指导我们。它是一种普遍的自然冲动，是自然的一种策略，引导我们为自己的好处而努力。因此，自然法的来源是自然的设计者。自然法是写在自然界之中的神的法，类似于引力定律或惯性定律。于是，霍布斯似乎暗示，虽然唯名论和加尔文主义所揭示的那个全能的神是危险的、可怕的，但也有一种自然冲动指引我们获得尘世的得救。

我们被驱使着保护自己，霍布斯的这种认识并不是什么新鲜的东西，但他为实现这一目标而发展出来的手段却是新的。他一开始就主张，我们必定寻求和平而不是战争。这样一来，他便不再把勇士和殉道者的勇气当作获得和平和安全的手段。他指出，勇士和殉道者有的时候是理性的，但他们最终都是非理性的，因为他们不利于人类自我保护的自然目的。霍布斯相信，通过向我们显示把原因链推到底的后果，他可以证明这一事实。正是由于勇气无法满足我们的要求，才有了作为实现和平与生存的真正手段的关键的第二条自然法：我们必定愿意与他人立约，放弃对一切事物的权利要求，满足于拥有有限的自由，使我们可以像愿意别人对待我们那样对待别人。第二条自然法跟在第一条自然法之后，但不是从它派生或演绎出来的。因此，它是人的巧计的主要行动。根据霍布斯的说法，所有其他自然法都源于这两条法则。第一条自然法描述了目的，第二条自然法描述了所有政治努力的手段。政治学的其余内容都源于这个开端。

---

① 在霍布斯看来，所有心智健全的人到头来都会像《伊利亚特》中的赫克托一样逃跑，尽管他很有勇气。只有那些想自杀的精神错乱的人才会走阿基里斯的道路。

第一条自然法是一条法则而不是一条审慎的格言，因为它基于我们不由自主的求生意志。我们的求生欲望不同于我们的饮食欲望。我们对它没有任何选择，就像我们对呼吸和消化没有选择一样。为了维持我们的生命运动，霍布斯认为，我们将总是放弃我们的自愿运动。这是一种自发反应。这一事实在很大程度上被国家提供的保护所掩盖，但是当我们陷入所有人对所有人的战争中时，便可以清楚地看到它。在这种情况下，我们终于看到了真相。

而第二条自然法却不是自发反应的结果。我们最初的自然冲动是战斗或逃离，而不是通过谈判达成契约。事实上，只有在极端情况下，作为推理链条的结果，才能看清这种替代方案，也就是说，当我们因为死亡无处不在而无法逃离时，当我们因为永远无法强大到战胜所有其他人，从而不能指望战斗获胜时，这种替代方案才变得明显。只有在这种情况下，我们才认识到，是自然推动我们建立契约，因此，这种决定并非完全自愿。

当然，如果对我们有利，我们可能会出于策略的考虑而撒谎，意在破坏我们的契约。这里，行动的自愿成分变得明显了。因此，自然法不是自动实施的。当我们打破承诺时，我们不会自动死亡；事实上，我们有时甚至会活得更好。因此，霍布斯认为，有必要用制裁来维持协议，以使我们能够逃避所有人对所有人的战争。我们打破誓言增加权力，以获得我们想要的东西，只有通过将契约所消除的横死威胁制度化，提醒我们生存优先于其他激情，才能对此作出制衡。在霍布斯看来，我们原本是通过宣誓，援引神的愤怒作为对违背誓言的惩罚而将这种恐惧制度化的。[①] 这里，对主的恐惧在引导我们通向智慧方面起了关键作用。的确，在霍布斯看来，只有通过对神的制裁的畏惧，人与人之间立的约才能得到维持。即使在人的权威就位之后，对神的制裁的恐惧也是对主权者的必要支持，因为主权者不可能同时在所有地方。[②]

---

① Hobbes, *Elements of Law*, 87. 另见 Martinich, *Two Gods*, 80。
② 因此，不能按照 Martinich 所提出的方式，让神退居幕后。*Two Gods*, 98.

霍布斯认为，从长远来看，只有用某种实际权力取代神来强制执行契约，这种解决方案才可能成功。这便是霍布斯的利维坦，它像摩西一样"冒充"神。它是一个"有朽的神"，通过神的那种压倒一切的威慑力，把服从注入契约之中。霍布斯相信，只有当人类确信，如果打破契约，他们就会遭受痛苦的横死，和平才是可能的。

我们需要利维坦来保证，没有人会打破确保和平的基本契约。在霍布斯看来，大多数人在任何情况下都不大可能打破契约，对他们而言，利维坦不是威胁，而是其安全堡垒。霍布斯认为，真正的危险来自那些傲慢自负的人，他们自认为比别人优越，理应在他们之上作威作福。利维坦必须约束这些人，正因如此，利维坦才被称为傲慢者的国王。① 正如《圣经》明确说明的："在地上没有像它造的那样，无所惧怕。凡高大的，它无不藐视；它在骄傲的水族上作王。"（《约伯记》41：33—34） 242 在霍布斯看来，人类本质上是平等的，因为他们都会死。没有人能强大到不能被杀死。和马基雅维利所谓的君主一样，需要用利维坦来控制那些相信自己比人更高，从而理应统治别人的人。他们需要通过其臣民的服从和崇拜来肯定他们的傲慢。有一种强大的诱惑把这些人看成勇士或

① 在许多方面，霍布斯只是在重申詹姆斯一世的立场："君主专制国家是世间最为至高无上的事物；因为国王不仅是神在世间的助手，坐在神的宝座上，而且甚至被神自身称为神……因为他们在世间行使了一种神的权力或与之相似的东西。" King James VI and I, "A Speech to the Lords and Commons of the Parliament at *White-Hall*, on Wednesday The XXI. Of March, Anno 1609," *Political Writings*, ed. Johann Sommerville (Cambridge: Cambridge University Press, 1994), 181. 另见 A. P. Martinich, *Hobbes: A Biography* (Cambridge: Cambridge University Press, 1999), 15。

征服者。① 但霍布斯指出,体力和英勇只是傲慢的一个来源。人类之所以傲慢,还因为他们认为自己智慧出众或与神接近。所有这些优越感都可能产生有害的政治后果。

霍布斯认为这样一个统治者是和平的先决条件,这并不奇怪。事实上,《布拉格和约》(1635)和《威斯特伐利亚和约》(1648)的主要目标就是创造这样的主权者并使之合法化。然而在当时,这一主权者必须是一个专制君主,这一点还不够明显。虽然霍布斯相信,对于君主有很强的审慎论证,但他在《论公民》中承认,这无法得到证明。

霍布斯之所以偏爱一个专制君主,其根基处是对人与人的关系的一种唯名论理解。他认为,人们之所以会合作并保持契约,只是因为这样做符合他们的利益。如果打破契约能够使他们得到利益,他们将打破契约。因此,必须迫使他们信守承诺。该论证基于霍布斯的一个假设,即人是绝对的个体。重要的是,这种观念并非植根于经验。正如亚里士多德等人所指出的,我们开始时都是家庭、部落、村庄或城市的成员,大部分人将一直是这些共同体的一分子。我们有孩子、父母、朋友和亲人,我们把财富和生活都托付给了他们。此外,还有许多人,我们甚至会为了拯救或帮助他们而牺牲我们的财富甚或生命。于是,霍布斯对人的个体性的强调与其说是植根于他对日常社会生活的观察,不如说是植根于对内战期间社会生活崩溃的体验。他显然记得像修昔底德所描述的

---

① 基于科耶夫在其黑格尔讲座中提出的勇士论述,施特劳斯在其1936年的霍布斯著作中主张,利维坦旨在限制这样的人。但霍布斯的利维坦永远也不可能限制这样的人,因为他们的主要特征(根据科耶夫和黑格尔的说法)是他们宁愿死也不愿投降。利维坦也许会杀死他们所有人,但如果不是另一些勇士,谁会做这种杀戮呢?与黑格尔、科耶夫和施特劳斯的观点不同,霍布斯的观点似乎依赖于对横死的普遍恐惧,主权者在给予这种恐惧时的力量,以及当主权者走远或睡着时对一个正在培养服从的可怕的神的持续恐惧。虽然公平地说,如果对霍布斯作更加字面的解读,那么主权者长时间的持续统治将不可避免会使人常规性地朝着减少冲突、促进合作迈进。事实上,规范人的运动,从而最大限度地减少人的冲突的规则可能会随着时间的推移而变得十分确定,以至于主权者的可见力量和全能之神的起决定作用的恐怖可能会退到幕后,从而有利于法治。但这里最关键的词是"退"而不是"消失"。在霍布斯看来,即便在人们习惯于以自私但却合作的方式行事的稳定社会,主权者的绝对权力也是和平与繁荣所必不可少的。

克基拉（Corcyra）革命以及波希米亚或马格德堡的屠杀等事件。这些极端情况确证了他通过审视自己所获得的真理，即我们把生存看得比所有其他事物更重。因此他认为，在这种最坏的情况下，除了主权者，没有什么人类建制能够维持秩序和确保和平。事实上，家庭、教会、政党等所有其他建制，都只不过成了经受那危及每一个人的冲突的手段。只有主权者能够克服冲突。

通过"冒充"神，主权者在国家中就像唯名论的神在宇宙中，是万事万物的根源和结合。同样，他与事物是分开的。尽管中世纪的国王就像但丁和阿奎那的神一样，是包含所有造物的等级结构的一部分，但霍布斯的利维坦与它的臣民级别不同，它是一个象征性的怪兽，不欠其臣民任何东西，不与他们立约。它的唯一目的就是威吓那些敢于打破契约的人，用横死来威胁他们。和唯名论的神一样，利维坦不欠人的债。其优越性有一些实际的好处，霍布斯对此作了详细描述。首要的是，它使傲慢的人不再可能梦想有朝一日变得突出。他们无法与它相比。同样，通过用它的权力来羞辱或毁灭它的臣民，它没有必要总是重申自己的优越性。因此，利维坦的存在消除了或至少是最大限度地减少了所有层次的竞争，创造了普遍平等的条件，霍布斯声称这是和平共存的必要条件。虽然利维坦是神在尘世中的代理，但它并不是完全自足的。它有身体的需要，是有朽的。前者可能使它危及它的臣民，但霍布斯似乎同意莎士比亚的信念，即一个人的激情不大可能对国家造成很大威胁。①利维坦的有朽性也约束了它，因为它确实不得不惧怕因为没有履行自己的义务而受到神的惩罚。然而，这一事实也使它受制于神职人员和宗教狂热分子的操控，他们声称拥有关于神的意志的特殊知识。我们将会看到，这是利维坦必须统治教会和国家的原因之一。

霍布斯在内战期间试图回答的关键问题是，为什么现有的英格兰君主已经无法运用他的权力来维持秩序和和平，以及这种失败应当如何避免。虽然在霍布斯看来，所有冲突都起源于关于"我的"（meum）和

① MacDuff 在 Macbeth 4.3.50—100 中提出了这种观点。

"你的"（*teum*）的分歧，但这些冲突大都可以通过联合体的制度和建立法律以保证财产权来解决，它们可以规定你我财产的界限。虽然大多数财产冲突都可以通过法律制度而减少或消除，但这只是把冲突转移到了更高层次。如果法律或权利根据一般契约决定了我的财产权，那么我就可以按照我的意愿撰写法律以增加我的权力，甚至通过阐明一般的善恶概念而使所有法律都向我倾斜，从而增加我的权力。在这里，修辞特别是宗教修辞的力量是决定性的。在霍布斯看来，内战乃是源于主权者未能限制关于善恶本质的辩论。这便为那些自认为比别人优越，想用国家权力来使自己的优越感制度化的人的权力意志敞开了大门。

换言之，内战源于未能认识到主权者必须决定和强制执行宗教教义，建立公共的善恶标准，以形成法律和政策。主权者必须决定什么东西可以被宣扬，因为正如我们将在下面考察的，没有其他办法来解决这个问题。① 如果主权者没有确定善恶，那么在自然状态下自然产生的竞争就会体现在相互冲突的、笼统阐述了善恶学说的宗教观点当中。这种阐述大大增加了冲突的危险。结果，冲突不再只是一种对特定事物所有权的冲突，而是变成了一种关于所有权、正义、道德以及虔敬生活与不虔敬生活之间差异的观念冲突。由于我们无法知道这其中哪个是正确的，所以结束这种冲突的唯一方法就是强迫接受。因此，在霍布斯看来，主权者必须建立和强制执行一套统一的善恶标准，以结束这些灾难性的争论。

只有主权者能够结束这些道德宗教纷争，因为每个人的善恶观都反映了他特有的激情。因此，自我约束是不可能的。霍布斯声称，这是《旧约》的教益。故事开始于伊甸园，这是一个宁静的花园，人在其中

---

① 虽然霍布斯的主权者必须强制执行一种统一的宗教做法，但对于良心或信念的自由还是有大得多的空间的。关于这一点，参见 Joshua Mitchell, "Thomas Hobbes: On Religious Liberty and Sovereignty," in *Religious Liberty in Western Thought*, ed. Noel Reynolds and W. Cole Durham Jr (Atlanta: Scholars Press, 1996)。在对霍布斯进行政治神学解读时，施密特把良心的自由看成导致强大的利维坦失败的缺陷。Carl Schmitt, *The Leviathan in the State Theory of Thomas Hobbes* (London: Greenwood, 1996), 56. 另见 Vatter, "Strauss and Schmitt," 189—190。

不需要恐惧死亡。[1] 唯一的要求是，他要听从神的诫命，不要吃善恶树上的果子，即不就善恶作出个人判断。这种人类堕落前的状态被人的欲望终结了，它导致了不服从和私人判断的出现。[2] 人类无法抗拒作这样的判断。在霍布斯看来，人类堕落后所处的这个世界是原始的自然状态，在这种状态中，神不在场，人类根据相互冲突的善恶观念来生活，每个人都在模仿神，抬升自己，把自己的道德判断凌驾于他人之上。[3] 这是一个灾难性的傲慢时代。[4] 霍布斯从这个事件中学到的教益是，未武装的神没能提供必要的秩序来维持一种和平的公共生活。

在霍布斯看来，通过与亚伯拉罕和摩西立约，人类（或至少是犹太人）被给予了第二次机会，不受强制地直接在神的领导下生活。他们同意按照法官和先知们所解释的神的律法来生活。[5] 然而，这种统治方式在摩西时代已经暴露了缺陷，后来，渴望有一个国王的犹太人拒绝了它，根据霍布斯的说法，这个决定是神所首肯的。这再一次从历史上更加清楚地表明，如果没有一个君主强迫人类服从法律，人类就无法和平生活。神的诫命，即使因先知们的训话和法官们的道德权威而得到加强，也无法解决私人判断问题。只有武装起来的君主可以解决这个问题，他充当神在尘世的代言人，强行禁止相互冲突的道德判断。因此，主权者对于和平是必不可少的，并且将一直如此，直到基督（在遥远的将来）返回世间进行统治。然而，即使是这样，基督的统治也将建立在实际的尘世权力的基础之上，而不会依赖于道德说服或信仰。因此，在霍布斯看来，对于所有人对所有人的战争，根本没有宗教的（或道德

245

---

[1] Martinich，*Two Gods*，306.

[2] *Leviathan*，272；另见 464.

[3] 根据 Martinich 的说法，神的权力在原始的自然状态中是不存在的，因此没有法律和非正义，但它们的确存在于神的律法就是自然法则的派生的自然状态中。*Two Gods*，76.

[4] 在霍布斯看来，人类苦难的根源是《圣经》意义上的傲慢，即拒绝服从权威。Martinich，*Two Gods*，74. 和路德一样，霍布斯也把傲慢视为罪的主要形式。然而，他对傲慢的关注更多是涉及人与人的关系，而不是人与神的关系。正如 Alan Ryan 所指出的，在霍布斯看来，傲慢是无法治愈的。充足无法使它窒息，它要求贬抑他人，因此它必须被摧毁。"Hobbes and Individualism," in *Perspectives on Thomas Hobbes*，103.

[5] *Leviathan*，275.

的）解决方案。

当然，这样一个利维坦不会被所有人接受。特别是，宗教领袖们受自己对错信念的驱使，极为珍视自己的权力。因此，他们不愿让主权者将其善恶标准强加于他们及其追随者。他们将会进行漫长而艰苦的斗争，以防止这种情况发生。他们要么试图建立另一种权力基础，要么试图篡夺国家的权力，以实现自己的道德或宗教目的。当然，前者是天主教会的策略，后者则是英格兰内战时期清教徒所选择的道路。这样一来，宗教便对和平与繁荣构成了持久的威胁。

尽管宗教纷争不断威胁着公共和平，但霍布斯并不赞成建立一个在宗教问题上没有立场的世俗国家。主权者没能建立和保持善恶标准，将把这些问题的裁决留给那些起初造成问题的私人判断。于是霍布斯认为，所有成功的国家都必须有业已确立的宗教做法，但警告说，政治和宗教权威必须掌握在一个主权者手中，他在宗教事务上强制执行公众判断标准，不允许公开表达私人的宗教判断，尽管私下里可能允许有不同意见。这个宗教国家通过建立和强制执行道德法律标准而结束了所有人对所有人的战争。

这里，霍布斯以路德的《致德意志基督教贵族书》（*Appeal to the German Nobility*）为基础，但又超越了它，因为他把对君主统治宗教的论证植根于一个本身并不带有明显宗教性的论证，即把宗教和国家的建立奠基于一个以自然法为基础的论证上。虽然在霍布斯看来，这个国家²⁴⁶必须植根于一种特定的宗教善恶观，并且提供支持，但其正当性并不在于狭义的宗教，而在于自然法。这些自然法并非针对特定的民族，而是针对所有人，它们以人类普遍渴望保护自己为基础，旨在消除"自然的大敌"，即横死。[①] 这些法则表明，服从那个植根于自然的主权者是正当的。它们解释了为什么应当服从进行统治的主权者，而不是主权者为何会进行统治。

---

① 因此，虽然霍布斯偏爱一个基督教联合体，但他把其他形式的宗教国家接受为正当，也并非不可设想。

作为这种科学的基础，自然法源自这些前提。如果这种法仅仅是内省的结果，则它充其量只是一种审慎的建议。然而，它的强制性特征源于这样一个事实，即它不仅植根于自然，而且是自然的神所植入的命令。① 我们也许认为这种想法很古怪，因为我们设想义务只有在我们已经自由同意的情况下才会产生。然而，在霍布斯看来，没有任何东西是在绝对的意义上自由给出的。我们所做的一切都是因为我们在一种实际的意义上被推动这样做。因此，义务并不是某种选择出来的东西，而是某种因为不平等的权力关系而被强加的东西。因此，我们有义务仅仅是因为我们被命令。②

## 霍布斯的神学

虽然霍布斯确信，人类在一个由绝对主权者统治的联合体中可以消除横死，但他也知道，死亡本身是不可避免的。笛卡儿曾在《方法谈》中提出，科学也许最终会战胜死亡，无限延长人的寿命，但霍布斯并没有这样的幻想。而且他知道，对死亡的恐惧不可避免会导致关于来生的问题，而这些问题会对政治稳定造成极大困难，因为在某些情况下，对永生的渴望甚至会超出维持此生的愿望。因此，神职人员的说辞和宗教狂热分子关于善恶本性的谬见可能会变得比主权者的命令更具吸引力，从而使国家陷入混乱。在他看来，宗教战争便是这种事态所导致的结果。对于主权者来说，避免这种困境的唯一方法就是同时统治教会和国家。③

虽然这两个机构必须统一起来，但霍布斯并不赞成一种神权政治。

---

① *Elements of Law*，97. 另见 EW 3：346 和 Martinich，*Two Gods*，97. Martinich 指出，在霍布斯看来，自然法既是神的命令，又可以从自我保存推论出来。他还指出，霍布斯的观点可能源于苏亚雷斯。*Two Gods*，134.

② 因此，产生义务的不是权力的量，而是权力的不平等。Martinich，*Two Gods*，94. 这是一种与奥卡姆类似的唯意志论立场。

③ Mitchell 指出，虽然理性可以帮助我们在此生中保存自己，但它无法帮助我们获得永生，因为这依赖于《圣经》。因此，对主权的完整解释必须既依赖于理性，又依赖于《圣经》。"Luther and Hobbes，" 691.

事实上，有代祷权力的祭司或受到启示的圣徒的统治正是他所担心的。他认为，只有允许主权者同时进行世俗统治和教会统治，这种神权政治的冲动才可能得到平息。然而，这种解决方案，即所谓的埃拉斯都主义，要求与他的政治律令相称的神学教义。因此，政治学不能把宗教教义和实践的问题留给公民作私人决定。因此，在《论公民》的最后一章、《利维坦》的后半部分、对怀特的批判、与布拉姆霍尔的辩论以及其他宗教著作中，霍布斯的目标都是为一个基督教联合体提出一种神学，其中教会的诫命与国家的命令完全相同。正如我们将会看到的，这种神学本质上是新教的，而且很大程度上是加尔文派的，只有少数例外与1563年的《三十九条信纲》中所阐述的英国国教相容。①

这种使神学从属于政治的做法使人们普遍相信，霍布斯没有宗教信仰。然而，他认为公民主权者也应当统治教会，这并不能构成怀疑其宗教信仰的理由。他不顾危险为一些不受欢迎的教义作辩护，这表明他并非不真诚，或是想掩盖他的真实看法。要是不对宗教发表意见，他的危险肯定会少一些，假如他只是想掩饰无神论，他本可以采用许多其他更正统的基督教版本。② 因此，认为霍布斯没有宗教信仰是历史时代误置，与他本人的做法相矛盾。③

怀疑他的正统性也许更合理一些。然而，以他的时代标准来看，他所倡导的大多数教义和做法，甚至是那些有争议的内容，往往都比他所反对的教义和做法更好地植根于《圣经》。霍布斯的基督教版本非常简单，只要求人们相信耶稣是基督。④ 虽然这并不像听起来那么简单，但除了相信《尼西亚信经》，它其实并不要求什么更多的东西，所以在霍

---

① Martinich 声称，霍布斯在感情上和思想上对加尔文主义和英国国教有一种强烈依附。*Two Gods*, 1.

② Willis Glover, "God and Thomas Hobbes," in *Hobbes Studies*, ed. Keith C. Brown (Cambridge, Mass. : Harvard University Press, 1965), 148. Mintz, *Hunting of Leviathan*, 44. P. Geach, "The Religion of Thomas Hobbes," in *Thomas Hobbes: Critical Assessments*, 4:283.

③ 轶事证据确证了霍布斯的宗教信仰。参见 Martinich, *Two Gods*, 24。虽然霍布斯的思想中含有信仰主义的成分，但他比大多数信仰主义者更依赖于《圣经》。参见 ibid. , 347; Glover, "God and Thomas Hobbes," 159; and Tuck, "Christian Atheism," 114。

④ *Leviathan*, 347, 375.

布斯看来，大多数基督徒应该是可以接受它的。① 他认为，基督教内部的分歧并非源于基本的信仰，而是源于异教徒在神职人员的权力、利益或荣誉等方面的做法。② 和许多宗教改革家一样，霍布斯试图把这些增加物从基督教中清除出去。他特别担心在人文主义的影响下，异教信仰在天主教教会中的复兴。③ 这是产生他所谓的黑暗王国的因素之一。霍布斯也确信，激进的宗教改革运动强调私人启示和预言是刚愎自用，将会对公共和平造成威胁。因此，这两种形式的基督教都与好的政体不相容。前者会导致腐败盛行，后者则会导致内战。④ 霍布斯认为两者都是错误的神学。

由于神学涉及超越经验的事物，是不可证明的，所以它不能成为科学的一部分，但它并不因此就是毫无意义的。⑤ 事实上，霍布斯把神学列为与公民史和自然史同一类别。⑥ 此外，虽然霍布斯认为神学不是科学，但他相信，神学的任何结论都不会与科学的教导相矛盾。⑦ 因此，他的神学是在一种把自然而不是人或神置于优先地位的形而上学框架内发展起来的。与让自然观念去适应神学的宗教改革家不同，霍布斯试图让神学去适应他对自然的理解。结果，他的神学有时显得被他的唯物论

<sup>248</sup>

---

① 参见 "On the Nicean Creed," an appendix to the Latin edition of the Leviathan。另见 Martinich, *Two Gods*, 2；and Eisenach, "Hobbes on Church, State, and Religion," 4：296。

② *Behemoth*, 63.

③ Springborg, "Hobbes, Heresy, and the *Historia Ecclesiastica*," *Journal of the History of Ideas* 55, no. 4 (1994)：554, 566.

④ 在霍布斯看来，煽动叛乱和内战最常用的借口就是法律与神的命令相矛盾。在英格兰当然是如此，在那里，虔诚的信徒会错误地认为，出于宗教热情论而杀死另一个人是合法的。*Leviathan*, 397, 493.

⑤ Hobbes, *White's De Mundo*, 306；*De corpore*, EW 1：10.

⑥ Spragens, *The Politics of Motion*, 46. 另见 Eisenach, "Hobbes on Church, State, and Religion," 4：290。

⑦ Arrigo, "Hobbes and the Problem of God," 172—175. 另见 Martinich, *Hobbes*, 214.

"变了形"。① 然而，这个事实并不像它初看起来那么重要，它最终不会

① 神学与科学的关系问题一直是解释霍布斯思想时面临的关键问题。这反映在施特劳斯和施密特对霍布斯的相反解释中。关于他们的一致和分歧，特别参见 Heinrich Meier's *Carl Schmitt, Leo Strauss und "Der Begriff des Politischens"*: *Zu einem Dialog unter Abwesenden* (Stuttgart: Metzler, 1988)；以及他的 *Die Lehre Carl Schmitts*；John McCormick's "Fear, Technology, and the State: Carl Schmitt, Leo Strauss, and the Revival of Hobbes in Weimar and National Socialist Germany," *Political Theory* 22, no. 4 (Nov. 1994): 619—652; and Vatter, "Strauss and Schmitt." 施密特把霍布斯视为一个基督教思想家，不仅关心哲学或科学，而且关心政治神学，即关注建立这样一个国家，不仅是为了维持和改善这个世界的生活，而且是为了实现人的永恒命运。施密特主张，霍布斯的科学，特别是他的政治学，是为这种神学设想服务的。施密特认为，这样一个基督教国家只有反对它在神学上确定的敌人才能建立和维持。在他看来，这个"敌人"便是总是躲在面具后面的敌基督，这里所说的面具是指声称自己在神学上中立、只关注人在这个世界上的保存和幸福的自由国家的面具。施密特认为，这种国家掩盖了基督教真正的敌人即犹太教的身份。在施密特看来，这种中立的自由主义的真正创始人不是霍布斯，而是犹太人斯宾诺莎，因此，是犹太教使现代欧洲人丧失了从政治上奠基于基督教的最好机会。

与施密特对自由主义起源的反犹主义解读（这也是他偏爱纳粹主义的核心）相反，施特劳斯试图表明，现代自由主义源于从宗教转向一种由新科学支持的实践推理。在他看来，自由主义的鼻祖不是斯宾诺莎，而是霍布斯（以及在他身后的马基雅维利）。（关于对霍布斯与斯宾诺莎在这个问题上的关系的当代讨论 [在许多方面都支持施特劳斯的立场]，参见 Edwin Curley, "Hobbes and the Cause of Religious Toleration," in *A Critical Companion to Hobbes' Leviathan*, ed. Patricia Springborg [Cambridge: Cambridge University Press, 2007]。）因此，施特劳斯否认宗教和神学对霍布斯具有最终的重要性。这种否认在部分程度上肯定反映了他的信念（源于尼采和海德格尔），即宗教与哲学之间，或者他经常所谓的耶路撒冷与雅典之间，有一种基本划分。然而，他对霍布斯宗教信仰的否认也与他拒绝接受施密特的解释密切相关，因为接受宗教对于霍布斯的重要性，将意味着相信施密特的反犹主义批判，即把当代自由主义称为一种犹太阴谋。

施特劳斯对自由主义或许有他的疑惑，但他肯定没有想到这会是犹太人的阴谋。施特劳斯承认，霍布斯对宗教给予了极大关注，但他认为，霍布斯对基督教的解释是为了让他的读者远离一种以《圣经》为基础的宗教，而走向一种更为自然主义的宗教理解，它不包含奇迹和其他一切迷信，启蒙运动和后来的尼采都抨击这些东西是基督教的思想骗局。在施特劳斯看来，霍布斯明确选择了科学技术，拒绝接受启示。施特劳斯因此把霍布斯视为在启蒙运动中达到全盛的自由主义的祖先。从这个角度来看，霍布斯对《圣经》的使用仅仅是为了掩盖处于这种政治生活核心的无神论。关于这一点，参见 Leo Strauss, "The Mutual Influence of Theology and Philosophy," in *Faith and Political Philosophy*: *The Correspondence of Leo Strauss and Eric Voegelin, 1934~1964*, trans. and ed. Peter Emberly and Barry Cooper (University Park: Pennsylvania University Press, 1993), 230。

于是，施特劳斯把霍布斯看成是启蒙运动的先驱，而施密特则认为他更接近 19 世纪保守的启蒙运动的宗教批评者。这里的论点认为，施密特和施特劳斯所运用的宗教概念与霍布斯及其同时代人的宗教概念有显著不同。结果，施密特和施特劳斯都没有看到，宗教和科学在霍布斯那里交织得多么深。霍布斯确如施特劳斯所说，转向了自然，但他并没有因此而背离《圣经》或基督教，因为他所转向的自然并不是一种没有神灵的伊壁鸠鲁主义自然观，而是一个本身就产生于神的意志的自然界。施密特理解霍布斯的宗教信仰，但却用一种摩尼教的方式解释它，把霍布斯这位宗教和平的公认倡导者变成了宗教战争的一个动因。

324

对他的科学或神学提出质疑。

和唯名论者及其在宗教改革运动中的追随者一样，霍布斯否认有一种自然的或理性的神学。的确，通过自然，我们只能知道神是运动的起源。我们在其他方面相信他的东西都只能从信仰中得知。在霍布斯看来，信仰最初产生于由神迹确证的正确预言，但自使徒时代以来，神迹已经不再有，因此信仰总是对《圣经》中神迹和预言的信仰。[①] 既然《圣经》是人写的，那么信仰就是相信那些写《圣经》的人。这一事实向霍布斯提出了两个问题：我们如何知道什么是真正的《圣经》？我们如何判定什么是对《圣经》的正确诠释？[②] 由于这些问题无法通过理性来回答，所以它们都要依靠权威。如果这种权威依赖于个人、会众甚至是宗教会议，那么在霍布斯看来，分歧和宗教战争就是不可避免的。如果这种权威被交予祭司阶层，他们就会借此来巩固自己的权力，以对抗主权者。因此，在霍布斯看来，主权者必须确定什么是《圣经》，如何解释它，以及根据这些如何实践。[③] 就这样，霍布斯把所有信仰问题都转化为服从问题，排除了宗教知识的特权来源，并援引理性授权给主权者，使之成为最终的《圣经》诠释者。[④] 他特别关注对神的本性、神意、得救和来世的说明。

霍布斯认为神是无限的和不可想象的，这与奥卡姆的观点非常类似。[⑤] 虽然两人都认为我们对神的认识来自《圣经》，但霍布斯只断言，神之所以存在，是因为神就是这样描述自己的。因此，[⑥] 霍布斯的神与人的距离相当遥远，他是一个与路德的神类似的隐匿的神。然而，与路

---

① Glover, "God and Thomas Hobbes," 153.

② 虽然瓦拉等人已经有所预期，但霍布斯是最早运用一种历史/批判方法来确定圣经文本真实性的人之一。

③ Martinich, *Two Gods*, 230.

④ Springborg, "Leviathan and the Problem of Ecclesiastical Authority," 136. 霍布斯对合理诠释的强调有助于更宽泛地理解《圣经》。他批评清教徒用含混的语言使人们落入陷阱。*White's De Mundo*, 478.

⑤ 参见 Ockham, I Sent. d. 2 q. 10, in *Opera philosophica et theologica*, ed. Stephen Brown (New York：Bonaventure Press, 1967), 355—356。

⑥ 关于这一点，参见 Martinich, *Two Gods*, 196。

德不同，霍布斯并不认为神通过在人心中灌注了自己而弥合了这一鸿
沟。因此，神与人之间不可能存在一种直接的爱。对霍布斯而言，内心
的信仰几乎是不相干的，祈祷者不是感动神，而是荣耀神，没有可能与
神立约。① 虽然霍布斯从未质疑过神的存在性、因果性、无限或全能，
但他的确质疑了他的善良、正义、智慧和仁慈，因为所有这些圣经术语
都不是描述，而仅仅是赞美。② 在这方面，他只是呼应了先前的唯名
论者。

霍布斯的神与人和自然之间的距离为一种独立于神学的自然科学和
政治学开辟了广阔空间。然而，这种距离也为解释神与其造物之间的关
系提出了实际的问题。霍布斯把笛卡儿关于物质实体与非物质实体的二
元论斥之为神秘化，但在设法克服它的过程中，霍布斯被迫得出了神是
物质的结论。至少从表面上看，这是一种非正统的观点，在基督教传统
中只有德尔图良曾经为之作过认真辩护，并且明确与《三十九条信纲》
相抵触。③ 这似乎是霍布斯拥护自然的存在者层次上的优先性使他的神
学受到曲解的一个例子。④

---

① Damrosch，"Hobbes as Reformation Theologian，" 345. Martinich 注意到了这种唯名论关联：既然神是自足的，人做任何事情都不能有益于他。*Two Gods*，128.

② Mintz，*Hunting the Leviathan*，42. 正如 Ronald Hepburn 所指出的，在霍布斯看来，旨在荣耀神的话语既不真也不假。"Hobbes on the Knowledge of God，" in *Hobbes and Rousseau：A Collection of Critical Essays*，ed. Maurice Cranston and Richard S. Peters（Garden City，N. Y.：Doubleday，1972），99.

③ Martinich 指出，霍布斯坚持神是物质的，这使一些人认为他是一个像斯宾诺莎那样的泛神论者。*Two Gods*，248. 霍布斯的确承认，斯宾诺莎比他说得更坦率。参见 Edwin Curley，"'I Durst Not Write So Boldly' or，How to Read Hobbes' Theological-Political Treatise，" in *Hobbes e Spinoza：Atti del Convegno Internazionale*，Urbino 14—17 ottobre，1988，ed. Daniela Bostrengi（Napels：Biblipolis，1992）：497—593. 然而，霍布斯不可能是泛神论者，因为他那个会发号施令并采取行动的神与世界并不等同。如 Glover 所指出的，霍布斯不仅区分了神和世界，而且断言，把它们等同起来就是否认神的存在性。"God and Thomas Hobbes，" 166. 经常有人宣称，虽然霍布斯本人也许不是一个泛神论者，但他的学说导向了泛神论。但这种观点似乎适用于大多数宗教改革神学家。

④ 当然，这样一种说法使霍布斯容易受到神秘学的指控，这种指控无疑会导致他受到谴责，甚至会置他于死地。霍布斯认为，一个非物质的神的观念不是源于《圣经》，而是由于柏拉图主义在教父时期对基督教的影响。霍布斯极度憎恶这种柏拉图主义，认为教会用它来破坏主权。

尽管有这种外表，但这种神的物质性学说或许并没有它初看上去或经常描绘的那样激进。正如我们在前面讨论的，霍布斯的物质概念不同于前人。他认为，我们没有对物质的直接经验，只有通过推理才能知道它。因此，他对神的物质性的信念非常类似于他对物体的信念，因为两者都超越了感觉。然而，这很像对一个非物质的神的传统信仰。

虽然这种解释可能使霍布斯免于责难，即他的神学只是其科学的附属物，但仍然很难看出，如果不沿着埃克哈特大师的神秘主义或斯宾诺莎的泛神论方向发展（这两者霍布斯都希望能够避免），它如何能让一个无限的神和一个有限的世界变得可以理解。说神是渗透于万物之中的某种微小的、精细的物质，正如霍布斯有时所做的那样，似乎否认了霍布斯一再坚持的神的无限性。事实上，霍布斯只需要专注于运动的优先性，把物体当成我们为了理解和解释运动而作的一种假设就可以了。于是，"物体"一词将是我们用来作为解释手段的符号。然后，霍布斯可以把神一致地定义为万物之中的运动或因果性。①

霍布斯在试图调和他的科学与神学时所面临的第二个相关困难是对三位一体的解释。这个问题与其说来自唯物论，不如说来自他的个体主义。这个问题不仅是霍布斯的问题，而且也是所有唯名论者的问题，因为存在论的个体主义使三种位格的共同本质变得不可设想。大多数唯名论者要么变成了三神论者（Tritheists），要么变成了阿里乌斯派（或者它的某些变种，如索齐尼派［Socinians］或一位论派［Unitarians］）。②霍布斯寻求不同的解决方案。他在《利维坦》英文版中提出，摩西（圣父）、基督（圣子）以及使徒和教会的博士们（圣灵）"冒充"或代表了神。尽管这种观点违背了《三十九条信纲》中的第二条，并把霍布斯推向了阿里乌斯主义，但他认为最好以《圣经》而不是传统的

---

① 霍布斯可能并没有明确提出这种解释，因为它似乎破坏了他的这样一种说法，即我们只能把一个原因设想为一个物体对另一个物体的作用。霍布斯没有解释的深层问题是，物体如何能够既是我们所无法达到的，又对我们建立因果性概念必不可少。这种困惑可以通过承认物体仅仅是虚构的东西来解决，即把物体理解成划分和理解运动的任意符号。

② Geach 把霍布斯看成一个索齐尼派教徒，但这不大可能。虽然霍布斯赞同他们的一些信念，但并不赞同他们热忱地拥护自由意志。"The Religion of Thomas Hobbes," 285—287.

三位一体观点为基础，在他看来，后者是柏拉图主义败坏教父基督教所导致的结果。[①]

各个位格在神之中的关系问题是早期教会所面临的一个重要而有争议的问题，它在宗教改革运动期间得到复兴。虽然霍布斯对三位一体的解释是非正统的，但有几个不奉国教的新教教派对此都表示赞成。尽管如此，在回应《利维坦》所引起的轰动时，霍布斯在其拉丁文译本中修改了他的说明，使他的解释更符合《三十九条信纲》。[②]

虽然霍布斯力图理解人与神之间的存在论鸿沟，但他拒不接受那些被认为占据着他们之间的存在论空间的所有事物的存在。他用很大的篇幅表明，天使和魔鬼都不是实际存在的东西。他还否认圣徒与神居住在一起，并且可以代表我们向神说情。在他看来，崇拜圣徒是偶像崇拜。虽然霍布斯对这些事物的拒斥被视为他敌视宗教的证据，但在这方面，他与大多数宗教改革家并没有什么不同。

虽然霍布斯（和许多唯名论者一样）很难解释三位一体的神，但他发现解释神意与机械因果性之间的关联更容易。经院学者和唯名论者都主张，神可以直接发生作用，或通过次级原因发生作用。神起初从无创造出世界以及神迹便是直接发生作用的例子。由受造物之间的相互作用而产生的东西则是由次级原因产生的。在这些情况下，虽然神仍然能够计划、意愿或预见到结果，但他并没有直接产生这个结果。如果神不断介入事件的秩序，那么就不可能构造一种因果的运动科学。在这种情况下，对次级原因进行分析就不会有用。霍布斯主张，创世之后，神便根据一种严格的机械必然性，只通过次级原因起作用。在他看来，即使神迹也不违反这一法则。神预见到了神迹在创世时的必要性，并且在某

---

① 它也支持了他的主权者观念。关于对三位一体的这种解读的政治涵义，参见 Joshua Mitchell 的富于思想的"Luther and Hobbes，"676—700。

② Martinich，*Hobbes*，327. 有人可能会认为，这种改变揭示了霍布斯最终并不执著于任何教义，但不要忘了，拉丁文版的《利维坦》出版于1668年，远在英格兰恢复政治宗教权威之后。虽然在没有权威建立起来时，霍布斯1651年愿意就有争议的问题进行争论，但他1668年却不能这样做，因为按照他自己的说法，他不得不服从于业已建立的权威。由于这个原因，1668年版也不大能作为其真实意见的来源。

些时刻将世界组织起来，产生看似奇迹的东西，以证明他的先知先觉。
尽管有这种外表，但这些奇迹并不违反自然法则。这种看法似乎使霍布
斯成了一个或然论者，但事实并非如此。在他看来，神没有推翻他的常
规秩序，不是因为他没有能力，而是因为他早就可以这样做了。因此，
可以把神的意志理解为推动和联系万事万物的一连串次级原因或机械
原因。

如果神是所有运动的来源，那么必然会出现这样的问题，即运动仅
仅是事物有规律却无目的的发展。后者并不必然会回到目的论，但也许
会历史地指向神的目的的实现。对于这个问题有两种可能的回答，而对
于霍布斯来说，它们都有一定道理。第一种回答是，神只是任性地意
愿，没有什么目的。如果只看着自然的神，那么似乎会得出这样的结
论。这样一来，神意在效果上将与命运一样。这样解读霍布斯是借着卢
克莱修和马基雅维利的背景解读他。这种看法使神变得与人类无关，因
为他在这个世界上没有我们可以推进或阻碍的目的。① 第二种看法是，
霍布斯像唯名论者和宗教改革家一样，认为神的意志完全决定了造物的
展开。如果是这样，那么所有造物的目标只有通过《圣经》才能向我
们揭示出来。②

从总体上看，霍布斯似乎持后一种观点。对他而言，我们所了解的
世界不会永远持续下去，而会终结于世界末日那样的转变。神将在一个
新的世界进行统治，所有人都将复活，选民们将会以新的身体生活在这
个新的世界，而且只受他的意志的支配。其余的人将会进入第二次死

---

① Timothy Fuller, "Hobbes on Christianity in a Skeptical Individualist World," paper delivered
at the American Political Science Association Annual Meeting, Atlanta, September 1999, 20.

② 施特劳斯声称，对霍布斯来说自然是无秩序，但霍布斯本人更支持自然是设计。
K. C. Brown, "Hobbes' Grounds for Belief in a Deity," in *Thomas Hobbes*: *Critical Assessments*,
4: 46. Damrosch 指出，在《利维坦》中，霍布斯强调原因链的不间断的连贯性，而不是它起
源于神。"Hobbes as Reformation Theologian," 339. 但如 Brown 所说，霍布斯的第一推动者的论
证滑入了一种设计论证，因为单靠世界的运动是无法创造出它自身的物质的。"Hobbes'
Grounds," 4:44. 关于神引导历史对霍布斯的重要性，Joshua Mitchell 也许作出了最强的论证。
*Not by Reason Alone*: *Religion*, *History*, *and Identity in Early Modern Political Thought* (Chicago:
The University of Chicago Press, 1993), 46—72.

亡，但不是地狱的永恒折磨，霍布斯认为这与神的仁慈不相容。在这一事件发生之前，即在第一次降临和第二次降临之间，神让我们掌管这个世界。① 在这种情况下，正如我们前面看到的，统治需要有一个利维坦。因此，与路德不同，最后的日子是远是近与霍布斯并不相干，因为我们必须一直进行统治，直到神返回为止。因此，世界会终结这一可能性对政治没有影响，它不是反抗主权者的理由。没有必要为神的即将到来做准备，所有这些努力都与我们的精神命运无关。就这样，霍布斯对世界终结的说明有意识地（而且讽刺性地）破坏了对政治变革的千禧年论证。②

与他的加尔文主义相一致，并与保皇派中占支配地位的阿明尼乌主义相反，霍布斯认为所有人类行动的每一个细节都被神所预知和预先意愿。这便是著名的双重预定论。根据这种学说，人没有自由意志，仅仅由神操纵。这一立场的后果是，神不仅是善的起源，而且也是恶的起源。和路德一样，霍布斯承认这个事实，但他主张，神虽然是恶的起源，但并不是恶的创造者。③ 在霍布斯看来，这种预定论最重要的后果是，它证明了人在这个世界上所做的事情在很大程度上与他在下一个世界的命运无关。最高形式的崇拜是服从自然法则，但这不会对我们的精神命运有任何影响。④ 不错，神是选择了一些人而不是另一些人进行拯救，但他这样做仅仅是因为他愿意这样做。因此，人无法做任何事情来安抚这个神或赢得他的偏爱。他对人的幸福漠不关心，就像他对约伯所做的那样。于是，在霍布斯看来，接受这种加尔文派教义的后果就是认识到，除了创造自然法则，神既不能也不愿做任何事情来帮助我们面对

---

① Fuller, "Hobbes on Christianity," 13.

② Springborg, "Leviathan," 138.

③ 这是 Beza 和 William Perkins 的立场。Martinich, *Two Gods*, 274.

④ EW 3：335. 另见 Martinich, *Two Gods*, 101. 在与布拉姆霍尔的争论中，他断言，注定会被拣选的人将会考察自己的生活，看看他所走的道路是否虔诚，而那些"推理错误，自言'如果我将得救，那么无论我是否直着走路，都将得救'，结果从那以后随随便便地行动，追求自己喜爱的罪的享受道路"的人将被罚入地狱。但在这种解释中，行动无论好坏，都是得救和遭入地狱之罚的结果而非来源。EW 4：232. 另见 Reik, *Golden Lands*, 128.

死亡，所以宗教不可能平息我们今生的恐惧。就这样，加尔文主义以这种迂回的方式为霍布斯的自然科学和政治学奠定了基础。

霍布斯宣称，天主教神父们已经严重扭曲了《圣经》的来世观念，从而获得控制广大基督徒的权力，并使他们背离正当的服从，转向他们的最高统治者。霍布斯阐述了与他的埃拉斯都主义和唯物论相容的另一种基于《圣经》的方案，以取代这些错误观点。在霍布斯看来，天主教教会的财富和权力的一大来源是，相信它垄断着向神求情和影响人在来世命运的权力。正如我们所看到的，在唯名论革命之后，随着一个不可预知的可怕的神的观念出现，这一点变得特别重要。教会一直在执行圣礼，但在奥卡姆之后，施加神学影响的非常手段变得越来越流行。特殊的弥撒、赎罪券等等是当时的惯例。在霍布斯看来，所有这些都建立在异教的灵魂不朽观念基础之上，即我们有某个本质的但非物质的部分在我们的肉体死后仍然存在。霍布斯认为，这种错误看法是炼狱观念这个最大的骗局的基础。炼狱观念对教会非常有用，因为据说教会能够使炼狱中的罪人获得减刑，无论在生前还是死后。这便是激怒路德的赎罪券的来源。因此，在谴责这些信念时，霍布斯处于宗教改革运动的主流。

通过澄清依据《圣经》会发生什么事情，霍布斯试图进一步减小教士们因恐惧审判而受到影响。基督返回时将建立一个真实的王国，直接统治人类。霍布斯把这种对未来王国的解释与《圣经》中承诺的以及《尼西亚信经》中阐明的肉体的复活和不朽联系起来。他认为，每个人都将在肉体中复活，少数人将被拣选出来，永远生活在神的王国之中，剩下的人将被判处第二次死亡——尽管不是遭受地狱的永恒折磨。等待受谴责者的并不是无休止的折磨。就这样，霍布斯试图消除对永罚的恐惧。① 他认为，许多激进教派都用对地狱之火的恐惧来使人反对国家，通过消除这种恐惧，他希望能够加强主权者的权威。这种说法是不同寻常的，但并非没有《圣经》的根据。

---

① 在这方面，理所应当与卢克莱修作比较。

## 结论

在一段相对和平的时期，笛卡儿在《方法谈》中为一种新的科学制定了基础。面对这个神学-政治问题，他只是断言，他认为做任何事情来破坏现有秩序都是错误的。然而他深知，他的科学一定会引起事物秩序的转变。正如我们所看到的，他的同时代人并没有受骗。他的哲学和神学观点在许多方面都类似于阿明尼乌派，所以在荷兰，他被占主导地位的加尔文派教徒攻击，在法国，他被占主导地位的天主教徒攻击。霍布斯也不得不处理神学-政治问题，但不是在和平时期，而是在残酷的内战时期。在他那里，没有占统治地位的教会和国家可以提供支持。霍布斯也对运动科学有一种设想，但他意识到，只有政治情况更加稳定，这种设想才可能实现。因此，他必须为一种使科学成为可能的政治宗教秩序提供基础。正如他的科学和神学所揭示的，他试图通过阐述一种同时得到自然法则和《圣经》支持的秩序来做到这一点。由一个强大的利维坦所统治的联合体，这幅图景在许多方面都类似于伊丽莎白时代的英格兰的制度，但它不仅植根于传统主义，而且植根于理性和有限的同意。在神学上，霍布斯认为有必要在两个方面背离英国国教正统，但他很谨慎，即使是他的偏离也有《圣经》的依据。此外，他的最终目的不是把英国国教向左或向右推，而是要支持它反对两极的对手。然而，他对英国国教的解释要比其同时代人的解释更富加尔文主义色彩，特别是关于预定论，再次与前一个世纪的英国国教徒相类似。这使他卷入了与占主导地位的阿明尼乌派和不奉国教的长老派的冲突。于是，他的命运与笛卡儿非常类似。不过，虽然他的神学在他生前和死后一段时期受到攻击，但也有人默默地接受了它，比如洛克和宽容主义派（Latitudinarians）。

霍布斯的神更多是令人惧怕而不是让人爱。这显见于霍布斯的主张，即对神的爱最好的表现是服从他的律法。这个神设定了善恶标准，但这些标准是任意的。他统治自然，但他没有赋予自然以确定的形式或目的。他与人的生活相距遥远，因此人的幸福不依赖于神，而是依赖于

332

人的智慧。这种智慧出自我们固有的人性，出自我们的有限性和与之相应的对死亡的恐惧。在霍布斯看来，要想解决人类的困境，需要这样一种科学，它把这个遥远的神接受为万物的起源，试图通过掌控世界的因果秩序来模仿他的能力和技巧。最终，在霍布斯看来，虽然神可能在统治，但他所空出来的空间却是他留给人类的恐惧智慧的成功之所。

这样一来，霍布斯便为接受唯名论所宣称的那个彻底全能的神提供了基础，他表明，这个神如何能与人对自然世界和政治世界的掌控相容。在这样做的过程中，他所阐述的学说既与笛卡儿和人文主义者不同，因为它削弱了人的神性，也与路德不同，因为它削弱了神和宗教在人的生活中所起的作用。虽然有些人可能认为这只是沿着从奥卡姆开始到尼采结束的世俗化道路又走了一步，但这是一个惊人的成就，它既植根于科学，也植根于一种新的神学观。① 如果不理解这种神学观，我们就不可能理解现代科学或现代性本身。

---

① Martinich, *Two Gods*, 337, 345.

# 第八章　启蒙的矛盾与现代性的危机

1793年1月的一天，天气寒冷，有雨。在一群满怀敌意的巴黎人当中，一位38岁的肥胖绅士走下了马车。他解开围巾，翻下衣领，在人帮助下登上了脚手架的陡峭台阶。他高呼自己是清白的，并且宣布赦免那些想杀死他的人，在被送上断头台之前，还祈祷他的血莫要殃及国家。当铡刀迅速落下时，很少有在场者意识到，它所终结的不只是法国国王的生命，而且是最纯洁的现代希望。这一刀并不清白，但却是致命的和不可改变的。一位革命者抓着头颅的头发示众。短暂的沉默过后，"革命万岁！"（Vive la Révolution！）的口号开始响起，起初还稀稀落落，没过多久，众人便高声呼喊，仿佛需要借此来证明其所见甚至所得是正面的。这合乎情理。虽然路易十六几乎肯定是犯了叛国罪，以当时的标准理应被处死，但他的处决却使法国大革命越过了一条不该越过的线。越过这一界限之后，再没有什么能够约束革命激情。没过几个月，处决就变得司空见惯，这造成了一种恐怖统治，一直持续到1794年7月，导致法国有3万多人丧生。尽管国王作了赦免和祷告，但他的血仍然使他的国家，尤其那些处决他的人受到了惩罚。这种恐怖统治不仅吞噬了旧制度（ancien régime）的成员，亦波及大革命的许多领导者。虽然与之前宗教战争的血腥杀戮或者20世纪的大屠杀相比，被杀的人并没有那么多，但恐怖统治却对当时的思想精英产生了极为深刻的影响，粉碎了他们的信念，即相信理性能够统治世界，进步无可避免，启蒙的传播将带来一个和平、繁荣和人类自由的时代。恐怖统治使他们确信，普遍理性一旦当权，就会戴上魔鬼的面具，打开地狱之门而非天堂之门。

关于"光明的世纪"的满怀希望的梦想被一扫而空，反动开始全方位展开。砍下无能国王糊涂脑袋的铡刀，亦将现代性的纯洁理想从正在整个欧洲扎根的现代实践和制度中割断。自那以后，现代性席卷各处，改变了欧洲和世界的面貌，尽管有这样的胜利，但没有人能够忘记，现代性有一道利刃，既可除恶，也可惩善。

正如我们所见，关于现代方案的问题之前就曾提过。事实上，自17世纪下半叶以来，虽然现代性越来越吸引欧洲知识分子的想象力，但一直都有一些人质疑它是否真的那么好。在17世纪末和18世纪初，现代方案最一般的论断已经在著名的"古今之争"中遭到了质疑，但这在很大程度上仅仅是那些捍卫古典思想的权威、反对笛卡儿主义现代派的人文主义者所做的后卫工作。卢梭在其《论艺术与科学》中发起了一场与此类似但内容更广的攻击，他主张，现代性不仅没能改善人类，实际上还使他们变得更糟，它所产生的不是美德、力量或真诚，而是邪恶、赢弱和伪善。最后，休谟的怀疑论攻击质疑了因果之间的必然关联，而这种关联对于那种关于必然为真的科学的现代观念是必不可少的。尽管这种批评并非无人理睬，但在1789年，欧洲的知识分子们仍然在势不可当地投身于最广义的现代思想，这在很大程度上当然是因为现代理性的力量似乎已经为美国人的成功所证明：美国革命之后，美国人和平地制定了自己的法律，选出了他们的领袖。[①] 这个榜样使大多数欧洲知识分子断定，只要有机会，人类的理性就能给人类的生活带来秩序。结果，对现代性的批评也就经常不被理睬了。

甚至是那些认识到了卢梭和休谟的深刻批评的人往往也会为现代理性作辩护。康德便是一个很好的例子。虽然卢梭和休谟的主张给他留下了深刻的印象，但康德仍然坚信，现代科学和道德既是可能的，又是非常可取的。事实上，他相信自己能够在捍卫现代科学的同时，给道德和宗教留下余地。对现代理性的这种辩护是至关重要的，因为在他看来，

---

① 逃到加拿大和英格兰的大量托利党党员的困境一般没有被欧洲知识分子所注意。

这种理性概念为人类的普遍启蒙开辟了道路。

这里的关键词是"启蒙"。在本书之前的讨论中,我们很少提到启蒙,虽然在今天的许多人看来,启蒙就是现代性,而现代性就是或至少始于启蒙。实际上,我们之前论证的一个目的就是要表明,现代性要比启蒙更广、更深、更古老。不过,笛卡儿和霍布斯所开创的计划的核心处是一种信念或是自信,即受了启蒙的人将能够为一种必然为真的,或至少是有效的真理找到一种基础,而这种真理将为人类空前的繁荣提供基础。正是由于在理性的启蒙力量中认识到了这种广为流传且根深蒂固的信念,19 世纪的学者们才把这个较早的时期称为启蒙时代。[①] 虽然作为一个历史时期的启蒙概念直到 19 世纪才出现,但认为理性能够启迪人类,这种观念至少自 17 世纪中叶就已存在于现代思想中,正如我们在讨论笛卡儿和霍布斯时所看到的那样。事实上,弥尔顿 1664 年第一次在出版物中使用了英文的"启蒙"一词,其《失乐园》中的神让天使长米迦勒"向亚当展示即将来临之事……因为我将启蒙你"。[②] 约瑟夫·艾迪生(Joseph Addison)1712 年在谈到"世界被学问和哲学启蒙"前的时代时,转弯抹角地使用了这个术语。[③] 在此基础上,康德 1784 年在《什么是启蒙》一文中使用了与之等价的德国术语——"Aufklärung"。这种用法几乎肯定是源于早先对"光"这个词的神学和哲学用法。例如,弗朗西斯·培根在《伟大的复兴》献辞中表达了自己的希望:"在哲学的黑暗里燃起这种新光,可以使这个时代[因]科学的再生和恢复而为后人铭记。"[④] 培根的两位伟大后继者,笛卡儿和霍布斯,也在类似的意义上使用了"光"。笛卡儿多次谈到"我们理智

---

① 似乎是 James Hutchinson 于 1865 年在其 *Secret of Hegel* (London: Longmans, 1865), xxvii 中第一次把"启蒙"一词用在了英语中,他把自然神论、无神论、泛神论以及各种"论" (*isms*) 都赋予了启蒙。Ibid., xxviii. 然而,直到 1889 年,Edward Caird 才提到了启蒙时代。*The Critical Philosophy of Kant*, 2 vols. (New York: Macmillan, 1889), 1: 69.

② Milton, *Paradise Lost*, 11. 113—115.

③ Addison, *Spectator*, no. 419, July 1, 1712, paragraph 5.

④ Francis Bacon, *The New Organon and Related Writings*, ed. F. H. Anderson (New York: Macmillan, 1960), 5—6.

中的伟大之光"和我们的"自然之光",霍布斯则把"清晰明白的语词"著名地称为"人的心灵之光"。① 这种用法本身显然源于经院哲学思想对神之光与自然之光的早期区分,而它又以不同的方式得益于奥古斯丁的神的光照观念,以及柏拉图把善的理念比作太阳。

虽然位于启蒙核心处的光有中世纪盛期神学和哲学思想的起源,但认为这个概念寄生于经院形而上学却是错误的。尽管这个术语在谱系上得益于经院哲学,但我们在之前的讨论中看到,它是一种几乎在所有方面都与经院哲学决裂的新形而上学内部使用的。笛卡儿的自然之光概念在本质和功能上都有别于比如阿奎那归于人的理性的自然之光。启蒙正是来源于这种新的自然之光概念,或者后来所谓的理性的增长和传播。如黑格尔所言,这时的意识在这个世界上发现了它在自身之中发现的那种理性。② 这种光的增长使得逐步掌控自然成为可能,18 世纪的思想家相信,这将带来普遍自由、共同繁荣和永久和平。

后世的历史学家一般认为,作为一个历史时期的启蒙运动始于洛克,而后传播到了欧洲其他地方。当洛克思想的传播和接受在不同的社会和知识背景中造就了不同思想潮流或学派时,欧洲各地的许多思想家已经取得共识:一个新的时代,一个理性的时代正在出现。1759 年,法国数学家和百科全书派让·达朗贝尔(Jean d'Alembert)宣称,"我们的世纪是最卓越的哲学的世纪,如果我们不带偏见地思考我们的知识现状,就无人能够否认我们的哲学已经有了明显的进步",此时,他是他那个时代知识阶层的代言人。③ 启蒙运动的这种进步观念已经牢牢抓住了欧洲思想,以至于伏尔泰竟然宣称,法国中学的年轻毕业生就比古代哲学家知道更多。康德在总结这个"光明的世纪"的目标和志向时说:"启蒙就是人从自我强加的不成熟中走出。不成熟就是若无他人引

---

① Thomas Hobbes, *Leviathan*, ed. Edwin Curley (Indianapolis: Hackett, 1994), 26.

② G. W. F. Hegel, *Sämmtliche Werke*, ed. Eva Moldenhauer and Karl Markus Michel, 20 vols. (Frankfurt a. M.: Suhrkamp, 1970), 12: 521.

③ Jean d'Alembert, *Mélanges de Littérature, d'Histoire, et de Philosophie*, 6 vols. (Amsterdam: Zacharie Chatelain et fils, 1759), 4: 3.

导就没有能力运用自己的理智。如果这种不成熟的原因不在于缺乏理智，而在于缺乏决心和勇气，能够在没有他人引导时运用自己的理智，那么这种不成熟就是自我强加的。要敢于认知！（Sapere Aude！）'要有勇气运用你自己的理智！'——这是启蒙的座右铭。"① 懒惰和怯懦使人受到奴役，他们不能通过革命，而只能藉由理性的生长而获得自由。因而，对康德而言，"除了自由……启蒙不要求任何别的东西；这里所说的自由是一切自由中危害最小的，那就是在一切事情上公开运用理性的自由"。② 这绝非徒劳的或乌托邦式的空想，因为"我们确有清晰的迹象表明，现在道路已经敞开，人类将沿此方向自由前进……自由思想的意愿与使命感……最后甚至会影响到政府的原则，使之发现，按照人的尊严去对待人——他现在已经不仅仅是机器——也是有利于政府本身的"。③

虽然康德可能从未怀疑过，普遍启蒙和理性规则是可以获得的，但他（尤其是通过阅读休谟）认识到，有充分的理由去怀疑，现代思想家所使用的理性概念能否为现代思想的两大目标提供基础，即通过现代科学掌控自然以及实现人的自由。这些怀疑源于一个事实，即理性本身似乎不可避免地陷入了困境和矛盾之中。那些困境，或康德所谓的二律背反，预示着普遍数学的现代方案可能遭到破坏，使人迷失在休谟怀疑论的深渊之中。

康德首次考察二律背反问题是在其教职论文（1770）中，但在读到休谟之前并未意识到它们的全部意义。在开始写作《纯粹理性批判》（出版于1781年）之前，他开始意识到它们更深刻的意义。在1798年9月26日的一封致克里斯蒂安·伽尔韦（Christian Garve）的信中，他对此作了说明，他断言，"我所以开始的……不是对神的存在性、不道德等等的研究，而是纯粹理性的二律背反：'世界有一个开端——：它

---

① Immanuel Kant, *Was heisst Aufklärung*? in *Gesammelte Schriften*, ed. Königliche Preussischen Akademie der Wissenschaften（Berlin：Reimer，1900～），8：3.

② Ibid.，8：36.

③ Ibid.，8：40.

没有开端，等等，一直到第四组［？］人有自由，——反题，没有自由，一切都是自然的必然性'；正是这一点第一次将我从独断论的迷梦中唤醒，促使我批判理性自身，消解理性自相矛盾的丑闻。"① 这里主要提到的是第三组二律背反（74 岁的康德误说成了第四组二律背反）。这组二律背反声称证明了，如果不自由假定一个第一原因，就不可能对整体给出有意义的因果解释，而这种自由的可能性本身便破坏了任何因果解释的必然性。② 换句话说，倘若没有一个像神或人那样的自由行动的第一因，则通过动力因来解释所有运动的现代自然科学就是不可理解的，但这种经由自由（它对于道德是必不可少的）得来的因果性

---

① Kant, *Gesammelte Schriften*, 12：257—258. 康德 1781 年 5 月 11 日致 Marcus Herz 的信也很能说明这一点："尽管如此，我还是曾经计划把它写得通俗一些，但是，由于必须对地基进行清理，尤其是由于必须根据所有的接合点，对这种知识的整体进行考察，因此，在通俗性这一点上，一开始就做得很差劲。若不然，我就会仅仅从我在纯粹理性的二律背反这个题目下讲述的东西开始。这样做，就会讲述得很成功，就能激发读者的兴趣，去研究这种争论的根源。"Ibid., 10：252. 康德在《未来形而上学导论》(*Prolegomena*) 的脚注中重新强调了这一点："我希望批判的读者能够首先关注这一组二律背反，因为自然本身确立它，似乎是为了使理性所作出的最大胆的假设变得复杂化，是为了要求它进行自我考察。"*Prolegomena zu einer jeden künftigen Metaphysik*, in *Gesammelte Schriften*, 4：341n；另见 ibid., 338；*Kant's Reflections* 5015 and 5016, ibid., 18：60—62；以及 Feist 对康德本人关于二律背反的估计的讨论，载 Hans Feist, *Der Antinomiegedanke bei Kant und seine Entwicklung in den vorkritischen Schriften* (Borna-Leipzig：Noske, 1932；dissertation, Berlin, 1932), esp. 3—17。在前批判著作中，康德也曾用"迷宫"一词来代替"二律背反"。参见 Norbert Hinske, "Kants Begriff der Antinomie und die Etappen seiner Ausarbeitung," *Kant Studien* 56 (1965)：486。康德并没有像通常声称的那样，从先验感性论的认识论问题开始。对指向二律背反重要性的康德思想的起源的全面考察，参见 Immanuel Kant, *Kants Prolegomena*, ed. Benno Erdmann (Leipzig：L. Voss, 1878)。这一点经常被重申，参见 Carl Siegel, "Kants Antinomielehre im Lichte der Inaugural Dissertation," *Kant Studien* 30 (1925)；Hinske, "Kants Begriff der Antinomie"；and Heinz Heimsoeth, "Zum Kosmotheologischen Ursprung der Kantischen Freiheitsantinomie," *Kant Studien* 57 (1966), and his *Atom, Seele, Monad* (Wiesbaden：Steiner, 1960)。休谟向康德提出的问题并不是认识论的："休谟的《人类理解研究》强烈影响了康德，第八章（'自由与必然性'）连带着所有'怀疑的'保留，带来了一种激进的决定论，事实上是根据自然的必然性片面地支持因果性。"Heimsoeth, "Kosmotheologischen," 218. 康德对二律背反的思考是一种对整体或宇宙概念的批判，是对关于世界整体的数学观念和关于自然整体的动力学观念的批判。Immanuel Kant, *Kritik der reinen Vernunft*, ed. R. Schmidt (Hamburg：Meiner, 1956), A418/B446. 在第三组二律背反中，康德思考了整体的动力学结构或因果结构或综合的可能性。

② Ibid., A410/B437—A411/B438.

与自然的必然性是不相容的。因此，自由对因果性既是必要的，又不相容于它。康德意识到，如果这个结论是正确的，那么现代方案就是自相矛盾的，现代理性既不能使人掌控自然，也不能带来人所渴望的自由。

260　　　康德的哲学事业旨在解决由二律背反所造成的问题。① 如康德所见，二律背反只是表面上的而非真实的矛盾。它们源于试图通过只处理有限事物的理智来把握无限。在力图理解它所不能理解的事物时，它不可避免会陷入困惑。康德相信，只要承认并接受我们理性能力的限度，就可以解决二律背反的问题。换句话说，我们必须将理智限制在它的自身的领域，限制在康德所称的"真理之岛"，环绕此岛的海域布满迷雾，且时有冰山出没，我们必须抵制住诱惑，不到那里寻求无限。因此，确立这些限度的理性批判是认识自己的一种努力，从而是启蒙不可或缺的要素。康德认为他通过这样的批判能够告诉我们，理性以两种不同方式进行"认识"：第一，通过知性（纯粹理性），它能对存在进行科学的（和因果的）说明；第二，通过一种植根于我们先验自由的道德感（实践理性），它能使我们辨别对与错。于是，理性自身的表面矛盾并非源于存在的矛盾性质或理性的不足，而是源于理性的误用。康德相信，如果正确地使用理性，人类将能够掌控自然和获得自由，这将带来繁荣和道德，并因此带来政治自由和永久和平。康德由此相信，通过为自由与科学的和解提供哲学基础，先验唯心论将能够挽救现代方案，从而使启蒙和人类进步的持续发展成为可能。

然而，这种"解决方案"并没有被普遍接受，主要是因为康德没有解释，或许也不可能解释，认知的两种能力——纯粹理性与实践理

---

① 西塞罗列举了达到这一目标的几种传统方式。西塞罗提出了解决二律背反的十种不同方法。*De inventione* 2. 49. 145—147. 康德没有理睬这些解决方式，而是走了一条辩证的道路。关于这一点，参见我的 "Philosophy and Rhetoric in Kant's Third Antinomy," *Political Science Reviewer* 30（2001）：7—33。

性——如何能够在意识中结合起来。[1] 康德承认这是一个问题，并主张，这两种能力统一在统觉（或自我意识）的先验统一性中，但他没有解释这种统一是如何可能的，而是径直断言说，如果没有这种统一性，经验将是不可能的。既然我们确有经验，他便推断这种统一性必定存在。然而，在他的许多直接继承者看来，康德似乎并没有解决二律背反问题，而只是把它移到了别处，仅仅通过使自我意识本身变得不可理解而挽救了科学与道德。19、20 世纪的大陆思想在很大程度上是解决康德在二律背反中提出的问题的一系列尝试，他本人没能给出令人满意的回答，法国大革命使我们彻底理解了这一点。

如果二律背反无法解决，那么就很难看出，试图使人掌控和拥有自然的现代科学技术方案如何能够与旨在实现和确保人类自由的道德政治方案相容。因此，正如康德及其继承者所认识到的，这其实是现代性命运的中心问题。然而，二律背反并不是康德凭空想出来的。二律背反之所以对现代性是决定性的，恰恰是因为它把从一开始甚至是开始之前就隐藏在现代方案之中的矛盾公之于众。二律背反，特别是决定性的第三组二律背反，深深地植根于近代早期和前现代的思想。事实上，正如我们将要看到的，出现在第三组二律背反中、并对后世思想产生了重要影响的问题最先表现于伊拉斯谟与路德的争论，然后更明显地表现于笛卡儿与霍布斯在《第一哲学沉思集》的"反驳和答复"中的争论。我们已经详细考察了前一争论，在本章我们将考察后一争论。

正如我们所看到的，现代性在最宽泛的意义上是回答由唯名论革命所引发的基本问题的一系列尝试。这些问题既深刻又全面，它们所质疑的不仅是对神、人、自然的认识，而且也针对理性和存在。人文主义运动和宗教改革运动都试图全面地回答这些问题。它们都接受了彻底个体主义的唯名论存在论，但对于哪个传统的存在领域在存在者层次上是基本的，却有不同看法。人文主义者由对人的说明开始，并以神人同形同

---

① 关于下一代德国思想家对康德的接受与批判的详细讨论，参见 Frederick C. Beiser, *The Fate of Reason*：*German Philosophy from Kant to Fichte*（Cambridge, Mass.：Harvard University Press，1987）。

性论的方式来解释其他存在领域。而宗教改革家则认为神是首要的，并从神学上来解释人和自然。然而，正如我们所见，无论是人文主义者还是宗教改革家，都不愿消除神或人。人文主义者并没有说神不存在，宗教改革家也不否认人的独立性。但这样的描述，尤其是在迫害的年月里，往往只是对更深层主张的掩饰。由于它们的分歧是根本性的，所以每一种立场都否认另一种立场的根据，就像我们在考察伊拉斯谟与路德的争论时所看到的那样。如果像伊拉斯谟那样从人开始，维护人的自由的哪怕最低限度的功效，则神的全能就要让步，基督教的神的实在性将受到质疑。这样一来，道德便使虔敬成为多余。而如果从神的自由和全能的教义（表现为神的恩典）开始，那么人就不可能有自由。宗教压垮了道德，将人类变成了牵线木偶。因此，路德与伊拉斯谟的争论实际上以无法令人满意的论点并置而告终，后来康德的二律背反也是如此。如果我们要以一种与二律背反相应的逻辑形式来将这场争论图式化，则正题（以伊拉斯谟为代表）是，除了通过神的意志得到的因果性，还有通过人的自由而得到的因果性；反题（以路德为代表）是，通过人的自由没有因果性，只有通过神的意志才有因果性。无论在人文主义的基础上，还是在神学的基础上，都无法解决这个问题，使人的自由和神的统治权能够同时保有。如前所述，这种矛盾所导致的巨大鸿沟是无法弥合的。它也无法避免，因为每一种主张都是寄生于另一方。因此，在某种意义上，这种在把欧洲推入宗教战争方面起了重要作用的二律背反也是不可避免的。

正如我们在前两章看到的，真正的现代性诞生于这种冲突以及对它的回应中，它是一种理解世界的新的方案和努力，不再纠缠于人文主义与宗教改革的矛盾。为此，培根、笛卡儿、霍布斯等思想家寻求一种新的开端，不再把人或神置于优先地位，而是把自然置于优先地位，试图不把世界理解成一种普罗米修斯式的人的自由的产物，或者一个彻底全能的神的意志的产物，而是理解成物质的机械运动的产物。在这个意义上，现代性是形而上学内部一种存在论革命的结果，它接受了唯名论所确立的存在论基础，但却通过这副自然主义镜片看待其他存在领域。虽然这种革命性方案初看起来似乎消除了形而上学内部的冲突，我们在第二章至第五章对此作了考察，但我们将会看到，它最终无法消除这种冲突，到头来实际上是在现代形而上学内部将它重新转变为自然的必然性与人的自由之间的矛盾。因此，虽然现代形而上学始于从人和神转向自然，但它是通过用自然主义的方式重新解释人和神才做到这一点的。两者也因此被纳入了自然主义视角。然而，在以这种方式吸收它们的过程中，人与神之间的早期冲突并没有得到解决，而是隐藏在这种新的形而上学观中。要想解释这到底是如何发生的，我们必须更仔细地考察这个过程。

作为典型的现代思想家，笛卡儿和霍布斯都同意，我们在对世界进行分析时，必须赋予自然以存在者层次上的优先性。① 鉴于他们代表着现代性内部的对立两极，对于我们应当如何在这种自然主义的视域中理解人和神，他们有不同意见。正如我们所看到的，笛卡儿把人视为物质的（有广延的东西），所以人可以与所有其他自然物相比，但他也把人视为非物质的（思想着的东西），所以人可以与神相比。而霍布斯则认为，人与自然中的其余事物并没有什么不同，人只是运动的物体，不能像神那样进行"无中生有"的创造。因此，笛卡儿能够为人的自由留出余地，而霍布斯的结论则是，一切事物的发生都是出于必然性。这样一来，把前现代世界撕成碎片的分歧又重新表现为关于人的自由和自然的必然性之本质的分歧。我们将会看到，处于现代思想开端的这种深刻分歧最后以康德的二律背反重新出现。因此，被认为标志着启蒙运动和现代性之结束的二律背反，仅仅是对一直藏在现代方案核心处的基本矛盾的承认。

虽然对于人和神的本性和关系，笛卡儿和霍布斯有不同看法，但在其他方面，他们走的道路非常相似。两人都敏锐地觉察到了宗教狂热的危险。他们也都反对教条主义，特别是经院形式的教条主义，他们都认

①　就这种风格而言，他们的思想似乎是哲学的而不是神学的，就像施特劳斯等人所主张的那样。或者换句话说，他们的思想并非像经院思想和宗教改革思想那样是神学的。但在一种不同层次上，他们对自然的理解本身却是我们前面讨论的那种更广泛意义上的神学的。

为，个人启示的想法非常危险。[1] 他们也有相似的认识论看法。两人都认为，感官并不能给我们带来关于外部世界的直接知识，而只是刺激我们的感觉器官，在我们之中形成意象。于是，我们无法通过感官和观察来获得对真理的认识，而必须将理性从感官的陷阱中解放出来，开辟一个空间来重构或再现这个隐藏在知觉之幕背后的世界。这样一来，对于两人来说，认识论就变成了任何形而上学的序幕。在寻求这条新的真理之路时，两人都利用了培根的科学观念，但他们认识到，培根的方法不足以建立这样一种科学。在他们看来，培根的归纳经验论永远产生不了他所设想和期望的科学。科学需要一种更好的方法，他们希望通过把伽利略对运动的数学分析用于更广泛的问题来建立这种方法。

因此，对于宗教的危险，理智所面临的困难，认识论的优先性，科学的必要性，以及这种科学根基处的数学方法的重要性，笛卡儿和霍布斯的意见都一致。然而，正如我们所看到的，他们的意见分歧表现在，这个隐藏在知觉之幕背后的世界的本性，科学能否理解这个世界，以及最重要的，在这种自然主义世界观中，人与神的本性和关系如何。因此，他们在存在者层次上对于自然的优先性以及掌控自然所需的科学逻辑的意见一致，掩盖了他们对于人与神的本性和关系的意见分歧。这种分歧特别表现在他们对《第一哲学沉思集》的反驳和答复。

有一种失衡存在于霍布斯与笛卡儿在反驳和答复中的交流。这场争论发生时，笛卡儿已经是一个众所周知的颇有名望的学者。虽然比笛卡儿大 8 岁，但霍布斯是政治流亡者，几乎没有发表过东西。但是，在梅森的圈子里，霍布斯很受尊重，梅森要霍布斯评论笛卡儿的新工作并不是偶然的。霍布斯已经用很大篇幅深入评论过《方法谈》和《折光学》。毫无疑问，霍布斯很严肃地看待梅森交给他的任务，即使他的反对意见有时会显得琐碎或怀有恶意。正如理查德·塔克等人已经表明的，两人之间已经有了一些敌意，尤其是在笛卡儿一方，这部分是因为

---

[1]  关于这一点，参见我的 "Descartes and the Question of Toleration," in *Early Modern Skepticism and the Origins of Toleration*, ed. Alan Levine（Lanthan, Md.: Rowman and Littlefield, 1999）。

霍布斯先前对《方法谈》的批判，但也因为这种批判使笛卡儿怀疑，霍布斯是想窃取他的思想和声名。[①] 而霍布斯则一再被笛卡儿激怒，因为他认为笛卡儿没有阅读和仔细考虑他的批评。尽管如此，我们仔细阅读就会发现，无论是霍布斯的反驳还是笛卡儿的答复，都没有受到这种敌意的严重影响。塔克已经显示，这种交流对于霍布斯的思想发展是多么重要，对文本的仔细研究表明，笛卡儿对霍布斯的实际重视程度远远超出了霍布斯的想象，往往是在那些他最显拒绝的地方。例如，他用很大的篇幅——超出了任何其他反驳和答复——使这种交流看起来像是一次实际的辩论。在反驳和答复中，这是笛卡儿唯一一次将其组织成了一次辩论，每一个反驳之后立即是答复，而不是从总体上答复批评者的所有反驳。不仅如此，在回应霍布斯时，笛卡儿经常会带着预期写作，在答复一个特定的反驳时会插入霍布斯在接下来的反驳中所转向的例子或论证，从而使这种交流具有更大的连贯性。因此，这种交流的文学结构有力地证明了笛卡儿对其重要性的认识。

虽然笛卡儿几乎肯定没有严肃对待霍布斯的反驳，但他显然也认识到，他们之间的分歧是如此深刻，以至于意见交流几乎不可能使任何一个人主动改变自己的立场。因此，他们的对话更像是两个独白，对自己的反对意见进行陈述。然而，这些陈述相当有价值，因为它们揭示了两人之间难以补救的必然分歧，从而揭示了现代性核心处的必然的、难以补救的破裂。

霍布斯在批判《第一哲学沉思集》时，先是肯定了笛卡儿在第一沉思中的证明，即感官的欺骗使外部对象的实在性受到了质疑。在这一点上，他和笛卡儿是一致的。事实上，正如我们前面所看到的，试图发现一种不能为感官所把握的理性秩序，这种现代努力背后所隐藏的正是这个关键点。但霍布斯指出，笛卡儿的论证并非原创，而只是重复了柏拉图或学园派怀疑论者的论证，笛卡儿在答复中承认了这一点。

---

① Richard Tuck, "Hobbes and Descartes," in *Perspectives on Thomas Hobbes*, ed. G. A. J. Rogers and Alan Ryan (Oxford: Clarendon Press, 1988), 15—30.

这种断言以及笛卡儿对它的同意令人惊讶，因为它显然是错误的。《方法谈》与《第一哲学沉思集》的论证之间的关键区别是声称，怀疑论的最终来源是，有一个全能的神可能欺骗我们。然而，这个论证既没有出现在柏拉图那里，也没有出现在皮罗主义怀疑论者那里。也许有人会貌似有理地怀疑，霍布斯这里只是基于他早先对《方法谈》的批判（笛卡儿在那里没有提及神的全能），而忽视了神在这种语境下的作用的重要性，但他后来断言，笛卡儿的整个论证都依赖于证明，神不是一个欺骗者。因此，他似乎不大可能忽视这一点的重要性。

对霍布斯而言，更重要的似乎是那个一开始的断言，即笛卡儿的说法并不新鲜，所以他不是现代的。通过以这种方式把笛卡儿与柏拉图绑在一起，霍布斯试图把他与一种（天主教的）身体和灵魂的二元论形而上学联系起来，霍布斯认为这种形而上学已经过时，而且与当时的宗教冲突深深串通在一起。正如我们所看到的，笛卡儿的确利用了柏拉图（以及柏拉图的基督教追随者奥古斯丁）的思想，但他柏拉图主义的程度肯定不及霍布斯所认为的那样。那么，为什么在这一点上他会同意霍布斯的说法呢？他之所以允许对他的立场进行这种错误描述或夸张，最有可能的解释是，他急于向他的天主教读者（尤其是巴黎大学的博士们）表现得不那么具有革命性。[1] 可以肯定的是，两位思想家都知道，在这种背景下，神和人的本性和关系问题是多么关键。

不论霍布斯和笛卡儿出于什么原因对此事保持沉默，它最终还是占据了他们争论的核心。[2] 霍布斯在第二个反驳中已经明确质疑了笛卡儿把人称为思想着的东西。两位思想家都同意，自然是一个机械过程，但对于人是否是这一进程的一部分，是否服从它的法则，却存在着根本分

266

---

[1] 争论双方对这部著作的外部受众的感觉在一定程度上影响了他们的陈述方式。笛卡儿关于人的自由的立场类似于阿明尼乌派，他必须在法国的天主教受众和荷兰的加尔文派受众之间小心翼翼地行走。霍布斯对自由的看法则更接近于加尔文派，而与天主教徒和阿明尼乌派相对立，他的处境更加艰难，因为他流亡在天主教的法国，身处宫廷的阿明尼乌派和天主教徒之间，他对保皇党的支持也使他与在信仰声明上类似的英格兰的加尔文派相抵触。

[2] 能够避免就神是一个欺骗者这一说法进行公开辩论，笛卡儿几乎肯定如释重负，因为这会使他与天主教会严重对立。

346

歧。对笛卡儿而言，人体是一个机械的东西，但人的自我或灵魂却独立于这个领域和它的法则，是一个思想着的东西。对霍布斯而言，人和所有其他受造物一样，仅仅是运动的物质。霍布斯指出，笛卡儿对自己存在性的证明依赖于思想，但认为，笛卡儿由此进一步得出人是一个思想着的东西的结论，却是错误的。他本应得出结论说，人是一个有广延的或物质的东西。在霍布斯看来，思想着的东西必定是物质的，因为除了把思想设想成思想着的物质，我们无法设想思想是什么。因此他认为，人不是一个思想着的东西，而是一个东西在思想。我的存在不是思想，思想是我的物质存在的运动。

笛卡儿同意霍布斯所说的，思想着的东西首先是一个东西，然后才是一个思想着的东西，但他认为这并不表明它是物质的，因为既有物质实体，又有非物质实体。因此，笛卡儿并不否认思想背后存在着一个实体这一基本事实，但认为这一实体在存在论上区别于物质实体或物体。结果，笛卡儿把他的二元论重新置于实体本身之中，用它来抵制霍布斯一元论的唯物论。笛卡儿以这种回答来削弱霍布斯第三反驳的力量，在这一反驳中，霍布斯宣称，笛卡儿把人定义为思想着的东西，仅仅是把思想活动具体化了。笛卡儿否认这一点，主张思想者区别于他的思想，但他没有解释这是什么意思，而只是重申了思想者作为一个非物质实体的性质。

如果我们本质上是非物质的，那么真正的认知就不可能来源于因我们与物体的相互作用而形成的意象。因此，在笛卡儿看来，纯思想领域独立于物体和身体的想象。在第四个反驳中，霍布斯否认了这种非意象主义思维的可能性。他认为，推理是名称的连接，而名称仅仅是意象的符号。我们对存在的事物没有直接的甚至是间接的知识。语词仅仅是我们用来操控事物的工具。因此，正如霍布斯在别处告诉我们的，一切思想都是假设，衡量它的不是其真理性或与最终实在的对应，而是它的效力。而对笛卡儿来说，我们的推理不是关于语词，而是关于它们所指称的对象，普遍数学不只是为了获得或然性的知识，使我们能够在此时此地有效地掌控自然，而是为了获得必然为真的知识，以保证我们在任何

267

时间任何地点掌控自然。

如果霍布斯对推理的本质理解正确的话，那么正如笛卡儿清楚知道的，我们永远不能肯定自己的观念符合事物本身。在笛卡儿看来，这种对应是由神来保证的，但只有当神不是欺骗者时才是如此。因此，普遍数学依赖于证明这个事实，但这个证明本身又依赖于我们能够认识神，依赖于我们有一个关于神的观念。霍布斯认为这是不可能的，因为神是无限的，我们的所有观念都源自有限身体的想象。因此，我们只能经由推理，通过第一因的逻辑必然性而知道神的存在。

这里，我们看到了一个巨大的鸿沟。对笛卡儿来说，存在着一种与想象相分离的纯思想。我们的这种纯思想的能力其实是与神共有的东西。笛卡儿在第五个答复中解释了，我们真正的"观念"与没有身体想象的神的心灵中的那些观念相同。因此，笛卡儿在这里含蓄地主张，人作为思想着的东西是神圣的，或至少是分有了神的某些方面。正如我们所看到的，他在《第一哲学沉思集》的正文中明确指出了这一点，他把人的无限意志等同于神的意志。① 而对霍布斯来说，我们不可能有关于非物质的东西的观念。即使是像情感这样被笛卡儿用来支持自己观点的东西，在霍布斯看来，也无非是唤起情感的东西加上它对我们身体的影响。于是霍布斯得出结论，既然除了作为物体，我们没有关于我们自身或神的观念，那么笛卡儿的整个论证都不成立了。而笛卡儿却认为，既然我们有一个神的观念，霍布斯的反驳也是不成立的。在这一点上，论证无法再往前推进了，因为双方对于人的本性、能力以及人神关系存在着根本分歧。

霍布斯在接下来的四个反驳中支持了他的论点。他首先指出，关于事物的想象与关于事物的天文学或数学观念之间没有区别。意象或语词和数学符号都是我们用来把握和操纵物体的工具。因此，数学并不像笛卡儿所提出的那样，能使我们把握一种超物质的实在。类似地，霍布斯否认有不同的存在层次，笛卡儿由此把神的无限性等同于完美性。说某

---

① AT 7：57；CSM 2：40.

一存在比另一存在具有更多的"实在性"是没有意义的。因此，神的 <sup>268</sup>无限存在并不比我们的有限存在拥有更多的实在性和完美性。事实上，无限的观念永远只是关于非有限的观念，仅仅是通过反思我们自身的局限性而形成的。我们根本无法理解神，尝试这样做实际上是违背了基督教的教义。

当然，这种论证所针对的是笛卡儿的证明，即神不可能是欺骗者，因为这将与他作为一个无限存在者的完美性不相容。霍布斯指出，无限与有限都不完美，在任何情况下，我们都没有关于无限的肯定认识，所以没有关于神的认识。如果霍布斯在这一点上是正确的，那么笛卡儿关于神不可能是欺骗者的关键论证就是有缺陷的。笛卡儿承认这一点，并且主张，我们其实可以通过无定限地延伸我们已有的理智观念来肯定地理解神。笛卡儿在这里所主张的，以及与（霍布斯的朋友）伽桑狄在第五组反驳和答复中更详细阐明的是，我们有能力基于一个无界图形的模型来把握无限。① 这样看来，有限的事物就是嵌在一个无限平面上的图形。于是，有限是对无限的否定，而不是相反。但这种论证不能说服霍布斯，他否认我们可以事先拥有关于一个无限平面的观念。

霍布斯认为自己已经去掉了基于对神的认识的笛卡儿论证的核心支柱，于是在第十二个反驳中攻击他把人看成一种有自由意志的存在。他声称，笛卡儿认为我们之所以会犯错，是因为没有把我们的意志局限在理智范围内，而是自由延伸到了无限领域，但笛卡儿从未证明意志是自由的，这种自由因为预定论而受到怀疑。他这里谈到了预定论，但正如我们所看到的，他对其作了机械论的解释。

这一结论源自霍布斯在前面一些反驳中的主张。在他看来，人不是一个思想着的东西，而是一个物体，人并不超越于受一种普遍必然的机械因果性支配的自然界。因此，当我们审视自己时，不论我们显得有多么自由，我们也不可能真正自由，也就是说，我们不可能成为一个无前因的原因。这一关键点与笛卡儿和霍布斯关于人神关系的基本分歧有

① *Replies*，AT 7：367—368；CSM 2：253.

关。在霍布斯看来，人与神截然分离。神不欠人的债，所发生的一切都是神预先决定的结果。因此，人的自由是一种幻觉，它源于我们不了解神对所有运动的组织方式。笛卡儿承认，很难把握神的预先决定如何能够与自由相容，但他声称，每个人都能在自身之中体验到自由，我们可以通过自然之光知道它。

霍布斯试图表明，这种论证是不能令人信服的，因为理智中并无笛卡儿所说的那种光。这个词只是隐喻性的，如果说它还是别的什么东西，那不仅是错误的，而且很危险。的确，在他看来，有许多狂热分子都自称通过一种内在的光而知道了真理。霍布斯这里想到的当然是导致了宗教战争大屠杀的宗教狂热分子。因此，他认为笛卡儿基于内在之光的确定性而要求必然为真的真理，不仅太过夸张，而且很危险，事实上，它重复了导致宗教战争的错误。在霍布斯看来，认知和意志是两回事。假如我们知道真理，那么即使与我们的意志相反，它也能使我们信服。因此，笛卡儿所提出的源于我们内在之光的内心同意对于知识是不必要的。此外，错误的根源并不像笛卡儿所提出的那样，在于自由意志的不当使用。我们是从考察实际存在的事物的本性来认识事物的。没有什么认识对象能够超越这些东西，没有什么本质是我们可以通过纯思想来认识的。思想是用"是"这个词来连接一系列名称。本质只是心灵的虚构。因此，我们不可能认识任何并不存在的东西，因为除了现存的东西，并不存在事物的本质，甚至连三角形这样的东西也是如此。

霍布斯声称，笛卡儿的科学依赖于证明神不是欺骗者。但我们知道，比如博士和神父们经常为了自己的利益而欺骗他人。既然欺骗有时是一件好事，所以我们不能认为善良的神就不是一个欺骗者。因此，我们无法根据神置于我们之中的"相信"的习性而知道外部对象存在。这一点对于笛卡儿的论证的后果是深远的，因为根据他自己的逻辑，霍布斯断言，我们无法肯定地知道自己是醒着的，而不是在做梦。当然，霍布斯的论证的未声明的结论是，笛卡儿所设想的普遍数学是不可能的。这一结论并不意味着科学本身是不可能的，但它的确意味着，科学只能是假说性的，而不是必然为真的。这样一种科学仍然是有可能的，其目的不在于绝对真理，而在于有效真理。正如我们在第七章所看到的，霍布斯在其著作中探索和阐述的正是这样一种可能性。

通过考察霍布斯与笛卡儿的交流，我们可以清楚地看到，使他们产生分歧，并且一直维持在现代性核心处的问题，以一种令人惊讶的方式重复了伊拉斯谟与路德较早前的争论。这并不是偶然的。其实，两场争论都反映了形而上学遗产的固有矛盾，而现代性就是在这份遗产中展开的。赋予自然以存在者层次上的优先性，转移了人们对人或神的优越性问题的注意力，但并没有消除这个问题。事实上，它只是在科学所阐明的自然主义世界观中掩盖了这个问题。然而，这个问题无法长期掩盖，因为它恰恰是关于那个提问的存在者的本性的问题。事实上，正是这个问题在 18 世纪末以强大的力量再度出现，把启蒙运动带向终结。

## 世俗化抑或隐藏

从路德和伊拉斯谟，经由霍布斯和笛卡儿，再到康德，人与神的本性和关系问题一直持续存在，这指向了一个更深的问题，即神学对于现代性具有持久的重要性。在前面的章节中，我们已经看到，在 300 多年的时间里，产生现代世界的一系列转变源于反复尝试（虽然最终没有成功）发展一种一致的特殊形而上学，从而用一种唯名论的存在论来解释人、神、自然的关系。虽然神学在这种发展中的重要性比较清楚，但它对于现代性的进一步发展的持续关联却并不那么明显。事实上，许多人会认为，一般意义上的宗教，特别是神学，对于现代世界已经变得越来越不重要。从这个角度来看，在一种一致的特殊形而上学中如何来解释三个传统存在领域之间的关系，这个问题在现代性中是通过把神排除出去而得到"解决"的。结果，认知不再被视为形而上学，而是被重新理解为一种仅由物理学和人论构成的普遍科学。神学不再被视为一种知识，而是变成了对信仰的表达或解释，它更接近于修辞或诗歌，而不是科学。①

---

① 事实上，正如我们所看到的，即使是霍布斯也已经不再把神学看成科学的一部分。

宗教和神学的重要性在现时代的这种下降曾被定性为世俗化过程。世俗化指的首先是一个世俗的或非宗教的领域同宗教世界一起发展，但在现代性的进程中，它渐渐意味着世俗领域的扩张和主导，以及随之而来的宗教领域的衰微或消失。[①] 认为现代化造就世俗化，这种观点是马克思、弗洛伊德、狄尔泰、韦伯、涂尔干和特洛尔奇等 19 世纪末、20世纪初思想家的产物。他们主张，现代性的发展，特别是在启蒙运动之后的发展，不可避免会导致韦伯所谓的世界的祛魅，导致宗教信仰和权威的衰落，首先是在政治领域，然后越来越表现在人类生活的其他领域。兹举一例，作为神的理性之体现的宇宙先是被重新理解为神的任意的偶然创造，然后被理解为异教的命运女神，最后被理解为运动中的物质。[②] 在他们看来，类似的过程在其他领域也很明显。这种转变削弱了神和宗教权威在人的生活中所扮演的角色。实际上，它导致了对宗教权威越来越多的限制，首先是在政治和经济领域，然后逐步渗透到社会文化领域，把宗教变成了一种私人信念或做法，把宗教机构变成了类似于俱乐部和会所那样的自愿联合体。启蒙运动加速了这种转变，不仅试图（至少是以最激进的形式）将宗教私人化，更试图消除它，认为它是不成熟的人类所倚仗的东西，或是腐败的教士们所行的恶意欺骗。因此，作为启蒙运动的结果，韦伯宣称，随着（由天主教会和它所支持的国家机构所代表的）传统型权威和（由新教传道士等人所代表的）魅力型权威被法理型官僚权威所取代，世俗化便结束了。世俗化理论家们知道，或许会有一些宗教遗迹留存，但他们认为所有这些本质上都是自然神论或一位论的形式。[③]

---

① 1896 年，George Jacob Holyoake 宣称："世俗主义是一套与此生相关的责任准则，它基于纯粹的人的考虑，主要是为那些认为神学不确定或不充分、不可靠或不可信的人准备的。" *English Secularism：A Confession of Belief*（Chicago：Open Court，1896），60.

② 关于这一点，参见 Alexander Koyré, *From Closed World to Infinite Universe*（Baltimore：Johns Hopkins University Press，1957）。

③ 这种世俗化观念已经多次被捍卫。例如参见 Peter Berger, *The Sacred Canopy*（Garden City, N. Y.：Doubleday，1967）；Brian R. Wilson, *Religion and Secular Society*（London：Watts，1966）；David Martin, *A General Theory of Secularization*（Oxford：Blackwell，1978）；and Steve Bruce, *God Is Dead：Secularization in the West*（Oxford：Blackwell，2002）。

正如我们看到的，有证据表明，笛卡儿和霍布斯试图为神的意志和宗教权威的领域划界。但这是世俗化的例子吗？很有理由认为并非如此。正如我们前面主张的，他们的努力并非出于对宗教本身的反感或怀疑，而是想发展出一种赋予自然优先性的新科学。他们相信，把优先性一般地赋予这种科学和自然，不仅有助于缓和关于神人关系的内部冲突，而且也使人类有能力掌控自然，提高安全感，扩展自由，促进繁荣。他们的目标不是消灭宗教，而是要把宗教的作用限制在一种更加自然主义的特殊形而上学内部。因此很难相信，笛卡儿和霍布斯会有意赞成一种完全世俗的生活。事实上，正如我们在上一章看到的，霍布斯确信，宗教是永远需要的，因为人的必死性不可避免会引发必须加以解答的来世问题。 272

即使认为笛卡儿和霍布斯都相信和支持某种宗教，我们也很可能会以为，他们试图减少宗教的重要性，实际上是世俗化过程的重要步骤。[1] 尽管他们都有自己的信仰，但他们的行动也许促进了一种更加世俗的看法，尽管这有违自己的意图。在为人作为思想着的东西的独立性提供理由时，笛卡儿为人的自我开辟了空间，人不再受制于哪怕是最全能的神的操控。同样，通过对预定论和自然法的解释，霍布斯促进了道德和政治从基于《圣经》转向了一种更加自然主义的理解。这两种变化似乎都是世俗化过程中的步骤。但这是否是对实际发生事情的恰当说明呢？

世俗化论题的基本假设是，神不存在，宗教只是人类的一种构造。认为现代化造就了世俗化，这种看法基于这样一种观念，即现代化造就了启蒙，启蒙揭示了真理，而真理就是没有神（或至少是没有与人的生活行为有关系的神）。而在哲学上目光敏锐的信仰者可能会以截然不同的方式看待这一过程。例如，海德格尔在反对这一观点时主张，那种以神死了而告终的看似世俗化的过程，实际上只是神的退隐。不同派别的

---

① 　这是 A. P. Martinich 的结论，他对宗教在霍布斯那里的重要性和别人一样敏感。*The Two Gods of Leviathan：Thomas Hobbes on Religion and Politics*（Cambridge：Cambridge University Press，1992），337—348.

基督徒们都提出了类似的主张来解释这种现象。显然，我们没有可能决定这些解释中哪些是正确的。世俗化论题依赖于相信神是人的一种构造，神的退隐观念依赖于认为世界及世间万物都是神的创造。哪一方是正确的并不能由经验来确定，而只能建立在是否相信神存在的基础上。

我不想进行这种徒劳的争论，而是想探讨一种不同的可能性。本章前半部分提出的论证表明，对宗教与神学的表面拒斥或它们的消失，其实掩盖了神学议题与现代事业持续不断的关联。从这个角度来看，渐渐被认为等同于现代性的世俗化或祛魅过程实际上与它看起来的样子有所不同。它并非如伏尔泰的名言所说，是理性砸烂了这个卑鄙货，不是尼采所宣称的久已存在的神死了，也不是海德格尔所说的隐匿的神的永远退隐，而是神的属性逐渐转移到了人（一种无限的人的意志）、自然界（普遍的机械因果性）、社会力量（公意、看不见的手）和历史（进步的观念、辩证的发展、理性的狡计）之上。

我们已经在笛卡儿和霍布斯那里看到了这一点。笛卡儿那里的神不再是唯名论的那个疯狂的深不可测的神。事实上，笛卡儿所压制的正是这个神，而倾向于一个更加理性的神，或者至少是可以被人的理性所把握的神。在把神拉向人的同时，笛卡儿也把人向神提升，宣称人拥有与神同样的无限意志。而霍布斯则接受了一种更加正统的加尔文主义立场，强调神的绝对能力和人的无足轻重。根据预定论教义，每个人得救与否仅仅取决于神的意志。因为神不欠人的债，人做任何事情都不可能影响神。因此，具有讽刺意味的是，神变得与人的行为和生命无关，也就是说，神仅仅变成了永久的第一因，或是由一系列机械原因所决定的物质运动。虽然狭义的神也许可以这样消除，但如果认为任何对整体的解释都可以摆脱赋予神的那些力量和能力，那将是错误的。事实上，在霍布斯的解释中，当加尔文主义的神对于人的生活变得不那么重要时，"有死的神"即主权者变得更加重要，这一点绝非偶然。此外，虽然这个转移确实有利于缓和并最终消除曾经如此富有争议和激烈的神学争论，但它也掩盖了争论各方所提出的主张的神学本质。于是，它们不再是可以争论的神学主张，而是变成了无可置疑的科学或道德假定。

认为降低神的重要性、神的消失和神之死会改变我们对人和自然的理解，这不足为奇。正如我们所看到的，现代性源于以唯名论为基础所进行的一系列努力，试图构造一种融贯的特殊形而上学，重建某种类似于经院实在论那样的全面解释。而无限的（彻底全能的）神与他的有限造物（包括人和自然）之间实际的存在论差异却使得成功完成这一方案变得成问题。正如我们在前面章节所看到的，解决这一问题的不同 274 尝试乃是基于对不同存在领域的存在者层次上的地位和等级结构的不同看法。这些存在者层次上的差异，导致了对如下问题的不同看法，即整体的形而上学解释中应当赋予特定的存在者多大重要性。举例来说，奥卡姆和路德比彼特拉克或笛卡儿更看重神的能力。

正如我们所看到的，人的意志与神的意志之间的关系问题一直是这一时期的核心问题，它在宗教战争中发挥了重要作用。转向一种自然主义科学的目的是要消除或至少是缓和这种冲突。然而，这种科学转向并不能简单地拒斥或抛弃神学所包含的一切东西。纯粹超自然的事情可以不去理会，或者归于与科学相分离的圣经神学领域，但以前的神学不仅关心人在另一个世界的精神命运，而且关心如何解释在这个世界上发生的事情。例如，唯名论者把神理解为自由行动的、无限的、彻底全能的、创造天地的造物主，他是一切运动的第一因和来源，是万事万物的统一，是所有善恶标准的来源，这些只是他最显著的属性。对现实的任何融贯而全面的解释都必须包含这些性质中的全部或大部分内容。简单地清除神或神的所有属性，将会给任何号称是对整体的全面解释留下诸多漏洞。

因此，在现代性的进程中，实际发生的并不是神的简单清除或消失，而是将他的属性、本质力量和能力转移到其他东西或存在领域中。因此，所谓的祛魅过程也是一个返魅过程，在这个过程之中并通过它，人和自然都被赋予了以前被归于神的若干属性或能力。① 说得更直白些，面对着持续很久的神之死，只有把人或自然或两者在某种意义上变成神，科学才能为整体提供一种融贯的解释。②

虽然从表面上看，启蒙运动总体上绝对是敌视宗教的，但这种敌视并未阻止（在许多情况下是方便了）这种转移。事实上，启蒙思想家不断在人和自然中"发现"以前被归于神的力量和能力。当蒲柏宣称"研究人类，应以人为本"时，他是在为整个启蒙运动辩护。③ 然而，启蒙运动所发现的"人"，是一种比基督教的有罪的旅居者或古代所说的理性动物更崇高的东西。基于笛卡儿的早期工作（笛卡儿本人利用了人文主义传统），马勒伯朗士认为，人在沉思观念和永恒真理时，人的心灵参与到了神之中。莱布尼茨在其单子论中提出了类似的说法，他以新柏拉图主义的方式设想，人参与到了神之中或是神的一种反映。然而，许多启蒙思想家都相信，这些观点并不能解决问题。他们认为，只

---

① 这个问题是卡尔·洛维特与汉斯·布鲁门贝格就世俗化的本质所进行的争论的核心。在 *Reason in History*（Chicago：University of Chicago Press，1949）中，洛维特把现代世界描绘成一个本质上基督教的方案，试图通过世俗的手段来实现千禧年，而布鲁门贝格则认为，虽然现代性的许多元素似乎有基督教的根源，但这些相似性只是形式上的，是现代性"重新占据"基督教立场的结果。在他看来，现代性并非源于试图通过非基督教的手段达到基督教的目的，而是源于一种新的"自我肯定"的态度。在部分程度上，他们的不同评价源于他们对现代性的本质和范围有不同构想。洛维特认为现代性在极权主义的千禧年主义方案那里达到顶峰，而布鲁门贝格则认为现代性的本质是启蒙。本书在前面章节中提出的观点赞同布鲁门贝格关于中世纪晚期唯名论危机的表述，但认为神学要素在现代性中的持久重要性并不仅仅是形式上的。在这方面，它同意洛维特的看法，认为在宗教战争中扮演如此重要角色的神学激进主义并没有因为现代转向自然而被清除，而是对现代世界构成了或隐或显的威胁。关于这一点，另见 Eric Voegelin，*The New Science of Politics*（Chicago：University of Chicago Press，1952）。与布鲁门贝格不同，沃格林认为现代性并不是对诺斯替主义冲动的解决，而是它的体现。他认为，关键是要区分这种诺斯替主义冲动（它要对现代性的恐怖负责）与真正的基督教（它至少仍然可以作为解决方案的一部分）。洛维特则相信，不可能有什么基督教的解决方案，因而认为现代性问题只能通过转向一种像斯多亚主义那样的非基督教的自然法理论来解决。

② 我曾在我的 *Nihilism Before Nietzsche*（Chicago：University of Chicago Press，1995）中表明，这有几个有害的后果。

③ Alexander Pope，*Essay on Man*，2.1. 关于这一点，参见 Ernst Cassirer，*The Philosophy of the Enlightenment*，trans. Fritz Koelln and James Pettegrove（Princeton：Princeton University Press，1951），5。

有完全从神和教会的暴政中解放出来，才能真正理解人。宗教使世界充满了众多假想的东西和力量，以至于在宗教的支配下，人类不可能理解，对于他们自身的存在，什么东西是独特的和有价值的。拉美特利声称，只要人类还相信神，他们就无法理解自己或感到幸福。在他看来，人是一种自然的存在，必须理解他自己。对于那些受笛卡儿启发的人来说，这意味着人由此取代了神。在试图确定人的意志的独特之处时，卢梭在有限的自我扩张意志之下看到了一种永远不会犯错的公意，看到了这样一种意志，帕特里克·赖利（Patrick Riley）已经表明，它是神意愿所有人都能得救的直接派生物。① 还有一些人与其说在人和人的意志中，不如说在自然界的合理性中看到了这种神的要素。继霍布斯把机械因果性与神的意志等同起来之后，斯宾诺莎发展了一种泛神论解释，把神和实体等同起来。洛克认为可以在神创造的自然界中找到足以指导人类生活的道德律令。② 牛顿把时间和空间视为神的存在形式。当把这些神的能力转移给了人或自然之后，狄德罗、达朗贝尔、霍尔巴赫等百科全书派表明，天启宗教不仅错误，而且多余。③ 启蒙运动结束时，许多思想家都把人视为准神圣的。在康德等人那里，这一点尤其明显，他们声称，人本身就是无限宝贵的目的。④ 这样一种看法之所以可能，仅仅是因为把迄今为止所认为的神的属性转移给了人。因此，启蒙（以及后启蒙）对人的个性的颂扬实际上是一种激进的（尽管是隐蔽的）伯拉纠主义。神的或至少是准神的力量再度出现，虽然总是伪装着的。自然

---

① Patrick Riley, *The General Will Before Rousseau* (Princeton：Princeton University Press, 1986).

② 那些在自然背后看到神的意志的人并没有犯自然主义谬误，即使这种意志渐渐变得模糊不清，神的善的光亮外表也仍然存在。这最明显地表现于现代环保运动，它从一种人类中心主义的、功利主义的辩护转到了一种对自然界的独立价值的泛神论解释。

③ Cassirer, *Philosophy of Enlightenment*, 134.

④ 当然，这种世俗的伯拉纠主义并没有意识到或记得它自神的起源。现代性，至少就其笛卡儿形式而言，设想它创造了自身。正是由于这种说法，布鲁门贝格才会错误地设想，现代性是基于自身的自我肯定或自治，而不是基于其基督教遗产。诚然，许多现代人都认为这是事实，但我们前面努力表明的恰恰是，这样一种信念只有作为基督教内部漫长发展的结果才是可以设想的。

是理性意志的一种体现；社会世界是由"看不见的手"所掌控的，它几乎奇迹般地造成了商品和服务的合理分配；历史是人类走向完善的进步发展。

276 　　这种把神的属性转移到其他存在领域并非没有危险。它发展到一个极端便会导致这样一种看法，认为人是像神一样的超人，只要运用意志就可以实现理想世界。启蒙思想家从这样一种普罗米修斯式的角度来看世界，认为对其庞大计划的任何反抗都是非理性的或恶意的。事实证明，面对这样的反抗，他们都愿意使用越来越多的武力来达到他们所认为的合理目的。① 而在另一个极端，把自然理解成一种准全能的力量往往以一种宿命论看法而告终，即把人仅仅看成提线木偶（霍尔巴赫）或机器（拉美特利）。② 启蒙运动的一条思想线索相信人是神，另一条思想线索则把人视为野兽，甚至是由欲望和纯粹的自我利益所驱动的运动中的物质。虽然这两者都有自己的问题，但最令人苦恼的或许是，狄德罗和康德这两位最伟大的启蒙思想家都意识到，要想确证其中的任何一条命题，就必须确证另一条命题，而它们是相互矛盾的。意识到其根本目标的矛盾，深深地动摇了启蒙运动的希望。

　　启蒙运动最后走入这条死胡同是不足为奇的。从一开始，它就试图回避一个问题，即在一个由全能的神的意志所预先决定的世界中，人的意志是自由的还是束缚的。然而，最终结果只是把这个问题移位，使之再度以新的问题重新出现，即在一个由自然原因的无穷序列的牢不可破的必然性所决定世界中，自由与人的意志是什么关系。因此，正如我们所看到的，在康德的第三组二律背反中毫无掩饰地显现出来的矛盾，本质上是重复了伊拉斯谟与路德之间以及笛卡儿与霍布斯之间的争论。不过，这里有一个关键区别。在较早的两次争论中，核心问题是神的能力的范围有多大，这一直被视为一个信仰问题。在康德的二律背反中，

---

　　① 关于对这一点的可能含义的解释，参见 Michael Oakeshott, *Rationalism and Politics and Other Essays*（Indianapolis：Liberty Press，1991），5—42。

　　② 关于这一点，另见 Denis Diderot, *Jack the Fatalist and His Master*, trans. Wesley D. Camp（New York：Peter Lang，1984）。

神的有争议的预定意志变成了自然的不容置疑的必然性。在这种背景下，自然因果性的真理性并不是一个需要信或不信的信仰的事情，而是被视为一个自明的理性真理。这样一来，争论双方的神学基础便被掩盖起来，从而不再能够争论。由于遗忘了其神学起源，二律背反的核心矛盾便得到了巩固，变得无法解决。

正如我们所看到的，由于认识到二律背反向启蒙提出了一个重大问题，康德不得不进行理性批判。不过他认为，他的先验唯心论为这个问题提供了一种解决方案，使之有可能通过区分自然和必然的现象领域与自由和道德的本体领域，而实现启蒙的目标。但如果像他的大多数继承者所认为的那样，这种区分站不住脚，那么人类就陷入了一组矛盾。例如，只有运用一种本质上否认自由的任何可能性的科学，才可能实现自由。同样，如果人是自然的存在，他就不可能是自由的，因为他将受制于支配所有物质运动的法则，而如果他是自由的，他就不可能是自然的存在。因此，人要么只是运动中的物质，要么是神，说得更明确一些，人总是生活在既是运动中的物质又是神这一矛盾之中。

恐怖统治清楚地揭示了这些矛盾。从大革命一开始，法国革命者就很担心新政权会被阴谋推翻。① 引起他们恐惧的历史先例是罗马共和国的卡提林阴谋。正如萨卢斯特（Sallust）、塔西陀和西塞罗所描述的，这个阴谋是道德败坏的结果。法国革命者同样有这种罗马人对腐败的恐惧，但不是以西塞罗的方式，而是以卢梭的方式来理解它。卢梭曾认为，所有道德的行动都是与公意和谐一致的。因此，在革命者看来，只有符合理性的普遍性，实现了人的自由，行动才可能是道德的。用康德的话来说，要使自由与理性相容，每个人都必须按照公意来意愿。然而，这种绝对意志只有在抽象领域才是可能的。一旦意志选定了一个有限对象，它就不再是一般的，而是变成了特殊的和自利的。虽然恐怖统

①　关于对法国大革命期间阴谋活动的恐惧的全面说明，参见 François Furet，*Penser la Révolution française*（Paris：Gallimard，1978）；Lynne Hunt，*Politics，Culture and Class in the French Revolution*（Berkeley and Los Angeles：University of California Press，1984）；Marisa Linton，*Conspiracy in the French Revolution*（Manchester：Manchester University Press，2007）。

治的动力和激烈性在很大程度上无疑来自于阶级怨恨、政治内斗和机会主义，但它认为自己一贯的理由是需要不断地消除腐败，即消除特殊意志。① 然而，这样一个任务永远无法完成，因为作为有限的存在，人必然植根于特殊性。因此，即使是最有德行的公民，"不可腐蚀的"罗伯斯庇尔，也无法满足这些不可能的标准，所以不得不被消灭。于是，恐怖统治是第一个现代例子，显示了把神的属性赋予人所带来的危险。② 一个超越的神也许会永远以一种真正一般或普遍的方式来意愿，就像阿尔诺和后来的马勒伯朗士所坚持的那样，但有限的人做不到这一点，要求他这样做必然会以悲剧告终。

## 启蒙运动之后：晚期现代性中隐藏的神学

后启蒙思想仍然在以我已经详细考察过的方式与同样的问题角力。③ 然而，较晚的现代思想家未能理解这些问题中所隐藏的神学/形而上学本质。事实上，这些问题很少被察觉到，更不用说被提出来。从启蒙运动的矛盾中逃离，这一要求决定和引导了19、20世纪的大部分哲学。这种矛盾出现在康德的二律背反中，表现于法国大革命和恐怖统治。启蒙运动将神从形而上学的存在领域中逐出，使人与自然牢牢并置在一起。后启蒙思想家被迫承认，无法在这种二元论的基础上建立起对实在的融贯而全面的说明。这时出现了若干种可能的解决方案：从一切

① The Baroness de Staël, *Considerations on the Principal Events of the French Revolution*, 3 vols. (London: Baldwin, Cradock, and Joy, 1818), 1: 122. 卢梭相信，所有道德行为都与公意相协调，但他知道，有许多人类行为既非道德，亦非不道德。他的雅各宾派继承者相信，所有与公意不相协调的行为都是不道德的。这是对卢梭观点的拓展，他本人肯定会拒绝接受。

② 关于这一点，参见 Albert Camus, *The Rebel: An Essay on Man in Revolt*, trans. Anthony Bower (New York, Random House, 1956), 112—132。当然，在宗教战争期间有大量这样的例子。然而，重要的是要区分两种人，一些人想象自己受到了神的启示，或自认为充当了神在地球上的代理人，另一些人则想象自己是神圣的，或拥有神的能力。

③ 对这些问题的更广泛的讨论，参见我的 *Nihilism Before Nietzsche and Hegel*, *Heidegger*, *and the Ground of History*, and "The Search for Immediacy and the Problem of the Political in Existentialism and Phenomenology," in *The Blackwell Companion to Existentialism and Phenomenology*, ed. Hubert Dreyfus and Mark Wrathall (Oxford: Blackwell, 2006)。我这里只对这些问题作简要讨论。

事物都可以解释为一种自由运作的意志的产物，再到物质原因的无穷序列，最后到这两种思想的某种相互作用。第一种思路由德国的浪漫主义者和后康德唯心论者及其在其他国家的同道所探究。第二种可能性被一些自然科学家所研究，他们不仅关注物质的运动，而且关注支配运动的自然力的相互作用。第三种可能的解决方案则由那些常常被归入"历史主义"的人发展起来。

德国浪漫主义者、早期的德国唯心论者以及他们在 19 世纪的追随者确信，启蒙运动把自然错误地看成了一个机械的而非有机的、精神的过程。他们相信，如果以泛神论的方式把自然理解成一种世界精神（歌德）、世界灵魂（爱默生）、绝对自我（费希特）或原始意志（谢林、叔本华）的产物，它就能与人的自由相容，因为这样一来，自然的运动和人的行动就有了共同的来源。在他们看来，人的自由的真正障碍不在自然界中，而在于启蒙运动所创造和传播的制度和做法，启蒙运动致力于对自然的机械论理解、普遍权利、官僚政治、商业发展和资产阶级道德。因此，对这些思想家来说，真正的人的自由只能通过表达个人意志（包括人的自然激情和欲望）而获得，而不管它会为社会秩序、政治秩序或道德秩序带来什么后果。于是，真正自由的"自然"人面对所有限制肯定他的意志，结果导致在受过启蒙的社会看来，他是一个道德恶人（蒂克的威廉·罗维尔［William Lovell］，拜伦的曼弗雷德，歌德的浮士德）或一个罪犯（司汤达的于连·索雷尔［Julian Sorel］，巴尔扎克的伏脱冷［Vautrin］，雪莱的普罗米修斯）。与自然相和谐的生活就是与习俗惯例相冲突的生活。因此，要想以这种方式生活，就必须将自我从启蒙的理性主义中解放出来，重新把自然理解成精神的运动，而不是物质的运动。于是这些思想家用激情或意志取代了理性，用艺术取代了数学，用民族习俗取代了普遍权利，用魅力超凡的领袖取代了官僚国家。浪漫主义的民族主义以及后来的法西斯主义和纳粹主义正是这一发展的后果。

和这些思想家相反，像迈克尔·法拉第（Michael Faraday）和詹姆斯·克拉克·麦克斯韦（James Clerk Maxwell）这样的自然科学家试图给出一种全面的解释，把物质运动视为自然力相互作用的结果。这不仅推动了化学科学和物理科学的发展，而且更重要的是，也催生了一种新的生物科学，它将人的发展与整个宇宙中的化学物理发展联系在一起。起初，这种生物科学采取了进化论的形式，把人视为生命发展过程中的一个环节，到了 20 世纪，它又体现为分子生物学，把生命本身仅仅看成物质运动的一个子集。这样一来，人与生命本身之间的区别就被消除了，就好像生命体与无生命体之间的区别被消除了一样。[①] 类似的还原论在涉及人的活动时也很明显。从科学的视角看来，所有（自由的）人类活动都变成了纯粹的行为，也就是说，仅仅是对激励的反应。这一发展的最明显的早期例子是功利主义，它试图通过计算快乐和痛苦来解释所有人类行为。20 世纪行为主义的发展是这一思路的另一个例子。最近，我们注意到有一种新的运动解释，它将注意力集中在我们自私的基因上。浪漫主义试图表明，自然的必然性与人的自由之间不存在矛盾，因为他们认为，自然本身是一种与人的意志相似的有生命的精神或世界意志。同样，自然科学也试图表明两者之间没有矛盾，因为既然没有什么能把人类与自然界的其他东西区分开，人的自由就根本不存在。由此，一切都可以用自然原因来解释。

280 　　从形而上学的角度来看，这两种后启蒙思路都试图通过消除自然和人在存在者层次上的区分来解决自然与自由之间的矛盾问题。在启蒙运动之前，特殊形而上学包括神学、人论和宇宙论，人处于神和神的造物之间。启蒙运动则把神学从这一混合体中清除了。后启蒙思想试图以不同方式表明，余下的两个存在者领域之间也不存在区分，也就是说，哲学迄今为止所设想的那些明确而独特的存在领域并不存在。

　　虽然这些后启蒙思路为二律背反给出了不同的回答，但没有一种回

---

① 尼采认为科学的这种发展是这样一种形而上学转变："对人的尊严和独特性的信念，对人在存在巨链中的不可替代性的信念，都是过去的事情——他已经成了一种名副其实的彻头彻尾的动物，而根据他旧时的信仰，他几乎就是神（'神之子''神—人'）。"Friedrich Nietzsche, *Kritische Gesamtausgabe*, ed. Giorgio Colli und Mazzino Montinari（Berlin：de Gruyter, 1967~），VI 2：242.

答能够对整体提供一种一致而完备的解释。每种回答都只是给出了部分解释：要么通过牺牲完备性来获得一致性，要么通过牺牲一致性来获得完备性。[①] 虽然从传统基督教的观点看来，这两种回答通常都被认为是无神论的，但事实上，它们都寄生于基督教的世界观之上。这一点在世界精神的思想中表现得很明显，但对自然因果性这一观念也同样如此：事件之间必然关联的确定性就来源于神的预定观念。[②]

　　浪漫主义者和唯物论者试图仅仅基于自由或自然来解释整体，而其他思想家则试图解释两者之间的相互影响。认为自然对人有影响，这种观点并不新颖。实际上，几乎所有古代哲学和大多数中世纪思想都认为，人的行为活动是在一种不可改变的自然秩序中展开的，这种秩序规定和限制了人的所有努力。我们在本书的前几章看到，唯名论革命产生了一种新的形而上学观，使人类有可能不必仅仅去适应自然界。相反，人类可以通过有方法地运用意志和理智而掌控自然，改造自然以使其满足自己的需求。这种对人与自然之间关系的新理解对于理解人在时间中的位置有深远意义。在古代，时间曾经被视为万事万物依据（循环的）自然秩序的生生灭灭。因此，从人的角度来看，时间总是被视为出生与退化，上升与下降，这意味着所有人类活动都不可避免要服从柏拉图所

---

　　① 显然，要为这种说法辩护，需要给出远比这里更多的论证和理由。作为这种论证的替代，我只举一个例子。自然科学解释面临康德在第三组二律背反中提出的困难，因为依赖无穷原因序列的解释违反了充足理由律，也就是说，他们承认没有最终原因，因此没有最终解释。我们之所以觉得这样一种说明令人满意，只是因为我们想象这个序列将会结束或完成，而事实上，它只是消失在了时间的迷雾中。为了努力改良这个问题，现代宇宙学所研究的是关于大爆炸的起源理论。虽然就现状来说，这种说明貌似可信（并且解释了大量现有数据），但它不可能走得太远，因为它无法解释"大爆炸"本身的原因。宇宙学家曾经试图利用量子理论来解释这个作为"量子反常"的原始事件。虽然这种反常的可能性是与量子理论相一致的，但其解释力本质上等价于声称"事情发生"或"奇迹发生"。于是，先验的自由（用康德的术语来说）或神的不可理解的能力（用基督教的术语来说）的阴影开始笼罩所有这些对开端的说明。然而，这些神学和形而上学假设的持续影响仍然被科学本身隐藏着。

　　② 如果比较一下对事件在时间中展开的现代解释与唯名论或我下面将要简要讨论的伊斯兰教思想中的偶因论，那么这种事先决定的概念对预定概念的依赖程度就会看得很清楚。例如，在其宇宙论中，现代科学依赖于一连串次级原因的关联，但否认第一原因使这种关联不仅可能而且必然。认为存在着这样一种关联，从而存在着序列的统一性或同一性，只是一种假设，只不过这种假设深深地埋藏了起来，以至于我们已经忘记了它的神学起源。

说的"时间法则"。① 基督教所持的天启时间观则显然更不受人类活动的影响。人类不仅因为罪而失去能力，而且从一开始就要服从神的力量。然而，随着一种新的人的意志观和自由观被发展起来，人生活于其中的时间，也就是历史，以一种新的视角呈现出来。从这一角度来看，对人类的中肯叙述既不是古人所设想的循环模式，也不是《圣经》中描述的过去的堕落和将来的（神的）救赎，甚至也不是人文主义所说的人通过西西弗斯式的努力来掌握命运，而是人类对自然界越来越大地征服和改造。这样一来，历史就开始被视为人类的进步史，有其方向和目标。作为人，就意味着要进步，要向着那个目标迈进。人类或许曾经受制于自然，但自文明出现之后，人类就一直在断断续续地朝着掌握自然而迈进。现在，既然正确的方法已经找到，人类就可以迅速完成对自然界的征服，建立一个和平的世界。在这个世界中，人们可以自由地追求他们所想要的一切，过舒适的生活。这种现代进步观念的核心是那种伯拉纠主义的、有时是普罗米修斯主义的观念，即人在某种意义上是自然的，但在某种意义上也是超越的，他能够控制和改造自然界。

我们在第一章看到，这种进步历史观是现代所固有的，是现代性自我理解的本质要素。现代历史观是 18 世纪末由维柯、孟德斯鸠、伏尔泰、吉本、赫尔德、杜尔哥和孔多塞等人发展起来的，他们认为历史是人类运用自己的理性创造出一个自由世界的过程，在这个世界中，人类能够繁荣和平地生活。② 他们所有的工作背后都隐含着一个历史目标，那就是实现一个完全理性的、世俗化的世界，一个尘世的天堂。所以对他们来说，历史也是一种道德律令的策源地，它迫使所有理解这种律令的人竭尽全力加快历史进程，实现这个新的世界。这种律令极大地激励了法国大革命的革命者，为他们提供了辩护。正如我们前面所讨论的，他们的主要目标是建立理性的规则，他们以卢梭的方式将其等同于绝对自由。即便事实证明这种自由很难实现，他们也能证明，用恐怖来获得

---

① *Republic* 546a.

② 这样一来，在许多人心目中，历史开始取代哲学作为对整体的说明。在下面的讨论中，我只考虑那些用历史来全面说明整体的努力。显然还有其他很多形式的编史学。

这一崇高目标是正当的。这种大革命方案的问题在于，再多的暴力也不可能带来他们所希望的世界，因为它要求人性发生不可能的转变。

作为法国大革命的余波，黑格尔等思想家开始重新思考历史的基础。黑格尔也相信历史是进步的。他还相信历史将随着理性的规则而终结。然而，他所设想的理性秩序与法国大革命者的想法很不相同。在他看来，追求绝对自由只可能导致灾难。理性的自由需要与一般的自然相适应，特别是与个人天然的自私欲望相适应。因此他认为，虽然自由是历史的必然的、不可避免的目标，但这种自由是一种具体化的自由，它植根于个人产权、康德式的道德、核心家庭、市场经济、官僚国家，以及艺术、宗教和哲学的文化产品。此外，这不是一种贮藏于遥远的未来，或只能通过一种末世转变而获得的政治制度，而是当时欧洲正在形成的政治制度。

他所描述的历史过程最终以认识到神、人、自然这三个传统特殊形而上学领域在存在论上是相同的而告终，尽管它们在存在者层次上彼此保持分离。于是，历史是这样一个过程，在这个过程中并且通过这一过程，人类逐渐认识到，作为理性的、有自我意识的存在者，他们是神，神透过他们而且在他们之中，他们在自身之中发现的那种合理性在自然界中也存在。因此，黑格尔的思想是一种全面的努力，试图解决从一开始就困扰着现代思想的矛盾。不过在他看来，这种和解的获得并不是他或任何其他个人的计划或意愿的结果，而是"理性的狡计"的后果。于是，历史发展的路径和目标是预先注定的，植根于自我意识和精神自身的本性。基于这些理由，他认为他可以表明，历史即将结束，要想产生所有可能的人类秩序中最好的秩序，无须进一步的革命努力。

从 1820 年到 1848 年，黑格尔对和解的宏大构想在很大程度上主导了欧洲生活，但它很快便衰落下去，在此后的若干年里不再能够控制欧洲的想象。这有几个原因。首先，黑格尔对人、神、自然的和解从来也没有非常明确，所以越来越被视为一种神秘的冥合（*unio mystico*）。其次，他的目的论自然观一再受到自然科学发现的质疑。[①] 最后，也许是最重要的，他预言当时的欧洲国家不可避免会发展出更加自由的君主立宪制，而这似乎与 1848 年革命的失败相抵触。

1848 年以后，黑格尔的较为保守的追随者日益从自由事业转向浪漫民族主义（在 20 世纪转向法西斯主义和纳粹主义）。而他那些更为激进的追随者则走向民粹主义或虚无主义（车尔尼雪夫斯基、比萨列夫）、无政府主义（巴枯宁）以及革命的社会主义或共产主义（马克思、恩格斯）。几乎所有这些更激进的黑格尔派都拒绝接受黑格尔的观念，即理性的自由需要与自然和解，接受现有的社会、经济和政治制度。他们主张，历史是一个目的论过程，最终只能以实现全人类的绝对自由而告终。事实上，他们认为可以科学地证明，这样一种目标是不可避免的。因此，他们相信，追求这种解放是一种道德律令，而像黑格尔那样主张一种更为有限的自由观念的人，不过是一些寂静主义者或者寻求维持现状的资产阶级思想理论家。于是，他们转向了一种更加激进的自由观，设想全人类的最终解放。他们想象了这样一个世界，在其中每个人都能随心所欲，"上午打猎，下午捕鱼，晚上从事批判"，以取代现有秩序。然而，这样一种普遍自由和繁荣只有在完全掌控自然的情况下才能达到。为了实现这一目标，他们认为有必要通过革命性地推翻现有的社会政治秩序来解放人类的生产力。这样一来便可以取消对技术生产力的人为限制，创造极大的富足，消除所有贫困。于是，激进的黑格尔派抛弃了黑格尔的观念，即人类已经达到了其历史目标。在他们看来，这个目标已经很近，但只有通过最后一次预示世界末日的暴力行为才能实现。这样一来，这些激进分子又返回到了黑格尔曾经试图限制的千禧年政治。但在这样做的时候，他们也回到了较早的历史思维所特有

---

① 于是，即使像克罗齐这样的新黑格尔主义者也从假设他的自然哲学站不住脚开始。*What is Living and what is Dead of the Philosophy of Hegel*, trans. Douglas Ainslie (London：Macmillan，1915). 关于对黑格尔的背离，参见 Karl Löwith, *From Hegel to Nietzsche：The Revolution in Nineteenth Century Thought* (New York：Columbia University Press，1991)；and Terry Pinkard, *German Philosophy，1760~1860：The Legacy of Idealism* (Cambridge：Cambridge University Press，2002)。

的那种对人类进步的启蒙式的乐观，这种乐观在法国大革命的极端主义方面发挥了重要作用。

两次世界大战、大萧条、极权主义的兴起、大屠杀，20 世纪上半叶的这些灾难性事件严重动摇了这种历史进步观。究竟哪里走错了？现代性距离提供普遍安全、将人类从各种形式的压迫中解放出来、造就人类的空前繁荣似乎只有一步之遥，但最终却以一种人类从未经历过的野蛮暴行而告终。曾被普遍视为人类繁荣之源的工具竟成了空前破坏的来源。关于人类解放的政治思想体系却被证明是人的奴役和退化的手段。[284]这些灾难性事件所引起的恐惧异常强烈，它不仅质疑了进步观念和启蒙思想，而且质疑了现代性的观念和对西方文明本身的构想。

这一切的核心之处是从一开始就困扰现代思想的未解决的矛盾。现代历史观念是一种调和自由与必然性的努力，但正如康德所表明的，这种调和是不可能的。自由被认为是历史的目标，但历史本身却被设想为一个必然过程。用我们之前讨论的术语来说，人们以一种伯拉纠主义的方式把历史设想为人的自由意志的产物，但与此同时，历史的展开却被视为由"看不见的手""理性的狡计"或"辩证的必然性"所引导。这种运动被设想为是必然的或预先注定的，这暗示了隐藏在这种变化观背后的那些神学假设。正如我们所看到的，这种观点与人类自由行动的观念相矛盾。然而，当事物似乎在朝着积极的方向前进时，这一矛盾并不明显，也不会令人不安。因此，只要历史被等同于"天定命运""文明传播"或"神在世界中展开"（黑格尔语），它就不会特别令人不安。

在 20 世纪降临人间的一系列灾难质疑了这种进步的或正面的历史观。从这个角度看，看不见的手看起来更像是魔鬼之手而不是神之手；理性的狡计更像是一个邪恶欺骗者的魔鬼般的精明，而不是一个仁慈的神的意志；辩证的必然性更像是专制的铁链，而不是通往自由的道路。简言之，在这些令人不安的时代，把历史看成人的自由意志之产物的占据主导地位的伯拉纠主义历史观，逐渐让位于一种更具摩尼教色彩的历史变化观，它把个人仅仅看成机器的齿轮，或是一种冷酷无情的因果过程的环节。

这样一种历史观并不新鲜。卢梭等 18 世纪的反启蒙思想家声称，艺术和科学的发展不仅没有改善人类，而且适得其反，使人类丧失了幸福的自然生存，代之以现代社会中极度异化和充满冲突的悲惨生活。托克维尔等思想家也持这种反启蒙的历史观，他们在所谓的人类进步背后²⁸⁵看到了阴暗面。19 世纪末的思想家，如尼采，则更加悲观地看待历史。在他们看来，自柏拉图以降的欧洲历史一直是一个衰落过程，虽然他希望这一过程能够由一种强大的意志行动所扭转，但他知道，衰退和堕落很可能还会继续下去。在第一次世界大战之后，基于这种观点，斯宾格勒（《西方的没落》）、胡塞尔（《欧洲科学的危机》）和海德格尔等思想家描绘了一幅对欧洲人历史命运的更加黑暗的图像。海德格尔认为，自前苏格拉底时代以来，欧洲人就一直在堕落。事实上，欧洲人已经堕落到相当的程度，以至于他们甚至没有能力认识到自己的退化。在海德格尔看来，现代人相信自己正在变成自然的主人和拥有者，但事实上，他们正在受到技术的奴役，还自以为能够通过这种技术获得解放。这种技术把人变成了生产过程的原材料，该过程本身盲目而没有意义，所追求的只是生产。就这样，那种对处于问题核心的恶魔般力量的摩尼教设想，开始作为历史背后的主导力量显现出来，它曾使路德忧心忡忡，在现代性的发展过程中屡有出现。

历史的观念起源于，在启蒙运动的矛盾日益凸显的情况下理解现代方案的尝试。然而，历史的观念本身却因为这些矛盾而分裂。它同样在伯拉纠主义的个人自由观念和摩尼教的彻底决定论观念之间摇摆不定。这一点不仅体现在把历史发展作为一种取代 19 世纪和 20 世纪初的哲学和形而上学的解释，而且体现在我们理解现代性的持续不断的努力。这尤其体现在本书开头提到的对全球化的普遍讨论中。

在柏林墙倒塌之后开始占据主导地位的最初的全球化形象基于一种自由的历史观和社会观，它把人类的发展看成人与人日益交织的相互作用的结果，人与人被自由贸易和即时通讯连接起来。它是对一个过程的自由设想，许多人相信这个过程将会带来全球的和平、自由和繁荣。这种对全球化的极为正面的看法基于一种对自由市场的看不见的手的信念，以及对历史辩证法终于到达了黑格尔所预言的终点的感觉。持这种观点的人设想了世界经济的发展，对各种差异越来越宽容，压迫的终结[286]和人权的实现，民主政体的传播，以及和平的、富有成果的文化交流。而全球化的反对者则认为这一过程的动力不是个人的自由选择，而是全

球资本主义的逻辑，或世界技术的要求，或美帝国主义的需要。[1] 这种

---

① 这种全球化的噩梦般的愿景植根于后结构主义，它本身则深深植根于现代性的隐蔽神学中。以索绪尔为基础，列维—斯特劳斯、阿尔都塞和拉康等结构主义者认为，文化、经济生活和心灵必须按照一个作为自足的社会系统的语言模型来理解。他们既拒绝接受关注目的和目标的功能主义解释，也拒绝接着眼于个人愿望和选择的因果解释，而是注重社会生活的结构、实践和秩序。这种进路没有为个人自由留下任何余地。与萨特强调人的自由相反，他们强调社会、文化和经济结构如何通过使人类习惯于社会角色而复制自身。在这个意义上，他们的工作是反人文主义的。他们也放弃了历史发展的观念。早期的马克思主义者曾经设想，社会经济生活的不断演进的结构是一种普遍的历史进程的结果，而结构主义者则设想，每一种文化都是特殊的和自主的。

后结构主义者的下一代接班人转到了一个更加激进的方向。他们拒斥普遍主义、理性主义、启蒙运动和所有宏大叙事，无论它们是否推动进步、民族、人民或工人阶级。在他们看来，这些观念是西方帝国主义的一部分，企图通过将欠发达的世界文化纳入全球资本主义的包围中而使它们屈从，对其进行统治。德里达、福柯、德勒兹、利奥塔、鲍德里亚、巴迪乌、齐泽克等人都谴责，欧洲中心主义、逻各斯中心主义、菲勒斯中心主义以及一切形式的自由权威本质上都是极权主义的控制结构。他们反对西方文化和全球资本的统治，宣扬第三世界的文化和在第一世界中处于边缘的亚文化。

然而，就人类受语言和社会结构的决定性影响而言，他们很难找到理由来主张政治改革。于是，后结构主义似乎以寂静主义而告终。但这种立场与他们对正义的承诺深深地相抵触。在为这一矛盾寻求解决办法时，他们转向了政治神学。

从一开始，结构主义就已经认识到，必定有某种超越了单纯结构的东西，因为这些结构不可能产生自己。不管这种超越性的要素是什么，在他们看来，它都无法符号化，因此不能用语言把握或表示。基于存在之彻底他异性的观念，以及列维纳斯和本雅明的工作，这种超越性的要素被设想为"真实"（拉康）、"不可能"（德里达）和"崇高者"（齐泽克），这里只举三个例子。后结构主义者以这种方式回到了类似于基督教或犹太教的超越性概念的东西，回到了一个隐藏的神。这个隐藏的神是其政治神学的基础，这种政治神学大量借鉴了施密特的思想，本质上是诺斯替主义的。

在语言和社会结构的符号领域，一切都取决于它与别的事物的差异。然而，超越者本身却并不受制于矛盾和划分。正如拉康所说的，它不是分化的，或如德里达所说，它是无限正义。然而，它只有通过启示才是"可知的"。人类无法发现、直觉或演绎它，而只能等待它的到来。这样一来，几乎所有后结构主义者接受海德格尔的说法，即只有一个"神"能拯救我们。他们的任务是找到能够变出这个"神"的神奇的词。因此，拉康希望他的文本能给读者一种神秘体验，为体验超越的东西开辟一条道路。齐泽克也希望他的工作能在符号领域唤起崇高的东西，从而为现有的极权主义社会秩序的转变提供基础。这里起作用的诺斯替主义冲动很明显。

然而，每当超越的东西出现在符号领域中时，它便受制于支配这一领域的二元对立法则。在这种情况下，施密特所说的对抗的必然性以及敌人角色的观念是至关重要的。例如，对于齐泽克来说，能够改变现有秩序的新的领导人只能与一种新的"犹太人"（或其结构等价物）相对抗，后者一直是敌对的他者，必须被镇压。后结构主义的政治神学不仅变成了诺斯替主义的，而且变成了摩尼教的。自由主义与后现代主义当前的对抗便以这种方式重述了伯拉纠主义与摩尼教主义的对抗，它先是体现在伊拉斯谟和路德那里，然后一直突出地保持在现代性的核心处。对后结构主义发展的简要介绍，参见 Mark Lilla, "The Politics of Jacques Derrida," *The New York Review of Books*, June 25, 1998, 36—41. 更广的论述参见 François Dosse, *History of Structuralism*, trans. Deborah Glassman, 2 vols. (Minneapolis: University of Minnesota Press, 1997). 另见 Claudia Breger, "The Leader's Two Bodies: Slavoj Žižek's Postmodern Political Theology," *Diacritics* 31, no. 1 (2001): 73—90.

摩尼教的看法认为，全球化（通常被理解为全球资本的胜利）并没有带来和平、自由和繁荣，而是导致了战争、奴役和苦难。全球化使不平等制度化，促进了雇佣奴隶制，扶持了独裁政权，破坏了传统社会结构，摧毁了本地文化，掠夺了资源和环境。虽然这两种全球化观点严重相左，但它们拥有一些共同的价值观。其分歧反映了我们在整个讨论中注意到的对立看法，暴露了隐藏在我们思想和行动中的形而上学/神学承诺。

虽然这些全球化的支持者和反对者严重对立，但他们总体上仍然保持在西方文明的视域之内。例如，他们通常都怀有一种对宽容、和平、自由、平等、权利、自治和繁荣的价值信念。他们的意见不同的只是全球化是否能够带来这些东西，如果能，那么它们是否能够得到公平分配。

9·11 袭击引起了全球化的支持者和反对者的不同反应。那些对全球化持更自由看法的人认为，这种袭击是少数愚昧的宗教狂热分子的行为，他们急于使现代化偏离正轨，阻止自由主义在其传统社会中传播。对他们而言，解决方案似乎也同样清楚，那就是消灭这些狂热分子或使之中立化，让伊斯兰世界的广大民众能够参与全球经济，共同向现代化进军，从而追求更好的生活。而反对者则把 9·11 视为一种抵抗全球非正义的正当的，或者至少是可以理解的形式，是那些受全球资本主义体系和美国霸权剥削的人的反应。从这个角度来看，要想解决恐怖主义问题，就需要终止美帝国主义和美国对发展中国家的独裁政府的支持。然而，面对后来的发展，争论双方都觉得难以维持自己的解释。现在已经很清楚，伊斯兰信仰和习俗受到的偏爱在深度和广度上远远超出了全球化的自由捍卫者的最初设想。同样明显的是，许多伊斯兰教原教旨主义者的价值观念——对不同宗教教派和生活方式的不宽容，剥夺妇女的权利，对神权政治的明显偏爱——都严重违背了全球化反对者的核心信念。这两种解释的失败表明，我们需要更仔细地研究伊斯兰世界和西方的问题。

本书所提出的论点是一种初步的努力，试图理解隐藏在我们传统中的那些形而上学/神学承诺。只有认识到穆斯林的看法如何与我们的看

287

法平行、相交和偏离，我们才能认真对待伊斯兰世界。因此，只有通过理解我们自己的传统，才有可能把两种文化目前的冲突转变成信仰与观念的一种更富有成效的、虽然有时仍然无疑是痛苦的相遇。我们必须作出努力，因为如果不这样做，我们几乎注定会陷入另一种不同类型的冲突，不是在思想领域，而是在"漆黑的莽原/争斗、逃亡、惶恐、纷乱/黑夜里愚昧的军队厮杀纠缠"。①

---

① Matthew Arnold，"Dover Beach."

# 尾　声

　　仿佛就在昨天。他曾是世界上最伟大的城市——巴格达的尼扎米亚穆斯林学校（Nizamiya Madrasa）的一名年轻学生。他早早起了床，沿街串巷向学校走去，昔日的宫殿铁门高耸，身佩弯刀的彪形大汉日夜把守，由大理石建造的清真寺的金色尖顶在阳光下熠熠生辉，树荫下的集贸市场上堆满了来自撒马尔罕、科尔多瓦、拉合尔和马拉喀什的货物，数不清的信徒和非信徒在这里摩肩接踵，他们都把这座城市称为自己的家。他此行是去听一位被称为"真信仰之向导"的老师讲课。来听课的学生和学者很多，他希望能早点到，找到一个座位。但这一天，解释穆罕默德话语和哲学家智慧的动听声音没有像往常一样响起。老师没有来。没有人知道原因。后来他们得知，他患了病，无法进食，也说不出话。出了什么事？他们祈祷仁慈的神能治愈他，但日子一天天过去了，他还是没有返回学校。多年以后，他们得知，怀疑和绝望压垮了他。谁又能责怪他呢？人们有理由绝望。他们的世界正在崩溃。维齐尔（Vizier）① 尼扎姆·穆尔克（Nizam al-Mulk），伟大的学术赞助人，被一个伊斯玛仪派（Isma'ili）刺客暗杀。没过一个月，给信徒带来胜利、和平与繁荣的塞尔柱王朝的苏丹（Seljuk Sultan）② 马利克夏（Malikshah），则可能死于食物中毒。取代两人的皆为不能胜任的人。

　　他们的老师离开了巴格达，抛弃了一切世俗之物，抛弃了让人称羡的职业。十几年间，他在西部从大马士革和耶路撒冷流浪到亚历山大、

---

① 维齐尔指伊斯兰国家尤其是奥斯曼帝国的高官或大臣。——译者注
② 苏丹指某些伊斯兰国家的最高统治者。——译者注

麦地那和麦加，最后在遥远的东部城市图斯（Tus）安顿下来。这是怎样的年月啊！内部纷争使帝国摇摇欲坠，粗野的土库曼人随处可见，威胁着忠实的信徒，野蛮的基督徒在哈里发的领地四处劫掠。他已经绝望。但在流浪的过程中，他发现了一条源自苏菲派（Sufis）的新路，现在，所有愿意走这条路的人都可以沿着它前进。他教他们专心致志于神，安住于语词之外，沉浸在狂喜之中，如神所喜爱的穆罕默德一般。现在，即使统治者令人失望，并且受到暴徒和十字军的威胁，但他知道，如一切顺利，忠实的信徒将会兴盛起来，取得成功。因为神是伟大的！

前面所说的这位老师是安萨里（Abu Hamid al-Ghazali，1058～1111），他也许是自穆罕默德以来所有伊斯兰教徒中影响最大的人。他很小就成了孤儿，在一位艾什尔里派（Ash'arite）教师的指导下学习伊斯兰教法和神学，在图斯当地同一位师父学习苏菲派禁欲神秘主义（Sufism）。后来，他加入了巴格达的一个以维齐尔尼扎姆·穆尔克为中心的圈子，其中不乏像欧玛尔·海亚姆（Omar Khayyam）这样的名人。他成了那个时代最有名的知识分子，世界各地的学者和学生都赶来听他讲课。尼扎姆·穆尔克死后，加之上述的混乱，安萨里被他的哲学所不能回答的怀疑所困扰。正如安萨里在自传《摆脱谬误》（*Deliverance from Error*）中所说，他有过一段时间的动摇，无法确定是继续走自己的学术道路，还是走一条宗教的神秘主义道路。但最终，一场危机使他坚定下来，他认为这暗示着离开学术界，过一种禁欲的生活，走一条新路。正是这条道路帮助改造了伊斯兰世界。

伊斯兰教是在基督教成为罗马世界官方宗教之后发展起来的。虽然它与基督教有共同的亚伯拉罕（Abrahamic）起源，但它们在几个重要方面有所不同。首先，伊斯兰教没有人的堕落的观念，因此没有救赎的需要，也没有道成肉身教义。相比于基督教，伊斯兰教的基础不是神与人的存在论关联，而是他们的绝对差异，有限的人必须服从无限的神。事实上，"伊斯兰"一词指的便是"服从"。占统治地位的伊斯兰教神学派别（凯拉姆，Kalam）是由艾什尔里（Ash'ari，约873～935）在9

世纪末建立的，它把神描绘为彻底全能的。事实上，艾什尔里捍卫一种偶因论教义，否认所有次级原因的效力，而把一切都归于神的直接因果力量。因此，从这种艾什尔里的角度看，不存在自然的或机械的因果性，甚至也不存在有序的事件流，因为一切事物，包括人的所有意志、行为和认知，都是神的直接创造。这种信仰使得艾什尔里派与亚里士多德主义以及伊斯兰教内部的另一个哲学/神学派别穆尔太齐赖派 <sup>291</sup>（Mu'tazilites）的新柏拉图主义严重对立。这个派别的成员，如法拉比（Al-Farabi，870~950）和阿维森纳（980~1037）等人，都为一种更加理性主义的对神的看法辩护。这些思想家相信神的独一性和公正性，并试图将这些性质与神的全能结合在一起。正如我们在前面的讨论中所看到的，这并不是一件容易的事，为了达成某种和谐或和解，穆尔太齐赖派不得不否认神的自由。为了保全神的公正性和独一性，他们不得不声称，神的意志是永恒的，出于类似的原因，它总是公正的。因此，神不能想救谁就救谁，而只能救那些行公义的人。

艾什尔里派认为这些看法是渎神的。他们否认神的意志与神的本质相同，而是把神的意志视为神的一种属性。虽然神是永恒的，但他的意志并不必然是不变的。因此，神可以自由地行动，而不会自相矛盾。神既可以意愿正义的行为，也可以意愿非正义的行为，因为所有行为本身都是道德中立的，它们获得价值仅仅是因为被神意愿。由于拒绝接受实在论（或必然论），这些艾什尔里派神学家所走的道路非常类似于后来基督教的唯意志论者和唯名论所走的道路。

这种伊斯兰教理性主义的伟大反对者正是安萨里。[①] 起初，他被这条道路所吸引，在其《哲学家的意图》（The Intentions of the Philosophers，1094）中详细描述了它，并且概述了阿维森纳的工作。然而，在完成这部著作之后不久，他就陷入了前面提到的怀疑危机。大约在这个时候，即他离开巴格达前后，他撰写了他最重要的著作——《哲学家的语无伦

---

① 关于安萨里，参见 Ebrahim Moosa, *Ghazali and the Poetics of Imagination*（Islamic Civilization and Muslim Networks）（Chapel Hill：University of North Carolina Press，2005）。

次》（*The Incoherence of the Philosophers*），毫不留情地强烈抨击了所有穆尔太齐赖派思想。[①] 此后，他越来越多地转向了一种更加保守的神学方向，这一方向深受较早的艾什尔里派思想的影响，但也（着重）利用了苏菲教派的神秘主义传统。他阐述了关于一个具有至高能力的神的教义。在这方面，他的立场类似于从奥卡姆和路德开始的唯意志论和唯名论传统。然而，路德认为人可以通过体验《圣经》而与神合一，但安萨里却认为，人可以通过神秘的或狂喜的体验而直接体验到神。在这方面，他的道路更接近于埃克哈特大师，而不是路德或奥卡姆。在安萨里看来，人是神的奴隶，但人也可以是神在地球上的代理者。这种极端的唯意志论立场拒斥了所有自然神学，否认人可以独立于神的意志。[②]

<sup>292</sup> 正如我们前面所说，区分基督教与伊斯兰教的一个主要因素就是道成肉身观念。[③] 尽管这一观念是基督教传统内部紧张和冲突的持久来源，但它开创了一种人文主义的可能性，把准神圣的地位赋予了人。正如我们所看到的，这种观点体现在皮科和伊拉斯谟等思想家那里，但它也起了重要的（虽然往往是隐蔽的）作用，使得像洛克的自然权利概念，或康德所说的人本身就是无限宝贵的目的等观念变得可信。此外，道成肉身的观念还为一种基督教人文主义提供了辩护。而对于源自安萨里的伊斯兰教类型来说，人文主义一般被视为对神的反叛。因此，在正统伊斯兰教看来，自彼特拉克以来，现代性所理解的个人的内在价值在

---

① 穆尔太齐赖派的观点主要是由这个学派最著名和最有影响的成员阿威罗伊（1126~1198）所捍卫的。他最伟大的著作《语无伦次的语无伦次》（*The Incoherence of the Incoherence*）是对亚里士多德主义的辩护，反对的是安萨里在《哲学家的语无伦次》中的攻击。关于对伊斯兰教哲学的一般性导论，参见 *The History of Islamic Philosophy*, ed. Seyyed Hossein Nasr and Oliver Leaman（New York：Routledge, 1996）。

② 有人猜想，安萨里也许或直接或间接地影响了奥卡姆的思想。可以肯定的是，他影响了后来的唯名论思想家。实在论者与唯名论者的争论显然平行于穆尔太齐赖派与艾什尔里派的争论。穆尔太齐赖派思想对经院实在论的影响是无可置疑的。如果说唯名论思想类似地得益于较早的伊斯兰教思想，这并不奇怪。对这个问题的一个简要而出色的导论，参见 Charles Burnett, "Islamic Philosophy：Transmission into Western Europe," in *Routledge Encyclopedia of Philosophy*, ed. E. Craig（London：Routledge, 1998）, 21—25。

③ 关于基督教和伊斯兰教面临的这些问题和神学问题的相似性，参见 Harry Wolfson, *The Philosophy of Kalam*（Cambridge, Mass.：Harvard University Press, 1976）。

神学上是成问题的。①

　　为了回应神的全能所引发的问题，基督教转向了一种人文主义的、后来是自然主义的方向，而主流伊斯兰教却沿着安萨里所开辟的道路前进。由于安萨里对个人的贬低，以及他偏重于以神秘主义的视角来看待全能的神，他这一派的伊斯兰教一般不大容易接受后来欧洲世界的那种现代性。从这种艾什尔里派的角度来看，西方现代性似乎要么是一种世俗现象，要么是一种基督教现象，无论如何都很难与忠诚和服从于神相调和。不仅如此，现代性来到伊斯兰世界，往往是由于西方帝国主义的影响。结果，它不仅与伊斯兰教存在论的和神学的承诺不一致，而且也与伊斯兰社会的许多传统社会习俗和惯例不一致。因此，现代性在伊斯兰世界的影响是悄无声息的和矛盾的。虽然许多人往往不加质询地通盘接受了现代性的某些方面，但许多人也发现，现代性的其他方面是异己的和不虔敬的。结果，西方现代性往往会引人生疑，有时甚至会遭到公然反抗。

　　这对于反对现代性的几个派别来说尤其如此。18 世纪思想家穆罕默德·伊本·阿卜杜·瓦哈布（Muhammad Ibn Abd-al-Wahhab，1703～1792）是伊斯兰传统主义的早期捍卫者，他把艾什尔里派的彻底全能观念作为自己的理论基础。瓦哈布激励了所谓的萨拉菲主义（Salafism）运动，坚持必须回归到穆罕默德之后三代人所践行的伊斯兰教，那个时代便是所谓"虔敬的先辈"或萨拉菲斯（Salafis）的时代。这种回归要求放弃希腊风格的系统化的神学，拒绝一切近乎多神论的东西，包括圣徒崇拜或偶像崇拜，拒斥神秘主义，坚持伊斯兰教生活必须以《可兰经》为基础。在这方面，瓦哈布在伊斯兰教中扮演了路德在基督教中扮演的角色。

---

　　①　我并不是说，人文主义在伊斯兰教内部没有可能发展起来。关于人文主义在伊斯兰世界发展的更详细讨论，参见 Lenn E. Goodman, *Islamic Humanism* (New York：Oxford University Press, 2003)。我在这里的目标其实是简要强调一下基督教与伊斯兰教之间的神学/形而上学差异，以帮助我们理解激进的伊斯兰教背后观念的力量，更好地理解我们自己隐藏的神学承诺，开始认识到伊斯兰教与基督教之间的亲缘关系。我也希望这种比较能够突出那些支撑西方人文主义，授予其权力，有时使之神化的神学要素。

293    西方现代性从各个方向朝着伊斯兰世界汹涌而来，20 世纪的一些伊斯兰思想家试图阐明一种神学基础来反对它。这些激进派中最重要的也许是赛义德·库特卜（Sayyid Qutb，1906~1966），他是穆斯林兄弟会的创始人，主张穆斯林必须在一个由虔诚的穆斯林所统治的国家中按照伊斯兰教教法生活，这些穆斯林必须与基督徒和犹太人分开，因为这些人是异教徒，而不是圣经民族。此外还有印度/巴基斯坦穆斯林毛拉那·毛杜迪（Mawlana Mawdudi，1903~1973），他鼓吹穆斯林与基督徒和犹太人的最后战斗已经迫近。[①] 他们两人都以不同的方式鼓舞了奥萨姆·本·拉登（Osama Bin Laden）等后来的激进分子的工作。他们的伊斯兰教版本并未排除所有现代主义要素。事实上，从安萨里开始，甚至包括当代的伊斯兰激进分子，伊斯兰教曾经对科学很友好。然而，激进的伊斯兰教已经普遍不愿接受现代人文主义和个体主义，他们（出于伊斯兰教内部的某些理由）认为，这些东西是偶像崇拜或至少近乎于偶像崇拜。正如我们在讨论路德和宗教改革时所看到的，这种立场对基督教传统来说并非完全陌生。事实上，基督教基要主义者最近对"世俗人文主义"的攻击再次强调了这一点，尽管与对应的伊斯兰教徒相比，使他们不安的往往主要不是个体主义，而是现代科学。

西方世界对伊斯兰教的误解因为我们对自己的误解而变得复杂化了。特别是因为我们对自己的自由主义的神学起源一无所知。我们不理解过去的基督教如何塑造了处于自由主义核心的个体主义和人文主义，所以我们也不理解，激进的伊斯兰世界为什么会把我们的自由世界看成不虔敬和不道德的。我们同样不理解，我们的自由制度为什么不适合伊斯兰教对世界正确秩序的看法。

但这种误解也许是不可避免的。毕竟，现代性最确信的就是，它不欠过去任何东西，它已经创造了自己，重要的是现在正在发生的事情。

---

① 对库特卜的一个总体上同情的论述，参见 Roxanne Euben, *The Enemy in the Mirror*: *Islamic Fundamentalism and the Limits of Modern Rationalism* (Princeton: Princeton University Press, 1999)。关于毛杜迪，参见 Seyyed Vali Reza Nasr, *Mawdudi and the Making of Islamic Revivalism* (New York: Oxford University Press, 1996)。

事实上，这便是我们每个人都珍视的自由、权力和进步的含义。然而，这种信念使我们陷入一种不安全的境地，其原因索福克勒斯很久以前便已明确指出。他笔下的伟大英雄俄狄浦斯凭借自己的能力在忒拜（Thebes）当上了国王。他是一个移民，驯服了新世界，把自己确立为它的主人。但他不记得自己的出身，宣称自己是"幸运儿"（fortune's child），是世界上第一个自我创造的人。还有什么比这更清楚地表达了现代性的内在危险吗？因为我们没有一个是幸运儿。我们都来自某个地方，我们的族谱不仅仅是一串名字。假如我们不清楚这个事实，那么纵然我们可以像俄狄浦斯那样驰骋世界，有出色的能力来解答问题，有惊人的欲望来掌控世界，但却看不到我们是谁，我们正在做什么。我们既可能像他一样成为一个"所有人都称呼伟大的"人，但也可能像他一样，不得不面对从我们的有限性涌现出来的极深的问题。

# 索引①

---

① 为方便读者阅读, 已把原书中的尾注改为脚注, 所以索引中原本出现的尾注页码已经失去了意义, 这里从略。仅在尾注中出现的人名也不再标出。——译者注

380

416

图书在版编目（CIP）数据

现代性的神学起源 /（美）迈克尔·艾伦·吉莱斯皮著；
张卜天翻译．—长沙：湖南科学技术出版社，2019.1（2025.6重印）
书名原文：The Theological Origins of Modernity
ISBN 978-7-5357-9971-5

Ⅰ．①现… Ⅱ．①迈… ②张… Ⅲ．①神学—研究
Ⅳ．① B972

中国版本图书馆 CIP 数据核字（2018）第 234455 号

The Theological Origins of Modernity
Copyringht © 2008 by the University of Chicago

湖南科学技术出版社通过美国芝加哥大学出版社获得本书
中文简体版中国大陆地区出版发行权。
著作权合同登记号：18-2015-163

XIANDAIXING DE SHENXUE QIYUAN
## 现代性的神学起源

著　　者：［美］迈克尔·艾伦·吉莱斯皮
译　　者：张卜天
出 版 人：潘晓山
责任编辑：吴　炜　孙桂均
出版发行：湖南科学技术出版社
社　　址：长沙市芙蓉中路一段 416 号泊富国际金融中心
　　　　　http://www.hnstp.com
邮购联系：本社直销科　0731-84375808
印　　刷：长沙市宏发印刷有限公司
　　　　　（印装质量问题请直接与本厂联系）
厂　　址：长沙市开福区捞刀河大星村343号
邮　　编：410153
版　　次：2019 年 1 月第 1 版
印　　次：2025 年 6 月第 6 次印刷
开　　本：710mm×960mm　1/16
印　　张：26.5
字　　数：381000
书　　号：ISBN 978-7-5357-9971-5
定　　价：98.00 元